从有序到浑沌

——庆贺张公瑾教授八十华诞文集

CONG YOUXU DAO HUNDUN
QINGHE ZHANG GONGJIN JIAOSHOU BASHI HUADAN WENJI

主编 丁石庆 张铁山 周国炎

中央民族大学出版社
China Minzu University Press

张公瑾先生近照

在民族古文字书法展览会上，背景是张公瑾先生书写的老傣文书法作品

1956年与傣族老师刀新华一起备课

1993年和马学良先生在一起

张公瑾与本科学生在一起

第四届浑沌学与语言文化研究专题研讨会参会人员合影

退休后给学生开专题讲座

张公瑾一家

赠送牌匾：精耕民语人文以观，博采众长浑沌凝成

八十华诞庆祝活动上，张公瑾先生与弟子和部分来宾合影

参加张公瑾先生八十华诞庆祝活动的全体人员合影

目　　录

民族古籍文献研究

民族语言研究

浑沌学与语言文化研究

评介文章

附　录

前　言

2013年10月31日是张公瑾教授80岁生日，这一天中央民族大学中国少数民族语言文学学院为他举办了隆重的庆祝活动，同时举办中国少数民族语言、古籍、文化语言学的研讨会，这三个专题正是张教授60年来从事教学、科研工作作出重要贡献的三个方面。

本书汇集了这次会议活动的两方面内容，一是会议上各方面的贺辞和对张教授学术活动的评介文章，二是会上宣读的上述三个方面的研究论文。我们把贺辞摆在前面，把评介文章放在后面，中间是研究论文。这样把庆贺活动和学术研究结合起来，完整地体现了这次活动的内容和意义。

在“评介文章”一组中，也收了当时在报刊上发表的几篇评介文章，因为这也是这次庆祝活动的一部分，所以一并收入，并注明出处。

我们把这部文集命名为《从有序到浑沌》，寓意就在于：近年来张先生把浑沌学的理论和方法引入语言学研究中。张先生本人和他率领的团队，包括他的学生以及学生的学生，都在这方面进行了积极认真的工作，不仅对语言的非线性特点作浑沌学的分析，而且对许多传统语言学观点作新的审视和探索。虽然目前的工作还处于初创阶段，但我们团队有这种专业自信。我们的团队会越来越强，我们的事业前景广阔。

编　者

2015年6月28日

八十岁的感悟

张公瑾

今天大家为我庆祝80岁生日，十分感谢。时间真快，不知不觉间80年过去了。事情也真有凑巧的，1951年的10月31日晚上，我正好离开上海，于11月2日清早到达北京，到中央民族学院报到。当时我并不知道那天是我的生日，是几年后有一天到派出所办户口，我说我的生日是某月某日，派出所的同志说你说的是农历吧，我说是的，于是他翻开一个本子，告诉我说，我的生日是公历的10月31日。那一天到今天正好是62年，也就是离开上海到中央民族学院的日子正好是62年。这是说，在我成年的那一天开始，我就把自己整个交给民族学院了。到今天，我与民族大学和民族工作的结缘也正好是62年。所以说是“巧”呢。

回过头来看看自己这62年做了点什么呢？做了点事情，做得不多。对我们这一代人来说，我们的境遇都差不多。有奋斗，有折腾，也有快乐。但是我们可以自豪地说：我和我的祖国，我和我的民族同命运。在我们民族最困难的时候，我们也都经历了艰难困苦，在我们民族复兴的时候，我们也得到了补偿。我们从不是旁观者。祖国的命运也就是我们个人的命运。对我这62年来说，前一半积累了材料，后一半出了点成果。今天大家庆祝我的80岁，并不是因为我的成绩大，而是我的年龄大，我可以倚老卖老了。但这一生也不是完全无所作为，在傣族语言文化、民族古籍和语言学理论方法三个方面也做了一些事，其中的一部分成果就集中在今天送给大家的三本文集中。请朋友们翻翻这套书，提出批评，给予指正，我将衷心表示感谢。

要问我这60多年有什么心得的话，我想引用李叔同先生早年的一幅对联："自净其心有若光风霁月，他山之石厥惟益友良师。"他是说：自己能安下心来就能天宽地阔，风光无限；好好向他人学习，就能使自己不断进步。二十年来在文化语言学的理论活动中，我更体会到向别的学科学习的重要性。只有学习相关学科的最新成果，才能刺激本学科的发展。我愿以此与大家共勉。

今天我整80岁了，以后还能做点什么吗？我想还要做点事，首先是要把我讲课讲了好多次的"文化语言学方法论"写出来，同学们已催了我好几次了，我要把它写出来。还有一些傣文古籍想要翻译整理出来。不过，如果真的写不出来，我也不着急，我的学生们会帮我继续完成的。有了这批学生，我的事业后继有人。长江后浪推前浪，我的学生们在他们各自专攻的领域都已超过我了，这是我在这耄耋之年最为宽慰的。

再一次谢谢大家。

贺　辞

中央民族大学副校长宋敏教授致辞

尊敬的各位好友、各位同事，以及年轻的学生们，大家早上好！

非常高兴能够代表学校参加这个学术研讨会议，值此张先生八十华诞之际，我在这里郑重代表陈理校长、鄂义太书记，代表全校师生，对张先生八十华诞表示诚挚祝贺，对会议顺利召开表示美好的祝愿。

可能有人会问为什么这个学术研讨会题目这么宽泛，其实了解情况的人就会清楚，题目的三个部分恰恰代表了张先生学术成果的三个方面，它浓缩在张先生的三本文集之中。这三本文集是具有学术价值和实践指导意义的厚重之作，今天能够看到这些宝贵作品的出版，我本人非常欣喜，随后一定会拜读学习。

我来民族大学已有五年时间，记得刚来的时候在一个小型研讨会上和张先生相识，随后相知、相与，最后成为了忘年交，对此我感到十分荣幸。张先生不仅有博大胸怀，更有学术建树，而我最敬佩的是张先生的为人。他做人朴实、做事踏实的风格深深吸引和打动着我。

民族大学刚建校时，张先生就从复旦到民大，开始学习民族语——傣语。作为一名汉族人，张先生从零开始学习傣语，初到云南，一句话也听不懂，随后，在实践中逐渐学习并掌握了这门民族语言。不仅如此，张先生更学到傣族人民朴实做人的品质，我想这对张先生而言影响是非常大的。正是因为长期的积累使得张先生能够成为为人和为学上的典范，我非常想写一篇饱含深情的文章来表达我自己对张先生的感激和敬仰，但因为工作事务繁忙，一直没能完成这个“作业”，但我可以承诺一定在近期拿出这个“作业”。

最后，我有一个祝愿，俗一点地说：祝张先生福如东海，寿比南山；文雅一些地说：祝张先生学术生命之树常青。

谢谢大家！

中央民族大学中国少数民族语言文学学院院长阿不都热西提·亚库甫教授致辞

各位领导、各位前辈、各位同行及同学，大家早上好！

我代表中国少数民族语言文学学院，向在百忙之中，拨冗参加由中国少数民族语言文学学院主办，中国少数民族语言文学系、中国少数民族语言与古籍研究所承办的中国少数民族语言、古籍、文化语言学研讨会暨张公瑾教授80华诞庆祝会的各位领导、各位前辈、各位同行及同学表示衷心的感谢！向今天迎来80华诞的张公瑾教授表示崇高的敬意和热烈的祝贺！这次活动的举办得到了国家民委古籍办和中央民族大学有关领导的高度重视和大力支持，我借此机会也向他们表示由衷的谢意。

我首次见到张公瑾教授是刚来中央民族大学攻读博士学位的1993年，是在他给学生做的一次学术讲座的时候，当时张先生以南方语言丰富的事例，对文化语言学的方法做了深入浅出的阐述，给我留下了深刻的印象。时隔十七年，在2010年，我有机会在首届少数民族古籍研究国际学术研讨会上首次与张公瑾先生握手向他表示问候，但发现张先生并不认识我。一周以前我又一次在马学良先生诞辰100周年纪念活动中有机会与张先生见面，有幸与张先生有些交流。但我通过张先生的著述，和他培养的学生，早就知道张先生严谨的学术态度和低调平易近人的风格一直受到各方、各位同行、各位同学的尊重爱戴。

张先生的主要研究领域为民族语言学、民族文学和民族古籍研究，主要以南方文学、南方语言和南方少数民族的古籍研究为重点。但他的学术思想和研究方法远远超过南方语言的范围。对中国少数民族的语言、文学、古籍研究产生了很大的影响，他培养的高端人才不仅活跃在南方语言、文学、古籍研究领域而且也在阿尔泰语言研究，突厥民族的古籍研究等领域担着重担，发挥着重要的作用。我代表中国少数民族语言文学学院，向张公瑾先生60年来对我校、我国少数民族语言文学学科的建设和对少数民族语言文学国家级重点学科和少数民族古籍研究学科的建立和建设所做出的重大贡献表示崇高的敬意和深深的谢意。

今天的庆祝活动包括两个方面的内容。一是今天上午九点起开始的庆祝活动，也就是现在的活动。二是接着举办的学术讨论会。规模比较小，时间只有一天。但是我想学习和发扬张先生的思想和严谨的学术态度，对我们学院和全国的同行来说是一个长期的事业，我们非常愿意以今天为起点，与张先生一起共同努力，在民族语言研究、民族文学研究和民族古籍研究等领域根据新世纪新时代的要求做出新的成绩。为我国的民族教育事业、民族语言研究事业做出更进一步的贡献。

最后衷心祝愿张公瑾先生身体健康，同时预祝此次会议圆满成功！

祝愿各位代表、各位来宾能在中央民族大学一切顺利，会议收到可喜硕果。

谢谢大家！

中国民族古文字研究会会长揣振宇致辞

尊敬的张公瑾先生、尊敬的宋敏校长、尊敬的各位老师、同学们，大家好！

值此尊敬的张公瑾先生80华诞之际，我仅代表中国民族古文字研究会的全体会员向我们的老会长表示热烈的祝贺！

今天我们以中国少数民族语言、古籍、文化语言学研讨会的形式对在上述学术领域做出卓越贡献的张先生表达敬意具有重要的意义。从我服务于民族研究所初识张先生到现在30多年过去了。1980年8月一场浩劫刚刚结束，国家百废待兴，为了促进我国古代民族文字研究的发展，加强少数民族文字研究队伍的建设，在具有远见卓识的于道泉、马学良、傅懋勣、文宥、翁独健等老一辈学者的积极倡议下，中国民族古文字研究会在承德避暑山庄宣告成立。第一届成员班子中，张先生任副秘书长，从当年留下的珍贵影片，我们可以遥想先生当年风华正茂、雄姿英发，从此张先生以其勤勤恳恳，兢兢业业的一贯作风与研究会一起走过了30多年的光辉岁月。从首届研讨会召开，到1983年10月的第二届研讨会的三年间，作为副秘书长，张先生承担了编辑、刊印有关民族古文字的搜集资料的任务，使得《中国民族古文字》《女真文字研究论文集》《世界满文目录》等顺利出版，后又编印出版了《中国民族古文字图录》等书，为积累资料，培育新人做出了特殊的贡献。正因如此，在第二届会员代表大会上，张先生被荣选兼任编辑出版部主任。2000年10月在北京密云举行的中国民族古文字研究会第六次学术讨论会暨会员代表大会上，张先生以其在中国古文字研究等方面的建树，被推举为中国民族古文字研究会会长。在担任会长的8年期间，张先生更是以中国民族古文字研究的发展为己任，组织全体会员克服重重困难，坚持不懈开展工作，成绩斐然。正是在张先生的不懈努力下，多方争取资金还清了研究会注册时的个人垫款。首次固定了民政部要求的，保证研究会运转的10万元基金。作为学科带头人，张先生培养了难以数计的本科生和研究生，为民族古文字研究会输送了众多的优秀的中坚力量。作为会长，张先生积极地促成会员的研究成果出版，古文字研究会已出版的《中国民族古文字研究》一至四辑，《丝绸之路民族古文字与文化研究讨论会文集》《中国民族古文字与文献论文集》等，以及待出版的《中国民族古文字文献总览》和《中国民族古文字珍品图典》均与张先生的呕心沥血密不可分。其中《中国民族古文字珍品图典》是国家民族事务委员会“十五规划”的重点文化项目，图文并茂，为少数民族社会、历史、文化研究提供了详实的资料。同时张先生还竭尽所能创造机会展示古文字研究会的形象。2008年6月为向奥运会献礼，张先生组织古文字研究会与北京市民委和中央民族大学古籍所共同创作了用19种民族古文字书写的“同一个世界，同一个梦想”的书法长卷，并编印了“迎奥运民族古文字书法集锦”，展现了古文字研究会对这一重大历史事件的支持与贡献，留下了一笔浓墨重彩。2006年5月，张先生还组织专家，在中央民族大学举办了中国民族古文字图片展，系统地介绍和宣传了中国民族古文字，受到学界的赞誉。

光阴荏苒，三十年弹指一挥间，岁月的使者悄悄地爬上张先生的额头，刻下深深地印记，记下了张先生在中国民族语言学、文化语言学、壮侗语言学、民族古籍文献研究领域所做出的不可磨灭的贡献，记下了他在中国民族古文字这片土地上的辛勤耕耘，也记下了他那厚德恭谨，大家风范的迷人风采。

最后祝张先生健康长寿，再攀学术高峰！谢谢！

中央民族大学民族语言与古籍研究所所长胡素华教授致辞

尊敬的各位领导、各位嘉宾、各位老师、各位同学，尊敬的张公瑾先生，大家上午好！

我非常高兴今天在这里和各位一起庆祝张老师八十华诞，并和大家一起研讨民族语言学、民族古籍文献学等张老师倾其毕生精力并颇有建树的领域。首先，我仅代表中国少数民族语言与古籍研究所的同仁祝张老师生日快乐。张老师从事民族语言与民族古籍文献研究已有半个多世纪，为中国少数民族语言文学系、中国少数民族语言与古籍研究所、中国少数民族语言文学学院的创建做出了重要的贡献，是中国少数民族语言学学科的奠基者之一。张老师学风严谨又不乏开拓精神，既重视田野调查，又重视理论研究。为人谦逊、正直、师德高尚，无论在治学上还是在为人方面，都是我们敬仰的前辈以及学习的楷模。

张老师在学术上理论联系实际，学以致用。他曾在傣族地区进行长期的、艰苦的调查研究工作，书写了大量的傣文文献，并参与了傣文设计和编写教材，对提高傣族人民的文化水平和文化传承做出了很大贡献。

张先生在学术上有高度的敏感性和创新能力。上世纪八十年代我国语言学领域上一个热潮是文化语言学，张老师适时地结合民族语言，发展和推动了文化语言学这一分支学科的建设，并首次引进了浑沌学作为文化语言学的方法论基础，形成自成一派的学术思想体系。

张老师自由地行走在不同的学科及分支学科之间，做到融会贯通。张老师在调查研究傣语期间，涉及到文字体系时，就喜爱上了傣族文化，因此投入到傣族文化的研究中。他在收集傣族文献资料时，开拓了民族古籍文献的一片新天地。张先生在不同的知识领域，关怀不同的分支学科，对民族语言文化、民族语言生态学、文化多样性等方面做出了卓越的贡献。

在教书育人方面，张老师尽心尽力，桃李芬芳，体现了其高尚的师德。今天我们在座的有很多张老师的学生，现在都是民族语言学界的中流砥柱。前不久，学校教师节代表大会上，张老师受邀参加并做了精彩发言。有句话让我印象深刻，他说：“我的学生都比我强，但是我告诉他们，你们有一点不如我，你们没有培养出比自己更强的学生，这点你们不如我。”我认为，这只是张老师的谦虚，但同时他又很幽默，十分智慧地道出了教书育人的真谛，要培养出超越自己的学生，学科才能发展，社会才能进步，这是我们要向张老师学习的精神和情怀。

作为一名后学，我的悟性和资历有限，所以我对张老师学术和为人的理解只是冰山一角。让我感到十分高兴的是张老师今天依然身体健康、精神矍铄地坐在我们中间，继续为我们授业解惑。

值此，我代表我们研究所的各位老师对张老师给予的学术支持和指导再次表示感谢，并祝愿张老师身体健康，永葆学术青春，再为我们传道授业十年、二十年！

谢谢！

中央民族大学壮侗学研究所所长 李锦芳教授致辞

热烈祝贺张公瑾教授迎来八十华诞!

张老师很年轻就升读大学，后来他报名从复旦大学转到中央民族大学读民族语言文学专业。张老师说被祖国边疆的旖旎风光和少数民族的风土人情所吸引，想走上研究少数民族之路。张老师的愿望实现了，而且一辈子献身于自己钟爱的少数民族文化教育事业。现在张老师既迎来了人生的八十华诞，也迎来了民族教育科研工作一甲子。

张老师是幸福的，他一直在从事自己喜欢的工作；他心无旁骛，专心致志，取得了丰硕的教学科研成果，令人钦佩，令人景仰。张老师家庭幸福和谐，言传身教，儿女成才。业务精湛，又能顾家，这尤其值得我们很多人学习，包括我自己。

张老师来到当年的中央民族学院后，被分配到布依语班学习，后来又转做傣语教学研究工作，自此与傣语傣族文化结下不解之缘，深耕壮侗语族语言文化。并由此探索民族历史文化、民族文学以及语言学理论。在民族语、语言学、文献学、民族文学、民族文化多个领域取得了辉煌业绩。张老师治学之初就敏锐地观察到了壮侗语和汉语的特殊关系，勇敢地探索了这一学术难题，发表了一些个案分析文章。面对丰富多彩、卷帙浩繁的傣族文学、傣族文献，张老师又自我加码，勇敢地担起了更多领域的研究重担，不辱民族研究使命，发挥自己熟悉语言的特长，毅然投身到文学文献研究领域。少数民族学界队伍相对单薄，如果研究者不能利用所学尽量拓展相关民族的研究领域，那是十分可惜的。张老师是这一方面的榜样，是傣族语言、文献、文学、文化全科专家。

张老师一路走来探索不停，孜孜以求。自己学习了泰文，增加了一件研究利器。进入上个世纪80年代以后又以深厚的民族文化和语言学功底，探索学科新领域“文化语言学”，发表了有影响的论著，被称为文化语言学民族学派的代表人物。面对语言演化难题，张老师又试图利用“浑沌学”理论解释语言现象，打开了新的研究视域。

我本人有幸能在张老师领衔多年的壮侗语教学研究团队参与教学科研工作，得到张老师的耳提面命和许多方面的帮助，体会到了张老师对后学的关爱、提携，感受到了张老师高调做事、低调做人的风格。以壮侗语教研室为基础，张老师等前辈学者积极创建了“壮侗学研究所”，张老师亲任这个只有责任没有现成资源的研究所所长，带领大家积极开拓进取，广泛联系国内外壮侗语学界，十几年下来，利用这一平台开展多项科研活动，尤其是国际合作，在学校办学条件困难的时期，培养了年轻教师，壮侗语学科年轻教师都利用教学科研项目合作机会出国深造，团队出版了一批国际学术合作成果，推进了学科的发展。

我本人文学素养欠佳，但是愿赋一绝句，献给张老师，聊表敬贺之意，曰：

滋兰树蕙五百亩，焚膏继晷六十载；
兴灭继绝追往圣，语言文化贯中外。

最后，我们祝福张老师身体健康，阖家幸福，永葆学术青春，继续带领我们探索求真！

中央民族大学少数民族语言文学系副主任周国炎教授致辞

尊敬的张公瑾先生，尊敬的各位来宾、老师、同学，大家早上好！

首先，我谨代表少数民族语言文学系全体师生祝张老师身体健康，永远年轻，并预祝此次学术研讨会取得圆满成功。

我是1987年6月底研究生毕业后，留在中央民族学院民语三系工作的，分在张老师所在的侗傣语教研室，当时我是该教研室最年轻的教师，张老师是教研室主任。读书期间，虽然与张老师未能谋面，但多次听我的导师王伟老师提起。我学生时代翻译的有关壮侗语方面的外文文献，还通过王伟老师，请张老师给把过关，因此，可以说，张老师也是将我引进语言学殿堂的恩师之一。留校之初，与张老师初次见面，他那谦逊和蔼、平易近人的处世风格和严谨治学精神深深感染了我，成为我学习的楷模和崇拜的偶像。在民族大学工作的20多年里，我在事业上的进步，都是张老师等老一辈语言学家们关心、栽培的结果。上个世纪90年代中期，由张老师担任所长的壮侗学研究所前辈们的帮助和努力，为我争取到了一次难得的机会，赴泰国玛希隆大学进行科研合作和学术交流，通过在国外近两年的学习和磨练，使我眼界更加开阔，学到了不少东西。1999年考上博士，成为张老师门下弟子，更是得到了张老师无微不至的关怀。可以毫不夸张地说，在我的学术生涯中，每前进一步，都凝结了恩师辛勤的汗水。

今天，我在这里是代表少数民族语言文学系来向张老师八十寿辰表示祝贺的，因此，要重点说说张老师对我们系学科建设、人才培养方面的贡献。张老师上个世纪50年代初期就到中央民族大学学习工作，是我们系乃至全校目前健在的元老级教授之一，亲历并见证了我们系乃至中央民族大学的建立和发展、兴衰与荣辱。少数民族语言文学系是从学校最早的一个学历教学单位发展起来的，张老师是这个系最早的一批学员。从具有悠久历史的上海东吴大学转到新组建的中央民族学院民族语文系，表明了他们这一代人从一开始就下定了为少数民族语言文学奉献一生的决心。半个多世纪来，张老师在教师这个岗位上兢兢业业，任劳任怨，潜心治学，教书育人，为少数民族语言文学学科的建设立下了汗马功劳，同时也为我们年青一代的师生做出了表率。张老师为人谦逊平和，没有一点大学者大专家的架子，系里的年轻老师，无论谁有求于他，只要能办到，他都从不推脱。据我所知，民大其他院系，甚至外单位的不少人都有同样的感受。在我们这些年轻人的眼里，他是一个和蔼、慈祥的长者。系里的学生对张老师更是倍加推崇，听过他课的80后、90后本科生都亲切地称他“张爷爷”。在外面遇到我们系很多已经毕业离校的学生，只要听过他课的，都会打听他的近况，并忘不了让我代问张爷爷好。这一切充分反映了张老师具有高尚的人格魅力和师德楷模，是当之无愧的中央民族大学十佳教师和北京市教学名师。这一荣誉不仅仅是张老师个人的光荣，也是值得我们少数民族语言文学系这个大家庭引以为自豪的。

最后，再一次代表全系师生祝张老师健康长寿！

张公瑾教授弟子代表虎月放致辞

敬爱的张老师、尊敬的各位老师、亲爱的师弟、师妹们，大家好！

值此张老师八十华诞之际，我们欢聚一堂，庆贺我们的恩师张老师健康长寿，心里感到无比的激动。在这个特别的日子里，我只想在这里真心地对老师说：老师，祝您生日快乐，健康长寿！并祝愿您与师母期颐偕老，阖家幸福！

敬爱的张老师，正是您的授业解惑给我们一生的工作打下了坚实的基础，正是您的精心指导和无私奉献，才有我们今天在自己的专业和其他领域里取得的丰硕成果，在此，我代表您所有的学生对您说：谢谢您张老师！真心地感谢您多年来对我们的栽培和关心！也正是您首先开辟“傣族文化研究”这块田园，并进行一番辛劳耕耘和热心的宣传，才使人们了解了生活在中国西南边陲和东南亚一带人数不多的傣泰民族各支都有着自己悠久的民族文字和灿烂优秀的文化。作为傣族的一员，我要代表傣族同胞，向您说声傣族人永远感激您！

此时此刻，我深深领会了“日月如梭”这个词的含义，二十七年前我第一次见到您的情景还历历在目。1986年的秋天，您第一次出现在空军指挥学院全国少数民族古籍培训班的讲台上，那时的您腰还是挺拔的，您和蔼可亲，慈父般的微笑给来自全国各地的五十多个民族的兄弟姐妹留下了深深的印象。从此，您把我们带到了民族古籍这个浩瀚的海洋里，两年后，我如愿以偿地成了您的开门弟子。此后我就成了您家的“蹭饭客”，尤其是过年过节，我和老师一家会围坐在师母为我们精心准备的热气腾腾的蛋饺火锅旁，无拘无束地享受着美食，我敢说那时中央民族大学的研究生里面我是最幸福的。后来您的弟子渐渐多了起来，家里的桌子已经无法容纳，您就把聚会搬到外面去，直到今天，我们仍然保持着每年一聚的传统。二十多年后的今天，您已经是桃李满门了。从您年轻的弟子们身上，我仿佛读到了您年轻时的朝气，从已步入中年并已取得累累硕果的您的弟子们身上，我又仿佛看到了您中年时候的身影。

敬爱的张老师，您有着太多让我们敬佩的地方：您高尚的师德和渊博的知识；您独特的研究视角和不断开阔的研究领域，所取得的成果，总是给我们带来惊喜；少数民族古文字，民族古籍，文化语言学，浑沌学与语言文化等等，这些看似枯燥和抽象的字眼和概念，经您一阐述会变得那么具体和有趣；您不嗜张扬，淡泊名利，谦虚谨慎，宽以待人的处世态度；您恬淡而乐观的生活态度，无论困境还是成功时的平和心态；您有一个体贴、理解信任您的好妻子，有一双知道孝敬您的好儿女，这也是我们又一个敬佩您的理由，家人的关爱理解是互相的，我想正是您也有着对家人的关爱理解，才有了师母对您的理解与支持，才有了您的儿女们、孙辈们对您的尊敬，他们才健康成长，生活快乐，才有了家庭的其乐融融。

您的精神、您的品质、您的思想、您的情感、您的性格会影响着您身边所有的人。这就是您独特的人格魅力！

此时此刻，让我们把特别的祝福，送给特别的您：

老师，祝您福如东海，寿比南山，与师母相携百年！

谢谢！

虎月放（系张公瑾教授首届硕士生，傣族，现任北京普域国际旅游有限公司总经理）。

国家民委全国少数民族古籍整理研究室贺辞

尊敬的张公瑾教授，值此您八十寿辰之际，谨向您和杨甲荣老师以及家人表示衷心的祝贺。张先生是新中国少数民族古籍事业的开拓者之一，为推动和促进我国少数民族古籍整理、抢救、搜集、翻译、出版、研究工作的科学发展做出了重要贡献。张先生高尚的人格魅力，严谨的学术风范，为后学做人做事做学问做出了典范，是我们少数民族古籍工作者学习的榜样。张先生是我们尊敬的老师，是我们敬爱的长辈，是我们亲密的朋友。

祝张先生生日快乐，身体健康，阖家幸福！

2013年10月31日

中央民族大学少数民族语言文学系主任
木乃·热哈教授贺辞

尊敬的张公瑾教授，我因外出不能参加您的八十华诞庆祝活动，深表歉意，在此谨向您表示祝贺：祝您生日快乐，身体健康，阖家幸福。您是我系少数民族语言学古典文献学专业的优秀导师，是新中国少数民族语言学和古籍研究的开拓者之一，为培养少数民族语言学和古籍研究的后继人才作出了重要贡献。您的严谨学风和人格魅力，是我们后辈学习的楷模。在此我代表少数民族语言文学系全体师生并以我个人的名义向您表示衷心地祝贺。

2013年10月31日

家属代表张颐武致辞

各位尊敬的长辈，各位父亲的同事、朋友和学生，大家好！

作为家人，我和我的妹妹张颐雯以及我们的亲属首先要向在座的各位表示由衷的感谢，感谢我父亲工作了一生的中央民族大学，感谢父亲的同事、朋友、学生。感谢你们在他八十岁生日的时候组织和参加这个盛会，向他祝贺的同时在他工作的相关领域中进行深入的研讨。这是对他过往努力工作的肯定，也是对他的今天和未来的祝福。这是他的最荣耀的时刻，也让我们这些家人有幸感受了、分享了他的光荣，更好地认识他的工作的意义和价值。因为你们的肯定，他从事的教学与研究工作，他的思考和关怀更多地被大家所了解。这应该是他最欣幸的事情。

我的父亲对于名利其实无所求，但他所珍惜的是他的学生们由于他的工作而有了更广阔的平台，他所执着探索的学术领域由于他的工作有了更丰富的展开。这个会是对他的最好的安慰和激励，也是对我们这些家人的安慰和激励。我们的感谢是由衷的，这个盛会的美好会成为我们宝贵的记忆。

作为一个同样是以人文学术研究作为自己职业的教师，我从小受到父亲的关爱和教诲，也让我对于人文学术有了一份真挚的热爱。虽然对他的具体研究领域我并不熟悉，我没有做出专业的评论的资格。但从一个对于他的领域感兴趣的外行人看来，我感受他有几个方面的学术努力值得我们领会和学习：

一是高远的文化关怀。父亲的工作始终有更高的视野，更多超越具体的研究对象的关切。他对于中国的发展和中华文化的命运有着真切的期望。作为一个在乱世中长大的人，他经历过国家民族危亡带来的痛苦，他总是期望自己所从事的语言学、民族学的研究和这个国家的命运连在一起。他的思考总是立足于中国的发展，立足于这块土地上的人民之间的和谐。他对他投入毕生精力探究的傣族的文化有真挚的感情，希望他自己的研究对这个少数民族的发展有所助益。他也着眼于跨文化的研究，对于人类文化的交流、沟通和相互理解抱有坚定的信念。

二是深入的理论探讨。他的工作始终有着很强的理论性。他总是把具体的个案和问题放在一个理论的背景下思考，同时力图在理论方面有所突破，增进人们对于事物的根本性的认知。他熟悉理论的新进展，他的文化语言学和民族研究中的思考始终是与时俱进的。近些年他把浑沌学的理论和方法引入文化语言学也是具有开拓性的。

三是扎实的实证研究。他把大量的时间用在具体的实证研究之中。他的文化关怀和理论思考最终是以实证研究来体现的。他的大量的田野工作和严谨的工作方法都体现在具体研究的成果之中。他在傣族语言、傣族天文历法、民族古籍等方面的工作成就就是这种实证研究的最好的范例。

他的工作的贡献已经有他的三卷本的文集记录下来，传递给他的同行和后来者。他教书育人的成就在他的学生们身上已经得到了最好的体现。作为他的家人，我们所感受的更多的是他对家庭、对周围的人的责任感。他是一个尽职尽责的父亲。在以往艰难的岁月中，在和他朝夕相处中，他言传身教，让我们知道一个人应该具有的基本品质。他把我们培育成人，让我们成为社会上有用的人，能承担起自己的责任。他关心我们的生活，竭尽全力让这个家庭的成员都满意和幸福。在工作中他总是希望做得更好，希望自己的工作对社会和学校有真正的贡献。他很善良，对人很温和。他总是希望大家都好，希望每个人和他相处和谐。他总是努力帮助别人，最终也得了大家的尊重和帮助。父亲的善良使得他的好人的形象在民大的大院和了解他的人中间受到尊重。许多民大的人在遇到我，知道我是张公瑾的儿子的时候，总是会说，你父亲真是个好人。这会让我们感到由衷的欣幸和自豪。

我们要感谢我们的父亲，也要感谢我们的母亲，他们性格互补，相互扶持，互相关爱，相知相亲，共同走到今天。这个家庭从艰难中走过来，今天仍然保持着温暖和美好。他们对我们关怀备至，言传身教，对我们的孩子也充满了关爱。正是他们的努力让我们的家庭和睦，让晚辈努力成为对社会有用的人。这些都让我们终身受益。

希望我的父亲和母亲健康长寿，充满乐趣地继续做出有价值的工作，与我们一起快乐地生活。

再次感谢大家！

民族古籍文献研究

中国国家图书馆藏“李耳卜裱经题记”考补

聂鸿音

摘要：中国国家图书馆藏西夏文《现在贤劫千佛名经》上有三则内容大致相同的裱经题记，一则汉文，两则西夏文。西夏文的题记中出现了一个罕见的字形，全文始终未获深入解读。本文指出这个字是西夏“慧”字的行书变体，并对题记进行了全文译释。这三则题记写于明代，西夏语在当时已经濒临消亡，文中出现了一些不合西夏习惯的表达法。

关键词：西夏文；佛经；题记；中国国家图书馆

中国国家图书馆西夏文特藏中的《现在贤劫千佛名经》久已为学界所知。这个经本原出宁夏灵武，在卷首和卷尾写有三则内容大致相同的裱经题记，全文最初由周叔迦抄录解读①，其中两则西夏文题记的照片在1932年由王静如公布并译释②。应该承认，限于当时的西夏文识读水平，学者未能对题记给出令人满意的逐字摹录，以致后人在转引时不但原文多有参差，而且由于其中出现了一个比较罕见的西夏字形，所以始终没有人能够对之做出进一步的阐发。2005年，全部三则题记的清晰照片由上海古

① 周叔迦：《馆藏西夏文经典目录》，《国立北平图书馆馆刊》第4卷第3号，1930，第281-284页。

② 王静如：《西夏研究》第一辑，中央研究院历史语言研究所单刊甲种之八，1932，第102-105页。

籍出版社刊出[①]，使我们有条件重新就此进行一番考究。同年，国家图书馆善本部重新清理了馆藏西夏佛经的裱纸，从中得到了一些明代的文书残片[②]。这使我们想到，“李耳卜裱经题记”应该也是在明代写成的，由此可以理解文中为什么会出现一些不合西夏传统习惯的表达法。

这三则题记中最详细的是用汉文写在卷首的那一则（Xix. 3.15 CV），可以作为解读西夏文题记的首要参照：

发心表经：释子李耳卜。

上报四恩，下资三宥，法界有情，同成正觉。

师父：李耳塞。母：韦氏太平姐。舍纸：王氏。

亡过父：李七什。

“发心表经”的“表”显然当作“裱”。“下资三宥”的“宥”当作“有”，佛教以“三有”指有生有死的三界，即欲界、色界和无色界。《大智度论》卷三：“三种有：欲有、色有、无色有。云何欲有？欲界系业取因缘，后世能生，亦是业报，是名欲有。色有、无色有亦如是，是名为有。”[③]

另外两则题记用西夏行书字写在版缘，内容比汉文题记简单，除了没有汉文发愿文中那四句常用的回向套语之外，助缘人的写法也略有不同。下面是西夏原文的楷书转录、汉译和注释：

原文

其一（Xix. 3.16 A）：

① 宁夏社会科学院：《中国国家图书馆藏西夏文献》第2册，第2、17、19页，上海：上海古籍出版社，2005。

② 林世田等：《国家图书馆藏西夏文献中汉文文献释录》，北京：北京图书馆出版社，2005。

③ 《大正新修大藏经》第25册，第82页上栏。

[illegible]：[illegible]。①

[illegible]：[illegible]。

[illegible]：[illegible]：[illegible]；[illegible]：[illegible]。

[illegible]：[illegible]。

其二（Xix. 3.16 BV）：

[illegible]：[illegible]。

[illegible]：[illegible]：[illegible]；[illegible]：[illegible]。

[illegible]：[illegible]。

汉译

其一：

师：耳塞李[1]。

诚信发愿令裱契经[2]：释子耳卜李[3]。

现在[4]：舍纸[5]：师母；予食[6]：王氏。

亡过父[7]：李七什[8]。

其二：

诚信发愿令裱契经：耳卜李。

现在：发愿舍纸：师母；予食：王氏。

亡过父：李七什。

注释

[1] [illegible] źjɨr¹，平声第86韵日母字，原件行书变体作“[illegible]”，前人未能识出②。[illegible] źjɨr¹–sej¹ ljị²，合于汉音“耳塞李”。“[illegible]” źjɨr¹–sej¹（耳

① 第一行字“师耳塞李”不见于《中国国家图书馆藏西夏文献》第2册上的照片，或许是因为拍照时没有见到带有这行字的纸条。这里据周叔迦录文补入。

① 李范文：《夏汉字典》，北京：中国社会科学出版社，1997年，第858页。

塞）义为“慧净”。

[2] 诚信发愿令裱契经，即“至诚发愿让人装裱经本”。诚信，西夏作“𗢏𗒐”sej¹-dźiej²，字面义为“净信”。裱，西夏作“𘔼𗤽”ŋowr²-phji¹，字面义为“全令”（＝令全），等于说“使完整”，也就是把原来残损的经本拼接粘贴起来。

[3] 𗨁𗫳𗏁źjɨr¹-bu̱² lji̠²，合于汉音“耳卜李”。“𗨁𗫳”źjɨr¹-bu̱²（耳卜）义为“慧胜”。

[4] 𗉣𗧓mjor¹-dźjij¹，王静如译“现在”，意思是“现在者”，即“当今在世的”。周叔迦译“如住”，误。

[5] 舍纸，捐献装裱所用的纸张，西夏作“𗭊𗧯”kjwɨ j¹ phjɨ¹，字面义为“纸舍”。周叔迦误录“𗧯”phjɨ¹（舍）为“𗧓”thjɨ²（此），王静如据上下文意以汉语音转而译为“资”，解作“资助纸张”，亦不确。

[6] 予食，西夏作“𗏹𗗙”tji̠¹ khjow¹，字面义为“食予”，这里指为装裱工匠供应工作餐，不是前人所译的“施食”。佛教做法事时的“施食”在存世的西夏施经发愿文里多见，写作“𗏹𗐱”tji̠¹ mji¹①，第二个字不同。

[7] 亡过，西夏作“𗗙𗫂”lju̠² ljij¹，字面义为“身转”（＝转身），这个词在西夏时代的佛经中常见，等于说死后的“转生”。

[8] 𗏁𗤋𗦳lji̠² tshjɨj¹-śji¹，合于汉音“李七什”，发愿者已去世的父亲。“𗤋”tshjɨj¹义为“小”，“𗦳”śji¹是专用的译音字。

这些题记是一个名叫李耳卜的佛教徒主持写下的，他发愿装裱了《现在贤劫千佛名经》，目的是纪念他死去的父亲李七什。裱经的助缘者还有他的师傅和师母，只是不知道施舍纸张的是师母韦氏太平姐还是王氏，不过王氏至少供应了装裱工的饭食。作为进一步的假设，我们感觉这次发愿

① 例如“真空观门施食仪轨”译作“𗏹𗐱𗧓𗤋𗏁𗫳𗨁𗢏”，参看聂鸿音《德慧译本〈圣佛母般若心经〉及〈持诵要门〉的夏汉对勘研究》，戴庆厦主编《汉藏语研究》第5期，2011。

只是一家人所为——李耳塞是李耳卜的哥哥兼宗教导师，所以李耳卜称他的嫂子韦氏太平姐为师母，而王氏则最有可能是李耳卜的妻子，否则就不能解释这些人为什么会一道来追思同一个“亡过父”。

存世资料表明，党项语人名折换成汉语有两种不同的方式，分别代表了不同的时代特色。西夏时代习惯音译姓而意译名，例如12世纪中叶西夏功德司副使的全名是“[illegible]”tśjiw^1 źjɨr^1–ŋjow^2，相应的汉语作“周慧海”①，“周”为姓，用音译，“慧海”为名，用意译。元代以后则习惯将姓和名都用音译，例如入元的西夏降将“[illegible]”sew^2–ljị^{2} gia^1–bju̱^{2}，其墓志上相应的汉语作“小李铃部”②，《元史》卷一二二音译作“昔里钤部”，并不将其名“[illegible]”gia^1–bju̱^{2}意译为“统军”。周叔迦已经正确地指出汉文“李耳卜裱经题记”里的人名是西夏语的音译而非意译，那么，结合国家图书馆善本部从馆藏西夏文献裱纸中拆出的明代文书判断，这三则“李耳卜裱经题记”也应该写于明代。

把党项语的姓和名都用汉语音译，这在元代以后是正常的，真正不正常的是姓氏“李”的位置——西夏人的姓氏从来都放在名字的前面，不像这两则题记那样出现在两个名字的后面。尤其奇怪的是，同是姓李，李耳卜和李耳塞的名字被写成了“耳卜李”和“耳塞李”，但李七什的名字还保留着原来的语序，并没有被写成“七什李”。从感觉上说，造成这种现象的原因可能是三个人的身份不同。如上所述，“耳卜”义为“慧胜”，“耳塞”义为“慧净”，这两个名字都带有一定的佛教色彩，加之前者在题记中自称“释子”，我们可以想到这两人应该是佛教徒，而亡过父李七十的名字则暗示他大概不是“释子”。众所周知，按中古以后的佛家习惯，对僧人一般都仅呼其名，至多冠以“释”姓，而原来的俗姓并不重

① 段玉泉：《西夏藏传佛教文献周慧海译本述略》，《中国藏学》2009年第3期。

② 见“小李钤部墓志”，原件2013年9月29日出土于河北省邯郸市大名县旧治乡陈庄村李爱鲁（1232–1287）墓，现存大名县文化广电新闻出版体育旅游局。

要，所以也不是没有可能附在名的后面。例如在1345年北京居庸关过街塔的西夏文石刻“造塔功德记”里可以见到下面两个僧人名①：

𗃊[𗅲]𗥔𗣼𘑗𗾢𗉚

𗃊𗅲𗣼𗋇𗏁𗖵

第一个人叫“苻耳哆”，西夏文作“沙门释子耳哆苻”。其中“𘑗𗾢”źjɨr[1]–zjir[2]（耳哆）是名，义为“慧寿”。“𗉚”xu[1]是个专用的译音字，可以与许多汉字对当②，这里选择“苻”姓对译，是参照西夏本《类林》卷四译“苻融”为“𗉚𗗚”，译“苻坚”为“𗉚𗓱”③。“释子耳哆苻”的格式显然与“释子耳卜李”一样。第二个人叫“咩布细托”，西夏文作“沙门细托咩布”。其中“𗣼𗋇”sjịj[2]–thjo̱[1]（细托）是名，义为“智妙”。“𗏁𗖵”mjij[2]–pụ[2]是常见的党项姓，同时代的汉译是“咩布”④。“咩布细托”写成“细托咩布”，同样是把姓放在了名的后面。看来这是元代以后党项僧人在某种特定条件下的称名习惯。

从书法上看，行书“李耳卜袜经题记”抄写得相当熟练，不像是初学者所为，但我们同时也看到，其中的西夏文句子却写得并不规范，这一点突出地表现在西夏动词后缀“𗖵”wji[1]的使用上。我们看到，第一则题记的“舍纸”就被译成了“𗑗𗒹𗖵”，可是在第二则题记的同样结构里却没有“𗖵”wji[1]⑤；第二则题记中的动词“𗆮𗋽”（全令＝令全）后面跟着一个“𗖵”wji[1]，可是在第一则题记的同样结构里却没有“属”wji[1]。当然，西夏语动词后缀的使用并不像英语动词末尾的–s那样规则，但无论如何，动词后缀在完全等同的语言环境下竟然表现得时有时无，这只能说明日常

① 村田治郎：《居庸关》第一卷，第293页，京都：京都大学工学部，1957。

② 李范文：《夏汉字典》，第584–585页。

③ 史金波、黄振华、聂鸿音《类林研究》，第82页，银川：宁夏人民出版社，1993。

④ 孙伯君：《西夏番姓译正》，《民族研究》2009年第5期。

⑤ 按西夏语法，第二则题记的“发愿舍纸”应该译作“镁癀反通属”（愿发纸舍为），而不是现在这样的“镁癀属反通”（愿发为纸舍）。

用惯了汉语的西夏遗民对自己母语的记忆已经不大清晰了。

在以上认识的基础上，现在我们是不是可以这样假定“李耳卜裱经题记”的产生过程：在宁夏灵武有个西夏遗民主持的寺院，里面收藏着一批西夏文的佛经，这些佛经有的是西夏时代原物，有的是元刊“河西字大藏经”的一部分。到了明代，不少经本已经残破，于是寺院向社会募集资金和实物试图予以修复。在众多的响应者当中有个自称为“释子”的李耳卜，他希望借此来积聚功德，纪念他去世的父亲。李耳卜可能是个“在家”的党项居士而非真正的出家僧人，而且不会很富有，因为他只能发起小规模的施舍用于某部经文的修修补补，而无力承担全部经本的专业装裱费用。最终是他携家人出资修补了一部《现在贤劫千佛名经》，并获准在经本上以题记形式写下自己的心愿。题记不知是李耳卜亲自执笔还是请人代劳，反正经本上的字写得挺漂亮。李耳卜的心愿完整地反映在题记的汉文部分里，不过为了标示自己西夏遗民的身份，他还需要一两则西夏文的题记。可惜的是，西夏文在明代的党项人那里已经变成了一种纯粹的民族文化符号，人们已经不大会说西夏语了，也许除了自己的名字之外也再认不得多少西夏字，所以他们不但无力把汉文题记中的那四句发愿套语译成西夏文，而且在叙述发愿人和助缘人时也出现了不合西夏传统习惯的表述。但无论如何，这两则西夏文的题记总算是勉强写出来了，后来不知是什么原因，随着大批的佛经一起被藏进了灵武的城墙内，并且一直保存到了今天。

两件回鹘文金帐汗国扎令译释①

张铁山

摘要：回鹘文曾作为金帐汗国的官方文字，记录了汗国的历史史实。本文对两件回鹘文金帐汗国扎令进行文献学研究，包括对原文的转写、汉译和注释。

关键词：回鹘文；金帐汗国；扎令

回鹘文是来源于粟特文的一种音素文字，主要流行于9—15世纪。因回鹘人曾广泛地使用过这种文字，所以一般统称为回鹘文。事实上，回鹘文曾被包括回鹘人在内的突厥语族诸民族及一些非突厥语族民族使用，是一种跨语言、超方言的文字。

金帐汗国（1242—1502年），又称钦察汗国、克普恰克汗国、术赤兀鲁思，是蒙古帝国的四大汗国之一。1242年，成吉思汗长子术赤的第二子拔都结束西征，建立了东起也儿的石河（额尔齐斯河），西到斡罗思，南起巴尔喀什湖、里海、黑海，北到北极圈附近的辽阔的金帐汗国。金帐汗国境内居民成分复杂，汗国的人口主要是钦察人、保加尔人、花剌子模

① 我于1988年硕士毕业后就与张公瑾先生在一个系里工作，后于1999年师从张公瑾教授，攻读文化语言学，于2002年获博士学位。此后一直与张先生一起在中央民族大学中国少数民族语言文学系工作。无论是在拜师学艺期间，还是在工作中，张先生严于律己、宽厚待人的人格魅力和严谨治学、大胆创新的工作风格，都为学生树立了榜样，更让我学到了为人、治学的很多知识。时值先生80华诞，撰此短文，以表示学生对先生的祝贺，祝先生身体健康，万事如意！

人，以及其他一些突厥语民族。由于统治民族蒙古人占少数，因此，逐渐被周围的大量突厥部族同化，到14世纪前叶，完成了突厥化过程。回鹘语文遂成为汗国的通用语言和文字。

14世纪中叶时，汗国内部出现了新的争端，万户们互不协调，各自为政，汗庭权力日渐削弱。从札尼别汗（1340—1357年）以后（1357—1380年）24年间共更换了20个汗。1380年，脱脱迷失控制了金帐汗国的主要疆土，成了金帐汗国大汗。

14世纪末，金帐汗国呈现衰败局面，花剌子模、克里木、保加尔逐渐从金帐汗国中分裂出去，金帐汗国同时又遭到中亚帖木儿帝国的侵袭。到15世纪时，金帐汗国先后分裂出了西伯利亚汗国、喀山汗国、克里木汗国、阿斯特拉罕汗国等独立国，金帐汗国中央直辖的只剩下有限的疆土，被称为大帐汗国，金帐汗国的正统汗位由大帐汗国继承，但他的实际地位等同于其他汗国。

1472年，阿合马汗发动了与莫斯科公国的战争，战争以阿合马的战败而告终。1502年，末代大汗赛克赫阿里被克里米亚汗国击败，金帐汗国灭亡。

16世纪50年代，沙皇伊万四世统治时期先后占领了喀山、阿斯特拉罕、克里木三个汗国，金帐汗国领土全部并入莫斯科公国领地。

本文研究的两件金帐汗国扎令写成于14世纪末，即金帐汗国的衰败时期。下面分别对这两件回鹘文金帐汗国扎令进行原文转写、汉译和注释。

一、《脱脱迷失扎令》（1393）

（一）解题

此为脱脱迷失（Toktamıš Han）1393年给立陶宛大公Yagayla（Jegello）的扎令，用回鹘文写成，内容是向莫斯科公国传递波兰分裂的消息。

M.Obolenskiy最先发现并介绍了这件扎令。[1]扎令与波兰-俄罗斯之间达成的其他协议一起被带回到华沙，现收藏于华沙中央档案馆（Archiwum Glowne）。

《脱脱迷失扎令》由25行构成。扎令的左上角印有一方刻有阿拉伯文库斐字体[2]的四方形红色印章。

（二）原文转写

01. Toqtamïš söz-üm

02. yaγayl-a-γa

03. uluγ orunγ-a olturγan ärgäy-in

04. anglatu qutlu buq-a hasan bašlï ilči-

05. lär iydük ärti sän taqï käläčing-ni

06. bizgä iyding ärti burunγï yil bäg bolat hoča mdin

07. bašlï bir näčä oγlan-lar bägiš turdučaq birdi

08. davud bašlï bäglär edügü atlï kiši-ni t(ä)mirgä aldïr-

09. tin čïqarup iymišlär ol til birl-ä kälti ärti

10. lar-nïng al-a köngül bil-ä til inip il qïrï-γïnγa

11. y(i)tä kälgän-tä anglap yïγïlïp sančïš-maγ(γ)a

12. turγan-ta ol yaman kiši-lär burun täbirägin

13. tin il tarpïp ol iš taqï ol čaqlï bolγan ärgäy-i ol ärti

14. tängri biz-ni y(a)rlïqap düšman-lïγ qïlγan bägbolat hoča mdin

15. bägiš turdu-čaq birdi davud bašlï oγlan-lar bäglär-ni

16. mungγal-(t)tï ämti bu yaγunï anglatu hasan tulu hoča bašlï

17. ilčilär-ni iydük ämti taqï bols-a

---

① Obolenskiy, M., Yarlık Hana Zolotoy Ordı Tohtamıš k'Polskomu Karolyu Yagayla(1992-93 Goda) ,Kazan, 1850.

② 库斐字体是一种带棱角的古代阿拉伯文字体。

18. bizgä baqar illärning čïqïšlarïn čïqarup baryan
19. ilči-lär-gä bärgil hazïnägä t(ä)gürs-ün-lär bas-a
20. burunyï yosunča bazergan ortaq-larïng taqï yörüš-
21. süng-lär uluy uluš-nïng turuš-ïny-a taqï yahšï-
22. sï ol bolyay tip altun nišan-lïy y(a)rl(ï)y
23. tut(t)uq taqayu yïl tarih yiti yüz toqsan bäš
24. tä räčäp ay-ï-nïng säkiz yangïta ordu tan-
25. ta ärür-tä bitidimiz.

（三）汉译文

（01）（我）托赫塔迷失（Toqtamïš）昭告（02）亚嘎依拉（Yayayla）。（03）（我）向居于宝座的你（04）派去了忽秃鲁・不花（Qutlu Buqa）和哈桑（Hasan）率领的（05）使团，你也向我们（06）派来了使者。去年以别·波拉特（Bäk Bolat）和火者・木丁（Hoča Mdin）（07）为首的几位王子一起，以别可西（Bägiš）和吐尔都恰克・比尔地・（08）达兀德（Turdučaq Birdi Davud）为首的诸别派名为也迪该（Edügü）的人（09）出使了贴木儿。带来了这样的话。（10）他们以阴险之心教唆，使国家濒临灭亡的边缘（11）时，（我）耳听这些话，集中力量，准备战斗，（12）那些坏人翻脸（13）发动了战争。这事情的缘由就是这样的。（14）上天保佑我们，使别・波拉特（Bäk Bolat）、火者·木丁（Hoča Mdin）、（15）别可西（Bägiš）、吐尔都恰克·比尔地·达兀德（Turdučaq Birdi Davud）为首的诸王子和诸别（16），陷入了痛苦。现在为了说服敌人，我们（17）派出了以哈桑（Hasan）和图鲁·火者（Tulu Hača）为首的使团。现在若如此，（18）就向我们派来如同各国使团一样的（19）使团吧！来取得财富吧！然后（20）按照以前商人的规制，商人们互相来往吧！（21）为了大帐汗国的昌盛，（22）我们写了盖了金印的扎令，（23）于鸡年回历七百九十五年（24）七月八日在汗庭丹纳。

（四）注释

（01）Toqtamıš: 汉译“脱脱迷失”，秃亦火者之子，金帐汗国最后一位汗王。1382年脱脱迷失占据喀山城，打败原金帐汗马麦，与罗斯公国，两帐合并，版图由巴尔喀什湖至克里米亚。1385年派使者到埃及马木留克王朝，同年入侵波斯，取大不里士。1386年至1387年袭击达吉斯坦与再次入侵河中，令帖木儿大举反击。1392年，与帖木儿在伏尔加河中游萨马拉的昆都尔察河谷大战。脱脱迷失大败。1394年，脱脱迷失再次入侵高加索，在设里汪与打耳班一带抄掠。1395年帖木儿摧毁萨莱，追踪脱脱迷失至伏尔加河中游，帖木儿命兀鲁思汗之子恢复秩序，帖木儿军队至粱赞后回军。脱脱迷失后来前往乌克兰，受立陶宛大公维托夫特保护。1399年脱脱迷失与帖木儿·忽都鲁及也迪古战于沃尔斯克拉河，脱脱迷失战败，1405年在西伯利亚秋明，被也迪古所杀。

（02）Ya γ ayla: 立陶宛大公瓦迪斯瓦夫二世·亚盖洛（Jagiellon）的突厥语拼读。1385年波兰王国和立陶宛大公国实行了王朝联合，1386年，立陶宛大公亚盖洛来到波兰首都克拉科夫，同雅德薇嘉结婚，接受天主教洗礼，加冕为波兰国王，称瓦迪斯瓦夫二世·亚盖洛（1386—1434），开始了亚盖洛对波兰的统治（1386—1572）。

（04）Qutlu Buqa: 脱脱迷失派往亚盖洛的使臣。此名未见于其他史料。

（05）Hasan: 脱脱迷失派往亚盖洛的使臣，此名亦未见于其他史料。

（06）Bäg Bolat：人名。Hača Mdin: 人名。

（07）oγlan：由oγul“小孩、男孩”缀接an构成，意为“王子”。Bägiš：人名。

（07-08）Turdučaq Birdi Davud：人名。Edügü：人名。

（08）Tämir：帖木儿帝国奠基人，生于1336年4月8日，卒于1405年2月18日。1362年，他在故乡附近地区进行绥靖时，被打伤成了瘸子，因此人称“跛子帖木儿”。1369年，他杀死西察哈台汗忽辛，宣称自己是察合台汗国的继承人，建立了帖木儿帝国。1391年、1394—1395年两次征伐金帐汗国。最著名一战是与金帐汗国脱脱迷失汗的昆都尔察河谷大战，彻底击败金帐汗国。

（16）Hasan：人名。

（20）bazergan ortaq:意为“商人”。

（23-24）扎令的落款日期，既用传统的十二属相纪年，也使用回历。

二、《帖木尔·忽都鲁扎令》(1397)

（一）解题

此扎令是1397年金帐汗国的汗王贴木尔·忽都鲁（Temir Kutluk）给一位叫穆哈麦德（Muhammed）的文书。扎令原件由A. Von Raab在伊斯坦布尔发现，并交给了历史学家Hammer。Hammer将这份文书翻译为德文，并于1818年与其阿拉伯文的文献一起发表在Fungruben des Orients期刊第六卷。

该扎令由回鹘文和相对应的阿拉伯文两种文字写成，存55行。第二行和第三行的书写低于其他各行。左上角并不像上封《脱脱迷失扎令》那样盖有印章。至于没有印章的原因，在有些突厥学者中间存在争议，因为该扎令是否是原始资料尚未可知。

（二）原文转写

01. tämir qutluγ söz-üm

02. ong qol sol

03. qol-nïng oγlan-lar-ï-γa

04. tümän äd(i)gü bašlïγ ming yüz on

05. bäg-lär-i-gä ički känt-lär-i-ning qazï

06. müfti-lär-i- γ a mäsayih sufi-lär-i- γ a

07. dïvan bitigči-lär-i-gä tam γ ačï tart-

08. naqčï-lar-ï- γ a yortar išlänči yolavčï-

09. lar-γa bökävül totqavul-lar- γ a yamčï

10. süsünči-lär quščï barsčï-lar- γ a

11. kämäči köprükči-lär-gä bazar-da

12. turγan-lar-γa bu yarlïγ-nï tuta turγan

13. muh(a)m(m)äd-ning öbäkä ata-lar-ï burun-

14. γï käčgän sayïn han čaγïdïn bir-i bir-ä

15. yar-lïγ rast tarhan-lïγ yosun-ï-ča yörüp

16. atas-ï hačï bayram hoča-nï

17. bizing han aγ-a-lar-ï-mïz soyurqap

18. tarhan qïlγan čärgä-sin anglata ötündü

19. ärsä ötülin yöp körüp muhammäd

20. bizing soyurqal bolup tarhan bolup

21. tursun tidimiz bu kün-din ilgärü qïrïm

22. bilä qïrq yär-ning tömän-i-dä sudaq atlγ

23. känt-ning čivarïnda burunγ-ï zaman-dïn

24. bärü mütähaddir t(a)rh(a)n bolγan ïndïrčï salas-ï

25. bil-ä mäšhur bolγan salas-ï-dïn šär-i qabala

26. yosun-ï-ča yär suw-l(a)r-ï bil-ä muh(a)m(m)äd-ning

27. oγlan-lar-ï ilk-i hačï muh(a)m(m)äd vä mahmud

28. nï azad t(a)rh(a)n bolsun bular-nïng yir suw-

29. larïnga baγ baγča-l(a)r-ï-γa hamman t(ä)girm(ä)n-

30. l(ä)ri-gä t(a)sar(r)uf qïl-a turγan yär-l(ä)r-i-gä

31. burun-dïn qalγan azad-l(a)r-ï-γa b(a)s-a sal-a-

32. l(a)r-ï-γa s(a)b(a)nčï ort(a)q-čï-l(a)r-ï-γa kim

33. kim ärs-ä küč oγ-a t(ä)gürmäs-ün yolsuz

34. y(ä)r-dä n(ä)m-(ä)-l(ä)r-i-ni tartïp (almas-un)

35. almas-un-l(a)r borl-a t(a)mγas-ï inkinči üskü

36. bal qurtï anbar mal-ï ïndïr haqq-ï

37. t(a)b(a)n-lïγ qïsm(ä)t qubur y(a)s(a)γ-ï qalan

38. s(a)lïq borč har(a)č alm(a)s-un-l(a)r barur kälür-i-dä

39. kirür čïqar-ï-da qïrïm-da käfä-dä qayu-ma

40. törlüg ärs-ä alur-ï-da s(a)t(a)r-ï-da t(a)mγ-a

41. t(a)rtn(a)q alm(a)s-un t(a)rh(a)n-lïγ t(a)b(a)n-lïγ yol

42. haqq-ï qaravul-luq tiläm(ä)s-ün-l(ä)r t(a)v(a)r q(a)r-(a)-

43. l(a)rïn ul(a)q tutm(a)s-un qonaq tüsül tüšürm(ä)s-ün-

44. l(ä)r süsün ulufä til(ä)m(ä)s-ün-l(ä)r qayu-ma

45. törlüg z(a)hm(ä)t vä muav-ä-nät vä avar-ï-zat-

46. l(a)r-dïn masun vä m(a)hrus bols-un-l(a)r inč

47. turup tïnčlïγ bil-ä šam u sabah ävqat-ï

48. šärif-l(ä)r-i-dä biz-gä taqï bizing

49. uruγ uruγ-ï-mïz-γa dua alqïš

50. it-ä turs-un tip tuta turur-γa

51. altun niš(a)n-lïγ al t(a)mγa-lïγ

52. yar-lïγ birildi tarih säkiz yüz-dä

53. bars yïl-ï šaban ayï-nïng altïnčï

54. kün-i-dä özi suyï-nïng känar-ï-da

55. müčaväranda ärür-dä bitildi.

（三）汉译文

（01）（我）贴木尔·忽都鲁昭告（02）左谷蠡王、右（03）谷蠡王之子，（04）以万户长也迪该（ädigü）为首的千户长、百户长、十户（05）长们，内城的哈孜和（06）穆夫提们，教长和信徒们，（07）总书记官、掌印官和掌称官（08）们，骑手和大使（09）们,汗宫近卫兵和边防兵们，传信官（10）、粮库官、驯鸟官和驯虎官们，（11）船匠和修桥匠们，经商者（12）们，手持此扎令的（13）穆哈麦德（Muhammed）的大伯，从以前的（14）萨因汗（Sayin Han）时期以来相互间的（15）扎令，以真正的达干形式行使，（16）将其父哈吉·巴依拉木·火者（Hačï Bayram Hoča（17）视为我们的汗兄，（18）为了表达达干之礼，（19）穆哈麦德适当请求，（20）视为我们的善（21）意。今日之前与克里木（22）在qïrq yär下游名叫Sudak的（23）村庄周围，从很早（24）以来，连续成为达干的村庄，（25）成为著名的村庄，（26）这些地方按照合法的程序，成为穆哈麦德（27）子孙，即伟大的哈吉·穆哈麦德（Hačï muhammäd）和穆哈麦德（28）自由之地。这些地方的水土、（29）园林和果园、浴室和磨房、（30）有使用权的地方、（31）从前的空闲之地、以后的村庄、（32）村民和佃农，（33）无论是谁，都不得欺压，（34）不得非法拿东西，（35）不得以葡萄园、（36）蜂蜜、库房货物、（37）谷场、制鞋、库布尔为名目（38）来征收园林税和各种税贡。对往来和（39）进出之人，在克里木和凯菲，无论买卖（40）什么物品，不得征收关税和（41）过秤税。不使（有关人员）得到好处。（42）不得收取货物、牲畜和（43）运输工具的费用。不得为难客人。（44）需给客人提供饮食，给马提供草料。（45）无论有什么麻烦，都不能获取临时费用，而要提供帮助和保护。（46）在安静祥和中生活，（47）幸福地度过每个日夜，（48）祝愿我们的家族健康（49）平安地生活。（50）为此，特授予穆哈麦德（51）盖有金印红章的扎令。（52）回历八百年（53）虎年八月六（54）日写于Özi河畔（55）Mücavāran地方。

注释

（01）Tämir Qutluγ：贴木尔·忽都鲁（ —1399年），金帐汗国可汗，兀鲁斯汗（Urus Khan）之孙，帖木儿・灭里（Tämur-Mälik）之子。兀鲁斯汗的侄子脱脱迷失登上了汗位后，帖木儿·忽都鲁不满，在脱脱迷失和帖木儿的斗争中，帖木儿·忽都鲁和也迪该（ädigü）充当帖木儿的助手。1392年，帖木儿在昆都尔察河谷大败脱脱迷失，帖木儿立帖木儿·忽都鲁取代脱脱迷失。1399年，脱脱迷失与帖木儿·忽都鲁及也迪该战于沃尔斯克拉河，脱脱迷失战败，但帖木儿·忽都鲁在不久后被脱脱迷失的儿子所害。

（04）Adigü:也迪该，万户长，曾与帖木儿・忽都鲁一起充当贴木尔的助手。

(04–05) ming yüz on bägläri：意为“千户长、百户长、十户长”。

（05）qazï：阿拉伯语借词，伊斯兰教法官，汉语一般音译为“哈孜”。

（06）müfti：阿拉伯语借词，伊斯兰教教法说明官，汉语一般音译为“穆夫提”。mäsayih：阿拉伯语借词，伊斯兰教教长。sufi：阿拉伯语借词，伊斯兰教信徒。

（07）diwan bitigčisi：意为“总书记官”。

（07）tamγačï：意为“掌印官”。tartnaqčï：意为“掌秤官”。

（08）yortar：意为“骑手”。 išlänči yolavčı：意为“大使”。

（09）bökävül：蒙古语借词，意为“宫廷近卫兵”。totqavul：意为“边防兵”。yamčï：传信官。

（10）süsünči：粮库官。quščï：驯鸟官。barsčï：驯虎官。

（13）öbäkä：借自蒙古语ebüge“大伯、叔父”。

（14）Sayïn Han：拔都汗（Batu Qaγan，约1200—1255）的绰号，因对部下宽大，故称其为撒因汗（意为“好汗”）。拔都为金帐汗国的创建者，成吉思汗长子术赤之嫡次子。

（18）čärgä：蒙古语借词，意为“队列、顺序”。

（20）soyurqal：借自蒙古语soyurgal“行善”。

（21）Qïrïm：克里木，原为金帐汗国的属地。13、14世纪之交，金帐汗国设置总督管辖区。1443年，哈吉-格莱（1443～1466在位）在当地蒙古封建主的支持下，脱离金帐汗国，建立了独立的汗国，定都巴赫奇萨赖。

（22）Qïrq yär：克里木地区一地名。

（37）kobur y(a)s(a)γ-ï：一种税名。

（39）Kefe：克里木一城市名。

（53）šaban:回历八月。

（54）Özi：河名。

（55）Müčavärαn：地名。

附图：

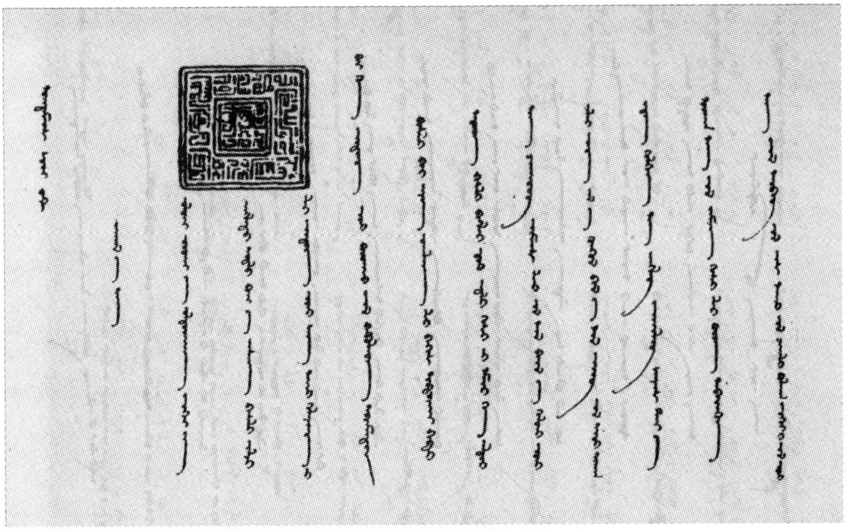

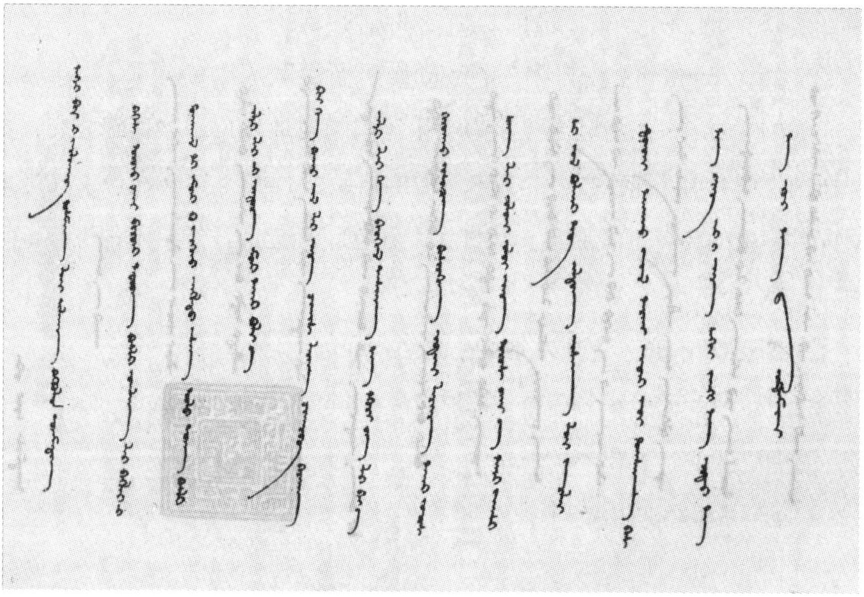

《脱脱迷失扎令》（1393）

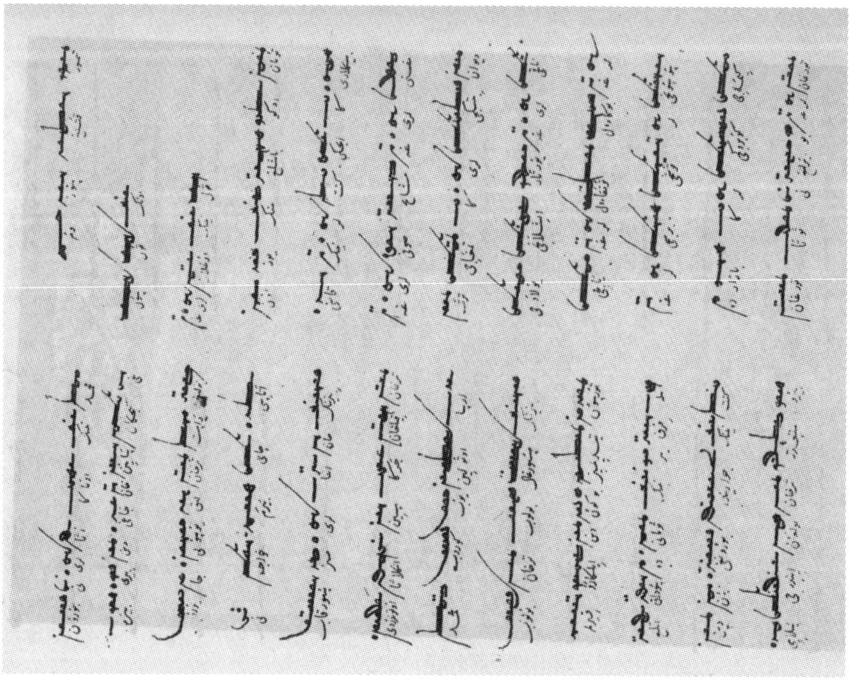

《帖木尔·忽都鲁扎令》(1397)

苯教文献发展简史

徐丽华

摘要： 苯教是藏族的传统宗教，有悠久的历史。在几千年的发展过程中创造了成千上万卷苯教文献，这些文献包括宗教、历史、艺术、医学、历算、建筑等方面。本文就苯教文献的发展和不同时期的重要文献作一概述。

关键词： 苯教；苯教文献；藏族

一、苯教的早期文献

苯教的系列文献及其社会文化是藏族文化的源头。苯教产生于公元前2317年，兴盛于辛饶弥沃（公元前1917～？年）[①]时代至天座七王时代（约公元前417年～公元前180年）。苯教是藏民族原有的宗教，有系统的宗教理论、仪轨和制度，其宗教、医学、历算等方面的文献十分丰富。

苯教史籍称，祖师辛饶创立显密心三宗后，将法王位让给太子，太子穆却典珠不负众望，培养了六名高徒，他们是大食智者穆查扎黑、中原智者列党芒波、印度智者拉达阿卓、象雄智者赤托巴匝和呼里巴雅及冲国智者色托解尖姆。因这六位弟子学识渊博，将苯教文化发扬光大，推广至亚

① 南喀诺布教授认为辛绕弥沃诞生于公元前1917年。见《古代象雄与吐蕃史》，第53、69页，中国藏学出版社1996年版。

洲各地而被誉为“世界六庄严”。此说仅见于苯教文献，尚无其他旁证，不敢说全是历史事实，但至少从中有一个消息，那就是在遥远的古代，有一位名叫辛饶弥沃的智者创立了有系统理论的雍仲苯教，并通过前来学习的弟子把苯教文化传播到了多个地域和多个民族之中。由此，可以想见，苯教曾有过较为先进和突出的文明，但遗憾的是今天已经看不到这一时期的文献了。苯教自吐蕃时期开始便经历了多次法难，元气大伤。因此，其文献的发展也随着苯教的兴衰，经历了产生、发展、低潮、再高潮等几个阶段，即苯教史所说的前弘期、中弘期和后弘期。

苯教文献的发展与苯教兴衰密不可分，苯教兴则文献兴，苯教衰则文献衰。

（一）前弘期和中弘期文献

苯教史学家把苯教史分为前弘期、中弘期和后弘期。前弘期指辛饶弥沃至止贡赞普（公元前81年卒）执政时期；中弘期指从布德贡杰赞普（公元前69年摄政）至赤松德赞赞普（公元742～796年）时期；后弘期指牟尼赞普（762～797）之后或者指吾东赞普（815～841年）之后的年代。

苯教史学家以传统苯教史籍为依据，认为在“萨让杰楚时代”（约公元前24～21世纪）已经产生了十二生肖与五元素搭配计算的历算，这是最早的历算文献。萨达龙甲（公元前2317年～？）是这一时期的历算大师之一。此后，在诸多苯教大师尤其是在辛饶弥沃大师的努力之下，开始了对苯教文献的整理、分类和编纂工作。如：在医学理论和实践不断提高的前提下，色贡楚琼（公元前1917～？年）提出四大元素与药物搭配的理论，由解补持稀（公元前1897～？年）编纂出第一部藏医著作——《医学·四十万》。此后，这部医著历经无数医学大师的整理、增补，成为一部系统的藏医理论著作，吐蕃时期所编《四部医典》就是在此书基础上加工而成的。在多位苯教大师的努力之下，完成了《黑白花鲁经》、《迥孜》、《哲孜》、《十万萨达向经》、《朵堆经》、《辛饶弥沃传记》以及苯教显密理论著作，同时，各种仪轨、祭祀图谱、牺牲替代品、隆达、朵玛、朵玛印模也已经出现。

前弘期和中弘期中苯教经历了数次法难，在每次法难中苯教文献均遭到严重毁灭，尤其是止贡赞普时期，苯教文献有的就地埋藏，有的运往外地埋藏，在埋藏和运送过程中许多文献受潮霉烂和散乱遗失，有的文献因埋藏者的死亡而永远埋藏地下，损失极其严重。在这次大规模埋藏苯教文献的过程中，苯教徒将许多苯教文献运送到智仓等地埋藏，这样就出现了著名的《苯教五大伏藏》。埋藏的文献称为“伏藏”，意即为避免人为毁灭而埋藏于山林、寺院、古堡等地的苯教文献。历史上把发现和挖掘这种文献的人，称为掘藏师或伏藏师。

《苯教志》[①]载，前弘期的苯教文献内容，主要是密心和律宗。密心就是密宗和心宗，即大圆满法。密宗是在因苯基础上发展起来的，它与各种祈福消灾、祓祛邪恶的原始宗教仪式有关。在止贡赞普时期的法难中被埋藏的文献还有因苯的《郎辛》、《斯辛》、《都尔苯》和《心苯》。灭苯的区域主要是后藏，前藏（卫地）影响较小。[②]

布杰王朝第九代赞普布德贡杰（前69年摄政）到吐蕃赞普赤松德赞时期（742–796）苯教有了新的发展，称为中弘期。据《苯教志》记载，布德贡杰曾经从象雄邀请大学者郭君吐钦来吐蕃传教，此后又有勒席达让大师从俄摩隆仁引进了许多苯教典籍。据《强玛》记载，这一时期的有《父续大诲》、《教义大圆满》、《慈心大乘》、《塞城大续》、《普明大慈》、《威钦然巴》和《威钦旺钦奔巴》等13种主要文献问世。

（二）后弘期文献

后弘期指吐蕃牟尼赞普（762 ~ 797）之后或者指吾东赞普（815 ~ 841年）之后的年代。赤松德赞时期的灭苯事件是以“非暴力”手段进行的，

① 《苯教志》：全名《雍仲苯教志·妙宝珠鬘》。

② 才让太：本教文献及其集成，载《西藏研究》，藏文版，1990年第4期。

虽然苯教徒或改宗皈依佛门，或被流放他乡，但他们积极保护苯教经典，有的藏匿，有的转运他乡保存。当时许多著名的苯教大师在赤松德赞的强权威慑下，改宗佛教，但他们埋藏和保存了大量苯教典籍。《嘉言库》记载，当时埋藏苯教文献较多的地方是吐蕃的边境，此外还有两处，一处是"伏藏王"的四个埋藏点，即桑耶黑塔[①]、钦之格巴达珍、大昭寺和恰玛雍仲。另外一处是"伏藏臣"的37个埋藏点和"伏藏外臣"的1个埋藏点。《苯教志》上说"赤松德赞三十一岁（土牛年孟春初一）时，（苯教师）埋藏《秘藏》五种、《小藏》一千七百种"。因此，这一时期的文献以《苯教五大伏藏》为主。

1. 北藏文献

北藏文献，因从吐蕃北部挖掘出来而得名。苯教学者夏尔杂·扎西坚赞认为，北藏文献大致有340部，其中包括《律宗六部》、《康钦八部》、《本德》34部、大圆满若干部，还有《红黑赛普》、《黑白盖阔》、《象雄帖潘》、《黑巴普仪轨及诠释》等。[②]

2. 南藏文献

南藏文献。因从吐蕃南部挖掘出来而得名。南藏文献的主要发掘者辛钦鲁噶（996~1035）是苯教史上的著名人物，他发掘的伏藏中，有著名的《什巴卓普》、《康钦》、《唐玛俄杰祭文》和许多密宗和心宗文献。这些伏藏文献是苯教最基本的经典，一直流传至今。但对辛钦鲁噶发掘的伏藏数量无一准确的统计。有学者认为《南藏》是止贡赞普时期埋入地下的文献，其余则是后期埋藏的文献。

辛钦鲁噶的弟子珠·南喀雍仲、徐·叶勒巴、芭敦·贝却和觉拉·玉洁等继承师业，发掘出不少苯教伏藏文献，并使之发扬光大。佛教徒指责

---

① 吐蕃时期，塔和佛像内装藏经典、佛像、法器和金银等物品已成传统。2006年，在西藏山南地区措美县的噶唐蚌巴齐古塔内发掘出土一批8世纪吐蕃藏文佛教经卷和苯教文献，其中4部苯教文献编辑成《当许噶塘蚌巴齐塔新发现的古苯教文献汇编》一书出版。

② 才让太：本教文献及其集成，载《西藏研究》，藏文版，1990年第4期。

他们篡改了佛教经典，他们也反过来批评佛教徒，指责他们篡改了苯教经典，这种相互指责和争论持继了近千年。

除辛钦鲁噶的南藏外，以下几个小伏藏点也属南藏范围：（1）巴卓玛伏藏。因发掘地叫巴卓而得名。辛钦鲁噶发掘到伏藏后，苯教师库察·达威扎也在巴卓地方发现文献埋藏点，并挖掘出苯教、佛教和医药方面的书籍。他将佛教的书送给佛教徒，苯教的书送给苯教师噶那奔琼，医书自己学习。苯教图书中占多数的是密宗和心宗方面的典籍，这些典籍在苯教密宗文献中占有比较重要的地位。（2）希扎玛伏藏。因发掘地位于娘堆聂垅的希扎而得名。由年敦·西绕多杰发现并挖掘，典籍多为因苯的塞、多、滤、堆、都尔等各种教义和仪轨方面的文献。（3）洛扎孔厅玛伏藏。因发掘地位于山南洛扎的孔厅而得名。由希敦·艾珠扎巴发现并挖掘。

3. 卫地伏藏

卫地伏藏文献包括叶尔宗玛伏藏文献和桑耶玛伏藏文献。（1）叶尔宗玛伏藏，因从拉萨叶尔宗发掘而得名。这批文献的埋藏者是公元8世纪詹巴南喀和贝惹杂，挖掘者是孙波·旺次等三名佛教徒，文献包括《德奔》、《奔尼玛古夏》等著名的苯教典籍。这些文献经年敦·拉巴尔整理而得以流传于世。（2）桑耶玛伏藏，因从桑耶寺发掘而得名。这批典籍原藏于桑耶寺嘉德敦芒红塔，因塔被风雨剥蚀，维修时在塔藏中发现一箱苯教典籍，其中有《五部绰吾续》、《木玛塞杂》等著作，被佛教徒藏匿于桑耶寺，后由苯教医师吾却·普尔哇巴收藏。除以上两处伏藏点外，噶章阿玛伏藏和桑耶柱下伏藏也属卫地伏藏，但发掘出的数量较少。

4. 康地伏藏

康地伏藏，因从康巴地区发掘而得名，由3处小伏藏点组成。（1）克巴班琼伏藏，发现于康区珠日琼郭。（2）姜帕伏藏，从康区姜帕白鹰岩发掘得来。（3）章贡当塞伏藏，由冈布掘藏师发现于康区古拉冈扎。

5. 新伏藏

苯教学者从时间和内容上将不同时期埋藏的苯教文献分为旧伏藏（亦称古伏藏）和新伏藏。时间划分者认为，埋藏于前弘期和中弘期的文献属于旧伏藏，而埋藏于后弘期或稍晚年代的属于新伏藏。内容划分者认为，11、12世纪发掘出来的伏藏文献是纯粹的苯教文献，未经任何改变，属于旧伏藏。13世纪至15世纪时发掘出来的苯教文献中掺杂有佛教内容，故称为新伏藏。新伏藏的挖掘从13世纪一直延续到18、19世纪。新伏藏中的《根本续・秘密散图》、《什巴卓普》、《年之黑白心等》年吉娘觉噶那》等成为苯教名著的一部分。[①]洛丹宁布、弥希多杰、桑杰林巴和贡珠扎巴挖掘出来的文献中有"四法印"等佛教内容的典籍，因而佛教徒尊称他们为"四化身"。

伏藏除纸质文献外，还有一种"心间伏藏"，就是埋藏在人们心里的文献。这种文献并非背诵现成的文章，而是坐禅者通过修炼在坐禅时从内心自然而然唱诵出来的文章，因此是一种听得见看不见的伏藏。南喀诺布教授在唱诵"觉"的时候会自然而然地唱出"心间伏藏"，如《曼达热瓦之寿命成就法》就是最典型的例子。[②]

以上的北藏、南藏、中藏（卫地伏藏）、康藏和新藏，被统称为"五大伏藏"，伏藏的称谓均与发现地、发现方位和发现者的名字相关。

有关佛苯相互篡改对方经典的争论，在《土观宗派源流》一书中说："早在赤松德赞时期，杰卫降曲等苯教徒将一些佛典改译为苯教著作，并埋藏于山岩洞穴，日后挖掘出来便称其为伏藏。达玛吾东赞灭佛之后，藏娘堆的辛古鲁噶将大量佛经改译为苯教经典，其中，《康勤》改译自佛典《广品般若》；《康琼》改译自佛典《二万五千颂》；《白黑龙经》改译自佛典《五部大陀罗尼》等等"。从现有苯教文献中的语言和一些佛教内容看来，苯教在其发展过程中为了适应社会发展的要求，吸收了佛教的内

① 才让太：本教文献及其集成，载《中国藏学》,1990年第2期。

② 《觉》南喀诺布光盘。

容，而藏传佛教又是在吸收苯教文化基础上发展起来的，其中有不少苯教的理论和实修经验，如著名的《大圆满法》和在藏区最流行的“开圣地门”、地方神、部落神、拉日、拉朵、塞、多、滤、堆、都尔等古老仪式和概念均源自苯教，在百姓生活中苯教文化更是无处不在。正如噶梅桑丹博士所言“在西藏，如果确有一种能包容西藏所有教派的宗教，那就是苯教。因此在总体意义上，它可以代表西藏的藏传佛教。”

二、苯教文献集结

苯教在前弘期到后弘期的发展过程中虽然经受了多次法难，但在每次极其残酷的法难中苯教师和信徒们用埋藏和转移的方法保护苯教文献，同时在远离城镇的深山、边疆，苯教师们在极端艰苦的环境中仍然坚持理论研究和实修探索以及著书立说。因此，止贡赞普到赤松德赞时期，虽然经历多次法难，典籍损失惨重，但苯教的主要文献还是被保存下来并流传至今。公元7至9世纪，赞普组织包括苯教学者在内的各类人才翻译梵文佛经，在翻译过程中完全使用了吐蕃原有的宗教术语，吐蕃没有的词汇，采用音译和新造的办法解决。所以说这一时期在翻译梵文佛经的过程中，融入了大量苯教文化的精华和吐蕃固有的祭祀文化，同时也对丰富吐蕃文化起了积极的推动作用。

由于佛教成为官方推崇的宗教，苯教始终没有动摇佛教的地位。在赞普支持下，正如《智者喜宴》所载，（赤松德赞宣布）以后不准信奉苯教，不准为超度亡灵而宰杀牛马和生灵，……继而将苯教的书籍，一部分投入河中，其余用黑塔压之。苯教文献遭受了灭顶之灾，于是苯教徒采取埋藏书籍、逃亡遍地或隐藏深山的方法保护苯教典籍。

从11世纪开始，苯教学者们一边挖掘伏藏，一边整理、编纂苯教文献，从此拉开了苯教文献大集结的帷幕。

（一）编纂目录

就目前现有的史料和《苯教志》所载资料看来，最早编纂苯教文献目录者为辛钦鲁噶（996～1035）。他自己挖掘苯教文献，还四处寻访苯教掘藏师，并从他们那里搜集苯教文献，最后他将所有苯教文献经过整理、抄录后编为苯教典籍目录，并留传给了后人。这部目录所收古籍均属苯教最古老的文献，内容包括苯教的理论、密法、医学等。可以说他的这部目录为编纂《苯教大藏经》奠定了基础。继辛钦鲁噶之后，噶顿·次成坚赞（？—1386年）编纂《伏藏文献目录》，以抄本传世。[①]这是目前所见最早的苯教文献目录。益西洛卓、曼贡巴（1123～？）、鲁扎巴（12世纪中叶人）等苯教大师在修习、传教、著述的同时，也搜集和整理了苯教文献和编制了目录，为集结苯教文献做了大量添砖加瓦的工作。才让太教授认为，《苯教大藏经》的传说历史尽管很长，但现行《大藏经》的编目史只能上溯至11世纪辛钦鲁嘎时代。“甘丹”出自象雄语，从麦东西饶维色（1058～1132）的文集来看，《苯教大藏经》分“甘”与“丹”（《甘珠尔》和《丹珠尔》）的历史不晚于12世纪。

（二）初次集结

14世纪，苯教学者依据辛钦鲁噶、噶顿·次成坚赞所编目录开始搜集苯教文献。1405年以前，属于《苯教大藏》文献的搜集工作，至少完成了三分之二，[②]在对辛饶米沃的论述和苯教学者的各种著述进行整理、校对

① 才让太教授认为噶顿·茨成坚赞是弯萨卡寺院耶茹十八上师之一，关于他的生卒年代不详，但至少生活于1386之前。

② 噶尔梅·桑木旦著，向红笳译：概述本教的历史及教义，载“大乘觉悟道雍仲本波佛教网”。噶尔梅·桑木旦，全名噶尔梅·桑木旦坚赞，亦译卡尔梅·桑木旦、卡梅桑丹、卡尔梅桑丹、噶尔梅·桑木旦、噶梅桑丹、卡尔梅·桑旦坚赞、噶尔美等。卡梅桑丹为伦敦大学博士，曾任巴黎第十大学教授、法国巴黎国家科学研究中心研究员、国际本教研究学会主席和第九届国际藏学会主席，是国际著名藏学研究专家，其《大圆满：藏传佛教哲学与静思的讲授》、《西藏的历史，神话，仪式和信仰的研究》、《噶尔梅·桑丹论文集》等著作在国际藏学学界具有广泛的影响力。

的同时，抄录《苯教大藏经》工作也已经开始。16世纪，搜集整理和传抄《苯教大藏经》之风盛行于康巴地区。17世纪，象雄后裔嘉绒土司在大小金川地区崛起，像宽阔的大海敞开胸怀接纳百川一样，全藏区的苯教文献陆续汇集到康区，据此苯教学者编纂了几种目录，也出现了一些汇编的抄本。因此，15世纪至17世纪成为苯教文献的初次集结时期。

（三）完成集结

18世纪初，大小金川有一批土司的势力越来越大，他们不但扩充地盘、聚集钱粮，同时在保护苯教文化方面也作出了贡献。

1745年前后，嘉绒地区土司南喀绕丹（1700 ~ ？ ）的经师贡珠嘉村宁布在土司的大力支持下，全面搜集了当时所见苯教文献和各种苯教典籍目录，对所收文献进行了全面地整理、校勘和编目，最终完成苯教文献的集结，圆满编纂出《苯教大藏经》。著名藏学家才让太认为贡珠嘉村宁布做了四方面的工作，即：

1、收集文献。此时，土司南喀绕丹财力雄厚，威震四方，为完成藏族历史上最大规模搜集苯教文献奠定了物质基础。

2、根据新旧目录的比对和查重，增加了晚期挖掘出土的新伏藏。

3、对所收文献进行了全面分类和编目。此前的苯教文献目录大都存在分类不细、著录不全和收书数量较少等问题。1751年贡珠嘉村宁布编纂出《甚深广大雍仲苯教甘珠尔目录十万日光》，亦译《甚深广大雍仲苯教遗训目录十万日光》，原因是“甘珠尔”是辛饶的遗训，故有此译法。这是苯教历史上第一部分类全面、收书最多、著录最细的《苯教大藏经》目录，其中也著录了部分没有搜集到的书。

4、刊刻《甘珠尔》。在土司南喀绕丹的支持下顺利完成《甘珠尔》的刊刻和印刷工作，成为第一部《甘珠尔》刻本。

《苯教大藏经》是千百个苯教学者不畏艰辛、不怕牺牲，历经数代人不断搜集、整理、增补才得以完成的。

（四）苯教大藏经版本

就目前掌握的资料，苯教《甘珠尔》有8种，《丹珠尔》有1种：

1．曲钦版《甘珠尔》

土司南喀绕丹不惜千金完成苯教文献大集结后，又出巨资刊刻了苯教《甘珠尔》，史称“曲钦版”，藏族文化史上的第一部苯教《甘珠尔》。此印版在莎罗奔、郎卡和索诺木三代土司与清军长达几十年的大小金川战役中遭受严重损坏。

2．绰斯甲版《甘珠尔》

曲钦版受损后，绰斯甲土司贡噶彭措搜集残存印版，并在战事平息期间请贡珠嘉村宁布主持修复和补刻，同时还增补了部分新的内容。部分边沿残损的印版镶铜边加固，故又称为铜版，后人则称其为绰斯甲版。实际它只能算“曲钦版”的修补和补刻版。此版印刷的数量不多，当时仅在康巴和安多地区部分寺院及个别富豪私家有收藏，经过二百多年的变迁，这部书仅有一些残本存世，而印版则在后来的战争中被清军烧毁。

3．措索写本《大藏经》

曲钦版问世后，苯教寺院和信仰苯教的富豪掀起传抄苯教《大藏经》之风，出现了墨本、泥金写本、泥银写本和多种珍宝写本，纸张有普通藏纸和磁青纸两种。1922年，美国学者洛克在藏东措索地方的一座苯教寺院见到一套《大藏经》写本，[①]但未记载是《甘珠尔》还是《丹珠尔》。

4．夏茹寺写本《大藏经》

1928年，苏联藏学家罗列赫在那曲夏茹寺见到一套写本，其中《甘珠尔》140函，《丹珠尔》160函 。这是目前所知将苯教《大藏经》分成《甘

① 噶尔梅·桑木旦著，向红笳译：《概述本教的历史及教义》，载“大乘觉悟道雍仲本波佛教网”。有人称此版为“洛克版”，似不妥，故以藏书地命名为“措索写本”。

珠尔》和《丹珠尔》的最早版本。[①]

5. 瓦琼寺写本《甘珠尔》

瓦琼版是瓦琼寺收藏的写本，该寺位于四川省甘孜州新龙县雄龙乡，属苯教寺院。全书84834叶，180多函，墨书，藏纸，有护书板、护书巾和捆书带。19世纪中叶抄本。这套书是噶加家族[②]用十几年时间专门为桑阿林巴大师抄写的，桑阿林巴（1864～？）[③]赴西藏那曲朝圣时噶加·丹达尔把书献给他，由他运回瓦琼寺。这是目前发现的唯一完整的一套苯教大藏经《甘珠尔》部抄本，堪称稀世孤本。在“文化大革命”中，瓦琼寺僧人拥杰、西绕旺丹和贡桑多杰冒着生命危险藏匿了这套书。上世纪八十年代初国家在统计和整理幸存文物和古籍时，三位僧人把这套抄本献出来，得到各级政府和有关单位的高度评价和重视。此时恰逢十世班禅大师视察甘孜州，他指示要妥善保护和尽快出版。[④]

6. 阿拥版《甘珠尔》

1989年，在各级政府的重视下，新龙县政协副主席阿拥活佛[⑤]主动承担组织出版瓦琼寺写本《甘珠尔》的工作。1989年，胶印出版苯教《甘珠尔》，372卷，共157函。其中40函显宗和62函奔宗的底本是瓦琼版，其余55部的底本从昌都、德格、新龙、松潘等搜集而来。瓦琼寺的102部是写本，其余55部中有写本也有少量刻本，故这套苯教《甘珠尔》是一套百衲

---

① 噶尔梅·桑木旦著，向红笳译：《概述本教的历史及教义》，载“大乘觉悟道雍仲本波佛教网”。有人称此版为“罗列赫版”，似不妥，故以藏书寺院命名为“夏茹寺写本”。

② 噶尔家族：属于西藏西北霍尔三十九族之一。

③ 桑阿林巴：瓦琼寺本教高僧，是一名近代新伏藏大师。

④ 才让太：苯教《大藏经.的形成及其发展》，载《西藏研究》，2005年第2期。

⑤ 阿拥活佛：全名为拥仲丹拜坚赞（1922年～）。新龙县益西寺活佛。家族属于四川省甘孜州新龙县甲拉西乡格日普比村瓦仓部落。自幼被认定为夏当·智麦威色的转世，入贡杰寺做床。但遭到在益西寺任堪布叔叔茨成却杰的反对，故八岁削发为僧，移住益西寺学习苯教经典。后拜夏尔杂·扎西坚赞、洛卓嘉措、宏乾卓杜林巴、塞尔缚·多丹茨成、扎珠·智麦威色等高僧大德学习显密。1985年后历任甘孜州新龙县政协副主席、州政协副主席等职，为该县益西寺苯教活佛。

本，共发行130套。这套苯教《甘珠尔》因由阿拥组织编辑和出版，故称为“阿拥版”。[①]未能完整出版瓦琼版，这是一大遗憾。收入这部《甘珠尔》的大多数底本由于埋藏时间长，漫漶、发霉、破损等情况严重，出版后存在许多难以辨认的情况。尽管此书存在许多缺憾，但作为1950年以来第一次出版的苯教《甘珠尔》也是具有历史意义的。此版有刘立千汉译目录。

7. 温伦版《甘珠尔》

1994年前后，温伦·南喀丹增活佛（1932~？）[②]个人集资，在阿拥版苯教《甘珠尔》基础上，增补37种，编辑成苯教《甘珠尔》，共1249卷，62613叶，插图112幅，共192函。蓝本多为抄本，有少量刻本。由阿坝州理县印刷厂内部印刷300套。这套苯教《甘珠尔》被称为“温伦版”。此版依据阿拥版印刷出版，故也存在许多难以识别的文字。日本国立民族学博物馆研究院对此版进行研究和编目，并翻译目录出版。

8. 拉色版《甘珠尔》

1998年西藏社会科学院藏文古籍出版社出版苯教《丹珠尔》，这套书是以瓦琼寺抄本为主要底本，并增补了部分文献编纂而成的，收书380多卷，44578叶，插图355幅，共179函，附《苯教大藏经传承历史》1函，共计180函。其内容分经部、奔部、密部和心部。[③]这套书由满金拉色弥庞南杰活佛（1938~？）组织瓦琼寺僧人编纂，[④]用描修、去污等方法修复

① 才让太：苯教《大藏经》的形成及其发展，载《西藏研究》，2005年第2期。

② 温伦·南喀丹增：阿坝州阿坝县多丹寺活佛。在极端危险的环境中用生命保护了水轮始祖、指印海螺和鸟书康钦等文物，受到了各级政府重视和肯定。负责重建了阿坝州金川县雍仲拉顶寺（又名广法寺）和甘南州迭部县佐仓寺（又名拉洛寺）。

③ 经部，苯教的基本教理；奔部，苯教超度理论；密部，苯教的密宗；心部，苯教的大圆满理论及其修炼仪轨。

④ 满金拉色弥庞南杰活佛：简称“满金拉色活佛”，四川省新龙县本教活佛。1994年他组织二十多人，逐页拍照瓦琼寺《甘珠尔》抄本，在胶片上逐字逐句描修，用6年时间才得以完成修复和编辑工作，于1998年出版。

胶片后影印出版，这套书文字清楚，便于阅读。初版印刷1600套，供不应求，先后4次印刷，出版2000套。此版由满金拉色活佛主编，故称为“拉色版”，但从版本学角度而言称瓦琼版更恰当一些。

虽然在瓦琼寺写本《甘珠尔》基础上出版了三种《甘珠尔》，但从文献学角度而言仍然没有出版一部完整的瓦琼版，这是一件十分可惜的事。其实，拉色版把增补部分作为附录出版，这便是一部完整的瓦琼版。

9．珠旺版《丹珠尔》

1990年，珠旺·旦贝尼玛活佛(1943～)[①]开始在全藏区搜集苯教《甘珠尔》以外的苯教文献，在辛赛·诺布旺杰、雍仲杰瓦、丹增旺扎、噶尔旺南杰、阿拥、堪布次成绕杰等苯教活佛的鼎力相助下，至1994年前后从西藏、四川、青海和甘肃藏区搜集到380部苯教抄本，内容涉及历史、文学、宗教、天文、历算、地理、医药、传记、气功、工巧和音韵等，经反复对比、研究、分析、整理后，编辑成苯教大型丛书《丹珠尔》。1995年开始整理、编辑，并得到西藏自治区政府资助出版经费50万元，2003年由西藏藏文古籍出版社正式出版发行，全书6822卷，108957叶，插图78幅，共380函。其中以白徂体抄本居多，有少量乌坚体抄本。据说尚有500多部抄本有待整理。[②]2006年，在第1版苯教《丹珠尔》基础上又增补部分内容，辑成300多函。[③]至此，苯教《甘珠尔》和《丹珠尔》两大丛书终于得以圆满出版，成为藏族文化史上的一件盛事。依据以上各种版本的名称，此版暂且称为“珠旺版”。

10．囊希寺《甘珠尔》

阿坝囊希寺《甘珠尔》，抄本，1249卷，62613叶，插图112幅，共192函。除少量乌坚体抄本外其余均为白徂体抄本。

---

① 丹巴尼玛活佛：西藏那曲地区聂绒县本寺院诺尔布林寺第十三代主持。

② 才让太：《苯教〈大藏经〉的形成及其发展》，载《西藏研究》2005年第2期。

③ 同美《苯教大藏经的历史回顾与现状思考》载《少数民族宗教研究》2010年底2期。

11. 益西寺《甘珠尔》石经塔

雕刻工作于2005年3月开始，仁孜尼玛活佛担任总负责人。他15岁赴炉霍县辛日寺旺灯上师前学习绘画和寺院建筑，27岁成为苯教界杰出的画家，主持修建九座佛塔，有数十幅精品唐卡，并撰写《藏学绘画技巧》、《本日佛山历代解说》和《因果妙音》等著作。

近年来，苯教文献不断被发现。先后在甘肃省甘南州和陇南藏族地区发现大批苯教古写本，内容涉及祈祷经文、各种祭祀仪式所诵经文及禳灾防暴时的咒文和古代藏族社会生活、民情风俗等，对于研究早期语言文字、宗教信仰、医药、天文、书法等具有极高的参考价值。

中国藏托忒文文献刻本之研究①

叶尔达

摘要：笔者在中国各大图书馆以及新疆等地做了长时间的田野调查，搜集到了不少托忒文刻本，并对其进行了研究。国外研究托忒文刻本已有一百多年的历史，但遗憾的是国内尚未有人研究托忒文刻本，笔者试图填补这一学术空白。

关键词：中国；托忒文刻本

一、有关托忒文刻本的研究概况

1648年，卫拉特高僧咱雅班第达创造托忒文之后，主要是以手抄的形式翻译佛经，以手抄的形式传播佛经。

据目前的考证，在四卫拉特托忒文文献以及其它文献资料里，我们还未发现咱雅班第达时代有过刻版的记载。不仅是咱雅班第达时代，在整个17世纪，我们都找不到四卫拉特有过刻本的有力证据。相反17世纪90年代成书的《拉布紧巴咱雅班第达之传月光》里多次提到四卫拉特的诸施主手抄咱雅班第达译经的事实。如下列表：

① 论文得到中央民族大学“科研新人培养计划”资助。

顺序	年代	从咱雅班第达处抄写佛经的施主
1	1645年	咱雅班第达去往伏尔加河土尔扈特时，当地上、中、下社会各阶层人士抄写了咱雅班第达的译经。
2	1654年	和硕特部阿巴莱抄写了佛经《诸品积咒经》。
3	1654年	咱雅班第达去往伏尔加河土尔扈特路上，应邀到杜尔伯特阿拉达尔大师处。阿拉达尔大师为了表示尊敬，抄写了许多咱雅班第达的译经。
4	1656年	咱雅班第达去往阿巴莱庙的途中，和硕特部乌巴什浑台吉、道尔吉台吉、额尔克岱青、孟克、西如布僧格等邀请他，并且抄写了他的译经。
5	1658年	咱雅班第达结束了阿巴莱庙的开光，在布库纳河过冬。那里的人们抄写了咱雅班第达翻译的全部佛经。
6	1664年	楚尔斯部僧格曾经在1652年诺言，要抄写咱雅班第达的全部译经。虽然咱雅班第达1662年圆寂，但僧格没有忘记自己的诺言。1664年秋，他邀请了九个必车赤，抄写了咱雅班第达的全部译经。

除上述记载以外，在幸存下来的咱雅班第达之译经的跋诗里，曾多次提到过帮助咱雅班第达做翻译的手抄者--必车赤。哈・罗布藏巴拉丹曾在《托忒文及其它的文献》一书中较详细地论述过这一问题，这里我就不再重复了。

学者们开始注意托忒文刻版问题也将近有100年的历史了，并且也搜集到了一些托忒文刻本。美国学者伯・劳费尔（Laufer.B）是最早注意托忒文刻本的学者。他在1907年出版的《蒙古文学史纲》一书中提到《卡尔梅克与卫拉特很可能没有过刻本技术。因此，没有发现任何刻本，只有遇到手抄本》[1]。伯・劳费尔对卫拉特有没有刻本问题上虽然持有怀疑的态度，但是我们必须认同，他是最早注意到这一问题的学者。继伯・劳费尔后前苏联学者伯・亚・符拉基米左夫在1927年出版的伯・劳费尔《蒙古文学史钢》一书的俄译本序中写到《苏联亚洲博物馆藏有两部托忒文刻本，因此，可以说卫拉特人尝试过刻本》[2]。伯・亚・符拉基米左夫是国际蒙古学领域里第一位发现托忒文刻本，并且提出有托忒文刻本的学者。德国学者W·海西希（Walthr Heissig）在1961年出版的《蒙古手抄本刻本和地图》一书中指出《目前发现的托忒蒙古文刻本有7部》[3]。蒙古国学者伯·仁钦在1964年出版的《蒙古书面语语法》一书中谈到《已发现的托忒文刻本有7或8部，其中的大部分是满清以前时期的刻本》[4]。托忒文刻本问题研究方面，蒙古国学者哈·罗布藏巴拉丹的成就最为突出。他在1975年出版的专著《托忒文及其它的文献》一书中，说明托忒文木刻本的收藏情况的同时指出，蒙古国社会科学院语言文学所托忒文文库现存有12部托忒文刻本和刻版过但已失传的2部托忒文文献[5]。他详细地介绍了藏于蒙古国的托忒文刻本，而且还对其刻本年代进行过有力的考证。并提出，虽然不知道准噶尔卡尔梅克是什么时候开始以托忒蒙古文进行刻版的，但是根据已经发现的刻本以及其结束语，可以断定大部分刻本都是嘎尔丹车凌汗时期完成的[6]。到目前为止，他是国际蒙古学领域中搜集到托忒文刻本最多的学者。

据哈·罗布藏巴拉丹的研究，目前发现的托忒文文献最早的刻本是出现于1741年，即准噶尔嘎尔丹车凌汗时期的木刻版。这是创造托忒文后的第93年。1741年以前四卫拉特有没有刻本，我们还有待进一步考证。

二、藏于中国的托忒文刻本

以往的学者们主要是对前苏联、德国以及蒙古国藏有的托忒文刻本进行了研究。但他们几乎没有注意到中国藏有的托忒文刻本。到目前为止，国内也没有一个学者对这一问题进行过探讨。下面就介绍笔者在中国搜集到的托忒文刻本情况。

（1）清代宫殿木刻本《钦定西域同文志》：17世纪中期清朝平定准噶尔后为了巩固对西部边疆的统治进行了大规模的地理考察工作，并在此基础上，于1756年奉乾隆皇帝之命编写了《钦定西域图志》。但《钦定西域图志》是用汉文编写的，因此乾隆皇帝再次发出命令要以多种文字编写西域地名。乾隆二十八年，大学士傅恒等在《钦定西域图志》的基础上，编译出《钦定西域同文志》。该书共24卷，每个山川地名的名称均用满、汉、蒙(回鹘式)、藏、托忒、维吾尔等六种文字标写。并于1763年由清宫殿印刷所武英殿木刻了《钦定西域同文志》。但传世的较少，现国内仅存两部，分别收藏于青海省社会科学院民族研究所和北京故宫博物院图书馆（线装本，25×17cm，共8册）。众所周知，在武英殿，只有像《蒙古源流》等少量的与蒙古文化历史有关的书籍进行刻板。而《钦定西域同文志》是目前发现的唯一一部托忒文宫殿刻本。

（2）清代木刻本《蒙古托忒汇集》：《蒙古托忒汇集》是由清代蒙古族学者富俊（1749–1838）在科布多时编纂的一部合璧满、蒙(回鹘式)、托忒、汉四种文字的辞书。国内只有北京大学图书馆存有一部清代嘉庆二年即1797年的北京版木刻本，共四卷。

（3）清代活字版《福音书》：这是基督教的《圣经》。共上下两册。其上册与下册分别有“KALMUK GOSPEL OF S.MARK EDITION No 219 BRITISH AND FOREIGN BIBLE SOCIETY SHANGHAI.1896”和“KALMUK GOSPEL OF S.LUKE SOCIETY . SHANGHAI. 1896”[7]的英文字样。从此不难看出《福音书》是清代，即1896年不列颠与外国圣经社在上海用活字版印刷的。此书为线装本，14×8.3cm。现存北京大学东方语言文学院资料室。我们知道20世纪20年代特暮格图在中国创造了蒙古活字印刷术。因此，此托忒文《福音书》是到目前为止在中国境内发现的最早的活字印刷蒙文本。

（4）清代木刻本《圣者无量寿智大乘经》：《圣者无量寿智大乘经》是《清代高僧咱雅班第达所译之经。清代木刻本，共36页，12×32cm》。其刻版的确切年代有待于进一步考证。新疆维吾尔自治区古籍整理办公室藏有一部。此书书末的跋诗中写到："《能断金刚般若波罗蜜多经》是由阿其图确吉提出，由僧拉布紧巴扎雅班第达翻译"[8]。据《月光》的记载阿其图确吉是扎雅班第达之弟子，因此扎雅班第达是为了满足自己弟子的请求而翻译了该经。

（5）清代木刻本《能断金刚般若波罗蜜多经》：《能断金刚般若波罗蜜多经》是清代高僧咱雅班第达所译之经。清代木刻本，共55页，5 × 19.4 cm[9]。其刻版的确切年代不详。国内仅存一部，藏于内蒙古大学图书馆。

（6）木刻本《能断金刚般若波罗蜜多经》：与上述的清代木刻本《能断金刚般若波罗蜜多经》一样，都是佛经，只是其刻版年代不同。此书是清代朱砂与黑墨之木刻本，共49页，11 × 20 cm。在其结束语中写到："……在信仰佛教的施主土尔扈特汗布音孟克、额吉福晋色勒德巴拉嘎德以及儿子倡议下，勤恳的乌林根顿、格鲁格都仑等刻版之福……"[10]。在结束语中清楚地交代了倡议刻版的倡导者以及刻版者。其中谈到的土尔扈特汗布音孟克是1771年从伏尔加河率领土尔扈特部东归的乌巴什汗的后裔。1891年其父亲布音朝克图汗去世，布音孟克继汗位。而1917年1月布音孟克之子满楚克扎布继汗位。从这些可以看出，布音孟克的在位时间是1891至1917年的26年。土尔扈特汗布音孟克的母亲1915年12月9日去世。从此可以推断出，《能断金刚般若波罗蜜多经》当在1891年至1915年之间的24年内木刻的。

（7）中华民国时期的木刻本《能断金刚般若波罗密多经》：《能断金刚般若波罗密多经》与上面提到的(5) 、(6)是同样的。但也是其刻版年代不同。这是中华民国初年(1912年)的木刻本。共64页，11 × 36cm[11]。仅存一部，藏于新疆巴音郭勒蒙古族自治州少数民族古籍整理办公室。

（8）《渡母经》：木刻本，现藏于新疆特克斯县多桑[12]家中。无题目，开头结尾缺，共19页。从开头到13 a为止有佛像画。是扎雅班第达所译之经，但木刻年代不详。

（9）《教法源流》：木刻本，现藏于新疆伊犁昭苏县那木吉拉[13]家中。共107页，木刻年代不详。

（10）《圣般若波罗密多八千颂》：木刻本，现藏于新疆伊犁昭苏县郝盖[14]家中。14.7 × 53.5 cm，共382页。此书的跋诗中清楚地记载为，在水狗年即1742年奉嘎尔丹车凌之倡议所做的木刻本。

（11）《渡母经》：木刻本，藏于新疆伊犁特克斯县巴图宝力德[15]家中。共8页，11 × 23.3 cm。其刻版年代不详。

（12）《能断金刚般若波罗密多经》：木刻本，30页，11 × 35.4 cm。1927年的刻本。藏于新疆伊犁昭苏县昭苏镇教育局图日巴图家中[16]。

（13）《能断金刚般若波罗密多经》：木刻本，藏于新疆伊犁昭苏县宾巴[17]家中。共15页，据其跋诗可以确定是扎雅班第达所译之经，刻版年代不详。

（14）《圣者无量寿智大乘经》：木刻本，藏于新疆伊犁昭苏县宾巴家中。共16页，9 × 2 cm。据其跋诗是扎雅班第达所译之经，刻版年代是民国时期。

（15）《能断金刚般若波罗密多经》：木刻本，藏于新疆伊犁特克斯县胡吉拉图乡扑日布[18]家中。共35页，13 × 33.5 cm。据其跋诗是扎雅班第达所译之经，于铁鸡年即1741年奉嘎尔丹车凌之倡议所做的木刻本。新疆伊犁特克斯县胡吉拉图乡胡吉拉图村道尔吉手里也有一部此经的手抄本。共38页，11 × 35 cm。此外，新疆昭苏县图日巴图手里也有一部，共33页，11 × 43cm。新疆昭苏县宾巴手里也有一部，共35页，11 × 35 cm。

（16）《能断金刚般若波罗密多经》：木刻本，藏于新疆伊犁特克斯县胡吉拉图乡扑日布家中。是扎雅班第达所译之经。刻版年代不详。

（17）《金光明经》：木刻本，藏于新疆伊犁特克斯县胡吉拉图乡巴哈里格村额布力静[19]家中。共131页，12×43 cm。据其跋诗是扎雅班第达之译经。

（18）《入佛者经》：木刻本，藏于新疆伊犁昭苏县那木吉拉家中。是扎雅班第达之译经，12×43 cm。刻版年代不详。

（19）《宝帝查力拉阿瓦达拉之祝福》：木刻本，藏于新疆伊犁昭苏县那木吉拉家中。共14页，8.5×36.5cm。其刻本年代不详。

（20）《能断金刚般若波罗密多经》：木刻本，藏于新疆伊犁昭苏县那木吉拉家中。共60页，11×36cm。

（21）《初中后三善福愿文》：木刻本，藏于新疆伊犁昭苏县查干乌苏乡巴雅尔台家中。其跋诗写到："依土尔扈特汗的母亲福晋色勒德巴拉嘎德之倡议于汗的宫殿中刻版"[20]。其倡议者与上面提到的（6）中的倡议者是同样的人，因此该刻本应该是1891到1915年的24年之间刻成的。新疆巴音郭勒蒙古族自治州古籍整理办公室藏有该刻本的手抄本一部。共23页，8.5×36.5cm。

（22）中华民国时期的石刻本《三民主义》：《三民主义》是孙中山先生的著作。民国时期新疆党部为了在卫拉特蒙古宣传"三民主义"，用托忒文翻译了孙中山先生的《三民主义》，并石刻出版。共三册，16.5×12cm。现仅存一部，藏在北京国家图书馆。1943年1月16日新疆国民党党部成立，1949年9月26日国民党在新疆的统治结束。因此该石刻本应该是在1943–1949年的六年之内完成的。

除以上二十二种刻本以外，据本人考察，至少还有以下几部托忒文刻本。

（1）《五守护神大乘经》：现存于新疆民族古籍整理办公室蒙古文室的托忒文《五守护神大乘经》是咱雅班第达之译经。清代竹笔手抄本，162页，长度与宽度是17×46cm。其跋诗写到："奉拉穆额尔德尼巴图尔浑台吉之倡议，将拉布紧巴咱雅班第达格根的译经，刻版于铁羊年”[21]。结束语提到了此书刻的是咱雅班第达的译经、刻版的倡议者是拉穆额尔德尼巴图尔浑台吉、刻版的年代是铁羊年等重要的线索。本人曾经考证过咱雅班第达的翻译工作是1638–1662年间进行的。但是这一期间遇到的两个羊年分别是水羊年（1643年）和木羊年（1655年），而没有铁羊年。因此，刻版的年代应该是1662年以后的铁羊年。1662年后遇到的铁羊年分别是1691年、1751年、1811年三个。笔者认为，现存的《五守护神大乘经》是1691年、1751年、1811年等三个铁羊年中的某一个铁羊年刻本的手抄本。因此，可以断定《五守护神大乘经》是已经失传的刻本的手抄本。

（2）新疆伊犁昭苏县查干乌苏乡巴雅尔台藏有《能断金刚般若波罗密多经》之木刻本一部、昭苏县德力格尔藏有《圣主格萨尔绿渡母圣旨》的木刻本一部、昭苏县巴图图布欣藏有木刻本《圣者无量寿智大乘经》。但因为时间等原因本人还没有进行田野调查。

三、小结

据以上的研究，有关中国藏有的托忒文文献的刻本可以得出以下结论：

（1）中国藏有的托忒文文献刻本可以分为木刻、石刻、活字版三个类别。与其他藏有托忒文文献刻本的国家相比，中国藏有的托忒文文献刻版类别最为丰富，但其研究现状远远落后于国外。

（2）笔者搜集到的藏于中国的托忒文刻本一共有22部，其中木刻本为最多、石刻本仅有1部、活字版也仅有1部。还有已失传的木刻本一部，我们还没有来得及考察的木刻本至少还有三部。

（3）刻版的地点包括新疆、北京、上海。其中在新疆刻版的刻本为最多。

（4）到目前为止，中国藏有的托忒文文献刻版最早属于1741年的木刻本。我们尚未发现1741年以前的托忒文刻本，这方面有待进一步研究。

（5）从托忒文刻本的内容来看主要是以藏文翻译的佛经为主，还有少量的辞书、政治文献等。其中佛教文献《能断金刚般若波罗密多经》的刻本最多，并且都是不同时期的不同刻本。但该文中笔者还没有考证出很多刻本的刻版确切年代、地点。

（6）托忒文文献刻本虽然不多，但其数量在蒙古文文献中仅次于回鹘式蒙古文文献。托忒文文献对蒙古文文献的版本研究有着一定的学术价值。笔者坚信，随着研究的深入还会发现托忒文文献的新刻本。

注释：

［1］Б.Лауфер《Очеек Монгльскойлитературы》Ленинграт. 1927. p 27.

［2］Б.Лауфер《Очеек Монгльскойлитературы》Ленинграт. 1927. Продисловие.Б.Я p 10.

［3］Walthr Heissig,Monolische Handschriften,Blockdrucke,Landkarten,Wiesbaden,1961.XLX.

［4］Ринnчен.Б Ойратскиепереееводыскитайского.zakid orientalistyki polskiej Akademii Nauk.Rocznik orieцntaliestyczny.XXX.I Warszawa.1966.p 66.

［5］［6］Х.Лвсанбалдан《тод усэг, тууний дурсгалууд》Улааннбаатар.1975.p 112.

［7］清代活字版《福音书》，现藏于北京大学东方语言文学学院资料室。

［8］［9］［10］［11］《中国蒙古文古籍总目》（上），北京图书馆出版社，1999年，p 92–80–82–82。

［12］多桑；男、39岁、教师。2004年6月12日笔者到新疆伊犁特克斯县多桑老师家时看到了该木刻本。

［13］那木吉拉：男、39岁，2004年6月13日昭苏县教育局额尔德尼书记与镇教育局图日巴图带我采访了新疆伊犁昭苏县那木吉拉。

［14］郝盖：男、81岁，2004年6月16日昭苏镇教育局图日巴图和阿木尔喇嘛带我采访了新疆伊犁昭苏县郝盖老人。

［15］巴图宝力德：男、39岁，2004年6月17日在昭苏县昭苏镇色音巴雅尔喇嘛家里遇见新疆伊犁特克斯县巴图宝力德。当时他正好带着该部文献。

［16］图日巴图：男、39岁，昭苏镇教育局干部，2004年6月19日笔者走访了他家。

［17］宾巴：男、33岁、个体户，2004年6月28日色音巴雅尔喇嘛带我走访了新疆伊犁昭苏县昭苏镇宾巴家。

［18］扑日布：男、55岁，2004年7月5 日阿木尔喇嘛带我采访了新疆伊犁特克斯县胡吉拉图乡扑日布。

［19］额布力静：男、42岁，2004年6月11日多桑老师带我采访了藏于新疆伊犁特克斯县胡吉拉图乡巴哈里格村额布力静喇嘛。

［20］藏于新疆伊犁昭苏县查干乌苏乡巴雅尔台手里。

［21］《五守护神大乘经》，藏于新疆维吾尔自治区古籍整理办公室。

西夏文《佛说宝雨经》卷十译释

张九玲

摘要： 西夏文《佛说宝雨经》卷十残卷1909年出土于内蒙古额济纳旗的黑水城遗址，今藏俄罗斯科学院东方文献研究所，编号инв. NO.87。经考证，西夏本《佛说宝雨经》转译自唐天竺三藏达摩流支所译汉文本，且夏汉两本的对译较为严整，是我们研究西夏文献学和佛教史的珍贵材料。文章首次刊布了这部经书的西夏录文，并参照达摩流支汉译本对西夏本进行了翻译和校注。

关键词： 西夏文；佛经；佛说宝雨经

《佛说宝雨经》是从黑水城文献中较早辨认出的西夏文佛经之一，上世纪30年代即见报道，并有罗福成对卷首数行文字及施经牌记的释文[①]。经题著录见于戈尔巴乔娃和克恰诺夫的《西夏文写本和刊本》[②]，以及西田龙雄的《西夏文佛经目录》[③]，之后又有克恰诺夫给出的版本和内容描述[④]。原始文献照片由格林斯蒂德于1973年刊布[⑤]，但全文解读至今无人着

① 罗福成：《佛说宝雨经卷第十》释文，载《国立北平图书馆馆刊》，1930年第4卷第3号。

② З. И. Горбачева и Е. И. Кычанов: Тангутские рукописи и ксилографы. Москва: Издательство восточной литературы, 1963.

③ 西田龙雄：《西夏文华严经》III，第43页，京都大学文学部，1977年。

④ Е. И. Кычанов: Каталог тангутских буддийских памятников. Киото: Университет Киото, 1999.

⑤ Eric Grinstead: The Tangut Tripitaka. New Delhi: Sharada Rani, 1973.

手。本项研究将依据上海古籍出版社蒋维崧、严克勤二位先生20世纪末在圣彼得堡拍摄的照片，对这部经书进行翻译和校注。

俄藏西夏文《佛说宝雨经》卷十为经折装写本，31×12厘米，墨框高25.5厘米，每折6行，行17字，存35折，自卷首至“或受用菩萨施波罗蜜多”，以下佚。卷首有“佛说法图”版画二折，正文题“縝铜拓翺曯其梭灯吨”（佛说宝雨经卷第十），并有题记三行：

[illegible]　[illegible]　[illegible]

[illegible]　[illegible]　[illegible]

[illegible]　[illegible]　[illegible]

可以译作：

胜智广禄治民集礼盛德皇太后　梁氏　御译

神功胜禄教德治庶仁净皇帝　嵬名　御译

奉天显道耀武宣文神谋睿智制义去邪惇睦懿恭皇帝　嵬名　御校

题记中的帝后尊号在12世纪下半叶以后的西夏佛经译本中多见，依次指的是西夏崇宗乾顺的母亲梁太后、崇宗乾顺和仁宗仁孝。由此我们知道西夏本《佛说宝雨经》译成于11和12世纪之交，在12世纪中叶以后又经过了一次校译①。

在经题下方有一个“[illegible]”（dzjɨj[1]，卜）字，从所在的位置上看，这应该是某种藏经的帙号。不过若按宋元藏经的“千字文编号”，《宝雨经》都在“化被草木，赖及万方，盖此身发，四大五常”几句之内②，而且《千字文》里也并没有“占”、“卜”这两个字。由于目前掌握的此类资料有限，我们无法判断西夏人是否使用过一套自己的编号系统，也无法判断西夏人对佛经是否有自己独特的编排次序。

① 关于西夏仁宗皇帝的大规模校经活动，已成为近几年西夏学界的一个研究热点，相关研究参看孙伯君：西夏仁宗皇帝的校经实践，载《宁夏社会科学》，2013年第4期；史金波：《西夏佛教史略》，第79—84页，宁夏人民出版社，1988年。

② 童玮：《二十二种大藏经通检》，第127页，中华书局，1997年。

在该经卷首钤有朱砂牌记一方，上有西夏字五行：

[illegible]

这方牌记很早便引起了学界的注意。聂历山和石滨纯太郎曾于上世纪30年代作过考释[1]，但未能完全识别上面的文字，罗福成识别出了全文并加以解读，半个世纪之后史金波提供了下列译文[2]：

大白高国清信弟子皇太后罗氏新写全增番大藏经契一藏，天下庆赞，已入寺内经藏中，当作为永远读诵、供养。

需要指出的是，史先生在这里错认了寺院的名称。事实上这方牌记应作如下翻译：

大白高国清信弟子皇太后罗氏新增写番大藏经一整藏，舍于天下庆报伽蓝寺经藏中，永为诵读供养。

罗氏为西夏桓宗纯佑之母，纯佑在位期间（1193—1206）被尊为皇太后，则该经应在此时所施。天下庆报伽蓝寺为西夏寺院名，不见于其他文献记载，具体所在不明。

下面以《大正藏》中达摩流支汉译本为参照对经文现存部分进行翻译和校注[3]。

原文：

[illegible]

① 聂历山、石滨纯太郎：西夏语译大藏经考，载《国立北平图书馆馆刊》，1930年第4卷第3号。

② 史金波、白滨、吴峰云：《西夏文物》，第330页，文物出版社，1988年。

③ 高楠顺次郎、渡边海旭：《大正新修大藏经》，第324—326页，大正一切经刊行会，1934年。

[illegible]

汉译：

云何菩萨舍离恶求利养？善男子！菩萨不为求利养故身心行恶。身行恶者，为求利养故驰走往来而犯尸罗。心行恶者，悕求利养，故见余人所得利养及同梵行者，心兴热恼[1]，是名菩萨舍离恶求利养。云何菩萨舍离非法利养？诸菩萨不行狡诈以取利养，不以斗秤行欺诳，他所委信，终不侵损不行狡诈，是名菩萨舍离非法利养。云何菩萨舍离不净利养[2]？诸菩萨所得利养，若窣堵波、若法、若僧共有之物，或他不与，则不以己意取之[3]，是名菩萨舍离不净利养。云何菩萨不耽著利养？诸菩萨得利养时，不欲摄为己物，不自称富，亦无他求[4]，时时施与沙门、婆罗门，若施与父母及辅翼诸亲友等，时时自用，虽自受用亦无染著。菩萨不得利养时，心不生苦亦无热恼，若诸施主及助施者，虽不惠施，菩萨于彼不起瞋心。若得如法利养及随僧次，则一切如来皆同许可，诸菩萨等无彼呵责，诸天赞叹，同梵行者亦无讥嫌，于此利益常能知足。善男子！菩萨成就此十种法，能得净命。

校注：

（1）热恼，汉本作“损坏”。

（2）菩萨，西夏讹作“𗗙𗰗”，据汉本改。

（3）或他不与则不以己意取之，汉本作“或他不与亦不许可，虽得彼物，必不受之。”

（4）他求，汉本作“积聚”。

原文：

[illegible]

[illegible]

汉译：

复次善男子！菩萨成就十种法，心无厌倦。十者何谓？一者为诸有情故，久住生死而无厌倦；二者为诸有情故，于生死苦中而无厌倦；三者于利益有情中而无厌倦；四者诸所作事常为有情而无厌倦；五者令有情作善事业而无厌倦；六者为声闻乘补特伽罗宣说道法而无厌倦；七者不于声闻乘补特伽罗前现不信彼声闻法；八者摄受菩提分法而无厌倦；九者圆满菩提资粮而无厌倦；十者于涅盘界不求现证，亦无趣向涅盘意乐。是故菩萨能随顺大菩提，趣向大菩提、亲近大菩提。善男子！菩萨成就此十种法，心无厌倦。

复次善男子！菩萨成就十种法，能行诸如来教敕。十者何谓？一者修不放逸，舍诸放逸；二者得身善律仪，身不行恶；三者得语善律仪，语不行恶；四者得意善律仪，意不行恶；五者怖畏他世，能尽舍离诸不善法；六者能说正行，离诸不正行[1]；七者能善说法，诃责非法；八者能尽舍离讥嫌之业，随顺修行清净业；九者如来教中不说过患，能尽舍离诸烦恼毒；十者能随顺守护如来法性，防御一切恶不善法。善男子！菩萨成就此十种法，能行一切如来教敕。

校注：

（1）能说正行离诸不正行，汉本作“能说正理，离诸非理。”

原文：

[illegible]

[illegible]

汉译：

复次善男子！菩萨成就十种法，得面门微笑[1]，永离颦蹙[2]。十者何谓？一者诸根明净；二者诸根遍净；三者诸根俱全；四者诸根永离垢[3]；五者诸根白净；六者永离损害；七者永离睡眠；八者永离缠缚；九者永离结恨；十者永离忿怒。善男子！菩萨成就此十种法，得面门微笑，永离颦蹙。止盖菩萨白佛言："世尊，我解佛所说义趣：诸根清净，故诸菩萨面门微笑，亦永离烦恼，得无颦蹙。"佛言："善男子！如汝所说，是也，是也。"

复次善男子！菩萨成就十种法，故能多闻。十者何谓？一者如实了知如是贪火炽然生灭；二者如实了知如是瞋火炽然增盛；三者如实了知痴火昏昧增长[4]；四者如实了知有为诸法悉皆无常；五者如实了知如是诸行一切皆苦；六者如实了知如是世间并皆为空；七者如实了知如是一切诸行皆无我；八者如实了知如是爱著皆名戏论；九者如实了知一切诸法因缘所生；十者如实了知涅盘寂静。如是教义非但言说，要以闻、思、修所成慧，方于此教义如实了知。如是知已，悲心坚固，为诸有情发起精进。善男子！菩萨成就此十种法，故能多闻。

校注：

（1）面门微笑（秬𦐓菈窅），西夏字面义为“面色欢喜”。

（2）鞸蹩（婪履），西夏字面义为“面恶”。

（3）垢（肚），西夏原脱，据汉本补。

（4）痴（蛆），西夏原误作“緫”（贪），据汉本改。

原文：

[illegible]

[illegible]

汉译：

复次善男子！菩萨成就十种法，摄受正法。十者何谓？一者后时后分后五十岁正法将灭时，时分转减，诸有情类不能修持，住非道中，智灯已灭，无有说者。尔时能于广大素怛缆中，有大利益，有大威德，生诸善法，如有情之母，受持诵读，种种承事，恭敬供养。二者展转为他宣说开示；三者能于修学如是广大经典补特伽罗处，得生净信，欢喜踊跃，摄受于彼；四者听受正法，无所悕望；五者于诸法师起导师想；六者于诸正法起甘露想；七者于诸正法起仙药想；八者于诸正法起良药想；九者专求正法不顾身命[1]；十者好求正法起修行想。善男子！菩萨成就此十种法，能摄受正法。

复次善男子！菩萨成就十种法，成为法王子。十者何谓？一者具足诸相庄严；二者身得随好[2]；三者诸根具足皆悉圆满；四者于一切如来行处随顺修行；五者于一切如来所得圣道随顺得之；六者于诸如来所有觉悟随顺悟之；七者能尽除灭世间苦恼；八者善学一切圣者所行；九者善修习梵行；十者能住一切智城，此者是诸如来之住处。善男子！菩萨成就此十种法，能为法王子。

校注：

（1）专求，西夏作“沸癌”（勤求）。

（2）身得随好，西夏作“竃贴吵笏”（身得相好）。

原文：

[illegible]

[illegible]

[illegible]

汉译：

次善男子！菩萨成就十种法，得释、梵、护世之所承奉。十者何谓？一者向菩提道而不退转；二者一切诸魔不能动摇；三者于诸佛法中无有懈退；四者随顺能入诸真实相；五者随顺通达一切诸法悉皆平等；六者一切佛法中，不藉于他能自信解；七者得善证智；八者成就不共一切声闻、独觉法[1]；九者能超过一切世间；十者证无生法忍。善男子！菩萨成就此十种法，得释、梵、护世之所承奉。

复次善男子！菩萨成就十种法，能知有情意乐随眠。十者何谓？一者如实了知诸有情贪心意乐；二者如实了知诸有情瞋心意乐；三者如实了知诸有情痴心意乐；四者如实了知诸有情上品意乐；五者如实了知诸有情中品意乐；六者如实了知诸有情下品意乐；七者如实了知一切有情诸善意乐；八者如实了知诸有情坚固意乐；九者如实了知一切有情常起随眠；十者如实了知诸有情暴恶随眠。善男子！菩萨成就此十种法，能知有情意乐随眠。

校注：

（1）独觉，西夏译作“[illegible]”，意译梵语pratyeka-buddha，汉本音译为“辟支佛”。

原文：

[illegible]

[illegible]

[illegible]

汉译：

复次善男子！菩萨成就十种法，能得成熟有情善巧。十者何谓？一者若诸有情应以如来色相而得度者，即现如来色相；二者应以菩萨色相而得度者；即现菩萨色相；三者应以缘觉色相而得度者，即现缘觉色相；四者应以声闻色相而得度者，即现声闻色相；五者应以帝释色相而得度者，即现帝释色相；六者应以魔王色相而得度者，即现魔王色相；七者应以梵天色相而得度者，即现梵天色相；八者应以婆罗门色相而得度者，即现婆罗门色相；九者应以刹帝利色相而得度者，即现刹帝利色相；十者应以居士色相而得度者[1]，即现居士色相。善男子！若诸有情应以如是色相方便得调伏者，菩萨为彼示现种种色相方便而调伏之。善男子！菩萨成就此十种法，得成熟有情善巧。

复次善男子！菩萨成就十种法，能住随顺。十者何谓？一者质直心；二者柔软心；三者不邪曲心；四者无损害心；五者无垢心；六者清净心；七者无坚硬心；八者无粗恶言；九者能常忍辱；十者具足随顺。善男子！菩萨成就此十种法，能住随顺。

复次善男子！菩萨成就十种法，能住安乐。十者何谓？一者能得正见具足清净；二者得戒具足；三者轨则清净；四者得顺所察境[2]；五者无所染著；六者成就悲愍；七者能常忧念；八者能得同类；九者能发起一乘；十者不事余师；善男子！菩萨成就此十种法，能住安乐。

校注：

（1）居士，西夏译作“旺构”（室尊）。

（2）所察（斌篮），汉本作“所行”。

原文：

[illegible]

[illegible]

[illegible]

汉译：

复次善男子！菩萨成就十种法，得摄事善巧。十者何谓？一者为摄有情，修利益施；二者为摄有情，修安乐施；三者为摄有情，修无尽施；四者为摄有情，言说利益；五者为摄有情，修言说义；六者为摄有情，修言说法；七者为摄有情，示理说言(1)；八者为摄有情，以善利益；九者为摄有情，同饮食等为饶益也；十者为摄有情，同于活命资具等事为饶益也。善男子！法利益者，谓法施；安乐施者，谓财施；无尽施者，谓常宣说道路示人；言说利益者，谓说善根；言说义者，谓说真实；言说法者，謂順佛教演說之法；言说理者，谓不坏实义；以善利益者，谓令诸有情除灭不善，得住善处；同饮食等为饶益者，谓同受用种种饮食衣服等；同于活命资具等为饶益者，谓同受用金、银、末尼、真珠、璧玉、吠琉璃宝、螺贝、珊瑚、象、马车乘等。善男子！菩萨成就此十种法，得摄事善巧。

复次善男子！菩萨成就十种法，能得端严。十者何谓？一者能得寂静威仪；二者能得无矫诈威仪；三者能得清净威仪；四者能令见者爱乐；五者能令见者诸恶止息[2]，心意寂静；六者能令见者无有厌足；七者能令见者心意悦乐；八者能令见者心无挂碍；九者能令见者所愿满足；十者能令见者心生净信。善男子！菩萨成就此十种法，能得端严。

校注：

（1）示理说言（少铜佬攻），汉本作“示言说理”。

（2）诸（磁），西夏原讹作“融”（世），据汉本改。

原文：

[illegible]

[illegible]

汉译：

复次善男子！菩萨成就十种法，为所依止。十者何谓？一者能守护他，何故？以诸有情怖烦恼故；二者能得出离，以生死旷野多饥渴故；三者善能拔济，令有情出生死海故；四者能作眷属，以诸有情茕独故；五者为大医师[(1)]，能愈诸烦恼故；六者能作依怙，以诸有情无依恃故；七者能作依止，以诸有情无依处故；八者能作归依，以诸有情无依托故；九者能为智灯，以诸有情住暗处故；十者能作归趣，以诸有情无趣向故。善男子！菩萨成就此十种法，能为所依。

复次善男子！菩萨成就十种法，如大药树。善男子！大药树者，能令一切有情皆得受用。十者何谓[(2)]？一者受用其根；二者受用其茎；三者受用其枝；四者受用其叶；五者受用其花；六者受用其果；七者见时受用其色；八者嗅时受用其香；九者尝时受用其味；十者摩时受用其触。善男子！菩萨如是初心已发乃至成佛，能施彼一切有情诸烦恼病种种医药，令得受用，或受用菩萨施波罗蜜多，或菩萨戒波……[(3)]

校注：

（1）医师（褙腸），西夏字面义为“医王”。指医术极精之人，多喻佛或高僧。

（2）“善男子”以下至此数句汉本作“何等为十？善男子！如大药树，能令有情皆得受用”。

（3）原文自此以下佚。

《新疆图志·祀典志》研究

史明文

《祀典志》是清末新疆布政使王树枏主持编纂的《新疆图志》的一部分，记载了清代新疆地区的祭祀、坛庙情况。关于《新疆图志》的编纂、版本等，笔者撰有专论①，本文不再赘述，只探讨《祀典志》的若干问题。

《祀典志》共两卷（《新疆图志》卷三十六、卷三十七），《祀典志一》为文庙典礼，详细记载了文庙所祀先贤姓名和排列位置以及祭祀礼节和祝文；《祀典志二》辑录了告祀山川及关帝庙、社稷坛、城隍庙、文昌庙等祝文五十六篇，并辑有坛庙表，略述该地区的社稷坛、文庙、先农坛、关帝庙等坛庙的位置、建置情况。《祀典志》的内容虽不多，但十分重要，保留了一些珍贵资料。

一、《祀典志》的撰者与编纂

《新疆图志》为官修省志，成于众人之手，稿件的形成较为复杂，"是书分类较繁，则分纂诸家甚众，而服官于此者复居多数，有初稿甫定

① 笔者撰有《〈新疆图志〉版本研究》（2011年博士论文）《稿本〈新疆图志〉探析》（载《西域文史》第六辑，2011年科学出版社）《〈新疆图志〉黄册抄本探析》（载《新疆地方志》2011年第3期）等论文。

即行奉檄他出者，有甫成半稿经后贤接续者，有一志数门分员编纂者，虽经诸总纂所酌易，亦各随其识，略删润之”[①]，而且没有任何史料明确记载各分志的作者，因此，有关具体分志的撰者，众说纷纭。关于《祀典志》的作者，魏长洪认为是魏承耀[②]，而稿本《祀典志》封面题“陈皐钧呈稿”。魏承耀和陈皐钧均为《新疆图志》分纂委员，列名“新疆图志纂校衔名·分纂”之中，魏承耀位居十三，时为“新疆试署高等检察厅检察官”，陈皐钧居最后，时为“湖南廪生”。笔者认为陈皐钧编纂了《祀典志》的初稿，呈交新疆通志局，即现存稿本，魏承耀在陈皐钧稿本的基础上加以修订，成为最终定稿，被《新疆图志》采用。首先，稿本仅有序言和坛庙表，没有文庙典礼和秩祀祝文，且有贴签“镇西、绥来、婼羌、叶城覆文均未到”，说明陈皐钧呈交稿件时并没有撰写完，只完成了一部分，文庙典礼和秩祀祝文应为后来补充内容。其次，比较稿本和通志局本可知：两种版本的序言文字差别不大；坛庙表的内容有差异，且坛庙的排列次序不尽相同。通志局本应是在稿本的基础上进行了修订。此外，稿本中镇西、绥来、婼羌、叶城的坛庙没有，通志局本也没有补充。再者，《新疆图志》的其他分志，有些就是由不同作者多次修改而成，如《物候志》《建置志》等。[③]《祀典志》也应该是陈皐钧撰写了最初的稿本，魏承耀增补了文庙典礼和秩祀祝文，并对文字进行修改，形成定本。也许还有其他人参与了《祀典志》的资料搜集和文字撰写，但目前还没有发

① 袁大化：《新疆图志·凡例》，通志局本。

② 魏长洪，高健：《〈新疆图志〉各分志作者摭拾》，载《新疆地方志》1999年2期，第36页。文中没有说明资料来源，只说“魏承耀字建勋，甘肃伏羌（今甘谷）人，光绪年举人，曾任阜康知县，时任高等检察厅检察官，撰有祀典志二卷”。笔者推测可能引自冯永轩的《评〈新疆图志〉》（中国社会科学院民族研究所民族史研究室油印本《新疆史地论丛》），李之勤在《关于〈新疆图志·交涉志〉的编纂者和编纂过程问题》中说在《评〈新疆图志〉》中曾介绍了个分志的作者，但笔者未找到《新疆史地论丛》。

③ 参见史明文《〈新疆图志·物候志〉作者及版本考略》（载《前言》2011年4期）和蒋小莉《〈新疆图志·建置志〉研究》（新疆师范大学2010年硕士论文）。

现相关史料。发现稿本，证明陈阜钧撰写了最初的文本，采访资料说魏承耀撰写了《祀典志》，可能是因为魏承耀负责文本的修订工作，最后由他定稿。

《祀典志》的编辑过程比较复杂，根据现有资料，其过程大概如下：为了编纂《新疆图志》，通志局向各地区发函，让地方官员按照要求调查本地实际情况，将资料上报，然后由专人进行整理、编纂。陈阜钧负责《祀典志》资料的编纂，先撰写序言，并将各地上报的坛庙资料按地区编制成坛庙表。呈递稿本时，镇西、绥来、婼羌、叶城还没有上报资料，所以暂缺。后来由魏承耀或其他人搜集整理了文庙典礼和秩祀祝文，合成两卷《祀典志》，最后由魏承耀负责修改，最终形成定本，与其他分志一起刊印。

二、《祀典志》的版本

《祀典志》目前发现的版本有四种，即稿本、通志局本、东方学会本和黄册抄本。

稿本《祀典志》共44页，封面书签题“祀典志”“分纂委员陈阜钧呈稿”，背面有贴签“镇西、绥来、婼羌、叶城覆文均未到，莎车庙坛方向道里待查”。正文前4页是序文，后40页为表格。序文使用“新疆通志”专用稿纸，表格所用稿纸无行格。

通志局本为木活字刊印，框高19.5至20厘米，宽13.5至14.5厘米。半叶9行，行21字。小字双行，行21字。四周单边，单鱼尾，白口，象鼻处题“新疆图志”，版心题“祀典志”和页码。卷首有袁大化序言，遇清代皇帝名号时，则高出版框一格或二格或三格。

东方学会本为铅印本。框高19.5厘米，宽15.4厘米。四周单边，单鱼尾，白口。半页14行，行25字，小字双行，行50字。象鼻处题“新疆图志”，版心题“祀典”和页码。不再避清朝讳。

黄册抄本书长28.5厘米，宽16.7厘米。无行格，无页码，半页10行，行20字、21字、22字不等。小字双行，半页20行，行22字。每卷第1页有“天津市人民图书馆藏任氏天春园捐赠图书之章” 藏书印。其内容与通志局本同。

《新疆图志》还有官书局本，目前发现的是残本，没有《祀典志》，不能确定当时是否刻印了《祀典志》，如果印行了，以后发现再撰文说明。

《祀典志》各版本间有差异，由于稿本是未完稿，东方学会本是修订本，而通志局本与黄册抄本为同一系统，只是抄本与刊本的区别，因此，本文只比较稿本、通志局本与东方学会本的差异。

稿本与通志局本的差异主要有三方面：首先，稿本为未完稿，只有序言和坛庙表，没有文庙典礼和秩祀祝文，而这些内容是《祀典志》的主要部分。其次，序言文字有差别，如序言稿本“歆天神，飨人鬼也”，通志局本为“歆神明，肃民听也”，稿本“国家列圣相承”，通志局本为“圣清”。第三，坛庙表在文字表述和内容方面都有差异。文字表述方面的差异有七十处，如迪化县社稷坛的位置稿本为“在城西郊”，而通志局本为“在城西门外”，两种版本所述内容一致，只是文字表述有所不同。在内容方面，既有稿本有而通志局本无的情况，也有通志局本有而稿本无的情况。稿本有通志局本无的内容有十七处，如和阗直隶州文昌庙，稿本为“在关帝庙内，光绪四年提督董福祥建”，通志局本无。通志局本有而稿本无的内容有十六处，如镇西直隶厅文庙，通志局本为“在城西南隅，同治十一年乌鲁木齐都统景廉重建”，稿本无。通志局本有稿本无的情况应该是后来补充的，而稿本有通志局本无的情况可能是在编制或印刷过程中遗漏了。此外，稿本和通志局本坛庙的排列顺序不同，这说明坛庙表经过了重新绘制。

通志局本与东方学会本的差异表现在四方面：首先，两种版本的内容差别较大，东方学会本删掉了卷首袁大化的序言和坛庙表。这两部分内容有很大价值，袁大化的序言注明了写作时间，为确定《祀典志》的稿件完成时间提供了依据。坛庙表记载了当时各地的坛庙情况，为考察清代新疆汉文化的传播、文化融合、政府的文化政策与措施、民间信仰等问题提供了资料。此外，通志局本分志名称为《祀典志》，而东方学会本则成为《祀典》。其次，在书写格式方面有差异。通志局本遵循清代的避讳政策，遇清代皇帝名号，皇帝的敕令等就高出版框一格或二格或三格，而东方学会本已经不避清代讳。此外，东方学会本把一些通志局本中的案语作为注释，以双行小字的形式放在正文下面。如《岁祭伊犁河文》通志局本句末有案语“自乾隆二十八年地方官春秋致祭用此祝文”，东方学会本则删去“用此祝文”，将“自乾隆二十八年地方官春秋致祭”放在题目《岁祭伊犁河文》下，用双行小字，以示与正文区别。《高宗纯皇帝告祭博克达山文》通志局本句末有案语“前祝文乾隆二十年大兵亲历祭告者”，而东方学会本在《高宗纯皇帝告祭博克达山文》仅有双行小字“乾隆二十年”。第三，两种版本的文字有差异。如“大成殿·东庑先儒位”通志局本“先儒位先贤公羊高”，东方学会本为“先儒位先儒公羊高”。此处应为“先儒”，通志局本误为“先贤”。“岁祭奎屯河文”通志局本“地尽河源之外，戊校新屯，乃咨都护之臣”，东方学会本为“地尽河源之外，戌校新屯，乃咨都护之臣”，东方学会本误，应为“戊校新屯”，指两汉戊己校尉在西域屯田。第四，在字句方面东方学会本有脱误。如“大成殿·东哲位”通志局本“先贤有子”案语“唐开元八年从祀，国朝乾隆三年升哲位。”东方学会本脱“国朝乾隆三年升哲位”。此外，在“文庙典礼”中，东方学会本将通志局本中的所有案语以双行小字的形式置于正文下，省略“谨按：先贤于、先儒于”，如“大成殿·东庑先贤位”通志局本“先贤林放。谨案：先贤于唐开元二十七年从祀，明嘉靖九年改祀于乡，国朝雍正二年复祀”，东方学会本为“先贤林放。唐开元二十七年从祀，明嘉靖九年改祀于乡，国朝雍正二年复祀”。

此外，还有两种版本都误的地方，如大成殿西哲位先贤冉子重复出现。

从校勘情况来看，这些版本各有优劣，但黄册抄本质量最高，如果整理出版，应以黄册抄本为底本，参校其他版本。东方学会本虽然改正了通志局本的某些错误，但删除了舆图和部分内容，又增加了一些新错误。

三、《祀典志》的价值

《祀典志》作为专记新疆祭祀情况的文献，保存了丰富的资料，具有多方面的价值。

首先，保存了大量新疆坛庙资料。《祀典志》中的坛庙表，是各地调查而得，应为当时实际存在的坛庙，对研究清代新疆社会提供了十分宝贵的史料。新疆坛庙众多，既有官府出资修建的，也有民众自发集资修建的，这些坛庙“既有传统的宗教庙宇，也有与百姓生产生活息息相关的庙宇，还有凝聚移民地域的会馆等”①，是政府进行社会控制的手段之一，也是民众精神生活的重要场地，“在稳定移民社区的精神秩序中发挥着积极的作用”②。由于战乱频繁、民族、宗教矛盾复杂，很多庙宇和文献毁于战火，《祀典志》所载资料显得尤为珍贵。与其他志书相比，如《三州辑略》《乌鲁木齐政略》《伊江汇览》等相比，《祀典志》所及坛庙资料不但详细，而且全面。

其次，具有校勘价值。《祀典志》辑录祝文五十六篇，这些祝文或

① 贾建飞：《清乾嘉道时期新疆的内地移民社会》，第218页，社会科学文献出版社，2012年。

② 黄达远：《清代新疆北部汉人移民社区的民间信仰考察》，载《宗教学研究》2009年2期。

引自其他志书，或录自官府档案，可与《西域图志》等文献中的祝文进行比较，作为校勘资料。

（本文是新疆师范大学自治区普通高校人文社会科学重点研究基地西域文史研究中心项目“稿本《新疆图志》整理与研究”（项目编号：XJEDU040213C02）阶段性成果。）

回鹘文《弥勒会见记》文学及传译价值探析

郑 玲

摘要：《弥勒会见记》是一部长达二十八幕的佛教说唱剧本，因其作为较早的文学译著而富有多学科多领域的研究价值。本文通过探讨该剧本所引发的西域戏剧对中国古代戏剧影响的讨论，尝试探析其作为剧本的文学价值，并进一步阐述该剧本东传过程中所具有的传译价值。

关键词：《弥勒会见记》；文学价值；传译价值

一、回鹘文《弥勒会见记》概述

《弥勒会见记》是一部长达二十八幕的佛教说唱剧本。据回鹘文本跋文可知，《弥勒会见记》原剧本最初用“印度文”写成，后由圣月菩萨大师编译为吐火罗文，之后智护戒师又将其译为突厥语。其中，吐火罗文《弥勒会见记》有德国本（发现于新疆，现藏德国）和新博本（1974年发现于新疆焉耆，现藏新疆维吾尔自治区博物馆）；回鹘文《弥勒会见记》有哈密本（1959年发现于新疆哈密）、德国胜金口本（德国探险队在吐鲁番胜金口所得）和德国木头沟本（德国探险队在吐鲁番木头沟所得）。哈密本《弥勒会见记》在数量上远远超过了德国本（虽然仍不是完本），但它大大有助于我们进一步弄清楚该书的结构和内容。

在目前已知的回鹘文佛教经典中，《弥勒会见记》独具特色，概括起来，大致有如下几点：

（一）它是较早的文学翻译作品。《弥勒会见记》不仅是一部讲述弥勒会见佛祖释迦摩尼的佛教经典，而且还是一部由“古印度文”传译而来的最早的文学作品。无论考究其形式还是探析其内容，《弥勒会见记》可谓史诗型壮阔宏伟的“开放式”戏剧艺术结构[①]，该剧本内容涉及二十七幕，每幕之内细分为诸多场次，不仅明确标明演出的时间、地点和场景，同时还标以出场人物及演出曲调等。这充分体现了古代维吾尔人的聪明才智和戏剧艺术创造力。

（二）它的发现对重新审视中国戏剧史具有一定意义。《弥勒会见记》的发现，为中国古代戏剧艺术的发展写下了浓墨重彩的一笔。作为“比用汉文写成的剧本早六七百年”的《弥勒会见记》无论在西域戏剧史研究还是中国戏剧史研究上，均具有里程碑意义。

（三）富有多领域的研究价值。《弥勒会见记》的发现与刊布，为诸如中亚语文学、历史学、语言学、佛教史等众多领域提供了可资借鉴的宝贵资料，同时可为我们研究回鹘文佛教经典的翻译过程有所揭示，为回鹘佛教史、民族文化交流史和语言接触等方面提供宝贵线索。

二、反思与重构——《弥勒会见记》之文学价值

提及中国戏剧的形成，以往的国内外学者普遍认为中国戏剧发端于宋末的杂剧，形成于元明时期。换句话说，宋以前的中国没有戏剧。著名文学史学家冯沅君在其《中国文学史简编》中论及汉唐戏剧时写道：“纵观这千余年的戏剧，真是幼稚的很！既无正式的舞台，又无写定的剧本。

① 黎嫱：《印度梵剧与中国戏曲关系之研究》，载《戏剧艺术》1986年第3期。

只是随便的玩耍而已。”[①]该观点有一定的代表性和影响力，主要依据是“无正式的剧本”。但是忽视西域戏剧的存在及其对中国戏剧的贡献及影响，便急于得出中国戏剧发端于宋末的观点，未免有点偏颇。因此，关注和肯定西域戏剧在中国戏剧发展史中的重要地位，可以为我们客观而全面审视中国戏剧发展史乃至中国文学史提供一个全新的研究视角。

季羡林先生曾在《中国大百科全书·戏剧卷》中对《弥勒会见记》的学术和历史价值作出如下论断：“吐火罗语的发现有重大意义……对中国文学史来讲，它保留了一些剧本，比如长达二十七幕的《弥勒会见记》剧本比用汉文写成的剧本早六七百年。”同时认为该剧作“流行于中国唐代，它比戏曲繁荣的宋、元要早得多，《弥勒会见记》剧本的发现对中国戏剧的研究有重要的意义”[②]。耿世民先生曾言：“自古以来，新疆的塔里木盆地不仅以歌舞之乡闻名于世，而且还以最早表演戏剧闻名于世。在历史上，新疆戏剧对内地汉族戏剧的产生和发展起到很大作用。”[③]可见，《弥勒会见记》无论在西域戏剧史上，还是在中国戏剧史上，均具有里程碑的意义。它的发现不但为戏剧、小说提供了常新的内容素材，拓宽其思想表达空间，而且还为其他文学样式结构的发展完善提供了借鉴范式。

以所述内容视之，《弥勒会见记》首先是一部借助弥勒会见释迦牟尼这一主线故事普及佛教义理的佛教典籍。尽管它历经了古印度文、吐火罗文至回鹘文的再次翻译过程，但作为文学剧本的它，其文学色彩不但没有褪色，反而在传入以歌舞闻名的西域地区时变得更加光彩照人。作为一部佛经典籍译著，我们不应忽视《弥勒会见记》在中国戏剧史乃至中国文学史上的地位和影响。

---

① 陆侃如、冯沅君：《中国文学史简编》，第214页，作家出版社，1957年。

② 中国大百科全书出版社编辑部编：《中国大百科全书·戏剧》，第438页，中国大百科全书出版社，1989年。

③ 耿世民：《古代维吾尔佛教原始剧本〈弥勒会见记〉研究》，载《文史》1982年第12期。

（一）戏剧文学的素材库

随着佛教在西域及中原的盛行，佛教经典译著对中国文学产生了潜移默化的影响。梁启超先生曾作出如此论断："我国近代之纯文学——若小说，若歌曲，皆与佛典之翻译文学有密切关系。"[①]如若我们追溯中国戏剧的发展史，就会发现它确与佛经翻译文学有着"亲密"关系。因此，我们完全有理由相信，佛经翻译文学是中国古代戏剧产生和发展过程中的最大"母体"和最强有力的"催化剂"，反之，没有它的影响，中国古代戏剧甚或中国文学将会呈现完全不同的景象。

佛经翻译作品之所以会对中国文学，尤其是中国古代戏剧产生巨大影响，究其原因在于佛经典籍本身就是极具价值的文学作品，故而学界称其为佛经翻译文学。同其他传世的长篇故事如《佛所行赞经》《佛本行经》《法华经》一样，《弥勒会见记》情节生动，文字流畅，运用多种文学技巧，文学趣味浓厚，具有很高的文学造诣。该剧本以弥勒菩萨会见佛祖释迦牟尼为主线，内容丰富，无所不包，上至天堂，下至地狱，每幕之中不仅细分诸多场次，标明演出时间、地点和场景，而且标以专为演员登台演出的演出曲调等，这充分体现了古代维吾尔族先民的聪明才智和高超的戏剧艺术创造力。

随着佛教的影响日隆，佛教经籍译作因其多彩的内容而拥有大批读者。以《弥勒会见记》为例，剧中的神灵鬼怪、天堂地狱、因果报应等因素显然给中国文学中的志人志怪小说提供了原始素材。因此，随着佛教传入中国，灿烂的佛经翻译文学给中国文学，特别是彼时的中国古代戏剧产生了巨大影响，也为后世戏剧的日臻完善提供了广阔的发展空间和丰富的素材储备。

（二）崭新的文学样式

《弥勒会见记》多次运用描写、虚构等表达技巧，诸如佛祖释迦摩尼

① 梁启超：《佛学研究十八篇》，第179页，中华书局，1989年。

出现时的奇异景观的描写、弥勒出家成道时众鸟兽对其忏悔场景的描写等使得整个作品具有了强大的文学吸引力和感染力。

同时《弥勒会见记》在谋篇布局上也为崭新文学样式的出现和发展提供了可资借鉴的范式。唐宋传奇也好，元明清小说也罢，它们一如既往地从佛教典籍中汲取创作素材，在内容上加以模仿，同时加大了对佛经译作在结构布局上的模仿力度。《弥勒会见记》以弥勒会见释迦牟尼为线索，把许多故事有机联系在一起，而实际上许多故事又各自独立，这种结构不仅影响了之后的戏剧结构，而且对唐宋传奇的谋篇布局也带来了一定影响，比如唐人王度所撰写的《古镜记》便是其中一例，它将几个毫无关联的小故事以一面古镜有机串连在一起，结构独特。

《弥勒会见记》无论是对魏晋南北朝盛行的志人志怪小说，还是之后的唐代的俗讲变文、宋代的话本，再至元明清之时的章回体小说，结构上的一条主线贯穿全文，其他故事串连成文的谋篇布局特征，足以说明了以《弥勒会见记》为例的佛经翻译文学对不同文学样式的结构布局方面带来的深远影响。

通过探析以《弥勒会见记》为代表的佛经翻译文学与中国古典文学之间的渊源，我们可以清晰看到西来文学剧本影响本土文化的过程，这一点对我们进一步研究佛经翻译文学与中国文学的其他艺术形式之间的关系，及外来文学本土化的过程均具有一定程度的借鉴意义。①

总之，《弥勒会见记》在其由西向东传译过程中，其戏剧艺术已臻成熟，而这种惊人的成熟正是多元文化营养催生而形成的。对于中国戏剧而言，也正是有了西域戏剧独具特色的文化个性，才赋予了中国戏剧丰盈的文化魅力。

---

① 焦亚璐：《佛经翻译文学与中国古代小说渊源探析》，载《陕西师范大学学报（哲学社会科学版）》2002年第31期。

三、流布与融合——《弥勒会见记》之传译价值

关于《弥勒会见记》的渊源及其演变，哈密本《弥勒会见记》中存在多处记载："洞彻并深研了一切论、学过毗婆尸论的圣月菩萨大师从印度文改编成吐火罗语，智护戒师又从吐火罗语译成回鹘文。"这段记载至少说明了三个至关重要的问题：一，《弥勒会见记》最初是来源于古印度的梵语剧本；二，圣月大师将此剧本改编为吐火罗语剧本。吐火罗语《弥勒会见记》是一部比较典型的剧本形式，标明了场次、场景变化、出场人物、演出曲调等；三，回鹘文《弥勒会见记》是由吐火罗文本传译而来，依然保留剧本形式。

在由古印度语至吐火罗语再至回鹘语的传译过程中，《弥勒会见记》的不同译本所述母题基本保持一致，但二次翻译不可避免地留有异质文化之间碰撞与融合的历史印记。从某种程度上看，《弥勒会见记》的传译不仅是相关语言转换的问题，而是包含着文化交流等方面的复杂内容，其传译价值应是多方面的。

首先，《弥勒会见记》的传译为丰富和发展回鹘文文献提供了良好的前提条件。

尽管《弥勒会见记》主要讲述弥勒出家为僧会见佛祖释迦摩尼的故事，但在回鹘文本中我们依然可以捕捉到有关摩尼教的片段信息，比如第三品中的第9页b面的第11行中出现的"on čɤšapt（十戒）"，据耿世民先生的解读，认为其与摩尼教内容相关。由此可见，彼时西域多元宗教之间的互镜与融通，从中可以折射出回鹘社会发展的某些历史情况，对我们了解回鹘文化和宗教特点具有极高的历史学价值。

其次，《弥勒会见记》的传译为审视民族文化交流打开了一扇窗。

翻译，就其本质而言，实为文化与文化之交流。翻译不仅是译者跨

语言体系的转化，更是一种跨文化的行为。“任何一个发展着的民族，必然要吸收可能吸收到的其他民族的文化来丰富自己，愈能吸收别人的长处（不是短处），愈对自己有利。”[①]可见文化交流是本民族文化发展的不可或缺的途径之一。而作为外来文化的佛教，“其托命在翻译，自然之数”[②]，籍以翻译之途径东传，与古代西域诸民族关系密切，影响日隆，与传统文化息息相通，最终成为中国传统文化的重要组成部分。毋庸置疑，本文所选取的《弥勒会见记》同样是我国历史文化宝库中的一颗璀璨明珠，译本对勘对研究佛经翻译在古代中外各民族文化的交流融合与传承发展方面所起的促进作用具有重要意义。

从文化交流的大视阈观之，佛经翻译所引进的不仅仅是具象的佛教经典，更是一种特有的异质文明。根植于印度文明深厚土壤的佛教是印度文明的一个重要宗教形态，是一种理念和信仰体系，它承载着印度文明独有的文化成果。凭借大量不同的佛教经典作品被译为西域各民族文字，为佛教与古代西域民族文化的交融提供了现实途径，一定程度上丰富和发展了西域和中土既有的价值理念和文化体系。[③]

再次，《弥勒会见记》的传译为古代维吾尔语言文学带来了深远影响。

回鹘文本《弥勒会见记》能够流布存世，得益于回鹘译者娴熟而高超的语言驾驭能力和良好的文学修养。在对勘《弥勒会见记》两个译本的过程中，我们不得不惊叹于回鹘译者的多语言天赋，其在保证原文本内容不变的前提下，通达义旨，灵活运用直译、意译、改译等多种翻译方法，相得益彰，各展其长。

《弥勒会见记》的传译“不但在输入新的内容，也在输入新的表现

① 范文澜：《中国通史简编》，第289页，人民出版社，1965年。

② 梁启超：《中国佛教研究史》，第156页，社会科学出版社，2008年。

③ 阮炜：《翻译在佛经中国化中的作用》，载《深圳大学学报（人文社会科学版）》，2011年第6期。

法”[①]。伴随着佛教的传播和大量梵文和吐火罗文的新语言要素的输入，成批的佛教词语融入回鹘语词汇中，成为回鹘语词汇大家庭的新鲜血液，丰富了回鹘语言词汇宝库。

同时以《弥勒会见记》为代表的佛经翻译，也为西域诸民族甚或华夏民族的文学发展提供了可资借鉴的内容素材和表现形式。正如梁启超指出的：“盖有外来‘语趣’输入，则文学内容为之扩大，而其质素乃起一大变化也。”“不特为我思想界辟开一新天地，即文学界之影响亦至巨焉。”[②]

整体而言，不同译本的《弥勒会见记》为我们全面了解和蠡测佛教在西域的流布，不同语系间的语言接触提供了可能性。无论是吐火罗文本还是回鹘文本的《弥勒会见记》，译本的流传都将印度佛教的精深和奥妙，经由西域引入儒家和道家占统治地位的中土，给中国传统文人和寻常百姓，提供了思考人生、探讨宇宙的另外一条新奇之路。[③]

① 鲁迅：《关于翻译的通信》，第315页，华龄出版社，1997年。

② 梁启超：《翻译文学与佛典》，第266页，中华书局，1925年。

③ 刘川：《佛经翻译家对中国文化之影响》，载《作家杂志》，2009年第1期。

从阙特勤碑对突厥语qïd一词的考释

何湘君

摘要：由于历史久远以及可供考察的文献数量不多的原因，古代突厥语有的词义要么没有明确的定义，要么是一词多义，用于不同的场合。本文从阙特勤碑角度，对若干突厥语词汇进行考释。试图探析这些词在特定场合其词义的准确用法。

关键词：突厥语；阙特勤碑；qïd；

《阙特勤碑》是第二突厥汗国时期（552–745）的一块重要的石碑。建立于唐玄宗李隆基732年，是东突厥创立者骨咄禄之子毗伽可汗为其征战一生的弟弟——突厥悍将阙特勤的去世纪念而竖立的墓碑。

1889年，由俄国探险队队长雅德林采夫率领下的伊尔库茨克地理学会在今蒙古人民共和国鄂尔浑河支流科克辛—鄂尔浑（Kokshin-Orhon）河谷的和硕柴达木处发现了该碑。现在，该碑仍然立于原地，全碑文由大理石制作而成，整体形状呈平截头棱锥形，高达3.75米，东面与西面两者之间的顶宽1.22米，底部宽为1.32米，南北之间的厚度0.46—0.44米不等。石碑的四面都刻有文字，文字的高度约为2.75米。碑文是由毗伽可汗口述，由唐朝工匠协助建立起来的，内容是关于阙特勤去世的祭文和突厥征战的历史。该石碑的一面是由唐玄宗亲自撰写的中文铭文，而另外三面的铭文均为突厥语。《阙特勤碑》西面刻写的铭文为汉文和一小段突厥文，剩下的各面均为突厥文。东面的突厥文有40行，南面和北面的突厥文各有13行。

由于可供考证的文献数量有限和历史久远的原因，后人对一些突厥语词的释读有所不同。这里除了一些词由于场合不同具有用法不同的特点之外，更多的是后人对这些词的理解各异。比较具有代表性的一个突厥语词便是qïd。

土耳其学者耶尔吉拉松在《突厥语研究年鉴》（1995年）中写道：

'qïd-' fiiline 'herhangi bir seye klyl, kenar, slnlr, hudut yapmak' anla mlnl verebiliriz. Bu anlaml metnimize tat bik edersek, su sonuču elde ed eriz: 'bir kisi yanllsa, kabilesine, milletine, evine, esigine kadar klyl yap mazmls'。其意为：qïd本词具有为某物定边的意思。因此，该词在本句中的意思应为“一人若犯了错，连其部族、家庭、屋门也没有限制”。

而早在1896年，著名突厥学家汤姆森（V.Thomsen）在《鄂尔浑碑铭解读》（Inscriptions de L' Orkhon Dechiffrees, 1896, P116）中写道：Si un home tombait en faute, ils ne s' avancaient pas jusqu'a…de sa race et de son，对应的译文是：如果一人犯错误，他们连其民族都不能向前走。在这篇文章中，汤姆森将qïdmaz翻译成“不能向前走，不能前进”。

而马洛夫在《古代突厥文献》的俄文的译文中（1951年）写道：但是，倘若突厥人中的个别人想做此事，那么整个氏族，甚至包括其姻亲都不会偏离。此处，马洛夫将qïd一词理解成“偏离”。

在土耳其学者奥尔昆（H.N.Orkun）对《古代突厥碑文》（1987年）年的译文中，将“Bir kisi yamlsa, soyu, kavmi, bisükine kadar ilerlemez imis”一句译为：一人犯了错误，他的部落和氏族，甚至摇篮里的婴儿都不能前进。奥尔昆将动词qïd一词翻译成“前进”。

与上述作者对该词理解大为不同的是，塔拉特. 铁肯（Talat Tekin）教授在《鄂尔浑突厥语语法》（1968年）中将qïd一词理解成“庇护”。

和塔拉特. 铁肯（Talat Tekin）教授一样，木哈兰姆·耶尔根（M.Ergin）

在他的著作《鄂尔浑碑文》中（Orkhon Abideleri）（1970年）将句子中qïd一词也译为“庇护”之意。从他的文章中，他就将“Bir insan yanïlsa, milleti, akrabasïna kadar barïndïrmazmïš”该句译为“一人犯错，他的部落、民族和姻亲都得不到庇护”。

在《阙特勤碑》的铭文中，qïd在全文中仅出现过一次。即南面的第6行当中。第6行全部文字为：ädgü bilgä kišig , ädgü alp kišig yorïtmaz ärmiš; bir kiši yangïlsar uɣušï bodunï bišükingä tägi qïdmaz ärmiš. süčig sabïnga yïmšaq aɣïsïnga arturup, üküš türk bodun , öltüg.türk bodun üläsiking biriyä čuɣay yïš tügültün。根据上下文，该行的译文为：他们（汉人）不让真正英明的人、真正勇敢的人有所作为。一人犯错，连其部落、人民、后辈都【？ 】。由于受到他们甜蜜的话语、华丽的宝物的诱惑，突厥人民，你们死了许多人。突厥人民，当你们一部分不仅要在右面住在总材山，并且……。

在该句中的qïdmaz 一词，“qïd”是该词的词根部分，“-maz”为否定形式附加成分。在本文中【？ 】处应为“不饶恕”作为对qïdmaz 一词最好的解释。具体有以下几方面的理由。

首先，从历史的角度看，刑事连带责任制度，即连坐制度，春秋时期，各诸侯国就有关于“三族”的记载。即使到了汉以后和唐以前的这段时期，其株连的范围开始走向规范化，但并不意味着这种连坐制度就已经彻底革除了。从《唐律》中的规定可以看出：“谋反”“大逆”两罪，父子（年龄在十六岁以上）就得一同处死。因此，在该碑石刻写时期，铭文中提到的“一人犯错，连其部落、人民、后辈都……”这句话，便是对当时“株连九族”的一种改述。因此，该处从历史的角度，【？ 】处可以理解成为“不能被放过、饶恕、原谅和处罚”之意。

其次，从文章的上下文的角度来看，前面的译文理解普遍得到学界的认同：“他们（汉人）不让真正英明的人、真正勇敢的人有所作为。”

根据文章中的这句话，下文中的“一人犯错，连其部落、人民、后辈都【？】”中的qïdmaz一词的释义应该和上文中的“有所作为”形成意义上相反的关系，即“不能、不可以有所作为”。

综上所述，从历史的角度，我们对qïdmaz一词理解为“不能被放过、饶恕、原谅和处罚”，而从全文上下文的角度，可以得出qïdmaz的词义为“不能、不可以有所作为”比较适合。结合两者的意思，qïdmaz的词义应理解为“饶恕”较为合理。

少数民族古籍数字化刍议

——以回鹘文献为例

李 刚

摘要：少数民族古籍是中华民族传统文化的重要组成部分，各民族用自己的文字记录了本民族的经济社会、政治、历史、文化、宗教等。特别是其中真正反映本民族经典文化的古籍文献已成为我国灿烂文明所不可或缺的重要组成部分。但是随着信息技术的飞速发展，这些珍贵的古籍文献如何能为更多的人所共享就成为一个亟待思考和解决的问题，而这些问题解决的焦点最终都聚集到了古籍文献数字化的问题上了。因此民族古籍文献的数字网络化的问题就被提上了日程。本文主要从以下几个方面对目前民族古籍文献的数字化存在的问题或难点进行分析，并提出自己的观点。

关键词：回鹘文献；数字化；方法

一、民族古籍文献的数字化含义

在探讨古籍文献数字化的问题之前，有必要先澄清一个概念，即，何为数字化？目前对这一问题的看法存在不同观点，有学者认为数字化就是电子化、计算机化，能够在电脑上运行即算数字化。事实上这种看法并不正确，简单的电子化不能等同于数字化。数字化古典文献必须具备一条基本的标准就是能够提供机读检索功能，无论是书目检索还是全文检索，然后在此基础上兼备其它功能，比如浏览、统计、打印、输出等等，这才算是真正意义上的数字化（有时也称电子化或电子版。这里我们仍然把上世纪七、八十年代的一些不太成熟的计算机化文献包括在内，虽然这些机读文献达不到当前的数字化要求，但却是数字化文献发展过程中的必经阶段）。换言之，即是经过对古典文献进行一番加工整理后，建立具备检索等实用功能的书目（索引）数据库和全文数据库。至于数据库的存在形式，可以有所不同，但就目前来说，主要有两种版本，一是单机光盘版，再就是网络资源版。前者可以单机安装，而后者则可以实现网上浏览检索。

二、 回鹘文文献的分类

就目前已经发现的回鹘文文献的内容来看大致可以分为以下几大类[①]：

1、回鹘文世俗类文献。这一部分主要是目前有回鹘语顶级专家共同各类经济文书，如，土地买卖文书，奴隶买卖文书，财产继承文书，土地划分文书，行政类文书，寺院经济类文书等等，目前这部分文书总共发现了二百余件，收藏在世界上主要的国家，诸如，英国，匈牙利，日本，德国，中国。这些文书都是用回鹘文草体书写而成，在释读上有着很大的难度，即便如此，经过多年来几代回鹘学者的不懈努力，目前大部分文书的内容已经十分清楚，重要的研究成果主要收藏在山田信夫的《回鹘文契约

① 这里主要是是按照文献的内容进行地划分。此外，还可以按照文献的载体分为，纸质类回鹘文文献，碑刻回鹘文文献，回鹘文木活字类文献，洞窟题记类回鹘文文献，金属器铭或钱币类回鹘文文献等；若按照文献的出土地点还可以分为吐鲁番出土回鹘文文献，敦煌出土回鹘文文献等。这些都是对文献进行分类的重要依据或标准。

文书集成》中。可以说这是一本含金量很高且在学术界颇受称赞的力作。

2、用回鹘文佛教典籍文献。如,《无量寿经(Amitāyus-sūtra)》、《阿弥陀经(Amitaba- sūtur)》;华严部,《华严经(Lianhua čäčäk üzäki itigi yaratïγ atlïγ sudur nom bitig)》、《方广大庄严经(Lalitaristara-sūtra)》、《金光明最胜王经(Altun öngüg yaruq yaltrïγïγ qopta kötrülmiš nom iligi atlïγ nom bitig)》、《佛说胜军王问经(Aryarājāvavādaka-sūtra)》;法华部,《妙法莲华经(Kuan-šiim pusar)》;般若部,《般若波罗蜜多经(Prajnāaparamitā)》;密教部,《佛顶尊胜陀罗尼经(Alqu ayïγ yawïz yollarïγ artuqraq uz artdačï…ušnisa vičai atlγ darni)》、《七曜经(Yitikän-sudur)》、《楞严经》、《大云请雨经(Māhamegha-sūtra)》、《如来心经》、《就读佛母》等。

3. 行政公文类文献。这类文献中最有代表的是《高昌馆课》。它是明代四夷馆编辑的一部新疆各地向明朝中央政府朝贡的公文集,汉文和回鹘文对照书写。

4. 回鹘文文学作品类文献。这类传世的作品主要有《福乐智慧》、《真理的入门》、《乌古斯可汗的传说》和一些古代民歌等。近年来,随着民族古籍整理、研究工作的不断深人,我国先后整理出版了大量的回鹘文文学作品汉译本《福乐智慧》、汉译本《乌古斯可汗的传说》、汉译本《真理的人门》,这些回鹘文文献的整理出版,为我们进一步研究古代维吾尔族提供了本民族的直接材料。另外,耿世民先生还编译了《古代维吾尔诗歌选》等。

5. 回鹘文工具书类文献。这类主要是一些回鹘文字典类的工具书,主要有《高昌馆杂字》。这是一部收录奏折用语编成的汉文回鹘文对照分类词汇集,共收词语九百四十个。

6. 此外还有一些发现于新疆米兰等地的而藏于国外的一些军事、天文历法及医学类回鹘文文献等。

综上所述，回鹘文文献类别较多，数量较大。然而到目前为止，我们对这部分文献依然无法借助计算机对其原文直接进行录入，我们在进行研究时，若涉及到某个词时只能通过剪切图片的方式进行处理。尽管国外在这方面做得比我们先进，也只是建立了专门的研究网页并将文献的原照片上传到了服务器上，这些只是在文献的浏览上或是资源的共享上提供了一些便利，但还是不能说已经完全实现了回鹘文献的数字化。所以说，目前回鹘文献的数字化研究仍处于起步或探索阶段。仅在纸质目录的基础上建立数字化目录，让资源通过网络使大家共享，就需要付出十分巨大的人力和物力资源。因此尽快实现古代回鹘文数字化为学者提供全文的数字化编辑，检索和网络资源共享，这些是我们当前和今后工作文献数字化工作的重点。值得庆幸的是，据悉中央民族大学的黄建明教授申请了中华字库项目，该项目的字体涉及到了回鹘文的字体创制和编写，若这一难题被克服，那么回鹘文文献的全面检索，数字化共享和浏览将会实现质的飞跃。

三、少数民族古籍文献数字化的类型和回鹘文献的现状

（一）根据民族数字化进行的程度，大体上可以将民族文献数字化分为以下类型:

1、书目数据库型。这是古籍数字化的初级阶段，如山东图书馆在1996年—1998年4月完成了善本书II的回溯建库工作，建立了5328利，善本古籍及几千条子目的数据库，南京图书馆建立的书目数据库则涵盖了40多万条中文古籍。

2、全图像型。这种类型的数字化古籍是将部古籍是将一部古籍电子摄像工具拍成一帧帧电子照片，把照片编排起来，制成图像文件，就成为了图

像型数字化古籍。如上海图书馆建立的“古籍影像光盘制作及检索系统”。

3、全文本型。这种类型的数字化古籍的制作是把古籍中的一个个字录人工或电子技术录入电脑，从而形成古籍的数字化产品。如“二十五史”全文检索系统，它可以实现真正意义上的全文检索，但不能与原文对照。

4、图文检索型。这种类型的数字化古籍是将前两者得到的图像文件和文本文件进行加工处理，重新组织而成。如北京大学开发的《中国基本古籍库》光盘版，它是目前古籍数字化的较高阶段，实现了真正意义上的古籍数字化。

（二）回鹘文献的现状

目前，我们对已经知道的回鹘文献的利用主要还是停留在图版利用阶段，也就是上面提到的全图像型阶段，尚未实现文献的全文录入和检索。当然这主要还是回鹘文字体的问题，然而这一问题目前仍没有被攻克。即便是国外的一些比较成熟的网站在回鹘文文献的数字化的问题上依然存在着这些问题。比如，柏林吐鲁番学网（http://www.bbaw.de/forschung/turfanforschung），突厥语言研究协会（http://www.tdk.org.tr），“数字丝绸之路”和“敦煌国际项目”等。这些网站的对文献的数字化只是初步的数字化，或称作为半数字化。即便如此，这些在回鹘文献数字化上也算是迈出了不小的一步。

四、制约民族文献数字化的因素

（一）文献数字化标准化和规范化问题

要建立一个完整的文献数据库，使用户上机就能纵览古籍全貌，就不能忽视标准化和规范化问题。因为资源库建设是依靠各中位的合作，因此必须统标准，如著录条例、数据库格式、编目软件、使用字库等，以保证数据库的质量和检索效果，为读者提供个共享古籍文献的统平台。作为民族文献更是如此，尤其是古代回鹘文文献，内容庞杂，文字多种多样，尽管现代文字没有太多问题，但像突厥文、回鹘文、粟特文等文献的录入和数字化还存在一定的困难。尽管学者们也使用着包含有以上文字的字体，但由于目前对字体标准不同，版本不同，兼容性自然不好，这些都会给文献数字化和检索带来不便。

（二）文献数字化产品的通用性间题

不同单位开发出来的数字化民族文献产品往往具有不同的文件格式。目前的数字化文献除常见的txt、doc、html格式外，还有exe、pdf、wdl、pdg、ebk、edb、oeb、sep、ifr、xeb等。除了格式一些通用格式，如，txt,doc.html等外，大部分数字化古籍因为文件格式不同，通用性差，极大地影响了读者使用数字化文献的热情。由于利益驱使，绝大多数开发者以独自开发为主，数字化建设相互保密，互不兼容，不利于文献数字化资源的共享。

（三）缺乏专门致力于这方面的人才

由于民族古文献涉及历史、文化、政治、经济、宗教、语言和文字以及计算机专业等方方面面的问题，单靠某一人和某一组织显然不可以，更为重要的是从事这方面工作的人常常处于后继无人或根本无人问津的窘迫境地，所以不会也很难形成良性循环。

（四）民族文献数字化产品的保存存有风险问题

民族文献数字化建设是项非常复杂的系统工程，其成果之一数字化古籍产品无疑是众多专家学者的心血结晶。众所周知，传统古籍存在中独实体，我们知道，从文献载体的来看目前发现的古代回鹘文文献有碑铭类、木刻类、纸质类、皮革类、铭文类。正因为如此，我们在对这些弥为珍贵的原始文献进行数字化处理时免不了要进行扫描、复制、拓写等，这势必会造成载体的物理劣变、载体的机械磨损或毁坏，对原始文献也会有一定影响。会由于其他不可预知的因素导致已经数字化的文献的丢失，因此应降低数字资源的保存风险，确保古籍数字化资源的永久留存。

五、民族文献数字化的一些思考

笔者以为要想很好解决回鹘文文献数字化中的问题还需要从以下几个方面着手：

（一）加大古籍数字化的人才培养力度

在古籍数字化过程中最重要的工作是要在录入文本前对古籍进行整理。古籍整理人员不仅要掌握中文古籍文献的分类、版本鉴定、编目知识，而且还要会编制数据库，懂得计算机网络、多媒体等现代信息技术，能利用现代化的技术手段来研究民族古籍文献。而目前较为普遍的现状是古籍整理专业人员不懂信息技术，而信息技术人员对古籍知识又缺乏一定的了解。国家图书馆陈力研究馆员曾提到该馆进行“数字方志”项目时，由于录入人员水平有限，将大量的异形字、异体字和简繁字视为不同的汉字加以录入，不仅增加了录入工作量，更对检索系统产生重大影响，同时也阻碍了数字化古籍“知识发现”功能的实现。这就更不必说民族文献的录入与整理工作，因为这方面人员除具备上述要求外还需懂得某一民族的古文字才可以。

（二）完善非键盘全文数字化处理工作

用手写识别技术、语音识别技术把文献的全文转换成文本或者在原版图像化处理的基础上，通过文字识别技术把文献的全文转换成文本的方法叫做非键盘全文数字化处理。其中手写识别和语音识别不适合大规模、商业化的生产，更不适合回鹘文文献的数字化。所以，一般对回鹘文文献的非键盘全文数字化主要是在原版图像化处理的基础上用文字识别技术来完成。

（三）正确妥善对原版图像化处理

原版图像化处理就是用扫描技术或数字相机把原有的纸质文献转换成

数字图像，建立文献原版数据库，辅以简单题录或复杂题录索引，形成网络共享的数字化资源，实现文献的数字化。

（四）标准化和规范化相结合

实现回鹘文文献数字化过程中必须坚持标准化和规范化相结合的原则，因为这能保证数字化文献的质量和通用性。同时也有助于实现数字化文献的网络传播和资源的共享，从而提高数字化文献的利用效率。要做到这些首先要解决的是基本标准规范。例如，编码标准、格式标准、元数据标准等，只有在此之上方能进一步解决系统软件标准、应用支撑平台标准等等各个方面的标准规范问题。

（五）回鹘文字体的问题。

目前来说，我们知道的最初尝试用所谓“回鹘文”字体进行回鹘文排版的学者应该是俄国的马洛夫，他们当年曾经将回鹘文的《金光明最胜王经》试图用满文字母进行过“铅字”排版印刷。目前我们所能看到的字体比较纤细、瘦小的回鹘文版的《金光明最胜王经》就是他们的杰作。我们知道，满文是间接在回鹘文的基础上创制的。所以，用满文字母对回鹘文进行尝试性的设计和输入也是有一定的合理性的。但满文字母有新满文和老满文之分，有些字母还是有很大的区别，并且回鹘文的变体比较多，仅利用一种间接的回鹘文来试图规范所有的回鹘文字体，这样会显得不科学，而且也无法对不同回鹘文字体的文献进行检索和编辑。所以，对此，我们还需要进行全面科学的探索，为实现回鹘文献的全面数字化探索最优的路径。

六、小结

总之，古籍数字化建设是项艰巨而复杂的系统工程，尽管古籍数字化建设工作尚有很多问题有待信息工作者研究和探讨，但信息技术的飞速发展，给古籍数据库建设和利用展现了广阔的前景，为古籍文献的进一步开发利用奠定了良好的基础。

此外，做好回鹘文献的数字化工作可以缩短媒体传播的环节，减少资源浪费，降低成本；可以延长媒体的保存时间，提高文献的利用率；可以资源利用可以不受时空的限制，实现最大范围的资派共享；更重要是它能够为我们全面深入地研究古代维吾尔民族的历史、语言、宗教、文字提供重要的一手材料。

参考文献：

[1] 杜伟生：《中国古籍修复与装裱技术图解》，北京图书馆出版社，2003年8月。

[2] 耿世民：《古代突厥文碑铭研究》，中央民族大学出版社，2005年8月。

[3] 朱崇先等编著：《中国少数民族古典文献学》，民族出版社，2005年11月。

[4] 耿世民：《回鹘文社会经济文书研究》，中央民族大学出版社，2006年1月。

[5] 张公谨等编著：《民族古文献概览》，民族出版社，1997年11月

[6] 卢向东：《文献数字化理论研究探微》，《四川图书馆学报》，2004年第4期。

[7] 陈微：《对我国图书馆古籍管理数字化的三中认识》，《图书馆论坛》，2008 年第3期。

[8] 李国新：《中国古籍资源数字化的进展与任务》，《大学图书馆学报》，2002年第1期。

试析古代突厥文表意字母和汉语外来词的文化蕴涵

——以《阙特勤碑》中字词为例

闫进芳

摘要：古代突厥文的产生、发展、演变以及消亡在漫漫历史长河中是一个历史发展的必然，是草原文化从蒙昧走向文明的重要过程。此外，由于时代的特征，突厥与唐文化之间有着极为密切的政治、经济、文化联系，并深受中原文化辐射。因此，古代突厥语中有大量汉语借词，这些借词的突厥语读音与汉语中古读音非常接近乃至相同，这在《阙特勤碑》文的词汇中都有体现。因此突厥语言文字的发展有其特殊的文化蕴涵。

关键词：突厥文；表意文字；汉语借词

古突厥文是突厥民族于6至7世纪左右创制使用的一种文字。早期是在古代突厥民族生活的地方发现的碑铭中发现并认识了这种文字，当初人们尚不清楚这种文字是哪个民族运用的文字，故根据其发现的地名称作“鄂尔浑文”、“叶尼塞文”、“西伯利亚文”或“鄂尔浑——叶尼塞文”。后来有人发现，这种文字与早年在北欧地区考古发现的被称作“Runic”的文字符号极为相似，故被认为是同一种文字，便起名为“如尼文”。直到

1893年，丹麦语言学家汤姆森初步解读了这些碑铭文献并得出结论认定这是记录古代突厥语的文字。从此，将其与北欧Runic文区别开来，命名为“突厥如尼文”或是“古突厥语”。

突厥文是一种音素、音节混合型文字。它既不是纯音素文字（一个符号只表一个音素），也不是纯音节文字（一个符号只表音节）。同时，在不同地区和不同时期所使用的字母书目和形体也不完全相同。一般为38到40个字母。其中很多字母在不同的文献中有变异，有些字母变体多达五六种，故有学者统计，加上某些字母的变体和异体总共有90个符号。

根据汤姆森的观点，认为古代突厥文的一些字母来自表意符号（还有很多学者也对古突厥文关于表意符号这一论断进行了很多的论证和考察），如半月形的J表示ay，而古代突厥文中ay有“月亮”的意思[①]；箭头式的x表示oq，uq，qo，qu，古代突厥语中的oq就表示“箭”的意思[②]；另外外形像毡房的b表示äb，古代突厥语中äb有“毡房，房子”之意。因此根据汤姆森的推断，上述三个字母均属表意文字。其次，古代突厥文中有大量的汉语借词，这与当时社会历史大背景有着密切的联系，当时唐代在亚洲乃至世界上来说是伟大的帝国，因此文化的传播对周边文明的发展产生了深远的影响，当然古代突厥文中也理所当然的借用了很多汉语借词，例如：UGUT读为toɣu，意思为“都护”，根据王力先生整理的中古音分析，“都护”中古音为tuɣu；uWj读为yinɣu，意思为“珍珠”，中古音汉

① 牛汝极先生在他的《突厥文起源新探》中不赞同D表示ay，表“月亮”之意的说法，他认为这个字母也是个表意文字，但根据象形文字的特点以及突厥民族的生活环境等特点，他论断这个字母的形似乎更象“弓”，右边是弓背，左边是弓弦。突厥人的经济是以游牧为主，以猎取畜兽为熟而弓、箭是从事猎取活动的主要工具。这一点在阿尔泰山、,天山、阴山、昆仑山等地发现的大量狩猎内容的岩画中弓箭的大量使用得到充分的证明。相反，表示月亮的图形却很少见到。通过他的考证，认为突厥文中D应读ya，意为“弓”。ya这一词存在于突厥语的各时期的文献中，如摩尼教、佛教文献、哈卡尼亚语文献、察合台语文献、奥斯曼语、克普恰克语等文献中都有，其意均同。这个词在现代突厥诸语言中还有音变现象。

② 牛汝极在《突厥文起源新探》中，利用甲骨文、金文的中“箭”字的符号特征通过反证，也表示赞同这种说法，即突厥文中↓表示“箭”的含义。

语中“珍珠”读为yienču；再例如WUx读为qunču，意思是“公主”，中古音汉语中“公主”读为ku čiu；这些无论在读音还是意思上都借自汉语的语音和语义。本文根据以上列举的内容和其他学者对于古突厥文的考证，论述古突厥文表意文字和汉语借词的文化蕴涵。

一、语言镜像里的社会文化

“语言中的文化主要是通过对比发现的，即一种语言的民族文化是以另一种语言文化背景为基础的。由于人们生活的社会文化背景的个人只是背景的差异，各民族语言的词汇结构及其语义结构都会存在差异。各社团所创造的语言符号和他们赋予符号的意义，体现了他的生活于其中的各自社会的生活特点和认知特点。”[①]确实，人类的语言和文字系统，绝大部分不是由某一个人或在某个时间点所创制再加以颁布施行的，而是同一语言社群的全体成员，经过一段时间的交流互动之后逐渐形成的产物。

突厥民族和北方游牧民族一样，他们把各种印记符号，除作为氏族的标志绘制在旗帜上以示其徽征外，还印在协约书、草原重大集会、祭祀活动以及岩石上以留念和记录。

在古代的文化中，无论是埃及、玛雅还是中国的少数民族，都有绘图记事的现象，在漫长的历史岁月中，这是一种表意方式。象形文字也是用一种图画表意，但是较之绘图记事，又有其不用点，绘图记事的本质是事物形象的直接呈现（presentation），而象形文字的目的在于意念的间接再现（re-presentation）。《说文解字·叙》说：“象形者，画成其物，随体诘诎，日月是也”。“人的内在思维内容，有些是具体事物的有形指涉，有些是抽象思绪的无形含义”[②]因此，表意的古突厥文，就是突厥民族对

① 郑竹群：《视域嬗替的语言镜像》，社会科学文献出版社，第31页。
② 王明嘉：《字母的诞生》。

生活内在精神的抽象反映。

突厥人生活在中亚地区的草原上，草原生活环境决定了其文化的产生和发展必然烙上游牧民族特有的印记。通过历史考证，古代突厥人有过使用氏族、部落印记的习俗，他们将这些印记符号铭刻在所到之处岩石上，后人称它为“突厥岩画符号”，这与西亚乃至北欧地区游牧民族的生活环境有了相应的类似点。突厥文字母中仍可以看到象形文字的痕迹和音素文字的性质。这种混杂的书写符号，有其演变发展的历史内涵。

1. 形随功能而生：早期的突厥民族，大多数都是游牧民族，因此其特定的生存条件和环境决定了其文字的创制形态。字母的自行符号有了类似实物的描绘，又在其基础上给予了简化。在人类文化的进程中，社会习俗与语言具有着密切的联系。当然反过来讲，也就是语言留下的生活遗迹。

在芒·牧林的《古突厥文新探》中，作者否定了古突厥文“西来说”和“自制论”的观点，通过一系列史料和文字对比，论证了古突厥文与匈奴文的历史渊源关系，这也就说明无论语言作为交流的工具还是记录文化的符号，在其使用的过程中无形的影射本族以及他族文化的镜像。历史学家薛正宗依据突厥人曾使用过的马印图符造型“恰似突厥如尼文的形态特点”，推断“完全有可能马印孕育出的文字符号，这就是如尼文产生的内因”①，从游牧民族的生活习性以及文化存在的客观条件上看，这个观点是很有说服力的，突厥文表意字母的文化蕴涵主要体现了突厥部族赖以生存的地理环境、风俗习惯等方面的特点，“弓”（这里笔者采用牛汝极的）、“箭”、“毡房”，从生活方式的角度来说这些都是北方游牧民族必有的生活现象，从表意字特有的内涵来看，确实符合了“画成其物，实体诘诎”的特征。

2. 意随形而迁演：根据牛汝极先生的推断，他认为突厥文t（读为t，），这个符号是野山羊图形的简化，图画文字的早期多重在写实，到

① 薛正宗：《突厥史》，中国社会科学出版社1992年版，第710页。

后来便向抽象化、图案化简略化发展，着力于刻画其内在精神。在牛先生的论证中，突厥文t就是野山羊图形抽象化和内在精神的反映。记号状野山羊“是突厥汗国政权的象征。把山羊比作“权力”或“政权“的象征，是与他们的游牧经济相联系的。《旧唐书·郑元璹传》也有记载“突厥兴亡，唯以羊马为准”，可见牲畜在突厥社会经济中的重要地位。由于当时的人们对客观事物认识上的局限性，过分地夸大动物的威力和作用，而把它神化起来，至顶礼膜拜。对羊及其它动物的依赖，认识上便加以神化和崇拜，后来就赋予羊以“政权”的象征。牛先生通过文献查证，得出结论突厥文t这个符号标音就是t，，即古代突厥语的就意为“统治”、“管理”，突厥人由于生活的依赖便开始对山羊加以崇拜和神化，并赋予它“政权”的含义，之后象征“政权”的山羊符号，与表示“ 统治”意义的语词紧密地结合，暂且不讨论牛汝极先生的论证是否合理，但是从上述几个古代突厥文表意文字的分析中我们可以看出突厥文字的内涵中隐射了游牧民族文化经济社会文化的面貌以及与周边其他民族之间不可切割的渊源关系。

二、语言接触擦出的文明火花

“语言接触就是指使用不同语言的人，在长期交往过程中而引起的语言间的影响和接纳。世界上的事物都是相互依存的，语言也是如此，它总是要和其他语言发生某种联系。”①

1. 综合实力的主导作用：凡是历史上有过来往的两个民族，在它们的语言中就可以找到语言上接触后留下的“痕迹”。借词就是语言接触后，两种语言相互影响的一个重要标志。借词的出现，主要是一个语言所依附的文化氛围中存在缺位，而与之发生接触的文化中存在这个因素，于是前

① 贺群：《社会语言学纲要》，民族出版社2012版，第84页。

一种语言就借用了所接触到的语言中的表达，来填补自己文化中缺少对应语言词汇要素的部分[①]。同样，古代突厥人在政治经济发展过程中与大唐中原文化有过紧密的接触，著名历史学家荣新江教授在一次关于“丝绸之路”商贸文化的讲座中提到，古代突厥人在西域各民族政治经济活动中常常扮演过侍卫的角色，从而可以看出，突厥人活跃在“丝路”阵营，是有过很多的语言接触的现象，尤其与中原文化交往甚多。古代突厥人借用汉语的词语不少，本文列举了古突厥文《阙特勤碑》中出现频率较高的三个汉语借词，即“都护”、“公主”、“珍珠”来阐述其文化蕴涵。

古代突厥语中的汉语外来词主要体现了古代社会中中原文化、民族政权之间微妙的关系。戴黎刚先生在《历史层次分析法》中说“语言的历史层次指叠置在一个共时系统中不同来源的语言成分。”包括两个方面：一是因外来影响即接触产生的历史层次；一是语音的内部音变所产生的历史层次。从第一个方面的角度来阐释，就是中原大唐政治的强盛以及经济的蓬勃弥补了古突厥语语言薄弱的区域。这也隐射了民族力量的悬殊，借用“都护”和“公主”这两个代表政治制度的名称，说明政治上大唐对突厥人有着不可替代的影响，而“珍珠”则体现了经济物质方面的影响。当然古代突厥人的多种文字中，这类借词很多，无论对突厥人的生活还是语言内部的语音变化都产生过很大的影响和作用。这种政治制度文化和经济物质文化的改变导致了语言文化的改变，由于国家综合实力的不同，为了适应新的要求，紧随时代的步伐向前，古代突厥人大量地接受了汉语言文化成分，在后来的突厥语文献中运用了更多的汉语借词。

2. 游牧文化自生发展的局限。法国语言学家房德里耶斯在其《语言》一书中也曾指出：“有时，政治和社会条件决定了一个民族采用一个相邻民族的语言，因此在某些语言的发展中产生了一些迅速的和怪异的变化，

---

① 方欣欣：《语言接触与双语研究的经典著作——Weinreich语言的接触：已发现的与待解决的问题》。

因为那个采用新语言的民族有时会把它就要离别的语言的发音习惯应用于这种新的语言，例如人们要从高卢的通俗拉丁语的语音学中去寻找高卢语的影响”①暂且不去深究高卢的语与希腊语的渊源关系，但从古代突厥语借用汉语的层面看，借用外来词无论从什么角度看都是自生语言文化发展的局限，古代突厥人由于生活的环境以及游牧迁徙等不稳定状态，注定了他与其他外来语言文化的碰撞，这种接触一方面促进了民族交融，有利于经济文化的发展和前进，但是从另一方面来说，吸收外来词抑制了自身语言对于事务本身的消化与整合。例如类似“都护”和“公主”这类意义的词，在古突厥社会中肯定存在有这种职能的人，但它却借用汉语，自身的不稳定状态注定了吸收稳定强盛农耕文化中的内涵与意蕴，从这样的角度看外来词的引进是一种一分为二的价值观点，一方面促进民族的交流，推动社会前进，另一方面却有可能改变或是破坏原有语言的结构。

三、结语

从古突厥文表意文字和外来词的文化意蕴的分析中我们可以清楚一个民族在其历史发展的长河中所经历的各种习俗、生活、信仰等等方面的内容，以及与周边环境碰撞所产生的渊源关系，这种相互影响相互借鉴的状态会一直留存并延续于人类文明。

参考文献

[1] 耿世明：《古代突厥文碑铭研究》，中央民族大学出版社，2005年。

[2] 罗新：《中古北族名号研究》，北京大学出版社，2009年。

[3] 郑竹群：《视域嬗替的语言镜像》，社会科学文献出版社，2012年。

[4] 贺群：《社会语言学纲要》，民族出版社，2012年。

① 法·房德里耶斯著，岑麒祥、叶蜚声译：《语言》，商务印书馆，1992年版，第57页。

[5] 薛正宗：《突厥史》，中国社会科学出版社，1992年。

[6] 法·房德里耶斯：《语言》，岑麒祥、叶蜚声译，商务印书馆，1992年。

[7] 芒·牧林：《古突厥文来源新探》，载《中国民族古文字研究会第七次研讨会论文集》，2004年。

[8] 盖山林：《从阴山岩画着我国古代北方戈脖牧文化与申原地区远古文化的密切联系》，内蒙古师院学报，1981年。

[9] 牛汝极：《突厥文起源新探》，《新疆大学学报》（哲学社会科学版），1992年第20卷，第4期。

中伊丝绸之路物质文化交往的语言印记

——以波斯语“麝香”和“茶叶”为例

高　翔

摘要：随着世界发展经济中心从西向东转移，以及亚洲国家领导人政治、经济观点的转变，丝绸之路重现活力。中国和伊朗两国之间有着悠久的政治、经济与文化合作关系，两国在丝绸之路的文化交流史上均有过辉煌的业绩，并在促进中伊两国及丝绸之路沿途诸民族之间的友好关系等方面作出过特殊贡献。本文以中伊物质文化交往背景为依据，并以“麝香”和“茶叶”为例，试从语言学和人类学视角窥探中伊物质文化交往及对波斯社会文化及波斯语的影响。

关键词：丝绸之路　物质文化　波斯语　麝香　茶叶

一

17世纪初在西方还不认为契丹国(khitay，即马可波罗写作的chathay，突厥人，波斯人)与葡萄牙人在一个世纪之前到达的那个中国没有任何共同之处。“摩尔人”（也就是波斯湾的波斯人）十分肯定地说中国和契丹是同一个帝国的两个名称。但葡萄牙人怀疑要是契丹和中国是同一个国家为何他们要有俩名字而经由两条道路到达那儿。从前，托勒密从商贾口中了解到了这一情况，他曾指出这两条道路具有同一个目的地。他甚至还肯定，陆路是最短的一条路，是当时商人最喜欢走的一条路。马可波罗也经历过两次旅程而得到同样结果。为证实这种假设，鄂本笃曾奉印度葡萄牙总督的命令经丝绸之路前往契丹。鄂本笃结识了一位穆斯林商人。此人在13年里多次作为哈实哈儿国王的使节而在汗八里受到了接待。他于1602年从大蒙皮儿首都出发于1603年11月到达牙儿干，于1604年到达肃州，又于1605年到北京耶稣会士门。通过有关其记录中发现的片段资料而最终获得了有关丝绸之路的某些情况，从而使得西方认可了契丹与中国相一致的情况，因而也证实了汗八里和北京同为一地的考证。

总之，西方了解到中国存在着两种丝绸之路的说法。一种是陆路，另一种则是海路。虽然葡萄牙人发现了海上丝绸之路，但18世纪陆上丝绸之路的消失并不是因为发现了海上丝绸之路。实际上这两条丝绸之路同时在长时间内相辅相成。由NADER波斯国王向乾隆帝（1736～1795年）派遣使节的相关信息很少，他控制了印度和乌兹别克斯坦，希望与喀什噶儿和西藏的大清统治者重新建立关系。此类外交事件事实上主要是在中伊丝绸之路上发生的，近代工业技术的发展让漫漫丝绸之路遭到遗弃。这些新技术工业产品虽然取代了来自中国的传统产品，但之前的各种交往却在语言中留下了抹不去的印记。

二

中伊两国通过丝绸之路史上有很多传统产品交易项目，而关注这些交易信息能够帮助我们了解当时的社会文化背景。最早从中国发往波斯的传统产品毫无疑问是中国和田麝的麝香，麝香在波斯语叫moshk。因为伊斯兰宗教特别强调卫生，先知穆哈默德讲究带着香味出门，同时也强调穆斯林要学习这个好习惯，穆斯林人至今大多数带着这一好习惯甚至在祈祷时也会放一点moshk，现在人造的moshk和古代用的麝香完全不一样。另外在波斯诗人描写的关于丝绸之路交易麝香时的诗句中也可以看到麝香在卫生活动和宗教习俗中的重要作用，例如：

دستم به محبوبی دست از رسید　　　روزی حمام در بو خوش گلی

مستم تو دلاویز بوی از که　　　عبیری یا مشکی که گفتم بدو

نشستم گل با مدتی ولیکن　　　بودم چیز نا گلی من بگفتا

هستم که خاکم همان من وگرنه　　　کرد اثر من در نشین مم کمال

诗句表达的是原来波斯人用麝香混合一种泥土做成的一种类似现在肥皂的产品，在洗澡和准备做一些宗教活动时使用。另外，这种产品在波斯诗人Jami的诗里也有表达：

دارد اب چه ریختنش خون　　　دارد ناب مشک که نافه کان

诗中表示麝香产自麝，其特殊的香味对人类具有多种益处，尤其会在情人彼此的思念和一些宗教活动及精神安抚等方面均具有特殊的功能，所以猎人不要伤害而要珍惜并爱护它。麝香moshk或者meshk在波斯语里意思是黑色或者暗色。meshk一词指的是麝香产品，此词按照其产品特点出现在波斯语中，同时也出现在波斯文学中，被波斯文学家和波斯诗人广泛传播。随着各种手段的渲染和传播，麝香逐渐在穆斯林和波斯人的宗教文化里获得了很高的声誉。

随着中伊丝绸之路贸易往来的发展，moshk一词使用频率增加，其在波斯语中的语义也有了发展。在波斯语大词典我们可看到一些与moshk组成的新词，例如，moshk-sa，其词义是“暗色”和“像麝香一样香”的意思;moshk-fam的词义也是“暗色”的意思;meshk的词义为“黑色”，这些词例说明moshk“麝香”进入波斯语后，语音和语义均发生了一定的变化，并较之以往的波斯语固有词siyah“黑色”或者tireh“暗色”使用频率更高。

moshk“麝香”及其派生词也出现在波斯人的姓名结构中。如moshk加一个表复数的后缀可作为人名。例如：Moshk加an 复数后缀产生moshkan

人名，有时候也可作为姓出现，如meshkini。古代波斯人有子承父业的习俗，因此，伊朗人的姓往往代表人们从事的工作和行业。由此可判断，meshkini姓的波斯人以前肯定是做麝香买卖的。moshk“麝香”一词加后缀还可作为处所名，例如meshkinshahr，表示一个伊朗城市名，此城市位于伊朗西北方向，人口数量和面积都不小，在伊朗西北也算一个比较重要的城市。关于城市得名有两种假设。一种假设是因为原来这个城市以做麝香买卖著称而起此名。另一种假设是因为这个城市是伊斯兰教重要人物meshkini居住的城市，人们为纪念他而以他的名字命名城市名。如果上述假设可以成立，那么我们就可以判断，meshkini及其族人最早均是做麝香生意的。

通过查阅波斯语古文献，发现moshk这个词出现在波斯语文学家与诗人的文献中的时间与中伊两国在丝绸之路上的交往时间正好吻合，moshk“麝香”通过丝绸之路进入波斯社会，并在波斯语和波斯文化中产生了深远影响。

三

茶叶是在波斯社会中影响较大的一种产品，对中伊两国的交往也曾有重大影响。丝绸之路于13世纪出现，主要用途为茶叶贸易。到19世纪英国人从印度购买和贩卖茶叶发展出一条新的茶路。19世纪的伊朗是用茶大国，越来越多的伊朗人地对茶感兴趣，也因使茶文化在伊朗得以普及。伊朗人接受茶和茶文化后，按自己的社会需求和文化习俗进行了调整和改善。很多茶馆儿应运而生，而这些茶馆儿除了具有供人饮茶赋闲的功能外，也逐渐成了诗人与文学家们集聚和交流的处所，其在波斯文化史上对波斯诗歌和文学的发展也产生了重大影响。伊朗很多著名的诗人和文学家就是从这些地方开始与社会接触而逐渐成名的。

茶叶最早从中国贩运至伊朗，后来伊朗人发现伊朗北边的气候与中国产茶叶区一样，他们便开始引进茶叶种子并在伊朗种植茶叶。目前，在伊朗北部里海边上有很多产茶叶产区，不过伊朗的茶叶生产量不足以满足国人的需求，需要每年从其他国家比如印度和锡兰进口。

茶叶这个词在波斯语发音为chayi ，可以看到该词进入波斯语后元音产生了变化。Cha音节中的短元音a 在波斯语中变化为长元音a:， ye音节中的e ی变化为长元音yi ای。伊朗一些地方在发最后短元音ye时变成轻声y。茶叶进入波斯后它在波斯语的语言中也发生了一些变化。cha在波斯语里面和波斯语的一些结构组成并产生新的生词，例如chayidan，语义为茶桶；chaiysaz，意义为沏茶器；chayikhane，语义为茶馆儿；chayisafkon，语义为茶滤器。这些都是Chayi这个词在波斯语中和前后词缀组合起来产生新的名词的例子。还可以看到茶这个词在波斯语中转变词性的现象，即由名词变化为动词，例如，chayidan语义为“着凉伤风”。

茶到后来还发展为人的姓名，例如，chayichi和chayisarai均表示人名。此外有时候作为姓表示从事茶叶工作和行业的家族。茶还发展成处所名和城市名，比如chayi和sara。通过上述例子能看到茶对波斯语产生了很大影响，并且影响到伊朗社会文化的各个方面。

四

综上，通过丝绸之路的贸易交往，中伊两国很早就拉开了文化接触与影响的帷幕，并给波斯社会文化与波斯语带来了相应的影响。仅从中国汉语对波斯语影响的角度来看，比较突出地表现在以下几个方面:其一，极大地丰富了波斯语商业、宗教、文学词汇系统；其二，部分影响到波斯语中人的姓名及处所名、城市名的命名系统和结构；其三，波斯语吸收这些词汇后根据波斯语言系统进行了调整和改善，并由此衍生出一系列新词语。

参考文献

[1] 维汉大词典编写组：《维汉大词典》，民族出版社，2006年。

[2] 宋岘：《古代波斯医学与中国》，经济日报出版社，2001年。

[3] 叶奕良：《伊朗学在中国论文集〈第1集〉》，北京大学出版社，1993年。

[4] 叶奕良：《伊朗学在中国论文集〈第2集〉》，北京大学出版社，1998年。

[5]（美）B.劳费尔著，林筠因译，中国伊朗编，商务印书馆，1964年。

[6] 丁石庆：《达斡尔语言与社会文化》，中央民族大学出版社，1998年。

[7] 丁石庆：《双语文化论纲》，中央民族大学出版社，1999年。

[8] 丁石庆：《双语族群语言文化调适与重构》，中央民族大学出版社，2006年。

[9] (法)阿里·玛扎海里：《丝绸之路：中国一波斯文化交流史》，新疆人民出版社，2006。

[10] 刘志霄：《中国维吾尔历史文化研究论丛》，新疆人民出版社，1998年。

[11] 帕丽旦·阿木提：《论维吾尔语中的波斯语借词及其音变》，载新疆大学学报，2009年第1期。

[12] 叶玉梅：《略论波斯文化对中国伊斯兰文化的影响》，载青海民族学院学报，2000年第三期。

民族语言研究

西双版纳傣语人称代词的发展演变

余　茵　保明所

摘要： 西双版纳傣语人称代词的历史发展演变分为等级制度产生前、等级制度产生后以及等级制度消除后共三个阶段。本文基于文献和田野调查资料，论证了傣语人称代词系统经历了一个由简单到复杂，再由复杂到简单共两次重要的发展演变。

关键词： 西双版纳傣语；人称代词；发展演变

语言是发展变化的，历史上每个阶段的语言都以不同的表达方式呈现。要研究语言的发展，就要探索语言演变的规律。傣语人称代词产生至今，其发展演变在每个历史阶段都有自身的演变规律和特点。

语言发展演变研究属于历史语言学范畴，探讨傣语人称代词的发展演变运用的是历史语言学的理论方法。“语言史的研究途径过去主要有两条。一条以书面材料为对象，排比不同时期的历史文献，找出其间的差异，从中整理出不同时期的音系和语言发展的线索”。“另一种途径是从现实的语言材料出发去探索语言发展的线索和规律，是一种以今证古的‘回顾’的方法”。[①]把这两种方法相结合，将历史书面语材料、当代文献资料，以及与实际调查获得的当前人称代词整理出一条傣语人称代词发展演变线索，还原傣语人称代词的历史面貌。

① 徐通锵：《历史语言学》，第7页，商务出版社，2008年。

根据傣族社会的特点，以等级制度的产生与消除为界限，把傣语人称代词的发展划分为三个阶段，即等级制度产生前的早期阶段、等级制度产生后的中间阶段，以及等级制度消除后的现代阶段。

本文通过亲属语言和方言的比较分析，探索西双版纳傣语人称代词系统三个阶段的面貌，在描写三个人称代词系统的基础之上，分析版纳傣语人称代词的发展演变特点，并探讨成因。其成果可为傣语词汇史的研究提供参考。

一、不同时期各人称代词的具体形式

历史上，西双版纳的宣慰土司制度、封建等级制度曾长期存在。“自元、明、清均由中央封建皇朝册封为‘车里宣威司’后，土司制度一直沿袭至解放。召片领一世名叭真，自傣历540年庚子（宋淳熙七年，公元1180年）传至最末一世召片领名召孟罕勒，计44世，近800年，至解放后的1955年和平协商土地改革才被废除。”[①]等级制度的存在对语言文化产生了极大的影响。召片领为了体现自身的权威和地位，在人称代词上划分了敬谦尊卑的级别，这使得封建等级制度统治时期的人称代词比前后两个时期的复杂。

描写三身代词在三个历史时期的演变，总结演变的特点，并分析演变的原因。等级制度产生前的早期人称代词的语料从周耀光、罗美珍著的《傣语方言研究》（2001）一书中整理获得，等级制度产生后的人称代词以童玮、刀孝忠《西双版纳傣语的人称代词概述》（1958）和罗美珍《傣语称谓法》（1998）两篇论文的人称代词系统为代表，等级制度消除后的现代傣语人称代词系统由笔者2013年8月赴西双版纳进行田野调查整理获得。

① 高立士：《西双版纳傣族的历史与文化》，第4页，云南民族出版社，1992年。

（一）第一人称代词的发展演变

1．等级制度产生前的早期傣语第一人称代词

早期傣语人称代词的演变可以通过傣语各方言或亲属语言的人称代词比较找出其中的演变规律。“方言或亲属语言的差别往往能反映语言的发展线索，只要我们深入调查，挖掘隐藏在语言中的歧异，加以比较，一定会发现语言发展的一些规律性现象。”①

下表是傣语各方言第一人称代词的集合。

	景洪	芒市	孟连	金平	元阳	武定	元江	马关	绿春
我	to^{1}xa^{3}，ku^{1}，to^{1}xɔi^{3}，kau^{1}	kau^{6}	kɑ^{6}，tu^{6}kɑ^{6}	ku^{1}，xɔi	kau$^{1'}$	kɐu$^{1'}$	kau^{1}	kau$^{1'}$	kau^{2}
我们	tu^{6}xa^{3}，tu^{6}	tu^{6}	tu^{6}	mə^{3}hau^{2}	tu$^{1'}$，hau^{2}	tu$^{1'}$	phu^{1}，hau^{2}	tu$^{1'}$	taɯ^{2}
咱们	hau^{2}	hau^{2}	hɑu^{2}	xɔŋ^{1}hau^{2}	hau^{2}	hɐu^{2}	hau^{2}	hau^{2}	hau^{2}

由图可知，西傣人称代词在数量上比其他方言的人称代词多。因为是同一语言的方言，所以语音上相差不大，每个人称的领头声母发音都大致相同，如单数第一人称声母都为“k-”，复数第一人称声母都为“t-”、“h-”。

下表是侗台语族语言第一人称代词总汇。侗台语族的语言有泰语、傣语、壮语、布依语、侗语、仫佬语，等等。傣语、泰语、老挝语、壮语、布依语更为接近，第一人称代词在语音上发音相似，语音对应有规律。

① 徐通锵：《历史语言学》，第6页，商务出版社，2008年。

	我	我们	咱们
泰语	ku^{2}	tu^{2}	rau^{2}
老挝	ku$^{1'}$	tu$^{1'}$	hau^{2}
傣语	ku^{1}	tu^{1}	hau^{2}
傣拉	kau^{1}	phu^{1}	hau^{2}
龙州	kau^{1}		lau^{2}
邕宁	ku$^{1'}$	phlou$^{1'}$	hlau^{2}
武鸣	kau^{1}		ɣau^{2}
柳江	ku^{1}	tu^{1}	hjau^{2}
布依	ku^{1}	tu^{1}	zau^{2}
临高			dɔu^{2}
琼山		dəu$^{1'}$	dɐ^{2}
侗南	jaːu^{2}	ȶiu^{1}	taːu^{1}
侗北	jau^{2}	ȶau^{1}	ȶau^{1}
仫佬	ɦəi^{2}	niu^{1}	hɣəːu^{1}
水语	ju^{2}	ndiu^{1}	ndaːu^{1}
毛南	ɦe^{2}	nde^{1}	ndaːu^{1}
佯黄	jiu^{2}	ljeu	raːu^{1}
锦语	e^{2}	di^{1}	də^{1}
莫语	e^{2}	di^{1}	djə^{1}
拉珈	tsi^{1}	ta^{2}	tau^{1}
标语	tsia^{1}		jɔ^{2}

2．等级制度产生后的傣语第一人称代词

社会的发展对语言的演变有着重大的影响。封建等级制度在西双版纳产生后，召片领有着至高的权力，为了彰显高等的地位，除了在政策制度上指定特权，还在人称代词上加以突显，特别是在第一人称代词中，贵族使用的人称代词必须不同于一般的平民百姓，专门制定表示敬谦尊卑的等级人称代词。

等级关系	称呼自己
	自负称 ku^{1} 我 kǎu^{1} 我
	谦称 to^{1}xa^{3} 我 phu^{3}xa^{3} 我，我们 tu^{1}xa^{3} 我们 ku^{2} 我
	通 称 tu^{1} 我们，我（排除式） hau^{2} 咱们，我（包含式）
	鄙称 xɔi^{3} 我，鄙人 tu^{1}xɔi^{3} 我们

受到封建等级思想的影响，第一人称中用于称呼自己的人称代词分为自负称、谦称、通称、鄙称这四类。根据谈话对象和语境的不同，使用不同的人称代词，这不仅是一种身份的象征，更是当时社会制度的一种严格规定。

这一时期第一人称代词的数目有所增加，产生了新的专用人称代词。例如：自负称ku^{1}（我）、kǎu^{1}（我），通称tu^{1}（我们，我）、hau^{2}（咱们，我），这些新增的人称代词主要为单纯词。并出现了人称代词单复数同形的现象，例如：phu^{3}xa^{3}（我、我们）、tu^{1}（我们，我）、hau^{2}（咱们，我）等。

3．等级制度消除后的现代傣语第一人称代词

现代傣语人称代词是在封建等级制度消除后使用的一种新的人称代词系统。从下表第一人称代词可以看出，现代傣语人称代词较为简单，没有等级关系的划分，只分为谦称和通称两大类，即对长辈或上级受尊敬的人自称时用谦称，对平辈或晚辈自称时则用通称。

称呼自己
谦称 to^1xa^3 我 $xɔi^3$ 我，鄙人 $to^1xɔi^3$ 我们（原为$tu^1xɔi^3$ ）
通称 ku^1我 $ʔɛ^1$ 我 tu^1 我们，我（排除式） hau^2 咱们，我（包含式）

（二）第二人称代词的发展演变

1．等级制度产生前的早期傣语第二人称代词

傣语各方言的第二人称代词语音对应较为规整，特别是复数第二人称代词上，除了绿春发$saɯ^1$音，其余的都一致地发su^1这个音。

	景洪	芒市	孟连	金平	元阳	武定	元江	马关	绿春
你	to^1tsau^3， $tsau^3$， $mɯŋ^2$	$maɯ^2$	$mɑ^2$， su^1tsau^3	$mɯŋ^2$	$maɯ^2$	$mɐi^2$	$mə^2$	$maɯ^2$	mai^2
你们	su^1tsau^3， su^1	su^1	su^1	su^1， $mə^1tɕhau^1$	su^1	su^1	$ɬu^1$	su^1	$saɯ^1$

在侗台语族的语言中，泰语、老挝语、傣语的第二人称代词的发音是完全一样的，这在一定程度上表明这三种语言更亲近

	你	你们
泰语	$mɯŋ^2$	su^1
老挝	$mɯŋ^2$	su^1
傣语	$mɯŋ^2$	su^1
傣拉	$mə^2$	$ɬu^1$
龙州	$maɯ^2$	
邕宁	$muŋ^2$	$ɬou^1$

续表

	你	你们
武鸣	mɯŋ^{2}	θau^{1}
柳江	mɯŋ^{2}	su^{1}
布依	mɯŋ^{2}	su^{1}
临高	mə^{2}	
琼山	mɐ^{2}	təu$^{1'}$
侗南	ȵa^{2}	ɕaːu$^{1'}$
侗北	ȵa^{2}	ɕau$^{1'}$
仫佬	ȵa^{2}	saːu^{1}
水语	ȵa^{2}	saːu^{1}
毛南	ŋ^{2}	se^{1}
佯黄	ȵa^{2}	sjeu^{1}
锦语	ŋ^{2}	si^{1}
莫语	ŋ^{2}	si^{1}
拉珈	ma^{2}	
标语	mu^{2}	sau^{1}
黎语	meɯ^{1}	

2. 等级制度产生后的傣语第二人称代词

第二人称代词和第一人称代词一样，在封建等级制度产生后出现了根据等级地位划分的人称代词级别，分别是崇敬称、尊称、通称和鄙称。崇敬称tun^{1}tsǎu^{3}（您）是专门用在平民百姓对召片领和佛爷的称呼，表示一种极为尊重的态度。

	称呼别人
等级关系	崇敬称：tun^{1}tsǎu^{3}您
	1. 尊称：to^{1} tsǎu^{3}您；tsǎu^{3}man^{2}您 tan^{6}他，您；su^{1} tsǎu^{3}您，您们
	2. 通称：su^{1} 你们，你
	3. 鄙称：mɯŋ^{2}你

在这一时期中，新增加的人称代词主要有两种构词方式，一种是用复合法构成新的代词，另一种是用附加法构成新代词。例如：tun¹tsǎu³（您）、su1tsǎu³（您，你们）是用复合的方式构成；to¹ tsǎu³（您）是用附加派生的方式构成。

3. 等级制度消除后的现代傣语第二人称代词

封建等级制度消除后傣语第二人称代词只分为尊称和通称两大类，即称呼长辈或上级时用尊称，称呼平辈或晚辈时用通称。

现代傣语第二人称代词：

尊 称	to¹ tsǎu³ 您 su¹ tsǎu³ 您，您们
通 称	su¹ 你们，你 mɯŋ² 你

随着人称代词的分类改变，有的人称代词的感情色彩也发生了变化，例如通称中的mɯŋ²（你）由贬义词变为不带感情色彩的中性词语。

（三）第三人称代词的发展演变

1. 等级制度产生前的早期傣语第三人称代词

早期傣语各方言的第三人称发音较为相似，单数第三人称都发类似“man²”的音，但复数第三人称在声母上不大一致，景洪、芒市、孟连发“x-”，其余的地方发“kh-”或者“tsh-”。

	景洪	芒市	孟连	金平	元阳	武定	元江	马关	绿春
他	to¹taːn⁶， taːn⁶，man²	man²	mɑn²	man²	man²， mən²	mɐn²	mɛ²， phɛ⁶	mɯn²	mə²
他们	xau¹tsau³， xau¹	xau¹	xɑ¹	tɕhau¹， mə³nan⁴	khau¹	khɐu¹	tshɔ¹	khau¹	khau¹

在侗台语族的各语言中，除了壮语外，第三人称单数都发与“man²”

相似的音，语音上对应较为整齐。

	他	他们
泰语	man^{2}	
老挝	man^{2}	
傣语	man^{2}	
龙州	min^{2}	
武鸣		kjoŋ^{5}te^{1}
布依	ti^{1}	sau^{5}ti^{1}
水语	man^{1}	
毛南	man^{2}	
佯黄	mən^{2}	
锦语	man^{1}	
标语	man^{2}	

2. 等级制度产生后的傣语第三人称代词

第三人称代词和第一、二人称代词一样，在封建等级制度产生后出现了根据等级关系划分的人称代词级别，分别是崇敬称、尊称、通称和鄙称。这一时期的人称代词多为双音节词，构词语素也多由称谓名词转变而成，例如：xǎu^{1} tsǎu^{3}（他，他们）中的“tsǎu^{3}”原为封建时代达官贵人的统称，汉字译名为“召”，意思是“主，主人；官，头人”，转变为词根使得构成的词带上敬的含义分为崇敬称和尊称级别的词。

	称呼别人
等级关系	崇敬称：tun^{1}tan^{6} 他
	尊称：tan^{6} 他，您 to^{1}tan^{6} 他 xǎu^{1} tsǎu^{3} 他，他们
	通称：xǎu^{1} 他们，他 xǎu^{1}tan^{6} 他们
	鄙称：mǎn^{2}他

3. 等级制度消除后的现代傣语第三人称代词

封建等级制度消除后傣语第三人称代词就只保留了通称中的单数mǎn²（他）和复数xǎu¹（他们，他），消除了敬称、尊称、鄙称，这和汉语把旧时表示尊敬的第三人称“您”消除一样，这样在语言运用上更为直接和便利。

二、傣语人称代词演变的特点

通过以上三个时期人称代词的比较分析，归纳出目前社会上通行的傣语人称代词系统。如下表：

称呼别人	称呼自己
尊称　to¹ tsǎu³您 su¹ tsǎu³您，您们	谦称　to¹xa³ 我 xɔi³ 我，鄙人 to¹xɔi³ 我们（原为tu¹xɔi³）
通称　su¹ 你们，你 xǎu¹他们，他 mɯŋ²你 mǎn²他	通称　ku¹我 ʔɛ¹我 tu¹我们，我（排除式） hau²咱们，我（包含式）

当前社会上通行的傣语人称代词整体上呈现简单化的面貌。并且由于老中青三代对人称代词的认识掌握程度存在差异，所以在人称代词运用上出现了代际间的差异，但是在使用上为了便于当前人们之间的交流，都以大众普遍的、易于沟通的人称代词为主，所以基本上的都使用上表中的人称代词。

此表清晰的展现的目前人称代词的面貌，与罗美珍于1998年列出的人称代词系统表比较，有以下不同点：

1．等级关系变为简单。

等级意识的淡薄使得人们不再严格遵守人称代词级别的划分，只以尊称、谦称和通称为主，原则上称呼长辈、领导用尊称，称呼自己用谦称，与平辈交谈用通称。

2. 数量上减少。人称代词由原来的28个缩减为现在的13个。

3. 个别人称代词的语音上出现变化。

谦称级别中表示“我们”一词的tu^{1}xɔi^{3}，读音上出现变化，变为tu^{1}xɔi^{3}。tu^{1}是通称中的“我们、我”之意。因为tu^{1}xɔi^{3}属于谦称级别，用于表示谦虚、自谦，则在使用中不自觉的把tu^{1}说成了to^{1}，to^{1}是表示尊敬他人、谦虚自我的词语前缀。

4. 增加了ʔɛ^{1}（我）一词。

ʔɛ^{1}（我）是目前在中年、青年人中广泛使用的自称代词。ʔɛ^{1}是表示大人称小孩或年幼者对年长者的自称，这一词使用得很灵活，所以普及度很广，用此词来自称的人越来越多。

傣语人称代词系统经历了一个由简单到复杂，再由复杂到简单共两次重要的发展演变。

在第一次变化中主要体现为表示等级高低的人称代词的产生。新产生的代词中普遍存在第一、二或三人称代词同形的情况，单复数的区别也不严格。

在第二次变化中主要有以下特点：

1. 使用数量大量减少，主要集中在社会上使用频率高、知晓度高、普及范围广的人称代词，很多旧时使用的人称代词现已不再使用甚至很少为大众所知。

2. 等级关系划分界限开始模糊。相对于中老年人对人称代词在级别、敬谦上清晰的辨别，年轻人除了能准确使用个别的词如to^{1} tsǎu^{3}、to^{1}xa^{3}表达对长辈的尊敬、自我的谦虚外，对其他级别的人称代词没有区分意识。

3. 人称代词中感情色彩发生变化。贬义词变为褒义或中性词。例如：

在鄙称这一类的人称代词中 mɯŋ^{2}（你）、mǎn^{2}（他）原本带有对说话人轻视、看不起的贬义色彩，但现在这两个词所带的贬义色彩已经消失，转变成了中性词，人们在日常生活中广泛使用，已成为第二、三单数人称代词使用频率颇高的人称代词。

4. 单复数同形的人称代词缩小了词义范围，有的只表示复数的意思。在傣语人称代词系统中，单复数同形的人称代词有phu^{3}xa^{3}（我，我们）、su^{1} tsǎu^{3}（您，您们）、xǎu^{1} tsǎu^{3}（他，他们）、tu^{1}（我们，我）、hau^{2}（咱们，我）、su^{1}（你们，你）、xǎu^{1}（他们，他），目前只有su^{1} tsǎu^{3}（您，您们）、xǎu^{1} tsǎu^{3}（他，他们）还保留着单复数意义同形这一特点，su^{1}（你们，你）、xǎu^{1}（他们，他）tu^{1}（我们，我）、hau^{2}（咱们，我）这四个词缩小了词义范围，仅保留了复数的意思；phu^{3}xa^{3}（我，我们）这个词现在已经不再使用。

三、傣语人称代词演变的原因

随着时代的变迁和现实情况的变化，语言和其他事物一样为了适应社会的变化，迎合人们的需求而调整自身，为了更好的为社会大众服务，从而出现语音、词汇、语法上的变异。傣语人称代词演变产生的原因从语言自身发展、社会环境、汉语接触的影响三方面进行分析。

（一）语言自身的发展

傣语人称代词同样是在傣族社会制度发生变化后，人们思想解放，在语言词语的使用上有了不同的选择，所以目前的人称代词系统出现了一种动态性的变化。第一，新词语的加入。例如，ʔɛ^{1}（我）就是因为目前社会上中年、青年一代，特别是青年人一代对其的广泛使用，使它成为语言交际中的常用词，列入归并到目前通行的人称代词系统中。第二，老旧词语的消退。当新事物出现占据了原本事物的位置时，本着经济适用的原则，旧事物则会逐渐淡出人们的交际圈，失去它原本的价值。例如，人称代词中崇敬称的tun¹tsǎu³（您）、tun¹tan⁶（他），亲密称的xiŋ²（你）和xiŋ²su¹（你们）都已经退出了人们的交际使用范围。

（二）社会环境的影响

社会环境是影响语言文化的重要因素之一，其变化会对人们语言的运用，词语的选择造成一定程度的影响。人称代词的发展原因可以从其地理环境进行分析。笔者的田野调查点曼景栋囡村位于景洪市的最西段，嘎洒镇的北部，从该村往西通往勐海县，处于一个三岔口的中心位置，四通八达便利交通，村口是嘎栋农贸市场，来往人员密集且流动量大。这与以前交通不便、较为封闭保守的环境相比，现在人们与外界接触交流频繁，接触其他语言的机会增多，加上随着城市化进程的加快，中青年一代都到景洪市甚至外地汉语通行的地方打工，这对傣语人的傣语语言能力产生了很大的影响。

（三）汉语接触的影响

对于少数民族语言来说，汉语作为强势语言的影响是不可小觑的。当汉语成为通用语时，即便是在少数民族地区都不可避免的刮起学习汉语之风，加上汉族与傣族经济文化的来往日渐频繁，以及傣汉通婚的现象，导致汉语的影响范围逐渐扩大。不同于老年人安于现有生活，中年人需要与外界来往解决家庭生计问题，青年人接受学校教育，而学校教育大都以汉语进行授课，这些都加大了他们与汉语接触的机会。并且现在升学的压力，使得傣族青年人更加注重汉语的学习而轻视傣语的掌握。有的人认为，对于学生而言，能考上大学是最重要的，所以汉语必须要学好，而傣语只和家里人说，会日常用语就行，没有必要进行深入系统的学习。这样“重汉轻傣”的观念使得现代傣语人称代词的使用越来越趋于简单，呈现出新的语言面貌。

参考文献

[1] 陈其光：《语言调查》，中央民族大学出版社，1998年。

[2] 戴红亮，张公瑾：《西双版纳傣语基础教程》，中央民族大学出版社，2012年。

[3] 胡静：论侗台语与古汉语人称代词的来源及发展，载《解放军外国语学院学报》，2003年第1期。

[4] 罗美珍：《傣语方言研究（语法）》，民族出版社，2008年。

[5] 罗美珍：傣语称谓法，载《民族语文》，1998年第11期。

[6] 童玮，刀孝宗：西双版纳傣语的人称代词概述，载《少数民族语文论文集第一集》，中华书局，1958年。

[7] 巫凌云，张秋生：《西双版纳傣语文概况》，云南民族出版社，1981年。

[8] 喻翠容，罗美珍：《傣仂汉词典》，民族出版社，2003年。

[9] 喻翠容，罗美珍：《傣语简志》，民族出版社，1980年。

[10] 玉康，张秋生，岩温龙：《西双版纳傣语基础教程》，云南民族出版社，2006年。

他留话语言系统及其紧元音分布条件探析

张雪梅

（清华大学中国西南地区濒危文化研究中心）

摘要：本文源于国家社科重大项目“西南濒危少数民族文字文献抢救”课题组下的子课题“他留图符文字及他留话的挖掘与解读”，主要内容来自对他留图符的解读所进行的语言调查。他留话是一个聚居在云南永胜名为“他留”的族群使用的语言，属于彝语支。立足于对他留话田野调查的资料，本文主要从音系、简单的词法和句法对他留话语言系统进行描述，侧重于音系方面，并且深入前人少有触及的紧元音分布影响条件话题的探讨，通过比较分析紧元音在不同语音环境出现的数量，得出他留话中紧元音分布的影响条件主要为声调、元音前辅音类型和音节结构的结论。

关键词：他留话；语言系统；音系；紧元音

一、研究背景与研究方法

本文的缘起，基于国家社科重大项目“西南濒危少数民族文字文献抢救”课题组下的子课题“他留图符文字及他留话言的挖掘与解读”，主要内容来自为对他留图符的解读所进行的语言调查。“他留”指聚居于云南永胜的一个少数民族族群，1956年民族划分时归为彝族。而“他留”一词来自他留人的自称“$/t^{h}a^{31}lu^{55}s\underline{u}^{55}/$”，意为“外路人”。因为他留人的祖先过着游牧生活，经常随畜迁徙，居无定所。他留人被称为“神秘的他留人”，因为他们世代居住在永胜他留山上，与外界隔离，有着独特而神秘的习俗。例如成人礼“过七关”，一个他留男子需要连续七天去七个不同的他留女子的“青春棚”过夜，然后才能被视为一个成年男子，可以自由选择婚配对象。他留女子同理，需要在“青春棚”中和七个不同的男子过夜。夜里，男女之间仅限于谈天，但谈的内容却不为人所知。

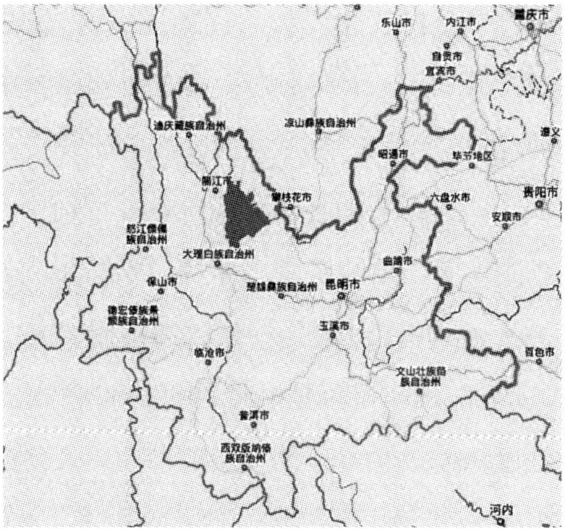

图1.1　云南省永胜县

他留话即是在他留人中间使用的语言，没有书写系统，仅有一些文字早期形态图符（见项目成果《他留铎系符号》）。属于汉藏语系彝语支。一方面，在绵延起伏的地势下，他留人和外界联系较少，他留话保存较完整。而另一方面他留人和军屯戍边有很深的历史渊源，本身就包含着民族融合的色彩，所以他留话中有不少其他语言的借词，特别是汉语借词。在日常生活中，他留人一般是他留话与当地方言混用。虽然他留话属于彝语支，但它有着自己的独特之处，例如他留话的音节结构类型比其他彝语支语言的多。对于他留话的研究不仅能够丰富少数民族语言研究资料，也能为一些语言学问题提供资料和证据，例如松紧元音对立现象。

迄今最早也是唯一对他留话作出系统介绍的是云南民族大学的周德才教授所著《他留话研究》一书。该书主要从语音、词汇、语法和他留话的历史地位四个方面介绍了他留话。与周德才教授的研究相比，此次研究对于他留话有不少新的发现，这些新发现在一定程度上指出了他留话某些语言现象的变化趋势。例如此次研究中辅音清化现象只出现在了“五月/ŋů^{31}xu^{55}/”这个词当中，而在周教授的书中，辅音清化是一个明显而普遍的现象。例如“茶”在周教授的研究中是清化边音/l̥u^{55}/，而本文中该词是/lu^{55}/。这说明辅音清化现象在他留话中在逐渐减少。通过比较，我们还能看到对于某个特定概念理解的不同影响着表示该概念的词语与语音的对应关系。例如“奶奶”一词，周教授的书中记为/ɑ^{55}iu^{31}/。而此次研究据发音人所说，/ɑ^{55}iu^{31}/是一种较早的叫法，最初是对年老女性的通称，不一定是血缘连接的辈分关系。后来他留人逐渐改变了对这个词的理解，习惯认为/ɑ^{55}iu^{31}/是夫妻之间夫对妻的称呼，而/ȵɑ^{55}iu^{31}/才表示有血缘关系的“奶奶”的意思。

此外本文有一个关键的创新之处在于深入探讨了他留话中紧元音的分布条件。松紧元音对立是彝语支语言的普遍现象。此前的各种关于彝语支语言的介绍多只是指出存在松紧元音对立的现象，或者提到声调有可能是一种影响因素，没有系统专门深入的分析和探讨。本文利用收集到的数据进行了尝试性的关于他留话紧元音分布条件的探讨，希望也能给其他彝语支语言提供一些有益的参考。

本文的研究方法主要是田野调查方法，经历以下过程：实地听音记音并核对、切音、音档分析、音系整理、反复校对修改、系统整理、数据分析、得出结论。从最初着手田野调查到现在完整成文，历时两年多。在当地他留话使用者的配合帮助下，笔者记录和核对了2051个他留词语（包括汉语借词），100个左右的句子。整理出了全新的他留话音系、词汇表（附录A）和简单的句式分析。下面列出发音合作人信息。

主要发音人：

兰绍增，男，1949年生，初中文化水平，现居云南省丽江市永胜县六德乡双河二村，1978年开始师从兰荣生、陈光明学习铎系图符及铎系丧葬事宜，主要对铎系文化进行研究整理，自1992年成立他留坟林管理所开始担任坟林管理站站长。会他留话、汉语普通话和云南方言。

王俊国，男，1974年生，共青团员，文化程度初三水平，现居云南省丽江市永胜县六德乡玉水村委会树柏佐村22号，一直在他留山务农，未外出工作或居住过。2005年加入他留坟林管理所，成为他留坟林管理员。会他留话、汉语普通话、云南方言。

辅助核对人：

蓝恒发，男，1964年生，共产党员，文化程度初三水平，现居云南省丽江市永胜县六德乡营山村委会三板桥村，从未外出工作或居住过，从1992年他留坟林管理所成立起就加入其中成为坟林管理员，会他留话、汉语普通话和云南方言。

兰金山，男，1974年生，群众，文化程度初三水平，现居云南省丽江市永胜县六德乡双河二村，从未外出工作或居住过，一直在家务农，会他留话、汉语普通话和云南方言。

二、他留话音系

（一）声母

1、他留话共有声母39个，包含37个单辅音声母，2个双辅音声母。列表如下：

表2.1　单辅音声母表

<table>
<tr><th colspan="2">发音部位
发音方法</th><th colspan="2">双唇音</th><th>唇齿音</th><th>齿音</th><th colspan="2">龈音</th><th>龈后音</th><th>卷舌音</th><th>龈硬腭音</th><th colspan="2">软腭音</th></tr>
<tr><td rowspan="2">爆发音（塞音）</td><td>清</td><td>p</td><td>pʰ</td><td></td><td colspan="2">t</td><td colspan="2">tʰ</td><td></td><td></td><td>k</td><td>kʰ</td></tr>
<tr><td>浊</td><td colspan="2">b</td><td></td><td colspan="4">d</td><td></td><td></td><td colspan="2">g</td></tr>
<tr><td rowspan="3">塞擦音</td><td rowspan="2">清</td><td colspan="2"></td><td></td><td></td><td colspan="2">ts</td><td>tʃ</td><td>tʂ</td><td>tɕ</td><td colspan="2"></td></tr>
<tr><td colspan="2"></td><td></td><td></td><td colspan="2">tsʰ</td><td>tʃʰ</td><td>tʂʰ</td><td>tɕʰ</td><td colspan="2"></td></tr>
<tr><td>浊</td><td colspan="2"></td><td></td><td></td><td colspan="2">ʣ</td><td>dʒ</td><td>dʐ</td><td>dʑ</td><td colspan="2"></td></tr>
</table>

续表

发音部位 发音方法		双唇音	唇齿音	齿音	龈音	龈后音	卷舌音	龈硬腭音	软腭音
擦音	清		f		s		ʂ	ç	x
	浊	β	v		z		ʐ	ʑ	
鼻音	清								
	浊	m	n					ȵ	ŋ
颤音	浊								
近音	浊	w							
边音	清								
	浊				l				

表2.2 双辅音声母表

pʂ	p^hʂ

2. 说明：

（1）/pʂ/、/p^hʂ/两个双辅音声母只与韵母/i/相拼，此时韵母/i/的实际音值为[ʅ]。

（2）当/b/与/ʋ/相拼读时，会产生嘴唇颤动。

（3）他留话在爆发音和擦音的实际音值中存在极少数小舌音，由于其与软腭音不构成明显对立，因此将其归并为软腭音。

（4）此前的研究中他留话声母存在着先喉塞音，即在声母前有一个声门音，此次调查并未发现先喉塞音，但并不排除他留话中存在先喉塞音的可能性。

（5）他留话有鼻音韵尾[n]和[ŋ]。

3. 声母例词

表2.3 声母例词表

p	/py^{55}/堆	/pu^{33}/包
p^{h}	/p^{h}ɑ^{33}/绑	/p^{h}ʊ^{55}/金
b	/bi^{55}tu^{55}/山头	/bɑ^{31}/鸭
t	/a^{55}to^{31}/火	/kɑ^{55}ti^{31}/后来
t^{h}	/ia^{55}t^{h}u^{31}/酉时	/t^{h}a^{31}lu^{55}/兔
d	/da^{55}wo^{31}/下	/do^{31}nu^{55}/疮
k	/kuɑ^{55}/星	/kʊ^{33}tʂʊ^{31}/茄子
k^{h}	/k^{h}u^{31}p^{h}ɑ^{55}/灰尘	/k^{h}ʊ^{31}ʂɛ^{31}/春节
g	/go^{31}da^{31}/以前	/gʊ^{55}dzi^{55}/身体
ʦ	/tsi^{55}ts^{h}u^{55}/云	/lʊ^{55}tso^{33}/骡子
ts^{h}	/ts^{h}uɑ^{33}/锡	/ts^{h}o^{31}biu^{31}/蜜蜂
ʣ	/ʣʊ^{31}/凿子	/la^{31}ʣi^{31}/锥子
tʃ	/tʃɑ^{55}lɑ^{55}/背篓	/kɤ^{55}tʃa^{31}/喜鹊
ʧ^{h}	/ʧ^{h}i^{31}sa^{31}/沼气	/tʃ^{h}i^{31}xu^{33}/一月
ʤ	/lɑ^{31}ʤi^{31}ʤi^{31}/锥子	/dzi^{55}dy^{33}/叠
tʂ	/tʂuɛ^{31}mə^{55}/雾	/ɲu^{31}tʂə^{33}/泥鳅
tʂ^{h}	/tʂ^{h}u^{55}mi^{55}/田	/tʂ^{h}i^{31}t^{h}u^{31}/戌时
dʐ	/dʐu^{31}/银	/dʐu^{33}k^{h}a^{55}/牲口
ʨ	/a^{55}tɕa^{33}/水	/tɕi^{33}/填
ʨ^{h}	/tɕ^{h}u^{55}/劝	/tɕ^{h}iɛ^{31}/摘
ʥ	/ʥi^{55}tɕy^{31}/乘	/i^{31}ʥɑ^{55}/可怜
β	/βiɛ^{31}/猪	/βiɛ^{31}t^{h}u^{31}/亥时
f	/mɑ^{31}fu^{55}/亲家	/fɑ^{33}/捂
v	/k^{h}o^{31}vʊ^{31}/上半年	/vʊ^{55}/肠子
s	/k^{h}ʊ^{31}sə^{31}xu^{55}/正月	/si^{31}k^{h}o^{31}/蚌
z	/my^{31}zi^{31}/闪电	/zi^{55}bu^{31}/河
ʂ	/ʂi^{31}xu^{33}/七月	/ʂu^{55}/水獭
ʐ	/ʐə^{31}gɑ^{55}/卧室	/ʐi^{55}p^{h}ɑ^{31}/酒

续表

p	/py^{55}/堆	/pu^{33}/包
ɕ	/ʂo^{55}ɕi^{55}/蜈蚣	/tɕa^{31}ɕy^{31}/爪子
ʑ	/ʑi^{55}ŋə^{31}tua^{31}/波浪	/ʑo^{31}ty^{55}/弹（反弹）
x	/xu^{55}bu^{55}/月亮	/xɤ̱^{55}zi^{55}/海
m	/mi^{55}na^{55}mu^{33}/地	/my^{31}ȵi^{55}/太阳
n	/nu^{55}ȵɛ^{33}/后年	/a^{55}na^{33}mu^{31}/马
ȵ	/my^{31}ȵi^{55}/太阳	/ȵɛ^{55}mu^{55}/心
ŋ	/ŋu^{31}ty^{55}/家乡	/ŋu^{31}tʂə^{33}/泥鳅
w	/wu^{31}/雪	/da^{55}wo^{31}/下
l	/lo^{31}dzɛ^{55}/石头	/la^{31}uɑ^{31}/左
pʂ	/ɑ^{31}pʂi^{55}/鸽子	/pʂi^{31}li^{31}/笛子
p^{h}ʂ	/p^{h}ʂi^{31}dʊ^{55}/钥匙	/p^{h}ʂi^{55}/解

（二）韵母

1、他留话韵母共有10对单元音韵母（松紧元音构成一对，下面有短横线的元音表示紧元音），9个双元音韵母和4个鼻音韵尾韵母。具体列表如下：

表2.4　单元音韵母表

i/i̱	y/y̱	ɛ/ɛ̱	a/a̱	ɑ/ɑ̱	ə/ə̱	ɤ/ɤ̱	ʊ/ʊ̱	o/o̱	u/u̱

表2.5　双元音韵母表

ia	iɑ	iɛ	iu	io	yɛ	əu	ua	uɑ

表2.6　鼻音韵尾韵母表

in	iŋ	uŋ	ɑŋ

2、说明：

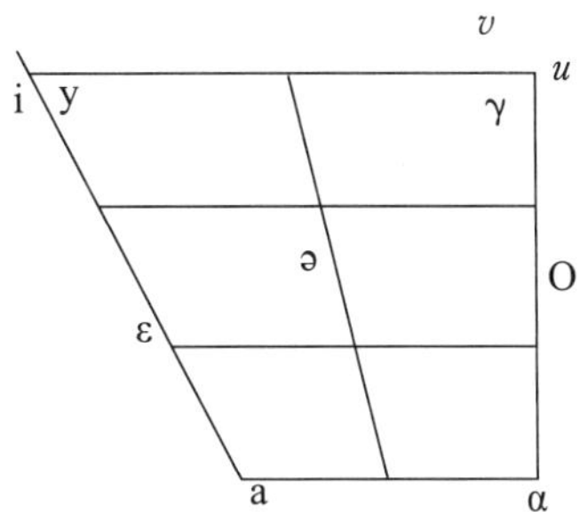

图2.1　单元音舌位图

（1）/υ/实际音值是唇齿近音。

（2）/ua/在齿龈塞音后实际音值更接近[υa]，即元音/u/齿化。

（3）/i/在非卷舌塞擦音后的实际音值为[ɿ]，在卷舌塞擦音和双辅音/pʂ/、/p^{h}ʂ/后的实际音值为[ʅ]。

（4）/iɑ/在/tʃ^{h}/后的实际音值为[yɑ]。

（5）以元音起首的音节，元音前面均有一个声门音。

（6）他留话中/a/和/ɑ/对立。

（7）他留话中存在着松紧元音对立现象。这也是很多其他彝语支语言的一个特殊语音现象。关于他留话中松紧元音作者会另撰文细致讨论。

（8）紧元音只出现在单元音韵母中，而不出现在双元音韵母中。

（9）韵母中元音有鼻化现象，如“聋[biɛ̃^{31}]”，但不同词中元音鼻化程度不同，如“短[ĩ^{31}]”，实际发音就只带有少许鼻音。

（10）实际韵母音值存在[e]，大部分靠近/ε/，归入/ε/中，少部分靠近/i/，归入/i/。

（11）与国际音标表中的元音舌位图相比，表格2.3中/ε/的实际音值介于[e]和[ε]之间，更靠近[ε]；/a/的实际音值舌位偏后，/ɤ/实际音值舌位偏高，/o/实际音值舌位偏低。

3、韵母例词

表2.7　韵母例词表

i	/tsi^{55}ŋa^{31}/乌云	/zi^{55}bu^{31}/河
i̠	/i̠^{55}/霜	/kɑ^{55}di̠^{31}/后
y	/my^{31}ȵi^{55}/太阳	/m̩^{31}ty^{55}/地点
y̠	/my̠^{31}/（价格）涨	/n y̠^{55}/芽
ε	/ȵi^{55}p^{h}ε^{33}/外面	/ȵε^{55}mu^{55}/心

续表

i	/tsi^{55}ŋa^{31}/乌云	/zi^{55}bu^{31}/河
ɛ̱	/n̠ɛ̱^{31}tsʰi^{31}/土	/sɛ̱^{31}/杀
a	/ka^{33}/闩	/a^{55}tɕa^{33}/水
a̱	/tsi^{55}ŋa̱^{31}/乌云	/o^{31}da̱^{31}/前
ɑ	/ʑi^{55}tʂɑ^{55}tʂɑ^{55}/旋涡	/ŋɑ^{55}ŋua^{31}/水牛
ɑ̱	/ʔũ^{31}kɑ̱^{55}tsi^{31}/阴天	/bɑ̱^{31}/鸭
ə	/tʂuɛ^{31}mə^{55}/雾	/kə^{55}lɑ^{55}/中间
ə̱	/ũ^{31}kə̱^{31}/枕头	/tɑ^{31}ə̱^{55}xiu^{33}/信
ɤ	/kɤ^{55}li^{31}/青蛙	/kɤ^{55}tʃa^{31}/喜鹊
ɤ̱	/xɤ̱^{55}zi^{55}/海	/a^{31}gɤ̱^{31}pu^{31}zu^{31}/小男孩
ʊ	/mi^{33}kʊ^{33}/银河	/pʰʊ^{55}/金
ʊ̱	/bɤ^{55}vʊ̱^{31}/猫头鹰	/sʊ̱^{31}/血
u	/nu^{31}βiɛ^{31}/野猪	/bu^{31}dʐo^{31}/蝉
u̱	/dʐu̱^{55}/麻雀	/dzɑ^{55}uɑ^{31}su̱^{55}/长辈
o	/do^{55}ta^{31}/顶嘴	/kʰo^{31}/劈（柴火）
o̱	/kʰo̱^{31}ʂɛ^{31}/新年	/tsʰɑ^{55}no̱^{55}/好人
in	/min^{31}ʥi^{55}mu^{33}/天	/i^{31}lin^{31}i^{55}lin^{31}piɑ^{55}/冰
iŋ	/xɑ^{33}liŋ^{55}li^{55}/永远	/lɑ^{31}tiŋ^{55}tsi^{33}/拳头
ua	/a^{55}to^{31}dzua^{31}/火镰	/xua^{55}tʰu^{31}/子时
uɑ	/kuɑ^{55}/星	/xɤ^{33}duɑ^{31}su^{55}/铁匠
iɑ	/bi^{55}piɑ^{55}/山坡	/xɑ^{31}liɑ^{55}/未来
ia	/n̠i^{55}xia^{31}/时间	/mia^{55}dʊ^{31}/眼睛
iɛ	/βiɛ^{31}tʰu^{31}/亥时	/my^{31}ziɛ^{55}/口水
io	/da^{55}mio^{31}/猴	/mio^{33}/快
iu	/biu^{31}/蜂	/si^{33}pʰiu^{31}/树叶
yɛ	/xɤ^{31}zyɛ^{55}/锯子	/tyɛ^{55}/捧
əu	/mu^{33}ləu^{31}/高粱	/kɑ^{55}tsəu^{31}li^{55}/燕子
uŋ	/tsʰu^{31}uɑ^{31}nuŋ^{55}/感冒	/ɑ^{55}ɕy^{31}i^{33}luŋ^{31}/姓
ɑŋ	/tɑŋ^{31}ku^{55}/鼓	/lo^{33}kʰɑŋ^{31}tɑ^{55}/台阶

（三）声调

1、他留话中基本声调有三个，如下表所示：

表2.8　声调表

调名	调值	例词		
中平调	33	/xo^{33}/蛆	/tɕa^{33}/耙	/fɑ^{33}/捂
低降调	31	/sʊ^{31} /血	/zu^{31}/儿子	/biu^{31}/糖
高平调	55	/i̠^{55}/霜	/xɤ̠^{55}/铁	/ʂo^{55}/蛇

2、说明：

（1）表格中所列三种声调是他留话中最常用声调。在实际发音中还会有低平调11和高降调51，如“方向/ɑ^{55}miɛ^{51}nɛ^{11}/”。

（2）受云南地方方言的影响，一些外来词的声调与西南官话相近，如“共产主义/kuŋ^{31}ts^{h}æ^{214}tsu^{33}ʐi^{31}/”。

（四）音节结构

1、他留话音节结构包括声母、韵母和声调三个部分，韵母中包含韵头、韵腹、韵尾三部分。韵腹和声调为他留话音节必备部分。双元音中能充当韵头的音素是[i]、[u]、[ʊ]、[y]。声调由两个调素组成，主要有三个组合方式（即第三节中讲到的三种音调）。下面以“星/kuɑ^{55}/”为例分析他留话音节结构：

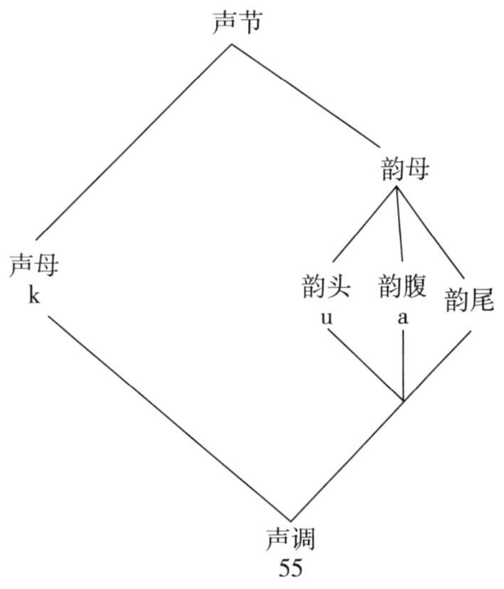

图2.2　“星/kuɑ^{55}/”音节结构图

根据图示的分析机制，可分析出他留话的7种音节结构，列表如下：

表2.9　音节结构表

V^1	/ɪ̃^{55}/看
VC	/uŋ^{31}/鱼
VVC	/tsi^{55}uɑŋ^{31}uɑ^{31}/胆量
C^2	/m̩^{31}ty^{55}/地点
CV	/nu^{55}/听
CVV	/lua^{31}/舔
CVVC	/xiuŋ^{31}/象
CCV	/p^{h}ʂ̩i^{55}/解

2、补充：

单独“头”作为一词时为[n̩^{11}kɑ^{31}]，带有“头”这一词素并且有“人脑袋”这一义素的词中表示“头”的音节为[ũ^{31}ka^{33}]，例如“头巾”为[ũ^{31}ka^{33}pu^{55}tʋ^{55}]。

三、语法（一）：人称代词的数、格变化

他留话中名词与代词没有性的区别与变化。只有人称代词存在单复数的变化和格变化。

（一）数

他留话的名词在形式上没有数的变化，即单复数同形。他留话中人称代词有数的变化，这种变化是通过改变声调实现的，由单数到复数，声调由高平调变为低降调。

表3.1　人称代词单复数变化表

我　ŋu^{55}	我们　ŋu^{31}
你　ȵi^{55}	你们　ȵi^{31}
他/她　tʃ^{h}i^{55}	他们/她们　tʃ^{h}i^{31}

但人称代词数的变化不影响句子谓语形式的变化，因此可认为他留话中人称代词数的变化不是一种语法变化，可将数不同的代词仅作为含义不同的词语来看待。

（二）格

他留话名词没有格的变化。他留话人称代词有格的变化，即作主语时的主格、作宾语时的宾格以及表示所属时的所有格。其具体变化为：

表3.2　人称代词格变化表

我（主格）　ŋu⁵⁵	我（宾格）　ŋua³³	我的（所有格）　ŋu³³ʐʅ³³
你（主格）　ȵi⁵⁵	你（宾格）　ȵa³³	你的（所有格）　ȵi³³ʐʅ³³
他（主格）　tʃʰi⁵⁵	他（宾格）　tʃʰa³³	他的（所有格）　tʃʰi³³ʐʅ³³
我们（主格）　ŋu³¹	我们（宾格）　ŋua³¹	我们的（所有格）　ŋu³¹ʐʅ³³
你们（主格）　ȵi³¹	你们（宾格）　ȵa³¹	你们的（所有格）　ȵi³¹ʐʅ³³
他们（主格）　tʃʰi³¹	他们（宾格）　tʃʰa³¹	他们的（所有格）　tʃʰi³¹ʐʅ³³

四、语法（二）:句法

（一）单句的句子成份及语序

1. 主谓结构

他留话中的主谓结构句子语序与汉语相同，都是主语在前谓语在后。根据谓语的功能可分为动词性谓语句、名词性谓语句和形容词性谓语句。

（1）动词性谓语句

①dʐɑ⁵⁵dʑu³¹　　ŋɑ³¹　桌子在晃。

桌子　　　　晃

②a⁵⁵tɕa³³　pʰʂʅ³¹　　i⁵⁵　水洒了。

水　　　泼　　（助）

他留话中描述天气现象时多采用主谓结构句型。例如：

①a⁵⁵tsʰu⁵⁵　do³³　　ʐʅ³¹ 出太阳了。

太阳　　出　（助）

②ɑ^{55}xu^{55}　dʐo^{31} 下雨了。

雨　　下

（2）名词性谓语句

ŋu^{55}　ya^{33}tʂi^{55} 我是老师。

我　老师

（3）形容词性谓语句

①xa^{33}mu^{55}　ʂi^{31}piɛ^{55}　k^{h}ɑ^{31} 这棵草苦。

这个　　　草　　　苦

②tʃ^{h}i^{55}　xɤ̠^{55}piɑ^{33}　miu^{31}　他的钱多。

他　　钱　　　多

名词性谓语句和形容词性谓语句可统一看做省略了系动词的主系表结构句。他留话中主系表句通常指以“ŋa^{55}（是）”为系动词的句子，语序为主语—表语—系动词。例如上面举到的例子“我是老师”也可表述为：

ŋu^{55}　ya^{33}tʂi^{55}　ŋa^{55} 我是老师。

我　老师　　　是

实际使用时系动词“ŋa^{55}”常常省略。如：

dʐi^{31}　tʃi^{31}mu^{55}　p^{h}ɑ^{31}i^{33}mu^{33}　那个柜子是红色的。

柜子　　那个　　红色的

2. 述宾结构

他留话中的述宾结构句语序为主语—宾语—述语。例如：

①ȵi^{55}　dzu^{55}　dʐu^{31}　i^{55}你去吃饭。

你　　饭　　吃　（助）

②ia^{55}mu^{31}　ia^{55}fʊ^{55}　p^{h}ʊ^{33}　dʐa^{55}母鸡生蛋了。

母鸡　　蛋　　　生　（助）

3. 述补结构

他留话中的述补结构句语序与现代汉语一致，为主语—述语—补语，但述语和补语言之间不使用类似于汉语中“得”的助词。例如：

ȵi^{55} pi^{55} dzua^{33}你做得好。

你 做 好

4. 双宾语结构

带有双宾语的句子的语序为主语—间接宾语—直接宾语—谓语。例如：

①tʃ^{h}i^{55} ʂi^{31}ȵɛ^{33} ŋu^{55} ũ^{31}pʂi^{31} tʃ^{h}i^{31}pa^{31} gɤ^{31}

他 前年 我 梳子 一把 送

他前年送给我一把梳子

②ŋu^{55} lo^{55}tɛ^{31}su^{55} guɑ^{33}tʃ^{h}i^{31}mu^{55} a^{31}gɤ^{55} tʃ^{h}i^{31}pa^{31} vʊ^{31} gə^{31}

我 石匠 那个 锄头 一把 卖 （助）

我卖给那个石匠一把锄头。

5. 兼语结构

他留话中兼语句语序与同汉语兼语句语序相同。例如：

ŋu^{55} bə^{31} tʃ^{h}i^{55} ʂə^{31}我认为他不对。

我 认为 他 错

（二）复句的结构

1. 他留话复句大多数不使用连词，而只是将两个单句放在一起，例如：

i^{31}ȵi^{55} ɑ^{55}ti^{31} ts^{h}u^{55} mi^{55}vʊ^{55} ɑ^{55}ti^{31} dʑa^{33}kə^{33}

白天 很 热 晚上 很 冷

白天很热，晚上很冷。

有时会使用一些助词来加强单句之间的连接性。

ŋu^{55} my^{33}tiɛ^{31} dʑɑ^{55} tʃ^{h}i^{55} xu^{31}tʂ^{h}i^{31}

我 忘记 （助） 他 记得

虽然我忘记了，但是他记得。

2. 当强调并列、条件或递进等关系的时候，复句中会用到连词。例如：

①tʃʰi55 tsʰɑ55 dɑ31 my55 ŋu31sa31 da33 ȵi55

他 人 也 高 力气 也 大

他不但高，而且有力气。

②ȵi55 dɑ31 i55 ŋ31 tʃʰi55 ŋu55 dɑ31 i55 ŋ31 tʃʰi55

你 也 去 不 （助） 我 也 去 不 （助）

你不去我就不去。（只有你去，我才去）

③ŋu55 bi55tu55 tʰa31ta55 si31mia55 liɑ55 si31mia55 dʑa33kə33

我 山头 上面 越 走 越 冷

我越往山上走，越是冷。

（三）定语的位置与顺序

他留话中句子的定语一般放在中心语之后，定语顺序除有时会根据语感有一些不规则变化外，一般为：

中心语+（副词）形容词+代词+数量词，例如：

①zu31ma33 dzua33dzua33 xa33mu55 ŋu55 zu31ma31 ŋa55

姑娘 漂亮 这个 我 女儿 是

这个漂亮的姑娘是我的女儿。

②ŋu55 lu55 lu55ȵi31mu33 sɑ55 si31 dɑ55 dʐɑ55

我 茶 热的 三 杯 喝 （助）

我喝了三杯热茶。

（四）状语的位置与顺序

他留话状语在谓语之前，顺序一般为时间状语+地点状语+状态状语/程度状语，例如：

tʃ^{h}i^{55} i^{31}ȵi^{33} xi^{55}kuɑ^{55}kuɑ^{55} la^{31} u^{31}ti^{55}sa^{31}ti^{55} p^{h}iɑ^{55}ts^{h}i^{31} ts^{h}i^{33}

他 今天 院子 （助） 辛苦地 衣服 洗

他今天在院子里辛苦地洗衣服。

表示某人某物行为处所，现代汉语中多表示为动补，在他留话中一般表示为状动，例如：

tʃ^{h}i^{55} hi^{55}kuɑ^{55}kuɑ^{55} ȵi^{55}p^{h}ɛ^{33} kuɑ^{31} hɛ^{31}他站在院子外面。

他 院子 外面 （助） 站

时间状语、部分语境下的地点状语等可以选择置于主语的前面或后面，与现代汉语相似，例如第一个例句还可表述为：

i^{31}ȵi^{33} tʃ^{h}i^{55} xi^{55}kuɑ^{55}kuɑ^{55} la^{31} u^{31}ti^{55}sa^{31}ti^{55} p^{h}iɑ^{55}ts^{h}i^{31} ts^{h}i^{33}

今天 他 院子 （助） 辛苦地 衣服 洗

今天他在院子里辛苦地洗衣服。

一个特定词语由于受到语境、语气、说话人状态以及相邻字词等的影响，会发生读音的改变，较常倾向于采用更为复杂的形式，如“热”的简单表达方法为“ts^{h}u^{55}”，但是在第三小节的例句中表达为“lu^{55}ȵi^{31}mu^{33}”。再如“白p^{h}ʋ^{55}”在一些句子中表达为“p^{h}a^{31}p^{h}ʋ^{55}mu^{33}”，“大uɑ^{31}”在一些句子中表达为“uɑ^{31}uɑ^{31}mɑ^{55}”等。

五、他留话语料·谜语三则

此处所列是一个简短的他留话料，是三则他留的传统谜语。

1. 音标：xɛ^{31}kɑ^{33} ʧ^{h}i^{31}ny^{33} ny^{33}wɑ^{33}，ɑ^{55}mi^{33} ʧ^{h}i^{31}tɕi^{33}ŋ^{31}lu^{31}?

直译：肚子 很臭 什么 什么东西

音标：xɑ^{31}mu^{33}ɑ^{33} ʑæ^{55}kuŋ^{33}。

直译：这个　　烟杆

意译：有一个东西肚子很臭，这是什么东西?

这个是烟杆。

2. 音标：a^{55}tɕa^{33}　tɕi^{33}　tɕi^{33} $ŋ^{31}$pʂi^{33}，$ɑ^{55}$mi^{33}　$ʧ^{h}i^{31}$tɕ$i^{33}$$ŋ^{31}lu^{31}$?

直译：水　　装　　不满　　　什么　　什么东西

音标：x$ɑ^{31}$m$u^{33}$$ɑ^{33}$　ʐ$ɿ^{55}$tʂ$^{h}i^{55}$　$ɑ^{31}$tʂi^{55}。

直译：这个　　山上　　鸟窝

意译：有一个东西装多少水也装不满，这是什么东西?

这个是山上的鸟窝。

3. 音标：i^{55}v$ɑ^{55}$　w$ɑ^{55}$si^{31}w$ɑ^{55}$tsi^{33}，l$iɛ^{31}$lu^{55}　mia^{31}pʂi^{55}mia^{31}w$ɑ^{31}$，

直译：去（的时候）笑眯眯的　　回来（的时候）眼泪汪汪

音标：$ɑ^{55}$mi^{33}　$ʧ^{h}i^{31}$tɕ$i^{33}$$ŋ^{31}lu^{31}$?

直译：什么　　什么东西

音标：x$ɑ^{31}$m$u^{33}$$ɑ^{33}$　si^{31}l$ɑ^{31}$ts$^{h}ʊ^{31}$　a^{55}tɕa^{33}piu^{31}　i^{55}。

直译：这个　　木桶　　挑水　　去

意译：有一样东西去的时候笑眯眯的，回来的时候眼泪汪汪的，这是什么东西?

这个是去挑水的木桶。

六、他留话紧元音分布条件探析

他留话中存在着松紧元音的区别，这里松元音指一般的元音，而紧元音指发音部位紧张，并且发音时间越往后越紧张的元音。尽管松紧元音对立是彝语支语言的一个普遍现象，但其分布的条件或影响因素却尚不清楚。有趣的是他留话中紧元音的数量远比松元音少，并且明显地在某些语音条件下出现得多，在其他语音条件下出现得少。因此对松紧元音分布条

件的探析实际上可以通过分析紧元音分布条件来实现。此前的研究多是提出有松紧元音对立的现象，而没有深入去探析这种现象的可能影响因素，笔者就利用已有的他留话资料来进行尝试性分析。

通过统计，本文所列出词汇表中带有紧元音的词共有131个，这个数字不是很大，使穷尽性的数据分析成为可能。根据初步观察，可发现紧元音的分布主要可能和以下三个因素相关：声调、紧元音前的声母类型以及音节结构。接下来便分别列表统计。

1. 声调

表6.1　紧元音与声调关系表

	i̱	y̱	ɛ̱	a̱		ə̱	ɤ̱	ʊ̱	o̱	u̱	总计
高平调	24	1	4	4	11	2	29		1	20	96
中平调	2		3	2						1	8
低平调	2	1		6	3	1	2	8	1	3	27
	28	2	7	12	14	3	31	8	2	24	131

从表中可以看出，紧元音在声调上的分布有明显的差异，主要集中在高平调，少数在中平调。另外也可以看出十个紧元音的出现频率是不平衡的，主要是i̱、ɤ̱、u̱三个紧元音。

2. 紧元音前声母类型

表6.2　紧元音与声母类型（发音方法）关系表

	i̱	y̱	ɛ̱	a̱	ɑ̱	ə̱	ɤ̱	ʊ̱	o̱	u̱	计
前无辅音	11					2				2	15
塞音	1			8	11	1	2	3	1	2	29
鼻音		2	5	2	1					1	11
擦音	13		1				29	1		14	58
塞擦音	1		1	1				4	1	5	13
边音	2			1	2						5
	28	2	7	12	14	3	31	8	2	24	131

表6.3　紧元音与声母类型（发音部位）关系表

舌尖	44
软腭	59
舌面	8
双唇	5（1唇齿）
舌叶	1

上面两个表分别从紧元音前声母的发音方法和发音部位做了一个直观的呈现。从发音方法来看，紧元音集中分布在塞音和擦音后面，这两种发音方法可能和紧元音在发音过程中保持紧张的语音特质相关；从发音部位方面，紧元音主要分布在舌尖音和软腭音后面，这和紧元音本身的数量分布是相符合的，即从舌位来看，紧元音出现次数最多的是前元音（i̱）和后元音（ɤ̱、ṵ）。

3. 音节结构

表6.4　紧元音与音节结构关系表

	i̱	y̱	ɛ̱	a̱	ɑ̱	ə̱	ɤ̱	ʊ̱	o̱	ṵ	计
V	11					2				2	15
VC											
VVC											
C											
CV	17	2	7	12	14	1	31	8	2	22	116
CVV											
CVVC											
CCV											
	28	2	7	12	14	3	31	8	2	24	131

从表格中可以看到紧元音只出现在两种音节结构当中，即V和CV音节结构，这和紧元音只存在于单元音韵母中是相符合的。

综合以上三个方面，可以得出以下关于他留话中紧元音分布条件的结论：

（1）他留话中存在着松紧元音差别，松元音出现情况无明显限制条件。

（2）紧元音只出现在V和CV音节结构中，且主要受到声调和与之搭配的声母类型的影响。

（3）声调对紧元音影响最明显，紧元音集中出现在高平调中，其次是低降调，少数出现在中平调。

（4）从发音方法来看，紧元音最多出现在擦音后，其次是塞音，其他散见于鼻音、塞擦音和边音中；从发音部位的角度来看，紧元音主要出现在舌尖音和软腭音后，少数出现在唇音、舌叶音和舌面音中。

参考文献

[1] 周德才：《他留话研究》，云南民族出版社，2004。

[2] 周德才：他留话概况载《民族语文》，2002年02期。

[3] 陈士林，边仕明，李秀清：《彝语简志》，民族出版社，1985。

[4] 孙宏开：《中国的语言》，商务印书馆，2007：第247-515页。

[5] 周德才：彝语方言松紧元音比较研究载《云南民族大学学报（哲学社会科学版）》，2005年05期。

[6] Laura C. Robison. 2008. *Dupaningan Agta : Grammar, vocabulary, and texts.* Thesis for doctor of philosophy in linguistics, University of Hawaii at Manoa.

蟹螺尔苏语的构词方法

安　娅

摘要：目前学界对尔苏语的研究尚待深入，本文通过整理蟹螺乡尔苏语语料，讨论其构词方法，希望对尔苏语研究略作补充。蟹螺尔苏语的构词方法总结为如下几种：派生法、重叠法、复合法和四音联绵法等。

关键词：尔苏语；蟹螺乡；构词方法；派生法；重叠法；复合法；四音联绵法

尔苏藏族主要居住在四川省雅安地区的石棉、汉源，凉山彝族自治州的甘洛、越西、冕宁、木里，甘孜藏族自治州的九龙等县，约25,000人[①]。根据孙宏开先生的划分，尔苏语分三个方言，方言之间差别很大，操东部方言的（即尔苏方言）分布在石棉、汉源、甘洛、越西一带；操中部方言的（即多续方言）分布在冕宁的东部地区；操西部方言的（即栗苏方言）分布在木里、九龙等县。[②]

蟹螺藏族乡是石棉县10个少数民族乡之一，地处大渡河一级支流松林河谷之中，位于石棉县域西部。蟹螺藏族乡的世居民族有汉族、藏族

① 王德和：《尔苏藏族文化研究》，四川大学出版社，2010，第6页。

② 孙宏开：《六江流域的民族语言及其系属分类——兼述嘉陵江上游、雅鲁藏布江流域的民族语言》，载《民族学报》，1983年第3期，第 125页。

和彝族。少数民族以藏族和彝族为主，有人口约3000人，占全乡总人口的69%，其中藏族有1925人，占全乡人口总数45.4%。乡域内的藏族为两个支系构成，即木雅藏族和尔苏藏族。两支藏族的分布以松林河为界，松林河之东南为尔苏藏族聚居区，主要居住在江坝村、大湾村、田坪村、新乐村，有人口约1000人；松林河之西北为木雅藏族聚居区，主要居住在俄足村、猛种村，有人口900多人。[①]蟹螺乡的尔苏人说的是东部方言，他们自称$lo^{31}su^{55}$。[②]

2012年5月，作为国家社科重大招标项目“中国西南地区少数民族濒危文字抢救、保护与研究”的子课题之一，蟹螺尔苏藏族语言、文献的抢救工作得以开展。从2012年至2014年期间，笔者多次赴四川省石棉县尔苏藏族乡进行田野调查，与尔苏文化传承人合作，记录和整理了蟹螺尔苏藏族的语言，并翻译解读了尔苏历书、卦书和印棒等。本文是对蟹螺尔苏语构词法的初步整理。

一、尔苏语研究现状

关于尔苏语，早在清代乾隆年间四译馆编写的《西番译语》中就有记载，里面记录有“多续译语”和“栗苏译语”，即当今学者所划分的中部和西部方言，共有20门，凡740条[③]。《西番译语》共记载了川西地区9种语言，当时笼统称为“西番语”，西田龙雄根据其中一种译语凡遇“番”字均译注为“多续”而将其命名为“多续译语”。[④]孙宏开先生后来通过译语记录地区以及所记译语词目的读音，对这9种语言分别进行

① 及康生、周万任，《石棉尔苏木雅概况》，中国西南地区濒危文字文献丛书《石棉木雅卷》《石棉尔苏卷》，待出版。

② 此称呼来自笔者的调查。

③ 聂鸿音、孙伯君《西番译语》校录及汇编，社会科学文献出版社，2010年。

④ 西田龙雄，《多续译语研究》，日本松香堂出版，1973.

了识别和考证，对其所属类别进行了界定，并对其进行了命名，其中包括“粟苏译语”。[①]

80年代初，学界对尔苏语的描写甚多，孙宏开和刘辉强都开始了对尔苏语的调查和研究，当时他们的调查都是以甘洛尔苏语为代表。1982年孙宏开先生发表了《尔苏（多续）话简介》，介绍了尔苏语的语音、语法和词汇的概况。[②]孙先生一直把尔苏语放在藏缅语的大背景中来探讨，在《川西民族走廊地区的语言》中简要介绍了川西民族走廊上尔苏、纳木依、史兴等7种语言的分布、使用情况及基本特点，并从语音、词汇、语法等方面将这些语言与周围其他民族语言进行比较，最后将这7种语言归入羌语支。[③]1983年，孙先生详细探讨了六江流域以及嘉陵江上游、雅鲁藏布江流域的民族语言及其系属分类，其中总结了羌语支语言语音、词汇及语法方面的共同特点，详细描述了尔苏语语言系统。[④]孙先生所介绍的尔苏语都是以凉山州甘洛县则洛公社的尔苏语为代表。同一年，刘辉强在《尔苏语概要》中以四川省凉山州甘洛县海棠区廖坪公社清水大队的尔苏语为代表，简要介绍了尔苏语的语言系统。[⑤]虽然孙刘二人的调查均以甘洛县尔苏语为代表，但是通过初步比较却可以发现他们所描写的语言有所不同，比如廖坪公社的尔苏语比则洛公社多8个复辅音，其中的颤音加塞音的组合是则洛公社尔苏语所没有的。另外，前者的声调为5个，后者只有两个声调。这种差异值得我们今后进一步探讨。

1991年，学界不约而同编写了两部关于藏缅语的研究著作，一部是

① 孙宏开：《西番译语考辩》，载白滨、史金波、卢勋、高文德编《中国民族史研究》，中央民族学院出版社，1989年，327-342页。

② 孙宏开：《尔苏（多续）话简介》，载《语言研究》，1982年第2期。

③ 孙宏开：《川西民族走廊地区的语言》，载《西南民族研究》，1983年，429-454页。

④ 孙宏开：《六江流域的民族语言及其系属分类——兼述嘉陵江上游、雅鲁藏布江流域的民族语言》，载《民族学报》，1983年第3期。

⑤ 参见李绍明、刘俊波编，《尔苏藏族研究》，民族出版社，2007年，462-500页。

戴庆厦等编的《藏缅语十五种》，[①]一部是藏缅语语音和词汇编写组编的《藏缅语语音和词汇》[②]。《藏缅语十五种》里介绍了道孚、却域、木雅、吕苏（被孙宏开称为尔苏语西部方言）等以前没有人调查过的15种藏缅语，其中黄布凡、仁增旺姆所著的《吕苏语》一章描写了凉山州木里县吕苏语的语言系统，同时对孙宏开将其划分为尔苏语方言提出了质疑。[③]中国社会科学出版社出版的《藏缅语语音和词汇》则详细地论述了藏缅语族同源词的情况和一些主要语音现象的历史演变过程和趋势，对各语言表现在语音上的差异原因作了一定分析；简要介绍了34种藏缅语的分布、使用情况及其声、韵、调；并挑选了常用词1004个，每一个词都同时列出了52种藏缅语的读音，对藏缅语的历史比较研究有很大的用处。其中的尔苏语部分由孙宏开先生撰写。[④]

在此之后，几乎无人再对尔苏语做进一步的研究，直到2006年才有宋伶俐再次关注尔苏语。她首次专门对尔苏语的趋向前缀和体标记进行了探讨[⑤]，同时在其《川西民族走廊濒危语言概况》一文中对贵琼、尔苏、木雅等14种语言的濒危状况进行了描写，认为“川西地区的民族语言正在从使用功能和结构本体两方面走向衰变，当前紧迫的任务是对这些语言进行全面的抢录。”[⑥]

总的来说，学界对尔苏语的研究大多是对语音的描写，对其词法和语法的探讨甚少，本文希望通过对蟹螺尔苏语构词方法的初步讨论，为尔苏语的研究略作补充，同时为藏缅语研究提供基础材料。

---

① 戴庆厦等：《藏缅语十五种》，北京燕山出版社，1991年。

② 藏缅语语音和词汇编写组编的《藏缅语语音和词汇》，中国社会科学出版社，1991年。

③ 戴庆厦等：《藏缅语十五种》，北京燕山出版社，1991年年，第132–152页。

④ 藏缅语语音和词汇编写组编的《藏缅语语音和词汇》，中国社会科学出版社，1991年，第231–235页。

⑤ 宋伶俐：《尔苏语动词趋向前缀和体标记》，载《民族语文》，2006年第3期。

⑥ 宋伶俐：《川西民族走廊濒危语言概况》，载《暨南学报（哲学社会科学版）》，2006年第5期。

二、蟹螺尔苏语的构词方法

蟹螺尔苏语表示具体意义的词较多，表示概念性、抽象意义的词较少，如有$ʂa^{31}ts^{h}o^{53}$“东”、$ɬo^{31}ts^{h}o^{53}$“南”、$ne^{55}ts^{h}o^{53}$“西”、$wɚ^{31}ts^{h}o^{53}$“北”等表示方向的词，但是没有表示“方向”这个抽象概念的词；有$mɚ^{55}tsɿ^{53}$“家猫”、du^{55}“野猫”，没有统称“猫”的词。

蟹螺尔苏语的构词方法主要有如下几种：派生法、重叠法、复合法、象声法和四音联绵法。

一、派生法

一般用词根加词头或词尾构成新词。

（一）词头

常见的词头主要是有：称谓名词前的a^{55}、$ɛ^{55}$，形容词前的ja^{55}、$mɛ^{55}$，动词趋向前缀de^{55}、ne^{55}、$k^{h}e^{55}$、$ŋe^{55}$、$t^{h}e^{55}$。

1. 称谓名词前的语素a^{55}、$ɛ^{55}$

例如：

a^{55}		$ɛ^{55}$	
$a^{31}pu^{55}$	祖父	$ɛ^{55}bɛ^{53}$	父亲
$a^{31}wa^{55}$	祖母	$ɛ^{55}mɛ^{53}$	母亲
$a^{31}ka^{55}$	哥哥/姐夫（面称）	$ɛ^{55}bɛ^{53}ja^{31}k^{h}ua^{53}$	伯父、大姑父

2. 形容词前的语素ja^{55}、$mɛ^{55}$，这两个词头正好形成形容词的正反义。

例如：

ja^{55}		$mɛ^{55}$	
$ja^{31}li^{55}$	好	$mɛ^{55}li^{53}$	坏
$ja^{31}mi^{55}$	多	$mɛ^{31}mi^{55}$	少
$ja^{31}nbo^{55}$	高	$mɛ^{31}nbo^{55}$	矮

3. 趋向前缀

尔苏语的趋向前缀主要有四个，即de^{55}、ne^{55}、kʰe^{55}、ŋe^{55}，它们附着在动词的前面，分别表示行为动作朝着上、下、里、外几个方向进行。de^{55}，表示动作朝空间的上方或山势的上方；ne^{55}，表示动作朝空间的下方或山势的下方；kʰe^{55}，表示行为动作朝空间的里面；ŋe^{55}，表示行为动作朝空间的外面。

例如：

de^{55}	de^{31}tɕi^{55}	拔、（朝上）扯	de^{55}dʑɿ^{53}	出生
ne^{55}	na^{31}kua^{55}	刮、剥	na^{55} ka^{53}	打（人）
kʰe^{55}	kʰe^{31}vu^{55}	买	kʰe^{31}kuɚ^{55}	蜷缩、弯（腰）
ŋe^{55}	ŋe^{31}xo^{55}	伸（手、脚）	ŋe^{55} dʑɿ^{53}	吃

另外还有一个趋向前缀tʰe^{55}，表示动作由中心朝外面的方向或者由外往中间聚拢，或者表示抽象概念如“老”、“死”等。

例如：

由中心朝外	tʰe^{31}tsʰɿ^{53}	扔、丢	tʰe^{31}tɕʰi^{55}	给
由外朝中心	tʰe^{31}tɕi^{55} tɛ^{53}	收割、收拾		
表示抽象概念	tʰe^{31}mo^{55}	老	tʰe^{31}ʂo^{55}	死

（二）词尾

尔苏语词尾很丰富，有表示处所或时间的kʰe^{55}、wa^{53}，表示方位的pʰe^{55}，表示小称的pɚ^{53}、sɿ^{53}、tsɿ^{53}，表示性别的pʰɛ^{53}、mɛ^{53}，还有量词标记bu^{53}、pu^{53}、ka^{53}、pʰa^{53}等。

1. kʰe^{55}，在名词、形容词或动词后，在形容词、动词后时具有名物化标记的功能。

1）表示处所。

tʂʰɚ^{31}lɚ^{31}kʰe^{55}	背阴处	bo^{31}bo^{31}kʰe^{55}	平地
bu^{31}bu^{31}ka^{31}kʰe^{55}	巷子	dʐo^{31} ndʑi^{31}so^{31}ta^{31}kʰe^{53}	学校

2）表示时间。

ge^{31}wu^{31}ɬɛ^{31}k^{h}e^{55} 九月　　lau^{31}te^{31}zu^{31}wa^{31}k^{h}e^{55} 前世

lau^{31}tse^{31}k^{h}e^{53} 上半年

2. wa^{55}

1）表示处所。

ts^{h}ua^{31}wa^{55} 上方　　ȵya^{31}wa^{55} 下方

kua^{55}wa^{53} 左方　　ŋua^{55}wa^{53} 右方

2）表示时间。

ʂo^{31}ȵy^{31}i^{55}dʐo^{31}wa^{53} 前天中午　　te^{31}zu^{31}wa^{53} 一辈子、一世

3. p^{h}e^{55}、np^{h}e^{53}，表示方位或处所。

ji^{55} p^{h}e^{53} 房边　　ga^{31}ʂo^{55}p^{h}e^{53} 门前

le^{31}io^{31}p^{h}e^{31}np^{h}e^{53} 左边　　le^{31}tsu^{31}p^{h}e^{31}np^{h}e^{53} 右边

4. pɚ^{53}、sɿ^{53}、tsɿ^{53}、ʥɿ^{31}ʥɿ^{53}、ʑi^{31} ʑi^{55}，在名词词根后，表示细小或可爱，常重叠使用。

tʂʅ^{31}pɚ^{55} 痣　　kɛ^{31}ȵi^{31}pɚ^{55} 老幺（排行）

zi^{31}pɚ^{55} 女儿　　ji^{31}p^{h}ɛ^{31}ji^{55}pɚ^{53} 小腹

mɚ^{55}sɿ^{53} 箭　　me^{55}ndʐɚ^{53}sɿ^{53} 火苗

tɕi^{31}tsɿ^{53} 帕勒子　　gua^{31}mɚ^{31}tsɿ^{55}tsɿ^{53} 毛毛雨

tsu^{31}ʥɿ^{31}ʥɿ^{53} 豆芽　　ke^{31}ji^{31}ʥɿ^{31}ʥɿ^{53} 鹰爪

ʂʅ^{31}ʑi^{31}ʑi^{55} 肉末　　ts^{h}o^{31}ʑi^{31}ʑi^{55} 花椒粉

5. su^{13}，表示具有某种社会身份或特征的人。

de^{31}nde^{31}su^{53} 胖子　　ja^{31}nbo^{31}su^{53} 高个儿

de^{55}tsu^{53}ta^{55}ka^{53}su^{13} 正直人　　dʐo^{31}nʥi^{31}lo^{31}su^{53} 写纸人

t^{h}u^{31}nbɛ^{31}mu^{55}su^{53} 干部/官（三品官）　　tu^{31}wu^{31}mu^{31}su^{55} 文官

6. p^{h}ɛ^{53}和mɛ^{53}，加在名词后面表示性别，p^{h}ɛ^{53}表示雄性，mɛ^{53}表示雌性。

nbo^{55}p^{h}ɛ^{53}	公马	nbo^{55}mɛ^{53}	母马
lɚ^{55}p^{h}ɛ^{53}	公鸡	lɚ^{55}mɛ^{53}	母鸡
sɚ^{31}p^{h}ɛ^{55}	丈夫	le^{55}mɛ^{53}	儿媳

7. wu^{55}、bɚ^{55}，加在代词或名词后面表示复数或统称。

da^{31}wɚ^{31}wu^{55}	客人些	su^{31}bɚ^{55}	人们
mɚ^{31}wu^{55}	毛	ȵi^{55}bɚ^{53}	你的（东西）
ja^{31}dʐɚ^{31}wu^{55}	子女些	ʥo^{55}bɚ^{53}	朋友（复数）

8. p^{h}ɛ^{53}，加在名词词根后面，类似汉语的“……子”或“老……”。

gu^{55}p^{h}ɛ^{53}	老鼠	lu^{55}p^{h}ɛ^{53}	路
tu^{55}p^{h}ɛ^{53}	胃/肚（三声）子	ʥi^{31}tɕ^{h}i^{55}p^{h}ɛ^{53}	腿肚子

二、复合法

由词根复合构成新词，有并列复合法和主从复合法。

（一）并列复合法

le^{31}tʂu^{53}（手镯）lɛ^{31}ngɚ^{13}（戒指）→首饰

ʥʅ^{55}（吃）ts^{h}ɚ^{53}（喝）→生活

wei^{31}ȵi^{31}（肠肠）tu^{55}p^{h}ɛ^{53}（肚肚）→杂碎

tsɚ^{55}lu^{31}（白云）tsɚ^{31}nua^{55}（乌云）ka^{53}→彩虹

（二）主从复合法

主要有偏正式、名量补充式、陈述式、述宾式几种。

1. 偏正式：修饰成分的位置可前可后。

bɚ^{55}（绳）ka^{53}（量词根）→粗绳

bɚ^{55}（绳）sʅ^{53}（小称）→细绳

nbiu^{55}（山）ga^{53}（歌）→山歌

bʑi^{31}（蜜蜂）lɚ^{55}（粪）→蜂蜜

tʂo^{31}lɚ^{31}（粪）be^{31}ʥi^{55}（虫）→蛆

lo^{31}k^{h}ua^{31}（石头）pu^{55}li^{53}（圆）→碾子

2. 述宾式：词根间存在支配关系，被支配成分在前，支配成分在后。

dʐɚ^{55}（钱）dʐo^{53}（有）→珍贵　dʐɚ^{55}mɛ^{53} dʐo^{53}（不值钱）→贱

dʐo^{31}nʥi^{31}（纸）k^{h}e^{31}lo^{31}（写）ge^{31}ka^{55}→笔

dʐɚ^{31}（孩子）de^{31}ɕi^{55}（拿/携带）tɛ^{53}→怀孕

me^{55}lu^{53}（风）xua^{55}（扇）p^{h}a^{53}→扇子

pɛ^{55}mɛ^{53}（当中）nɛ^{55}ʥɛ^{53}（站）→插队

3. 陈述式：前后的语素之间具有陈述和说明的关系。

me^{55}（天）ʦ^{h}ɛ^{53}（热）→太阳

tɛ^{31}（筋）da^{55}ntʂ^{h}ɚ^{53}（抽）→抽筋

ȵi^{31}（野兽）tʂa^{55}（撵）tʂ^{h}o^{53}（狗）^{31}→猎狗

ʨi^{31}（头发）mɛ^{31}xia^{55}（没有）→光头

4. 名量补充式：名词语素添加量词语素构成新词，量词语素补充说明名词语素物体的形状和性质。其与数量名词短语的区别在于名量补充式中数词不出现。

fu^{31}mɛ^{55}（牙）ka^{53}（根）→牙龈　dʐo^{55}（水）ka^{53}（根）→河

bu^{31}（帽子）bu^{55}（个）→帽子　ʂʅ^{31}（肉）p^{h}a^{53}（片）→肉片

ja^{31}dʐɚ^{31}（孩子）pɚ^{55}（个）→孩子

dʐo^{31}（水）so^{55}（扫）pu^{53}（把）→炊帚

三、重叠法

尔苏语中重叠法构成的词语占很大的比例，方式有部分音节重叠、全部音节重叠。重叠之后，动词常表示相互动作或反复动作，形容词语法意义增值。

（一）名词：

ʥʅ^{31}ʥʅ^{55}	爪子	ʥu^{31}ʥu^{55}	尖尖儿
mɛ^{55}mɛ^{53}	泡儿	ȵo^{31}ȵo^{55}	乳房、乳汁
dʐʅ^{55}dʐʅ^{53}	（花）瓣	ku^{55}ku^{53}	（花）枝

（二）动词：

lɚ^{31}lɚ^{55} 滚　　ʑi^{55}ʑi^{53} 摸

to^{55}to^{53} 跳舞　　so^{55}so^{53} 摇动

tsɿ^{55}tsɿ^{53} 眨　　ndʐɚ^{55}ndʐɚ^{53} 颤抖

（三）形容词：

tsu^{55}tsu^{53} 陡　　ʂo^{31}ʂo^{55} 干净

dʐo^{31}dʐo^{55} 短　　dʐʅ^{31}dʐʅ^{55} 轻松

ʥi^{31}ʥi^{55} 生（肉）　　go^{31}go^{55} 轻

四、四音连绵构词法

由四个音节组成的大于词而小于短语的语言单位，具有生动的表意特征。尔苏语四音连绵词很多，形式也很丰富，可归纳为以下几种：

（一）AABB

su^{31}su^{31}ka^{55}ka^{53} 敲敲打打　　ʐa^{31}ʐa^{31}pi^{55}pi^{53} 吵吵闹闹

bi^{55}bi^{53}k^{h}ua^{55}k^{h}ua^{53} 粗大　　tʂʅ^{31}tʂʅ^{55}tʂa^{31}tʂa^{55} 叽叽喳喳

（二）AABC 这类形式多为形容词，一般在词根后加la^{55}ka^{31}。

bo^{31}bo^{31}la^{55}ka^{53} 平坦坦　　ndʐa^{31}ndʐa^{31}la^{55}ka^{53} 凉悠悠

dʐʅ^{31}dʐʅ^{31}la^{55}ka^{53} 轻轻松松　　go^{31}go^{31}la^{55}ka^{53} 轻飘飘

ŋua^{31}ŋua^{31}la^{55}ka^{53} 精通、清楚

（三）ABAB

bɛ^{31}lo^{31}bɛ^{55}lo^{53}亮堂堂　　bɛ^{55}tsɿ^{53}bɛ^{55}tsɿ^{53}亮晶晶

（四）ABCC

bɛ^{31}dʐɚ^{31}ka^{31}ka^{55}赌博　　ka^{31}p^{h}e^{31}tʂ^{h}ʅ^{31}tʂ^{h}ʅ^{55}呆头呆脑

lu^{31}me^{55}se^{31}se^{53}笑容满面

（五）ABCD这种形式构成的词最多，一般是在词根后加ta^{55}ka^{53}或da^{55}lɚ^{53}。

da^{31}nts^{h}ua^{31}ta^{55}ka^{53} 辣乎乎　　de^{31}lu^{53}ta^{55}ka^{53} 白花花

de^{31}ku^{31}ta^{55}ka^{53} 兴旺　de^{31}nde^{31}ta^{55}ka^{53} 胖墩墩

de^{55}tʂ^{h}o^{53}ta^{55}ka^{53} 甜蜜蜜　ŋɚ^{31}tse^{31}ke^{55}tua^{53} 矮墩墩

（六）ABAC

de^{31}tɕi^{31}de^{55}ku^{53} 皱巴巴　ja^{55}dʑɚ^{53}ja^{55}lɛ^{53} 幸福美满

ge^{55}lu^{53}ge^{55}nbɛ^{53} 五花八门　ja^{31}nde^{55}ja^{31}nts^{h}o^{53} 漂漂亮亮

k^{h}a^{31}nɚ^{31}k^{h}a^{55}ka^{53} 沉稳、老练　mɛ^{55}fu^{53}mɛ^{55}lɚ^{53} 白白地、啰嗦

（七）ABCB这类一般由一对动词趋向前缀与词根构成，表示反复或胡乱的动作。

di^{31}ga^{55}ȵi^{31}ga^{55} 乱唱　di^{31}ʂa^{55}ȵi^{31}ʂa^{55} 乱说

ji^{31}fu^{55}ja^{31}fu^{55} 胡说　k^{h}e^{31}sɚ^{55}ŋe^{31}sɚ^{53} 乱七八糟

di^{31}ndʑɛ^{55}ȵi^{31}ndʑɛ^{55} 三心二意　dʑi^{31}ŋɚ^{31}fu^{55}ŋɚ^{53} 臭哄哄

五、拟声构词

tʂ^{h}a^{55}tʂ^{h}a^{53} 喜鹊　ʂa^{31}ʂa^{55}ka^{53} 响刷子（赶鸡棍）

p^{h}e^{31}ts^{h}ʅ^{53}p^{h}e^{55}ts^{h}ʅ^{53} 咯吱咯吱（老鼠啃东西的声音）

参考文献

［1］戴庆厦等：《藏缅语十五种》，北京燕山出版社，1991年。

［2］及康生、周万任：《石棉尔苏木雅概况》，中国西南地区濒危文字文献丛书《石棉木雅卷》《石棉尔苏卷》，待出版。

［3］李绍明、刘俊波编：《尔苏藏族研究》，民族出版社，2007年。

［4］聂鸿音、孙伯君：《西番译语》校录及汇编，社会科学文献出版社，2010年。

［5］宋伶俐：《川西民族走廊濒危语言概况》，载《暨南学报（哲学社会科学版）》，2006年5期。

［6］宋伶俐：《尔苏语动词趋向前缀和体标记》，载《民族语文》，2006年第3期。

［7］孙宏开：《川西民族走廊地区的语言》，载《西南民族研究》，1983年。

［8］孙宏开：《尔苏（多续）话简介》，载《语言研究》，1982年2期。

[9] 孙宏开：《六江流域的民族语言及其系属分类——兼述嘉陵江上游、雅鲁藏布江流域的民族语言》，载《民族学报》，1983年3期。

[10] 孙宏开：《西番译语考辩》，白滨、史金波、卢勋、高文德编《中国民族史研究》，中央民族学院出版社，1989年。

[11] 王德和：《尔苏藏族文化研究》，四川大学出版社，2010年。

[12] 西田龙雄：《多续译语研究》，日本松香堂出版，1973年。

[13] 藏缅语语音和词汇编写组：《藏缅语语音和词汇》，中国社会科学出版社，1991年。

蟹螺木雅语语音系统概况介绍

——兼木雅语东西部方言语音特点初步对比

张　琰　刘楚龙　黄滕宇

摘要：本文简要介绍了四川省石棉县蟹螺乡木雅语的语音概况，并将蟹螺木雅语（东部方言）与孙宏开先生所调查的康定县沙德区六坝乡木雅语（西部方言）的语音特点作初步比较。蟹螺木雅语共有声母42个，复辅音声母12个；共有韵母21个，其中复元音韵母8个，紧喉元音在读音中不稳定，与非紧喉元音有自由变读现象；声调极不稳定，大致可分为三个调类——高调（55、53）、低调（33、31）与升调（35）。将蟹螺木雅语与六坝木雅语进行初步比较发现，蟹螺木雅语的语音系统较为简单：①声母方面，蟹螺木雅语基本上无小舌音音位，六坝木雅语的小舌塞音多数情况下对应蟹螺木雅语的舌根塞音。与六坝木雅语相比，蟹螺木雅语的擦音、浊塞擦音种类少、数量少——六坝木雅语的舌根、小舌、声门浊擦音声母在蟹螺木雅语中，多数情况下对应零声母；六坝木雅语里的舌根、声门清擦音多数情况下对应蟹螺木雅语里发音位置较为靠前的清擦音；大多数情况下六坝木雅语的卷舌浊擦音ʐ或龈腭浊擦音ʑ在蟹螺木雅语中对应齿龈塞音t/d或近音l；六坝木雅语中的卷舌浊塞擦音dʐ在蟹螺木雅语中往往也对应齿龈部位的塞音或近音。②韵母方面，蟹螺木雅语与六坝木雅语的韵母系统都较为复杂，而前者又较后者简化一些，主要表现在鼻化韵母、双元音韵母方面，六坝木雅语中的许多双元音韵母在蟹螺木雅语中，仅保留原先的介音，成为单元音韵母。③声调方面，两地方言的情况大致相同，蟹螺木雅语声调中高平与低平的差别时常在多音节词中体现出来。

关键词：蟹螺乡；六坝乡；木雅语；语音系统；对比

木雅藏族濒危语言、文献的抢救工作，是国家重大社科项目“中国西南地区少数民族濒危文字抢救、保护与研究”的子课题之一。2011年1月，清华大学西南濒危文化研究中心的项目组赴川滇地区进行田野调查工作，找到了四川省石棉县蟹螺乡的木雅祭司——王德军，他持有木雅人的宗教文献，会说地道的木雅语，并精通木雅宗教文化。从2011年至2013年，项目组与王德军合作，翻译解读了木雅文献历书、打卦图和印棒，并描写记录了蟹螺乡木雅语。本文将对蟹螺木雅语的语音概况作简要介绍，并将其与康定县沙德区六坝乡木雅语的语音特点作初步比较，以此来看木雅语东西部方言的区别。

一、四川省石棉县蟹螺乡木雅语语音概况

蟹螺藏族乡位于四川省石棉县域西部，东南与县域内的安顺彝族乡毗连，西与甘孜藏族自治州的九龙县接壤，北与县域内的先锋藏族乡及新民乡藏族彝族乡为邻。蟹螺藏族乡的世居民族有汉族、藏族和彝族。少数民族以藏族和彝族为主，有人口约3000人，占全乡总人口的69%，，其中藏族有1925人，占全乡人口总数45.4%。彝族有约1000人，占全乡人口总数近23.6%。乡域内的藏族为两个支系构成，即木雅藏族和尔苏藏族。蟹螺藏族乡木雅藏人主要分布在乡境内松林河西北岸的猛种村的木耳堡子、猛

种堡子、木耳沟，俄足村的俄足堡子等地。

本文的发音合作人为王德军，1959年出生，木雅人，家住蟹螺乡猛种三组，职业为寺迦悟（当地木雅语对祭司的称呼）。操木雅语东部方言，此外还会讲当地的汉语西南官话。

蟹螺木雅语共有声母42个①，其中复辅音声母12个：

p	t			k	（q）
p^h	t^h			k^h	
b	d			ɡ	
mp^h	nt^h			ŋk^h	
mb	nd			ŋɡ	
f	s	ʂ		x	
	z			ɣ	
	ts	tʂ	tɕ		
	ts^h	tʂ^h	tɕ^h		
	ʣ	dʐ	ʥ		
	nts^h	ntʂ^{h}②	ntɕ^h		
	nʣ	ndʐ	nʥ		
m	n		ȵ	ŋ	
	（r）				
	l	（ɭ）			

蟹螺木雅语声母系统具有以下特点：

1. 小舌音基本消失，仅存少量小舌不送气塞音q，例如“暗ȵe^{33}qo^{55}qo^{55}”，“花蕊mo^{33}to^{55}qə^{55}kə^{55}”，但未发现k与q的对立，故将二

① 声母表中，带括号的声母表示该声母出现在了词汇的音节中，但属于其它音位的自由变读，不单独列为一个音位，不计入声母总数目中。

② 在作者目前掌握的蟹螺木雅语词汇中，尚未发现含有ntʂ^{h}的词，但根据尹蔚斌关于蟹螺木雅语的调查，的确存在ntʂ^h。本文暂时将ntʂ^{h}收入，待日后再作进一步核实。

者处理为同一音位。

2. f主要出现在汉语借词中，例如："化肥xua^{33}fei^{55}"。

3. t、t^{h}、d在与紧喉央元音ə̠相拼时，在进入多音节词汇中有时会变为ʈə̠、ʈ^{h}ə̠、ɖə̠，例如"地də̠^{55}"，"平地ɖə̠^{55}na^{31}na^{55}"。故将ʈ、ʈ^{h}、ɖ归入t、t^{h}、d。

4. 存在少量卷舌近音ɭ，例如"日落nər^{33}lə^{55}nər^{33}ɭuɑ^{55}"、"圆月ɭə̠^{33}vɛ^{55}to^{31}ɭo^{33}ɭo^{33}"，但未发现l与ɭ的对立，有时二者甚至可以自由换读，故将二者处理为同一音位。

5. 存在少量齿龈颤音r，例如"受潮tər^{33}ra^{55}sɯ^{55}"，"k^{h}ə^{33}ndʑa^{33}rə^{55}日光影"。但未发现r与l的对立，有时二者甚至可以自由换读，故将二者处理为同一音位。

6. 复辅音的形式均为塞音、塞擦音带同部位前置鼻音的形式。鼻冠辅音在单音节和多音节的首音节中很不稳定，时有时无；在非首音节时，总是与前一个音节的元音粘连形成鼻韵尾。例如"薄dʑĩ^{33}ndʑi^{55}"，首音节的鼻冠辅音基本听不出来，而首音节的韵母与第二个音节的鼻冠辅音黏连形成带鼻音的现象；又比如"花瓣"既可以说成"mo^{33}to^{55}pɛ^{55}mbɛ^{55}"，也可以说成"mo^{33}to^{55}pɛ^{55}pɛ^{55}"。

声母例词：

p	pi^{55} 野狗	pɛ^{33}mɛ^{33} 中间
p^{h}	p^{h}i^{33}u^{55}	p^{h}ɛ^{31}i^{55} 家乡
b	bi^{35} 杠子	bɛ^{55} 蜂刺
mp^{h}	ts^{h}o^{55}p^{h}o^{55}p^{h}ɛ^{33}mp^{h}ɛ^{55} 爬树	
mb	lu^{55}mbi^{55} 皮	p^{h}i^{33}lɛ^{55}tə^{55}lu^{55}mbɛ^{55} 别样
f	xuɑ^{33}fei^{55} 化肥	
t	tu^{33}ndu^{55} 燃烧	tɑ^{55} 老虎
t^{h}	t^{h}u^{35} 砌	t^{h}a^{35}成功

d	du^{33}zu^{55} 捉	dɑ^{33}lə^{55} 四月
nt^{h}	nt^{h}uɛ^{55}（双手）压	
nd	ndu^{35} 漏	ndɑ^{55}棍子
s	sɯ^{55} 钢筋	sa^{55}老鹰
z	zɯ̱^{33} 肥料	za^{55} 山脉
ts	ɛ^{33}tsɯ^{33}lə̱^{55}月份	tsa^{55}泥土
ts^{h}	ts^{h}ɯ^{33}六	ts^{h}a^{55} 藤
ʣ	li^{55}ʣɯ̱^{55}	ʣɑ^{55}le^{33}le^{55}凉快
nts^{h}	vu^{55}nts^{h}ɯ̱^{55}山鼠	ʥe^{55}nts^{h}u^{55} 海
nʣ	nʣɯ^{35} 吃	nʣa^{55}鸡爪
r	tər^{33}ra^{55}sɯ^{55}	k^{h}ə^{33}nʣa^{33}rə^{55}日光影
l	lu^{55}窟窿	lo^{55}蛇
ʂ	ʂu^{55} 北	
tʂ	tʂu^{33}wɛ^{55}子	ȵi^{33}me^{55}tʂuɑ^{33}tʂ^{h}u^{33}tʂ^{h}u^{33}ka^{55} 南边
tʂ^{h}	tʂ^{h}u^{35} 底下	tʂ^{h}uɛ^{55}tʂ^{h}uɛ^{55}勤快
dʐ	dʐuɛ^{33}sə^{55}咱们的	
ndʐ	ndʐuɛ^{33}mo^{33}to^{55}酒药草	ndʐɯ^{55}花豹
ʨ	ʨi^{55}水	ʨɛ^{35}酉（地支）
ʨ^{h}	ʨ^{h}i^{55}戌（地支）	ʨ^{h}ɛ^{33}mu^{55}小时
ʥ	ʥi^{35}花椒	ti^{55}sɯ^{55}tʂ^{h}u^{55}ŋu^{55}ʥɛ^{33}每天早上
nʨ^{h}	ɛ^{55}nʨ^{h}i^{55}挑	nda^{35}nɛ^{55}nʨ^{h}ɛ^{55}打霜
nʥ	nʥi^{55} 跳	nʥɛ^{55}nʥɛ^{55}牛垂皮
k	ku^{55} 年	kuɛ^{35}牢固
k^{h}	k^{h}u^{55}狗	k^{h}ua^{55}lə^{55}山野的
g	gu^{55} 笨	də^{33}bu^{33}guɛ^{55}浮
ŋk^{h}	ts^{h}u^{55}p^{h}a^{55}k^{h}o^{55}ŋk^{h}u^{55}空心树	vu^{55}ŋk^{h}uə^{55}

ŋg	ŋgu^{35} 鹅	ŋguε^{55}野兽
x	xu^{55} 夜晚	li^{55}xuε^{55}田
ɣ	lo^{55}ɣo^{55}公马	
m	mu^{55} 天	ma^{55}ma^{55}小的
n	nu^{55} 西	ne^{33}ti^{33}k^{h}ε^{55}方便
ȵ	zɯ^{55}ȵu^{55}wu^{55}荒山	ȵe^{33}sɯ̠^{55}阳光
ŋ	ŋu^{35} 牛	ŋa^{55}金

蟹螺木雅语共有韵母21个，其中复元音韵母8个：

（ɿ/ʅ）

i	e	ε	a	ɑ	o	u	ɯ	y	ə
			ar		or				ər
	ie								iə
	ue	uε	ua	uɑ					uə
		yε							
							（ɯ̠）		（ə̠）

蟹螺乡木雅语韵母系统具有以下特点：

1. 声母无輔音韵尾，元音后的r表示该元音为卷舌元音。

2. 若双音节词后一个音节的辅音带鼻冠音，则前一音节元音鼻化，例如：“插秧sũ^{33}ndʑu^{35}，象鼻sə̃^{55}mbɯ^{55}”。为简便起见，本文一律省略ĩ、ẽ、ε̃、ã、ɑ̃、õ、ũ、ɯ̃、ə̃、ỹ的鼻化元音符号。

3. ə有时开口稍大，实际音值为ɐ，有时是元音和谐的原因，例如：“属猪p^{h}ɑ^{55}lɐ^{55}”；有时原因不定），有时出现在单音节词汇中或词汇末尾音节中：“芽ndɐ^{55}，鱼塘vu^{55}ŋk^{h}uɐ^{55}”。但ɐ与ə没有意义对立，故合并为同一个音位ə。

4. ə时常发生紧喉现象，ə̠大多数情况下出现在单音节词汇中或词汇的末尾音节中。尚未发现ə̠与ə存在意义对立或搭配互补，应为一个音位的自由变体，但为了便于了解蟹螺乡木雅语紧喉元音的情况，本文仍采用独立的音位符号ə̱表示发生紧喉的央元音。同时，ə在发生紧喉的同时，舌位明显抬高，故而ə̱的实际音值接近ɯ̱。

5. ɯ与齿龈擦音、塞擦音相拼时，ɯ的实际音值为ɿ/ʅ。当处于末尾音节时，ɯ时常会发生紧喉现象，但ɯ与ɯ̱并无意义对立。本文仍采用独立的音位符号ɯ̱表示紧喉元音，原因同上。同时，ɯ̱在发生紧喉时开口略大。

6. 蟹螺乡木雅语存在元音和谐现象，例如：“风mə^{55}mɑ^{55}，呛na^{33}nt^{h}ə^{55}”，前一个音节的元音受后一个音节元音的影响，开口变大，实际音值为“mɐ^{55}mɑ^{55}，na^{33}nt^{h}ɐ^{55}”；同时也存在后一个音节的元音受前一个元音的影响而发生变化的情况，例如：“一个tu^{31}lu^{55}，三个so^{31}lɑ^{55}，四个da^{31}la^{55}，六个ts^{h}ɯ^{31}lə̱^{55}”。

7. 当i与tɕ、tɕ^{h}、tɕ^{h}、dʑ、ndʑ 相拼时，实际音值为ɪ。u的开口略大，而当u与ts、ts^{h}、nts^{h}、dz、ndz相拼时，实际音值接近ʉ。

8. 蟹螺乡木雅语有8个复元音韵母，都为后响型，以介音为u的复元音韵母最常见，而ie、iə、yɛ都极为少见。

韵母例词：

i	tɕi^{55}水	e	ne^{33}ti^{33}k^{h}ɛ^{55}
ɛ	nɛ^{55}你	a	p^{h}a^{55}糠
ɑ	p^{h}ɑ^{55}亥	o	ŋo^{55}银
u	ŋu^{35}牛	ɯ	k^{h}ɯ^{33}ŋɯ^{33}咬
y	y^{55}tɕ^{h}uɛ^{55}bu^{55}烟叶杆	ə	mə^{33}gi^{33}gi^{55}大火
ar	mə^{33}mɑ^{55}k^{h}uar^{55}vu^{55}tɕi^{55} 暴风雨	or	or^{33}mbi^{55}mdʑi^{55}ndʑi^{55} 脸皮薄
ər	p^{h}ər^{55} 灰尘	ie	vie^{35} 雪
iə	nə^{33}piə^{33}ŋguɑ^{55}	ue	sue^{55}ndə^{55}
uɛ	tʂ^{h}uɛ^{55}tʂ^{h}uɛ^{55}勤快	ua	sua^{35}青稞

uɑ　suɑ^{33}tu^{55}　　uə　tsuə^{55}mɑ^{55}干净

yɛ　ndʑyɛ^{33}uɑ^{55}

蟹螺木雅语的声调不稳定，变调较为随意，本文将蟹螺木雅语分为高调、低调、升调三种基本调类，其中高调和低调中又分为平调和降调：

调类	调值	分布	本文采用的调值	例词
高调	55	通常出现在多音节词汇中	55	kʰu^{55} 狗 nu^{55} 西 lu^{55} 马
	53	通常出现在单音节词汇或词汇的末尾音节		
低调	33	通常出现在多音节词汇中	33	kʰu^{33}tso^{55}踢 nu^{31}二 lu^{33}uɛ^{55}门外
	31	通常出现在单音节词汇或词汇的末尾音节		
升调	35	通常出现在单音节词汇中，多音节词汇中变为33或55	35	kʰu^{35}里面 ŋu^{35}牛 lu^{35}麂子

二、东部方言蟹螺木雅语与西部方言六坝木雅语语音系统初步对比

木雅语分为东部和西部两种方言，两种方言虽有差别，但在基本词汇和语法构造方面是相同的。刘辉强在《木雅语考察记》中提到："分布在九龙县湾坝乡和洪坝乡操这种语言的居民，自称'木勒'；分布在石棉县北部和西部（即该县松林河以北地区）操这种语言的居民则自称'木尼洛'。这两部分居民操的木雅话都属于东部方言，约有2500人。在历史上这部分居民被泛称为'西番'。九龙县汤古乡、康定县的沙德乡、六巴乡、普沙绒乡、朋布西乡和雅江县的祝桑乡，属西部方言区，操这种方言的木雅藏族，自称'木雅'或称'木雅哇'和'木雅哇依'。……东部方

言受汉语影响较多，西部方言则深受藏语的影响。受汉语影响较大的东部方言区木雅居民“在家庭、村寨里江木雅语，外出则讲汉语。少数人还会彝语，而绝大多数人不会藏语。西部方言区的木雅居民‘除在家庭、村寨中讲木雅语外，大多数人会讲藏语康方言，少数学者还精通藏文。’” 木雅人居住范围较广，存在一些土语，木雅岗的沙德一带的土语最有代表性，即木雅地角话。

根据上文的介绍，沙德乡的木雅语属于西部方言，而石棉县的木雅语属于东部方言。本文即选择石棉蟹螺乡、沙德六坝乡两个东西部方言的典型语言点，进行语音系统的初步比较。孙宏开先生曾调查过康定县沙德区六坝乡的木雅语，本文采用的六坝乡木雅语的语音材料即来自孙宏开先生所著《八江流域的藏缅语》一书，其中词汇部分的材料全部来自《藏缅语语音和词汇》。

（一）声母方面

蟹螺木雅语与六坝木雅语的声母系统，都符合羌语支语言声母系统的特点，例如有小舌音以及三套塞擦音等等。但是与六坝木雅语相比，蟹螺木雅语的声母系统更为简化，具体表现在：

1.蟹螺木雅语无独立的小舌音音位：

蟹螺木雅语的小舌音在词汇中极为罕见，且不稳定，基本上可以与舌根音自由变读，例如：“公马lo^{55}ɣo^{55}”，“公狗k^{h}u^{55}ʁo^{55}”；或者同一个词汇中前后两个音节发生变读，例如“花蕊mo^{33}to^{55}qə^{55}kə^{55}”。同时，六坝木雅语中的一部分小舌塞音在蟹螺木雅语中变成舌根塞音，例如：

例词	六坝木雅语	蟹螺木雅语
瓜	qua^{55}qua^{5}	su^{33}ŋk^{h}uɛ^{55}
蹄子	quɐ^{33}ts^{h}ɯ^{55}	ka^{55}
近	qɐ^{55}rɐ^{53}	ki^{55}li^{55}
瘦	q^{h}ɐ^{33}q^{h}ɐ^{53}	nɑ^{33}k^{h}uɑ^{55}

2. 蟹螺木雅语擦音、浊塞擦音种类少、数量少：

与六坝木雅语相比，蟹螺木雅语没有卷舌浊擦音ʐ或龈颚浊擦音ʑ，且舌根浊擦音ɣ较为少见。

大多数情况下六坝木雅语的卷舌浊擦音ʐ或龈颚浊擦音ʑ在蟹螺木雅语中对应齿龈塞音或近音。第一种对应是ʐ/ʑ（六坝）与t/d（蟹螺）对应，例如：

例词	六坝木雅语	蟹螺木雅语
跳蚤	ʐɯ^{35}tsʰi	tɑ^{33}tsʰɯ^{55}
旱地	ʐɯ	də̠^{55}
星星	dʐi^{55}vu^{33}	ndə̠^{55}
大米	ndʐe^{35}	ndə^{55}
四	ʑi^{33}	də^{33}

第二种对应是ʐ（六坝）与l（蟹螺）对应，例如：

例词	六坝木雅语	蟹螺木雅语
前天	ʐɯ^{35}si^{33}	lu^{55}sʅ^{55}
左边	ʁɐ^{35}ʐɐ^{35}	da^{55}la^{55}
跪	kʰe^{35}nʥu^{55}	kʰu^{33}tə^{55}
洞	nʥɯ^{35}ʐø^{53}	də^{31}lu^{55}
铜	ʐa^{35}	lɑ^{35}
露水	ʐɐ^{53}	ʨu^{55}lu^{55}
蛇	ʐo^{53}	lo^{55}

事实上，蟹螺木雅语中的卷舌浊塞擦音dʐ也较为少见，六坝木雅语中的dʐ在蟹螺木雅语中往往也对应齿龈部位的塞音或近音，例如：

例词	六坝木雅语	蟹螺木雅语
雷	ndʐu^{35}	ndɑ^{55}
龙	ndʐu^{35}	ndə̠^{55}

星星	dzʅ̢^{55}vu^{33}	ndə̠^{55}
稀（粥/泥巴）	ndz̢ɯ^{33}ndz̢ɯ^{55}	da^{33}nda^{55}

六坝木雅语的舌根、小舌、声门浊擦音声母在蟹螺木雅语中，多数情况下对应零声母，例如：

例词	六坝木雅语	蟹螺木雅语
草	ɣu^{35}	u^{55}
针	ʁo^{33}	uɑ^{55}
绵羊	ʁɑ^{35}	a^{55}
咽	na^{33}ʁuɯ^{35}	nu^{33}y^{35}
十一	ɦɛ^{35}ti̯^{55}	ɛ^{33}tə^{33}
累	ʁɛ^{33}ɕɐ^{53}	ɛ^{33}ɕi^{55}

也有其它对应情况，例如：

例词	六坝木雅语	蟹螺木雅语
爪子	u^{55}ɣi^{55}ŋgɐ^{35}	vu^{33}lu^{55}ndʑa^{55}
鱼	ʁuɯ^{53}	vu^{35}
踢	ɣɯ^{35}tso^{55}	k^{h}u^{33}tso^{55}
鸡	u^{53}ɣi^{35}	vu^{55}lə̠^{55}

同时，六坝木雅语里的舌根、声门清擦音①多数情况下对应蟹螺木雅语里发音位置较为靠前的清擦音，例如："豆子"，六坝木雅语为"ndɯ^{33}xɯ^{53}"，蟹螺木雅语为"tə^{33}su^{55}"；"快"，六坝木雅语为"hɐ^{35}lɐ^{35}"，蟹螺木雅语为"ɕi^{55}ɕi^{55}"。

（二）韵母方面

蟹螺木雅语与六坝木雅语的韵母系统都较为复杂，而前者又较后者简化一些，主要表现在鼻化韵母、双元音韵母方面。如上文所说，蟹螺木雅语的鼻化韵母基本上都是前一音节的韵母与后一音节的鼻冠辅音黏连形成

① 小舌清擦音极为少见，暂未找到两个方言的对应关系。

的，基本不存在出现在单音节中的鼻化韵母。另外，蟹螺木雅语的双元音韵母数目（8个）也比六坝木雅语的双元音韵母数目（21个）少得多，六坝木雅语中的许多双元音韵母在蟹螺木雅语中，仅保留原先的介音，成为单元音韵母，例如：

例词	六坝木雅语	蟹螺木雅语
年	kui^{53}	ku^{33}
狗	k^{h}uɯ^{53}	k^{h}u^{55}
老鼠	ts^{h}uɯ^{35}	ts^{h}ɯ̱^{35}
喝	tɕ^{h}yɯ^{53}	tɕ^{h}i^{35}

另外，蟹螺木雅语、六坝木雅语的紧喉单元音韵母在读音时都不太稳定，在较长的词汇或句子中，有时会丧失紧喉现象。且蟹螺木雅语中的许多紧喉元音可与非紧喉元音自由变读，例如：

də̱^{55}土地	ti^{33}lə̱^{55}一个月	ta^{33}ta^{33}pə^{55}叩击
də^{55}vɛ^{55}wu^{33}t^{h}ɯ^{55}p^{h}ə̱^{55}荒地	lə^{55}p^{h}ie^{55}半个月	ts^{h}uɛ^{33}ts^{h}uɛ^{33}pə̱^{55} 指（着）

（三）声调方面

根据孙宏开先生的调查，六坝木雅语有4个声调，其中高升、高降对立的词比较多，高平、中平对立的词比较少，多半在双音节词中出现。蟹螺木雅语的声调也符合此种情况，其中高平与低平的差别时常在多音节词中体现出来，例如：

六坝木雅语		蟹螺木雅语	
ɣɯ^{33}ɣɯ^{55} 重	ni^{33}ni^{55} 深、少	zu^{55}zu^{55}pə^{55}扶	ŋgə̱^{55}lə̱^{55} 往年
ɣɯ^{33}ɣɯ^{55} 重	ni^{55}ni^{33}红	zu^{33}zu^{33}pə̱^{55}摸	ŋgə̱^{33}lə̱^{55}九月

三、结论

初步比较可以看出，木雅语东部方言的语音形态比西部方言更为简单，其原因一方面可能是东部地区更为开放，与汉族的文化交流更多，语言受到了一定影响。另一方面可能与调查时间、发音人年龄有关——孙宏开先生调查木雅语是在上世纪80年代，而清华大学项目组的调查晚了30年，必然会发生语音上的变化。同时发音人王德军正处壮年，其语音与老一辈的木雅人相比，可能也有差异。木雅语东西部方言的差异，更待将来从词汇、语法等方面作进一步的深入比较。

文山州沙支系壮语与李方桂剥隘土话比较初探

——以广南八宝弄驴话为例

杨宇豪　原上青　范文嘉　苏　裴

摘要： 为了深入调查壮族坡芽歌书，清华大学师生自2007年以来多次利用寒暑假来到云南省文山壮族苗族自治州广南县、富宁县及相邻地区，进行壮族歌书和壮语的调查工作。这一带的壮语属壮语北部方言的桂边土语，是壮语沙支系。它恰好是75年前（1939年），“非汉语语言学之父”著名语言大师李方桂先生所调查的一种台语“剥隘土话”。坡芽村距离剥隘镇6公里。我们惊喜地看到，坡芽歌书所记录壮歌，在李方桂后来出版的《剥隘土话》中依然可以找到。唱响国家大剧院的《鸬鸪鸟》几乎未变传承至今。冥冥之中老清华校友为我们记下了同一语言的美妙壮歌。

2009年我们在毗邻富宁的广南县八宝镇弄驴村又发现更加丰富的歌书材料，陆续挖掘调查整理出的千余首歌书，多方面展示了当地生活。经多次深入调查，我们看到八宝壮族歌书与坡芽壮族歌书属于同一文化区域，同为壮语北部方言桂边土语的壮语沙支系，歌书内容、风格、艺术手法皆为同一类型。

本文根据我们在八宝镇弄驴村的语言调查，初步归纳出的壮语沙支系语音系统，尝试与李方桂先生《剥隘土语》所记录的剥隘土话进

行比较，考察75年间当地壮语的演变情况。（坡芽话与《剥隘土语》比较等见另文）

关键词：壮语沙支系；弄驴话；剥隘土话；李方桂；壮族歌书

为了深入调查壮族坡芽歌书，清华大学师生曾于2007、2009、2012、2013、2014年多次利用寒暑假来到云南省文山壮族苗族自治州富宁县及相邻地区，进行壮族歌书和壮语的调查工作。2009年在八宝镇弄驴村，发现了和坡芽歌书类似的壮族歌书。八宝镇弄驴村，位于文山州东北部，广南县东南部，距州府文山城200公里，广南县城83公里。东南富宁县，西邻南屏镇，北接板蚌、杨柳井乡。弄驴村距离八宝镇上有20公里的路程。全村有农户95户，有乡村人口454人。弄驴村是个典型的壮村，属于壮族沙支系。全村共有黄、陆、韦、黎、卢、王、梁、罗、农9大姓氏，其中黄姓为第一大姓。

我们在八宝镇弄驴村发现壮族歌书之后，在当地文化部门和壮族群众的帮助下。一边挖掘抢救歌书，一边对当地土话做了语言调查。

八宝弄驴村主要发音人黄汉锦，曾用名黄汉光，云南省文山市广南县八宝镇弄驴村村小组长。他1957年农历12月出生，属鸡，时年56岁，高中学历，农民。1995年曾外出打工2年，2009年外出打工1年。父辈、祖辈都是本地农民。会讲壮语、汉语，以及一点苗语和瑶语。汉语是在学校学的，苗语和瑶语是在和苗族、瑶族村民的接触中学会的。另一位发音人名叫王国富，时年57岁，1956年出生，属猴，祖辈和父辈都居住在弄驴村。祖辈、父辈都是本地农民，现任八宝镇驾驶员兼办公室秘书，会讲壮语、汉语。还有一位本村小学教师黄兆达协助核对工作。

我们的调查基于范俊军老师的《范俊军词汇集》，记录壮语词汇2094个，在此基础上，整理出《八宝镇弄驴村壮语语音系统》。

本文试将壮语北部方言沙支系八宝弄驴壮语和李方桂先生75年前该

地区的语言调查成果《剥隘土语》做对比，旨在描述八宝镇弄驴村语音系统，同时描述壮语的发展情况。

1939年，著名语言学大师，有“非汉语语言学之父”之称的清华校友李方桂先生，曾经到云南，在昆明市附近的一个小村庄，和来自富宁县剥隘镇的关登仕先生合作工作了两个月，从他那里收集到了三十八则故事和很多歌谣，以及壮语语料，并于1957年发表了《剥隘土话的音韵系统》（The Jui Dailect of Po-ai Phonology）。在李方桂先生记录的歌谣中，居然有和坡芽歌书一样的歌曲。我们非常庆幸前辈大师李方桂先生给我们记录了75年前的当地土话，以此为依据，我们可以考察壮语北部方言的历时状况。我们可以把陆续调查的北部壮语沙支系的坡芽话、八宝弄驴话进行历时和共时的比较考察。

2013年11月、2014年8月，清华大学师生再次来到剥隘，希望能够在75年前李方桂先生的语言调查成果上，再次了解剥隘话，以李方桂先生的调查结果为参照，探究70多年间剥隘镇壮语的语言变化情况。

八宝镇毗邻富宁，距剥隘镇80公里，之前水路可经剥隘码头，直达百色，都是滇桂交通干线上的经济重镇。都属于壮语北部方言沙支系地区。

剥隘镇的黄炳义（1963出生）、黄迎春（1962出生）为主要发音人。他们都出生在云南省富宁县剥隘镇，中学毕业后在剥隘镇生活，工作至今。他们都能够流利使用剥隘土语和普通话，会一些粤语。采用李方桂《剥隘土话》下册中的词表，对李方桂先生曾调查的剥隘镇的语言进行录音与核实。

经过对比发现，我们记录到的剥隘话，与李方桂75年前记录到的有明显的连贯性。

一、辅音

李方桂先生在描述剥隘土语的时候，通过对送气、汉语借词、复辅音、音渡（juncture）的分析，确定了音节的界限，暂时建立下面十六个辅音音位：

/p，m，f，w，t，n，ɬ，l，k，ŋ，j̈，ˀ，h，tʃ，ʃ，j/，整理列表如下：

发音方法＼发音部位			双唇	唇齿	舌尖中	舌叶	舌面前	舌根	喉门
塞音	清	不送气	p						ˀ
塞擦音	清	不送气				tʃ			
擦音	清			f	ɬ	ʃ			
	浊			v					
鼻音	浊							ŋ	
边音	浊								
半元音	浊			w		j̈			

李方桂先生归纳的剥隘土语辅音音位，除鼻音、半元音、擦音外没有浊音，而八宝镇弄驴村的声母系统中，双唇塞音、舌尖中塞音、齿间擦音均有清浊的对立。边擦音ɬ，在八宝镇弄驴村发音为齿间擦音 θ，并且有清浊对立（浊音ð可并入半元音r）。此外，在八宝镇弄驴村的语音系统中，还发现了舌根擦音[x]喉门擦音[h]的对立。（具体见下表）

关于声母送气的问题，李方桂先生调查的剥隘土语，大多数送气辅音都能被确定为汉语借词。在汉语和壮语的相互影响下，很多汉语送气的词汇到了壮语中，也失去了送气。这一点和八宝镇弄驴村的状况是一致的，如“平地”[naːm^{33}piːŋ^{53}]。绝大部分送气辅音都体现在汉语借词中，如“下棋”[ɕia^{21} tɕ^{h}i^{53}]。

八宝弄驴语音系统，叙述如下：

1. 单辅音22个。

发音部位 发音方法			双唇	唇齿	齿	舌尖中	（见下方注释）	舌面	舌根	喉门
塞音	清	不送气	p							ʔ
	浊		b							
塞擦音	清	不送气						tɕ		
		送气						（tɕ^h）		
擦音	清			f	θ					
	浊				ð					
鼻音	浊							ȵ	ŋ	
	浊									
颤音	浊									
半元音（近音）	浊			v(w)	r			j		

辅音中塞音和塞擦音倾向于用舌尖和舌面，或舌面和舌叶同时发音。

d，较接近[l]或[d:]

tɕ，舌面前部与龈后上部发声，与低元音相拼时近[tʃ]，相同的词李方桂记为č。tɕ^{h}在八宝方言中很边缘，多出现在汉语借词中。

ɕ，与低元音相拼时发音接近[ʃ]，与高元音相拼时发音接近[ɕ]，可合并为同一音位

k、ŋ发音较前

ʔ，既参与与元音相拼，也作为韵尾成促调

j，与元音/i/无对立，可作为辅音群的第二部分，参考李方桂《比较台语手册》，可视为元音

θ，李方桂记为ɬ音，在本地均发为θ，参考李方桂《剥隘土语》词表抽取核考。

w，李方桂《剥隘土语》中w、v为变体，v常出现在音节前，w在辅音后，且出现在辅音后的w与u无对立，故将w记为u。

对于发[θ]和[ð]音时，年纪稍大的人发音时舌尖较前，年轻人发[θ]音时容易将舌尖较后。

李方桂先生的辅音系统中并没有浊音，而浊音在八宝镇弄驴村的壮语中是实际存在的。如“太阳”[dɑŋ^{35}ŋun^{55}]、“羊”[bɛ^{21}]，能听出很明显的声带振动的声音。

例词：

单辅音	例词1	汉语	例词2	汉语
p	pan^{33}ʂam^{33}	下午	pi^{35}bɛ^{21}	属羊
b	bɛ^{21}	羊	bo^{53}	井
m	ma^{35}	狗	mu^{35}	猪
f	faːi^{53}	棉花	fən^{33}	柴火
v	vaːi^{33}	水牛	vəːŋ^{33}	硫磺
ð	ðam^{33}	水	ðut^{55}	淋
θ	θaːi^{33}	沙子	θei^{35}	螺
t	tam^{55}	湖	tiːŋ^{35}	黄瓜
d	dam^{33}	种植	taŋ^{55}ɕi^{33}	牛犊
n	naːm^{55}	地	noːn^{35}	虫
l	la^{21}naːm^{55}	地下	ləːn^{33}	月份
r	pa^{33}ro^{33}	外面	po^{33}rau^{33}	家乡
ʃ	mak^{53}ʃaːt^{55}	辣椒	ʃu^{21}pit^{53}	初八
ʒ	ʒaŋ^{35}	筛子	ʒau^{53}	爬
tɕ	tɕim^{35}	金	pjak^{55}tɕɛp^{53}	韭菜
ɕ	ɕiŋ^{35}ȵi^{33}θam^{35}	春天	ɕi^{33}lək^{33}	牛犊
ȵ	ȵap^{55}	爪子	ȵan^{33}	银
j	jat^{55}	滴	ji^{33}na^{33}	农药
k	ka^{35}ban^{21}	乡村	kuk^{55}tak^{33}	公虎
ŋ	ŋə^{55}	蛇	ŋon^{33}ləːn^{33}	昨天
h	hiŋ^{35}	姜	haːi^{21}	海

2. 复辅音。

在李方桂先生的音韵系统中，有pj，mj，nj，ɬj，lj，kj，$\mathrm{k^hj}$，tʃj，$\mathrm{tʃ^hj}$，ʃj，tw，nw，ɬw，lw，kw，$\mathrm{k^hw}$，ŋw，ˀw，hw，tʃw，$\mathrm{tʃ^hw}$，ʃw，jw，共计23个复辅音①。所有的复辅音都是由一个辅音加上一个w或者j构成的，如pj。

在弄驴村音韵系统中，我们均将[w]、[j]看做是[u]介音、[i]介音，不将其归入辅音部分。弄驴村音韵系统中没有复辅音。

二、元音

在李方桂先生的剥隘土话音韵系统中，元音音位共有9个。

/i　ï　u

e　ə　o

ɛ　a　ɔ/②

据李方桂先生描述，ï是一个半高且相当靠后的展唇元音，ɛ和ɔ的唇形不像发基本元音那样大。它们在开音节中总是长音，后接元音或者辅音时会有长短音之分③。

在八宝镇弄驴村的音韵系统中，共有单元音7个。

/i　ɯ　u

e　ə　o

ɛ　a　/

其中，相较于标准音，i的发音展唇没有那么明显，o较低。ə在开音节中实际音值接近ɤ。ɛ和e有比较明显的区分，元音为ɛ的词要更多一些。此

① 参见李方桂《剥隘土话的音韵系统》，刘静译，李锦芳、丁邦新校订，《侗台语论文集》，138页，2011

② 参见李方桂《剥隘土话的音韵系统》，刘静译，李锦芳、丁邦新校订，《侗台语论文集》，140页，2011

③ 同上。

外，同李方桂先生调查的剥隘土话音韵系统一样，在八宝镇弄驴村音韵系统中，高低元音有长短对立，中元音总是长的。开音节中的单元音总是长音，后接元音或者辅音时有长短元音之分。

例词：

单元音韵母	例词1	汉语	例词2	汉语
i	$la^{21}ti^{53}$	底下	$lai^{33}fi^{55}$	火星
ɛ	$ȵa^{53}kɛ^{35}$	丝瓜	$bɛ^{21}$	羊
e	$ʃe^{55}$	浸		
a	ma^{35}	狗	ha^{55}	午
ə	$ŋə^{33}$	蛇	$mak^{53}kə^{33}$	茄子
u	bu^{53}	葱	fu^{33}	浮
o	to^{53}	峰	lo^{33}	驴
ɯ	$ka^{35}hɯ^{35}$	街道	$ðat^{55}ðɯ^{33}$	木耳

关于复元音韵母问题，在八宝镇弄驴村音韵系统中，共发现复元音韵母51个，为：ai，aːi，au，aːu，ei，ən，əːn，eo，iu，ou，ua，ui，uːi，un，uːn，ak，aːk，am，aːm，ap，at，aːt，ɛk，ək，ik，ip，it，iːt，ok，op，ot，uk，ut，uːt，an，aːn，aŋ，aːŋ，əŋ，əːŋ，iŋ，iːŋ，im，in，om，oːm，on，oːn，oŋ，oːŋ，aɯ

其中，ai，au，ən，ui，un，ak，am，at，it，ut，an，aŋ，əŋ，iŋ，om，on，oŋ有长短元音之分，ai，au，ən，ui，un，ak，am，an，aŋ，əŋ，iŋ，on，oŋ的长短元音之分比较明显，例词也比较多，at，it，ut，om，长短元音的分别并不明显，例词也比较少，甚至不具有区别词义的作用，只是发音习惯上或者受声调的影响，韵母元音的长短有所分别。而在李方桂先生所归纳的剥隘土话音韵系统，这几个音都有明显的长短元音之分①，

① 同上。141-145页。

甚至im，ip，ik都存在长短元音对立的词汇。可见在几十年的时间流动中，一些复元音韵母的长短音区别正在消失或者已经消失。

例词：

韵母	例词1	汉语	例词2	汉语
ai	lai^{55}fi^{55}	火星	mai^{33}	树
aːi	vaːi^{33}	水牛	θaːi^{55}	沙子
au	hoːn^{33}lau^{33}	浓烟	po^{33}rau^{55}	家乡
aːu	tʂei^{53}haːu^{35}	蛋白	tʂoŋ^{53}tʂaːu^{35}	蜘蛛
ei	θei^{35}	螺	mei^{55}hat^{55}	早上
eo	meo^{35}	猫	vom^{55}veo^{33}	蝙蝠
iu	mak^{53}piu^{53}	芋头	ðok^{33}kiu^{53}	八哥
ou	fou^{55}	青苔	hou^{33}	粮食
ua	kua^{53}ɕiŋ^{35}	过节	ðok^{33}ʒua^{35}	喜鹊
ui	an^{33}ʃui^{35}	梨	nui^{35}tam^{53}	雪崩
uːi	luːi^{33}kok^{53}	角落	huːi^{35}	石灰
aɯ	kaɯ^{33}	亥	taɯ^{35}kei^{53}	鸡胗

以n、ŋ、m结尾：

韵母	例词1	汉语	例词2	汉语
an	an^{33}faːi^{35}	堤坝	fan^{53}faːn^{35}	播种
aːn	ŋan^{33}	银	pan^{33}ʃam^{33}	下午
un	bun^{53}pa^{214}	蝴蝶	pi^{35}kun^{53}	大前年
ən	fən^{33}	柴火	bən^{35}	毛
əːn	ləːn	月份	taŋ^{55}həːn^{33}	通宵
on	fəːŋ^{55}ŋon^{53}	半天	on	刺
oːn	noːn^{33}	虫	kən^{33}poːn^{53}	床上
in	bin^{33}	飞	hin^{35}	姜
am	ðam^{33}	水	tam^{55}	湖

续表

韵母	例词1	汉语	例词2	汉语
a:m	na:m^{55}	地	ha:m^{33}lə:n^{33}	昨晚
im	hou^{33}ʃim^{35}	黏米	tɕim^{35}	金
om	vom^{55}veo^{33}	蝙蝠	ðom^{33}lau^{33}	涌
o:m	pjak^{55}ho:m^{35}	香菜	hat^{55}tʂo:m^{53}	早晨
aŋ	naŋ^{35}mai^{33}	树皮	taŋ^{55}laɯ^{33}	到处
a:ŋ	ha:ŋ^{35}	钢	mu^{35}la:ŋ^{33}	公猪
əŋ	ðəŋ^{35}hou^{33}	稻穗	fəŋ^{33}kua^{33}	右边
ə:ŋ	hə:ŋ^{35}	麂子	nə:ŋ^{33}laŋ^{35}	末尾
iŋ	ɕiŋ^{35}ȵi^{33}θam^{35}	春天	tiŋ^{35}po^{35}	山脚
i:ŋ	na:m^{33}pi:ŋ^{53}	平地	fəŋ^{33}θi:ŋ^{33}	风车
oŋ	ðoŋ^{33}luk^{33}	产崽	kən^{33}ʃoŋ^{33}	桌上
o:ŋ	no:ŋ^{33}	锡	ha:i^{35}ko:ŋ^{35}	开工

以p、k、t结尾：

韵母	例词1	汉语	例词2	汉语
ak	mak^{53}pak^{33}	萝卜	fak^{33}ja:k^{53}	镐
a:k	kuk^{55}ta:k^{33}	公虎	ʒa:k^{55}	根
ək	kək^{53}na:m^{55}	沉淀物	lək^{33}tu^{53}	豆苗
ɛk	lə:n^{33}ʃɛk^{55}	七月	bən^{33}tɕɛk^{53}roŋ^{55}	黎明
ik	pu^{214}hik^{53}	客人	ðik^{53}	铝
ok	kok^{33}θə:n^{53}	干活	ŋon^{33}ʃok^{55}	明天
uk	ʃuk^{55}	蜡烛	ti^{33}kuk^{55}	老虎
ap	bən^{33}lap^{55}	天黑了	ðap^{33}ðap^{53}	蘑菇
ip	ðip^{55}	蹄子	ʃip^{33}it^{33}lap^{55}	冬天
op	bop^{55}	落	pop^{53}ðam^{33}	水泡
at	fat^{53}hou^{33}	今早	hat^{55}ȵi^{53}	打稻子
it	hou^{33}mit^{55}	麦子	pit^{55}pou^{55}	公鸭
i:t	li:t^{55}hou^{33}	减苗	mak^{53}i:t^{55}	葡萄
ut	sut^{55}	戌	fut^{55}	翅膀
ot	mai^{33}ðot^{55}	竹子	naŋ^{35}tot^{55}	牛颚

三、声调

李方桂先生的剥隘土话音韵系统中，共有6个声调：

① 升调，从半低到半高：24

② 高平调：55

③ 半高调：44

④ 中平调：33

⑤ 半低调，或低调：22

⑥ 降调，从中到低：31

八宝镇弄驴村的音韵系统中的声调和剥隘土话略有不同，共有5个声调，如下：

调形	调值	例词1	汉语	例词2	汉语
˨˩	22	$bɛ^{21}$	羊	$haːi^{21}$	海
˧˥	35	ma^{35}	狗	mu^{35}	猪
˥˧	53	$faːi^{53}$	棉花	to^{53}	峰
˥	55	tam^{55}	湖	fut^{55}	翅膀
˧	33	$ðam^{33}$	水	$fən^{33}$	柴火

其中，35调相当于剥隘土话中的升调24调，剥隘土话中的降调是低降调31，八宝镇弄驴村的降调是高降调53调。两地的主要调型区别不大，八宝镇弄驴村少了个半高调44调。此外，八宝镇弄驴村的声调系统中，35调的词汇单独出现或者在句子末尾出现时，音调会习惯性下降一点，常在词尾送气。

四、结语

通过将八宝镇弄驴村的文山州沙支系壮语与李方桂先生《剥隘土话》

所记录的剥隘土话进行比较，我们可以发现70余年间当地壮语的发展演变状况。辅音方面，八宝镇弄驴村壮语的辅音系统中有明显清浊对立现象，并且有舌根擦音和喉擦音的对立。和剥隘镇土语相同的是，八宝镇弄驴村的壮语没有辅音送气现象，但是受汉语的影响，汉语借词中出现了辅音送气现象。元音方面，和剥隘镇土语相同，出现在开音节中的元音普遍发长音，后接元音或者辅音韵尾的话，会有长短元音的对立现象。不同的是，70余年的发展变化中，复元音韵母的长短音区别正在减少，甚至有些已经消失。声调方面，两地语言的声调调型没有明显区别，在八宝镇弄驴村壮语的声调中44调已经很不确定，并且35调的字出现在词汇或者句子末尾时，音调会习惯性下降一点，使得语言更加抑扬顿挫。

参考文献

[1] 广西壮族自治区少数民族语言文字工作委员会研究室编：《壮语方言土语音系》，广西民族出版社，1994年。

[2] 李方桂：《剥隘土话的音韵系统》，刘静译，李锦芳、丁邦新校订，收《侗台语论文集》，清华大学出版社，2011年。

[3] 韦庆稳、覃国生 编著：《壮语简志|中国少数民族语言简志丛书》，民族出版社，1980年。

[4] 李方桂 著，龚煌城 编：《剥隘土语》（上、下册），清华大学出版社，2005年。

[5]《中国富宁壮族坡芽歌书》，黄凤显主编，民族出版社，2011年。

[6] 赵丽明：《“坡芽歌书”是什么文字？》，载《中华读书报》，2009年2月18日第4版。

[7] 赵丽明：《“坡芽歌书”的符号是文字吗？》，载《文史知识》，2009年第7期。

傣族传统文身对周边民族的影响调查

杨宇豪　赵丽明

摘要： 我们于2013年1月和2013年8月两次在云南省西双版纳州、临沧州、德宏州、普洱市地区对傣族、景颇族、傈僳族、德昂族、阿昌族、佤族、克木人、基诺人等族群的传统文身情况进行了调查。调查工作主要采取访谈和口述史的方式。经过调查，我们看到，傣族之外其他各族群内部几乎无文身的传统习俗，这些族群中近代文身者乃是受傣族传统文身的影响。这一现象反映了多民族混居地区民族间互相交融影响，强势民族影响周边民族的趋势。

关键词： 文身；傣族；西南；民族关系

一、寻找刻在人体上的文化记忆：文身

从传统的宗教符号到现代的“朋克”艺术，文身一直是承载文化记忆的重要元素。吴泽霖先生就曾评价传统文身是“刻在人体上的敦煌壁画”。目前残存的少数民族的传统文身，有着重要的文字学、符号学和人类学的意义。

近来直接关于文身的研究罕有报道，而关于西南地区少数民族文身的报告也几为空白。国外学者多从人类学角度分析文身的人类学与符号学意

义[①]。研究方向与本次调查最接近者，有Lars Krutak博士所做关于泰国小乘佛教徒文身的报告[②]。

然而，未见从民族间相互影响分析文身现象者，也未见有报道景颇、佤等族群之文身者，这些是本文要做的工作。

对于文身的原因，也有多种解释。在我们听到的文身者叙述中，就有为了美、丑（以自卫）、好奇、辟邪、区分异族、彰显男子气概等种种。这些解释往往因地而异，也有依族而别。每一地区不同族群对文身的原因常持有同一说法。傣族文身者却以地区不同、是否僧人而持不同理由。这些现象或可说明，文身的古老习俗在传承过程中渐渐丢失了本来意义，而现今的文身者受到邻人的影响则是其文身的重要动机。

我们于2013年1月和2013年8月两次在云南省三州一市（西双版纳州、临沧州、德宏州、普洱市）对西南地区傣族、景颇族、傈僳族、德昂族、阿昌族、佤族、克木人、基诺人等族群的传统文身情况进行了调查，调查工作主要采取访谈和口述史的方式。经过调查，我们看到，傣族之外其他各族群内部几乎无文身的传统习俗，这些族群中近代文身者乃是受傣族传统文身的影响。这一现象反映了多民族混居地区民族间互相交融影响，强势民族影响周边民族的趋势。

二、地区性强势文化：傣族传统文身

根据我国2000年全国人口普查的数据，我国的傣族主要聚居在西双版纳傣族自治州和德宏傣族景颇族自治州，以及普洱市、临沧州。这次调查，我们即在西双版纳州勐腊县，普洱市西盟县、孟连县、澜沧县，临沧

① 此类文献有很多，相近者如McCabe, Michael (2002). Tattoos of Indochina: Magic, Devotion, & Protection. Atglen, PA: Schiffer Publishing Co.

② 论文尚未发表，报道参见http://larskrutak.com/magical-tattoos-of-thailands-mahouts-elephant-trainers-of-ayuthaya-2/

州耿马县、沧源县，德宏州芒市、瑞丽市、陇川县、盈江县、梁河县各地进行。重点受访对象是六十岁以上老人，也包括长期生活在本民族聚居区者和了解情况的地方文化干部。

关于傣族的文身已有报告。清华大学师生在2009年曾经专门到西双版纳的景洪、勐腊、勐海的傣寨和布朗山寨子里进行过深入调查，并出版了《神奇的刺青——西双版纳文身调查》（学苑出版社 2011年）。本文则简要介绍近年来对西双版纳州、普洱市、德宏州、临沧州等地区的傣族及周边景颇、傈僳、佤其他民族文身调查情况和初步看法。

2.1　傣族有古老的文身传统。在本次调查所涉及区域的傣族均有文身习俗。但不同区域的傣族对其文身的解释却不尽相同。

傣族的文身内容主要为佛经和傣族生肖等，也有文“三圈”等几何图案者。佛经文身有巴利文及老、新傣文。有仅在小臂上文零星图案或佛经者，也有在躯干、手臂和大腿文满图案者。文身的情况随地区、僧俗存有差异。

2.2　我们与德宏州民宗局快永胜副局长进行了访谈。快永胜先生是傣族，高二时在右手上文了傣文“勇敢”和“敏捷”，初三时在左手上文了“男子汉”。快先生介绍，文身是傣族全民的传统，男性文身者多于女性。现在傣族村子里的年轻人也都还会找老人文身。文身的内容可以自己选择，文身师也会根据文身者的生日、性格等给予建议。文身一般在冬春进行，以防炎症。文身的工具是墨汁和龙舌兰的尖。

在我们问及文身的目的时，快先生介绍了一句傣族谚语：“手上有黑点的才是真男人，手上有花纹的才是真老虎。”快先生将文身理解为一种成人礼，他还说：“在农村，一文身就可以当大人用了。”

2.3　瑞丽傣族自称“水傣”与西双版纳的傣族“旱傣”不同。

2.3.1在德宏州瑞丽市菩提学校，我们与僧人召过师傅进行了访谈。召过师傅介绍说，傣族认为文身有超自然的力量，文身者能刀枪不入。

2.3.2在德宏州瑞丽市勐卯镇贺闷村，我们与向顺的舅爷爷进行了访谈。爷爷年事已高，不懂汉语，我们因此请向顺女士为我们做傣语翻译。老人家十七八岁的时候文的身，给文身的是村里的文身师傅。文身分两天进行，首日文背，次日文腿。文身的工具是针和墨汁。文身的内容是傣族的生肖，伴有装饰性花纹。老人说文身有区分异族的作用，而文身也是傣族男人的传统习俗。过去傣族男性都要文身，从双腿到上身。有谚语："青蛙都有花纹，为什么男人没有？"

2.3.3在瑞丽市等秀村弄岛镇畔弄组，我们和几位傣族同胞进行了访谈。村里的民宗干部曼喊先生是1963年生人，他提供了几种说法：1.文身在过去有区分汉族和傣族的作用，例如据说在抗战时期日军不抓傣族；2.文身和佛教没有太大关系，而与民族习惯有关；3.没有文身连青蛙都不如；4.没有文身别人会把你当女人；4.文身后刀枪不入。曼喊先生身上布谷鸟和"∴"样三点的文身，他分别解释为提醒不要忘记耕作和辟邪用。曼喊先生第一次文身是在小学三年级时，当时他十五六岁，第二次是在小学毕业时。当时社会还深受"文革"影响，因此曼喊先生是到缅甸进行的文身。

村干部喊帅依团先生是1960年生人，他多次在胸、背、双臂、右腿等多处文身，内容都是巴利文。喊帅依团先生说文在身上的巴利文是类咒语的句子，并无实义。他说村里1963年以前生的傣族基本都有文身，在当时文身很流行。

副村长岩翁先生提供了不同的说法，他更强调文身是男子气概的体现和战士勇气的展示。他说从前民族战争时期，文身者相当于"敢死队"冲锋陷阵，坊间有说用火炭烫不怕疼才能承受文身之痛。他相信文身有保护作用，文身的战士刀枪不入。他也说，文身是傣族的古老习俗，是民族的标志。

邻村弄木东村民小组的村长约喊依先生是1968年生人。据他说，文身与僧俗无关，奘房里的佛爷就不一定有文身。

2.3.4在盈江县弄璋镇南永村奘房，我们同众位僧人进行访谈。他们介绍，傣族文身历史久远，在战争时期文身有保护之功，在和平时期也有辟邪之效。文身本身是民族习俗，但文身的内容常为佛经或咒语，如果修持精进也有和文身一样的福报。

2.3.5在临沧州耿马县，我们与民宗局办公室主任南红江先生进行了访谈。南红江先生是傣族，生於1969年。南先生手臂上文有三个圆圈，是幼年和村里的小伙伴一起自己文的，没有文身师傅。他说“三圈”是傣族的传统文身图案，有辟邪的作用。村里人说，文身能在下水摸鱼的时候防水妖。

2.4　从以上这些口述访谈中可以得出，傣族有古老的文身习俗，而文身最初的原因已经失传。而不同地区的傣族对文身有不同的解释。解放后与“文革”时期的破除迷信等宣传和政策减少了传统文身的活动。随着我国现代化进程中的不断开放与更紧密的民族交融，传统文身的习俗已经有很大变化。虽然有这些变化，但还是可以看出直到二十世纪初，傣族人仍然广泛进行文身活动，这是傣族的这一习俗得以影响周边民族的一个必要条件。

其次，在本地，傣语曾是各民族交流时所使用的语言。这是傣族在本地影响力的事实证据。

另外，清政府对今普洱、临沧、德宏的区的民族政策以土司制为主，在这些地区都设有宣抚司。土司均为傣族。这也是傣族在本地对其他族群有很大影响力的必要条件。我们姑且将傣族称为本地的“强势民族”。

三、佤族的文身情况

在很多新闻图片和宣传材料中，都有佤族人蓄发、涂面的形象。这样，佤族传统中即可能有更加长久的装饰身体的习俗——文身。我们调查了我国佤族最聚居的区域，即普洱市西盟县、孟连县、澜沧县，临沧市沧源县、耿马县。调查后我们认为，佤族人中确有少数文身者，但数量零星，不能说既成风俗，也不排除受傣族影响之可能。佤族古代是否有文身习俗已不得而知。据我们调查的佤族人说，今天外人所见佤族之用颜料涂画面部并非传统习俗，却是为旅游宣传而作。

3.1　在普洱市西盟县，我们与两位佤族人岩倒先生和岩改先生进行了访谈。岩倒先生回忆父亲的手、臂上有文身，但不记得内容是什么；他认为父亲的文身是受傣族的影响。另外，两位都肯定佤族在从事敬神等活动时并不用颜料装饰面部。

3.2　西盟县民宗局书记李扎克先生在工作中收集过关于佤族的很多材料，包括佤语字典、佤族银器等。依所接触材料，他认为佤族受傣族影响很大。如银器的花纹有模仿傣族者及吸收傣语词汇等。

3.3　在西盟县中课乡翁布勒村（或“永不落”村），我们与多位佤族先生进行了访谈。其中尼桑先生是1954年生人，曾到多处采集有关佤族文化的材料。他认为佤族文身与傣族不同，但不排除受傣族影响的可能。在他的经历中，仅见过少数几个人文身。他回忆，1986年他在缅甸佤邦见过一人在胸前文虎，其人自称1942年生，文虎是因为认为家族在当地似虎一般。同年尼桑先生还在本县龙潭特区见到两人文身，一人背上文牛，其人自称1945年生，文牛是因屠牛的自豪感；另一人左前胸文雀，其人1946年生，文雀系崇拜之意（佤族创世传说中即有此雀）。另外，1982年尼桑先生还在西盟县力所乡见过一人小臂文鼠，其人约是50年生。尼桑先生回忆，中课乡本地从前无文身，后来才有。

3.4　在临沧州沧源县，我们与县民宗局办公室肖金兰主任进行了访谈。肖女士是佤族，她确定，在节庆时面部抹灰为旅游宣传之用，而佤族传统中仅仅用炭灰少量点在额前以辟邪，如晚间带幼儿出门时点一点，类似汉族在端午节时将雄黄酒点在额前的习俗。

3.5 在沧源县佤文化研究中心，我们与赵春美女士进行了访谈。赵春美女士是佤族，1981年生於沧源县岩帅新寨。岩帅新寨是佤族聚居区，与外界交流很少，至今仍交通不便。赵女士说，她确实见过佤族文身者，但非常少。2004年她在本县班老乡见过一名六七十岁的老者有文身，其文身在臂，原因不详。赵女士回忆，她没有听佤族老人说过佤族有文身的习俗。她认为，佤族若有文身者，当为个人行为而非民族传统。佤族若有文身者，可能是受了傣族的影响。赵女士也肯定了用炭灰点在额前辟邪的说法。

此外，赵春美女士说，佤族老人有用炭灰洗牙的习惯，她的父亲也有这样的习惯。是为洗牙而非漆齿。

3.6 在以上佤族聚居区域的调查使我们形成了如下看法，佤族之文身者为少数，不成习俗，即使从前有文身习俗，也应早已消失。又若佤族向来有文身习俗，即使现在人数减少，其当有广泛之分布，而我们了解到的情况并非这样。故近来佤族人如有文身者，除纹身以趋时者外，或为个人自发而为，或为受傣族之影响。

四、克木人的文身情况

克木人是生活在云南南部的一个族群，大约有几千人，现归入布朗族。

4.1 我们在西双版纳州勐腊县勐满镇曼暖远村，与克木人波风糯老人进行了访谈。老人1958年3月生于本地，本村是克木人聚居的村落。老人左手有蟒蛇形文身。老人说，文身是自己随意文的，没有刻意选择什么图案。波风糯先生的文身共分三次完成，中间相隔几天，文身的工具是两三枚针和墨汁或鱼胆汁。

波风糯先生的奶奶也有文身，奶奶现年89岁，自己回忆三岁时文的身。文的很少，现已看不清楚，奶奶说文身的内容是打谷用的棍子。

波风糯先生说，自己的长辈仅部分人有文身，文身不是本族的规矩，也没有固定的图案。老人说，如果没有文身，死后皮会被恶鬼用作鼓面。

4.2　在勐腊县曼蚌索村，我们与艾崩先生进行了访谈。曼蚌索村53户中，仅有三四户是招婿来的汉族，其余都是克木人，村子很老，八九十岁的老人都生于此。艾崩先生回忆其父亲从胸部到膝部都有文身，内容部分是傣文、部分是网纹；其母亲背部和小腿上皆有文身，背上有傣文也有花纹，小腿上文的是剪刀图案。艾崩先生的父母皆已去世，父母都是上世纪二十年的生人。艾崩先生也说，如果没有文身，死后皮会被剥去做鼓面。

4.3　在曼蚌索村，我们也与老人艾老先生进行了访谈。艾老先生从其胸处至腿都有文身。腿上文的是龙形，躯干部有傣文和花纹，所文傣文的意思老人也不懂。老人回忆，文身一共用了两天时间，工具是针、墨水和板蓝根制的染料；文身师傅是外面的傣族人，当时村里文身都是请傣族师傅；文身很疼，有流血红肿的情况，用草药镇痛疗伤。老人说，他文身时约十五六岁，当时还未成婚，与老人一起文身的有村里的一个小伙伴。艾老先生的孙女介绍，过去男人没有文身，女人会笑话。

4.5　曼暖远和曼蚌索是克木人聚居的典型村落，我们经过在此两村的调查认为，克木人之文身，应当主要为受了傣族影响的缘故。我们所了解到克木人文身的不同一般之处在于：1. 访谈中所说的剪刀图案在其他各族中都没有接触到，这可能是克木人接受了傣族文身后再发展的结果；2.克木人女性文身的比例要比其他族群中高；3.我们只在本地听到文身是为了死后皮不被用来蒙鼓面的说法。虽然有这些不同，但克木人的文身并没有固定范式，或自己随便文，或请傣族师傅文，而且木人中文身并非普遍，所以克木人有自己独特文身传统而非模仿傣族的可能很小。

五、其他族群的文身情况

本次调查涉及的其他族群，还有景颇族、德昂族、傈僳族、阿昌族、拉祜族等。

5.1 景颇族文身情况

我们在调查各地都与景颇族人进行了访谈。经过调查我们认为，景颇族没有文身的传统习俗，或有文身者，盖习傣人。

德宏州民宗局文教科长孙淑芹女士的儿子是景颇族，刚刚成年，他在左臂上纹有剑一柄。他说自己是跟着傣族朋友去纹的，在傣族寨子里。纹身后不被允许入伍，后来他又在背上纹了一只鹰。孙女士介绍景颇族并无文身传统，景颇族寨子里也没有文身师傅。

在德宏州芒市，我们与景颇协会的高日康、勒排干两位先生进行了访谈。两位老师均肯定，景颇族并无文身的传统。

我们与芒市勐看乡勐乡村惠蚌组的景颇族“董萨”先生夺石勒桥（1954年生人）进行了访谈。“董萨”是景颇语“先生”之意，为族中事神者。夺石勒桥先生也肯定，景颇族没有文身传统。

德宏州梁河县景颇协会会长何勒崩先生向我们说明，他很少见过景颇族人文身，或有文身者当受傣族影响。他见过的景颇族人文身者并不能证明景颇族有文身习俗。

盈江县太平镇龙盆一组的景颇族木如迈老人今年六十三岁。据他回忆，景颇族过去没有文身的风俗，也没见过长辈有文身者。

在临沧州耿马县贺派乡芒抗社区景颇新寨，我们与村长岳云飞先生，“董萨”周小四先生及多位村民进行了访谈，他们都肯定景颇族没有文身的传统。

在本次调查中，我们没有发现景颇族有文身传统的痕迹或线索，同时根据各地景颇族人的口述，族中并无文身传统。族人都认为，若是族中有文身者，也当为“学傣族”而文身。

5.2　德昂族文身情况

在德宏州芒市三台乡，我们与奘房的李腊旺佛爷（本族名“召果里洼”）进行了访谈。佛爷手臂上文有缅文的佛经。佛爷曾在缅甸修习，故文缅文。佛爷说，文佛经是自己喜欢，而左手上的图案是自己画着玩的。

同样在三台乡，我们与村民李腊拽老人进行了访谈，老人肯定，德昂组并无文身传统，若有文身者，应该是学傣族的。

5.3　傈僳族的文身情况

在德宏州盈江县，我们与县文体局前任局长，傈僳族老人曹大荣先生进行了访谈。老人肯定：“傈僳族没有文身，没有听说过。”

5.4　阿昌族文身情况

我们在陇川县与盈江县都作了关于阿昌族的调查，未发现有族人文身的情况。

其中，盈江县九保乡永和村的曹贤福老人生于1937年。据他回忆，长辈中并无文身者也没有文身的说法。

5.5　拉祜族文身情况

我们在普洱市孟连县和澜沧县寻访了关于拉祜族的线索，并未发现其有文身的线索。

在澜沧县，我们与县民宗局办公室高副主任与李正明先生进行了访谈，二位先生都为拉祜族，了解本族情况。据他们说明的情况，拉祜族偶有打耳洞者，但耳洞没有佤族大，没有听说本族有文身的习俗。

六、基诺族的文身情况

基诺族是中国56个民族中最后被认定的少数民族。他们集中生活在西双版纳州的基诺山上的基诺乡，相对封闭。有着独立的生活空间、独特的民风习俗。基诺族有着自己的社会组织、文化传统，但也无不受到强势的傣族文化影响。

我们先后到基诺山三次调查。在西双版纳州基诺山乡巴卡小镇与兹姆拉老人进行了访谈，老人已年过七旬。老人说，基诺族过去有文身者，解放后已不再文身，现在寨子里的文身者悉已去世。文身内容主要为花草，男性常文草，女性文花。女性文身是为了美观，男性既为美观也为彰显男子气概。文身师傅则常请傣族师傅。

基诺族的文身与我们调查其他族群的文身有所不同。他们文身的理由是这样更美，其文身的内容也为花草而非傣族文身中常见的经文、动物等。这样看来，基诺人确实可能有自己的传统文身，但就请傣族文身师的情况，傣族文身与基诺文身也并非全不相干，我们将有另文专门介绍。

结论与讨论

经过这两次调查，我们初步可以得出以下结论。

第一，傣族有广泛而久远的文身习俗，这一习俗中有宗教因素，但主要是民族习惯。傣族的文身习俗对周边各族群都有都有影响。周围族群中或有人模仿傣族而文身，或其文身习惯收到了傣族的影响。周边民族大多没有文身的传统习俗，或已遗失。唯有傣族还保持着这样的传统。

第二、文身的人类学阐释已佚，最初理由已经难以找到。但每一地区往往对文身有相同或相类的解释，这也表现了各地民族间交流和影响的情况

第三，文身与文字。傣族已有文字记事，而傣族的文身中也大量出现用文字表现的。有表现男子气概的“勇敢”、“敏捷”这样的词汇，也有佛经中的语句。纹文字者，其文字多为表示抽象概念的词汇，甚至有本

意已经不明的巴利文咒语。这样的文身常能直接表达文身的目的。文身也有简单符号者，如三点、“三圈”等，这样的文身则常常被认为有辟邪的作用。文习见事物者，文身常表达引申义。如文创世神话中的角色“小米雀”，文牛以示屠牛之众，文农具以提醒按时耕作。（这样的现象或体现了索绪尔所谓之“联想关系”）若文图案如生肖、植物、花纹等，则常只有审美的意义。

德昂语广卡话四音格词的结构形式及其特点

梁　婕

德昂族主要生活在我国云南省的西南部，是一个大分散、小聚居的民族。德昂语属南亚语系孟高棉语族佤德昂语支，无文字。

广卡话是德昂语汝买方言的一个土语，是瑞丽市勐休乡广卡村德昂族的语言。广卡村分布有德昂、汉、景颇、傣等民族，这里的德昂族一般都兼通另一民族的语言，其中以兼通傣语、汉语的居多。广卡话四音格词是其构词的一个特点，在语言的实际运用中，它的使用率也很高。本文以在广卡村的田野调查语音记录①为语料，试图从结构形式和构词特点入手，对广卡话的四音格词做一个初步的分析。

所谓四音格词，是指按照一定的语音和谐规律和构词规则搭配起来的四音节词，无语音和谐规律的四音节词，不在四音格词之列。

一、广卡话四音格词的语音和谐

广卡话四音格词的四音节性和语音和谐是区别于非四音格词的主要特征，即所有的四音格词都是四个音节的，音节之间都按语言和谐规则搭配而成。语音和谐包括音节重叠或音节之间的双声押韵。根据语音和谐中的

① 本文所分析整理的田野语音调查资料为中央民族大学少数民族语言文学系刘岩老师所提供，田野调查语音记录时间为1996年。

音节重叠与否，可将四音格词分为五类，每类的数量及比例如下：

音节类型	ABAC	AABB	ABAB	ABCC	ABCD
音节关系	1、3音节重叠	1、2音节3、4音节重叠	1、3音节2、4音节重叠	3、4音节重叠	音节之间不重叠
数量	60	19	14	5	2
百分比	60%	19%	14%	5%	2%

表中的字母顺序表示音节顺序，相同字母表示音节相同，不同字母表示音节不相同。例如：

ABAC：khɤ^{55}niu^{55} khɤ^{55}nie^{55}　皱皱巴巴

pu^{51}pap^{55} pu^{51}pep^{55}　不好不坏，一般般

AABB：ʥɛm^{55} ʥɛm^{55}ʥa^{412}ʥa^{412}　参差不齐

hok^{55}hok^{55}leh^{51}leh^{51}　上上下下的

ABAB：u^{55}sik^{55}u^{55}sik^{55}　一小片一小片的

pen^{55}thuːŋ^{55}pen^{55}thuːŋ^{55}　成段成段的

ABCC: ran^{55}vɒŋ^{51}khai^{51}khai^{51}　乌亮乌亮的

u^{55}tag^{51}tɕhi^{55}tɕhi^{51}　好好煮

ABCD: dɛh^{51}kam^{51}kɤ^{55}kɒh^{51}　挑拨离间

kam^{51}hau^{412}ka^{51}vi^{412}　摸来摸去，抓来抓去

以上可以看出广卡话四音格词的几个特点：

第一，广卡话的五类四音格词中，有四类具有形式不同的音节重叠，其中包括双声、叠韵两个最基本的音节关系，呈现出典型的联绵特征。

第二，五种类型中，ABAC型占绝对优势，可以说是广卡话四音格词的常规格式。其基本形式是第1与第3音节重叠，第2与第4音节互为双声、叠韵或谐韵，此类型占此次调查的60%。

本人对ABAC型四音格词的声调以及第2与第4音节的双声、押韵情况做了穷尽式分析，以便从中看出广卡话四音格词结构形式的影响因素和构

词规律。

广卡话共有三个声调：高平、全降、降升。在ABAC型四音格词中，这三种声调相互搭配，共出现了22种情况：其中数量最多的是55·55·55·55，共有15例，其次是55·412·55·51，为8例。在所有60例ABAC型四音格词中，第2、4音节既双声又谐韵的最为典型，有22个。例如：

kɤ55pliʔ55 kɤ55plaʔ55　翻来翻去

i55dɛʔ55i55diay412　长幼大小

在剩下的38例ABAC型四音格词中，有将近1/3的词虽然第2、4音节声母不同，不构成双声，但音节但韵母则按舌位前高后低进行音节搭配，构成谐韵。例如：

i55doŋ51i55buɒt55　长的短的

i55im412i55ʑɒm51　活的死的

第三，处于第二位的是AABB型，共有19例。其基本形式是第1、2音节重叠、第3、4音节重叠，其中绝大部分具有偶数音节的和谐关系。在这19例四音格词中，有14例的第2、4音节是双声押韵或无双声、但押韵。例如：

ʥɛm55 ʥɛm55ʥa412ʥa412　参差不齐

tshup55tshup55tshap55tshap55　交头接耳

li55li55la55la55　随随便便

viŋ55viŋ55vɜŋ55vɜŋ55　破破烂烂的东西

总之，语音和谐是广卡话四音格词的主要特征，也是广卡话四音格词构词的重要影响因素。

二、广卡话四音格词的声调模式分析

上文中已经提到，广卡话共有三个声调：高平、全降、降升。这三个声调出现的条件各不相同：高平调出现在促声韵和舒声韵上，全降调则出现在舒声韵和—h韵尾上，降升调只能出现在舒声韵上。在广卡话四音格词中，三个声调相互搭配构成多种声调模式，并且尽管音节模式一样，但声调却可以不同。例如：

ʑiem^{55}hau^{412} ʑiem^{55}vi^{51}　偷偷摸摸

tɤ^{51}klɔk^{55}tɤ^{55}klɒk^{55}　凹凸不平

从表面上看，广卡话四音格词的声调是音节重叠构型的附属物，但仍不乏有独立于音节之外的纯声调重叠，这在一定程度上也反应出声调的自主性。尽管如此，大部分声调与音节整体和声韵的重叠模式还是有相对的一致性。例如：

ʑɔi^{55}ʑɔi^{55}ʑɛm^{51}ʑɛm^{51}　零碎的

lɤ^{55}khɔ^{55}lɤ^{55}tsɔk^{55}　农活工具类

thɤ^{55}veŋ^{55} thɤ^{55}vaŋ^{55}　东倒西歪

此外，在实际的语言运用中，广卡话四音格词还存在变调模式。在100例四音格词语料中，共有16例语料存在变调。广卡话的三个声调均有变调为“31”的例子。例如：

u^{55}sɛn^{55}u^{55}sɛn^{55}　变为　u^{31}sɛn^{55}u^{31}sɛn^{55}　一道一道的

pu^{55}im^{412}pu^{55}siːn^{51}　变为　pu^{55}im^{31}pu^{55}siːn^{51}　半生不熟的

ran^{55}vɒŋ^{51}ran^{55}vɒŋ^{51}　变为　ran^{55}vɒŋ^{51}ran^{55}vɒŋ^{31}　乌亮乌亮的

这其中，以第四音节的声调变为“31”的词汇最多，共有10例。这种声调的动态模式可能与节律的要求以及语流音变有关。

三、广卡话四音格词的意义关系模式

广卡话四音格词从构造上讲有的是单纯词，有的是合成词，因此广卡话四音格词从意义上讲就形成以下几种情况：

（一）四个音节都没有意义：

tshup^{55}tshup^{55}tshap^{55}tshap^{55} 交头接耳

pu^{55}pap^{55}pu^{55}pip^{55} 人说话快的样子

li^{55}li^{55}la^{55}la^{55} 随随便便

ku^{51}kɒk^{55}ku^{55}kik^{55} （路）坑坑洼洼的不平

ŋok^{55}ŋok^{55}ŋak^{55}ŋak^{55} 树弯弯曲曲、枝杈不多

tɤ^{55}ŋoŋ^{55}tɤ^{55}ŋɜŋ^{55} 人又高又瘦没有精神

可以看出，这其中有一部分是拟声词，另外大多是状态词。

（二）四个音节都有意义：

此种模式包括词义相同的双音节词并列式（①）；词义相反的双音节词并列式（②、③、⑥）；词义相关的双音节词并列式（④）；词义相关的叠音词并列式（⑤）等模式：

①pen^{55}thuːŋ^{55}pen^{55}thuːŋ^{55} 成段成段的

成段　成段

②pom^{51}ta^{51}pom^{51}kok^{55} 冷饭热饭

饭　烫　饭　冷

③i^{55}doŋ^{51}i^{55}buɒt^{55} 长的短的

的　长　的　短

④sɜŋ^{55}lui^{51}sɜŋ^{55}tɒn^{412} 黄金白金

珠宝　白　珠宝　黄

⑤khu^{412}khu^{412}klai^{412}klai^{412} 风雨

风　风　雨　雨

⑥khɤ⁵⁵khɛn⁴¹²khɤ⁵⁵ɣɒi⁵¹　屋里屋外

面　里　面　外

（三）两个音节有意义，两个音节没有意义：

thɤ⁵⁵veŋ⁵⁵thɤ⁵⁵vaŋ⁵⁵　东倒西歪

歪　　无义

kɤ⁵⁵van⁵⁵kɤ⁵⁵vin⁵⁵　翻来翻去

翻　　配音

kɤ⁵⁵kɜn⁴¹²kɤ⁵⁵kin⁴¹²　慌

慌　　无义

lu⁵⁵lɒ⁵⁵lu⁵⁵li⁵⁵　不利索、又健忘

邋遢　　无义

tɔn⁵⁵di⁵⁵tɔn⁵⁵dɛn⁵⁵　到处

每　处　无义

综上所述，从本文的各条实例分析可以看出广卡话的四音格词还是十分丰富的，其结构形式和构词方法还是比较有规律的，语音和谐与并列式的语法结构是广卡话四音格词的主要特征。

参考文献：

[1] 戴庆厦，刘岩：中国德昂语广卡话声调分析，载《语言研究》，1997年第1期。

[2] 荣晶：藏缅语族的四音格形式，载《云南民族大学学报》（哲学社会科学版），2003年第4期。

撒拉族青少年语言教育的现状、问题及对策分析

——以青海化隆县甘都镇撒拉族语言调查为例

曹 波

摘要： 青少年是语言教育的主体，近些年来随着教育状况的改进，撒拉族青少年的语言教育状况也在不断进步，但是依然存在不少问题。通过对撒拉族地区的实地考察发现撒拉族地区青少年的语言教育现状表现为：汉语教育取得长足进展；母语教育依旧保持强盛的生命力；双语教育比较匮乏；传统的寺院教育逐渐没落乃至消失等几个方面。这种语言教育现状给撒拉族带来如下几个问题：汉语教育与母语教育的竞争日趋激烈，潜在地影响着语言的和谐；母语教育与母语能力之间逐步失衡，威胁着撒拉族的母语保持；双语教育的滞后导致撒拉族青少年语言态度开始向汉语转向。面对这些问题，笔者认为汉语教育是当下社会发展和民族进步的需求，应当稳步推进；在开展汉语教育的同时，应当逐渐加大双语教育的力度，提升双语教育的空间，以增强母语的功能和竞争力；媒体是语言传播和保持的途径之一，传播媒体应当在一定程度上向撒拉语倾斜。以上三种对策利用客观条件解决语言教育带来的问题，但是笔者认为最重要的是提升青少年的母语意识，提升他们的主观能动性，这是解决问题

的根本着眼点。

关键词：语言教育；汉语教育；母语教育；双语教育；语言保持

语言教育泛指任何语言的教导行为与学习行为。其内容涵盖文字形态、语音、语汇、语法、听解、会话、阅读与写作等。语言教育是评价一个国家、地区和民族进步的重要标志，它对于一个国家的发展、地区的稳定和民族的进步有着至关重要的意义。语言教育对社会发展具有双向作用，即语言教育符合社会发展的需要，那么它对社会就有推动作用，反之亦然。撒拉族是我国人口较少的民族之一，由于没有文字，撒拉族的交际和文化传承主要依靠语言。因此，语言教育对于撒拉族而言意义深刻。青少年是教育的主体，而语言教育又是各项教育内容中的一个重要方面，因此，本文以青海省化隆县甘都镇撒拉族的语言调查数据为依据，着重探讨撒拉族青少年语言教育的现状、问题及对策。

青海省化隆县，全称化隆回族自治县，是继循化县之后的又一撒拉族主要聚居区，其中甘都镇撒拉族人口较为密集。甘都镇位于化隆县境南部，距县府驻地29千米。人口1.9万，以回族为主，占总人口的47%，撒拉族占33%。面积164.9平方千米，辖列卜加、拉木、朱乎隆、官巴、上四合省、下四合省、桥头、牙路乎、苏合加、西滩、阿河滩、甘都街、唐寺岗、工什加、牙目、阿化、水车、东风、东滩一、东滩二、东淮三、东滩四、东滩五、东滩六、东滩七25个村委会。民国时设甘都镇，1950年属牙路乎乡、拉木乡，1956年将牙路乎、拉木等乡并为甘都乡，1958年成立甘都公社，1984年设甘都镇。

我们这次调查主要以唐寺岗、朱乎隆、上四合省等几个撒拉族聚居村落以及化隆二中为调查点。其中在朱乎隆村调查61人，在上四合省村调查63人，在唐寺岗村以及化隆二中调查249人，总计373人。为了更好的分析撒拉族青少年的语言教育现状问题，我们在数据分析的时候将青少年的样本从总体样本中剥离出来。青少年样本主要集中在中小学生当中，其中化隆二中101名学生，上四合省村小23名学生，朱乎隆村小19名学生，共计143个样本。

以下是对撒拉族青少年语言教育现状、问题及其对策的具体分析。

一、撒拉族青少年语言教育的现状

撒拉族教育一直处于落后状态，这是有关组织及单位进行多次实地调查之后得出的确切答案。撒拉族教育存在"'一难'、'二低'、'三缺'的情况。所谓'一难'，是指学生入学巩固率难以保证；所谓'二低'，是指学生考试及格率和毕业率低；所谓'三缺'，则是指缺校舍，缺教师，缺课桌凳和仪器设备。"①在历史上，撒拉族曾有过无教育可言的历史。新中国建立以后，国家大力发展民族教育，使得撒拉族教育取得了巨大的进展。语言教育作为教育的一个方面，也有了长足的进步。主要体现为以下几个方面：

1．汉语教育取得长足进展

在学校教育的大力推进下，撒拉族青少年在汉语教育方面取得飞速发展。由于学校实行普通话授课，学生们有了较为充足的汉语学习空间，使得他们的汉语水平有了很好的进步。我们在调查的时候，有些老师反映，撒拉族的孩子在汉语水平上一点也不输于汉族同龄学生。老师还拿出他们的作文本给我们展示，从文章水平上可以明显看出一些撒拉族学生的汉语水平已经超出班级上的汉族同学。汉语是我国的主体民族语言，普通话是我国的国家通用语，只有学好汉语，将来才更容易获取社会信息，才有利于学生的未来发展。另外，家长的语言态度也在很大程度上影响着孩子的

① 赴循化县民族教育调查组：循化撒拉族民族教育调查，载《青海民族研究（社会科学版）》，1990年3期。

语言学习。从表一中可以看出，在朱乎隆村、唐寺岗村、上四合省村这三个调查点中家长认为汉语对孩子今后发展最为重要的比例分别是85%、82%、78%。这说明撒拉族家长是十分重视孩子的汉语教育的，这必然会直接或间接地刺激孩子的汉语学习，从而造成撒拉族青少年在语言态度上对汉语更加重视。因此，在这种学习氛围中汉语教育取得飞速发展应是理所当然的结果。

表1：甘都镇撒拉族家长对孩子语言重要性的判断

哪种语言对孩子发展更重要	朱乎隆村		唐寺岗村		上四合省村	
	人数	比例	人数	比例	人数	比例
撒拉语	5	13%	24	16%	4	10%
汉语	34	85%	122	82%	32	78%
阿拉伯语	1	2%	0	0%	0	0%
藏语	0	0%	2	1%	0	0%

2. 母语教育①依旧保持强盛的生命力

在汉语教育强势来袭的情况下，母语教育必然会让出一定的地盘给汉语教育。尽管如此，母语教育依然保持着强大的生命力。我们调查是否会民族语时（见表2），除去没有回答问题的人数，有98.%的人承认自己会民族语，仅有2%的认为自己不会民族语。考虑他们的母语感情在内，这个比例有些偏高，但是从实地调查的情况来看，比例还是符合客观实际的。在调查青少年何时学会母语时（见表3），数据显示：88%的被调查者是从小就会的，上小学以后学会母语的人数占比10%，有2%的人是上中学以后学会的。

① 由于撒拉族地区的学校没有开设撒拉语课程，因此基于研究的需要，文中的母语教育指的是广义上语言教育下的母语教育，而不是狭义的学校语言教育。

表2：撒拉族青少年是否会民族语情况

是否会本民族语	人数	比例
会	141	98%
不会	2	2%

表3：撒拉族青少年何时学会民族语情况

何时学会民族语	人数	比例
从小就会	126	88%
上小学以后	13	10%
上中学以后	2	2%

以上数据说明，撒拉族青少年从小就开始接受母语教育，因此母语水平较高。这也说明了，撒拉族母语依然强势。撒拉族母语教育有自己固有的领地，这就是家庭场合和社区（或者是村落）场合。从总体上看，甘都镇青少年语言教育存在明显的两个势力范围，即学校场合属于汉语教育，这是在国家语言政策的支持下，汉语所取得的固有领地。而在家庭场合，母语教育依然势力强大。汉语教育和母语教育所能争夺的领地在于社区（或村落）场合。以前，社区（或村落）场合是母语教育的私有领地，但是近些年来，随着汉语影响力的增强，社区（或村落）场合也开始成为汉语学习和汉语交际的场所。汉语教育开始在社区（或村落）场合与母语教育争夺领地。依据我们的调查来看，目前甘都镇撒拉族聚居的社区（或村落）依然以撒拉语交际为主，汉语则用于跨族交际情境中。再者，撒拉族学生的母语感情十分深厚，这也是母语教育能够得以继续下去的重要原因。如下图所示：42%的学生认为自己使用母语的原因是因为母语感情深，28%的人是为了母语保持。

不过，我们若是考虑年龄差异的话，就会发现青少年之间在社区（或村落）场合开始越来越多地使用汉语。这就意味着未来的趋势是有利于汉语教育，而不利于撒拉语母语教育的。

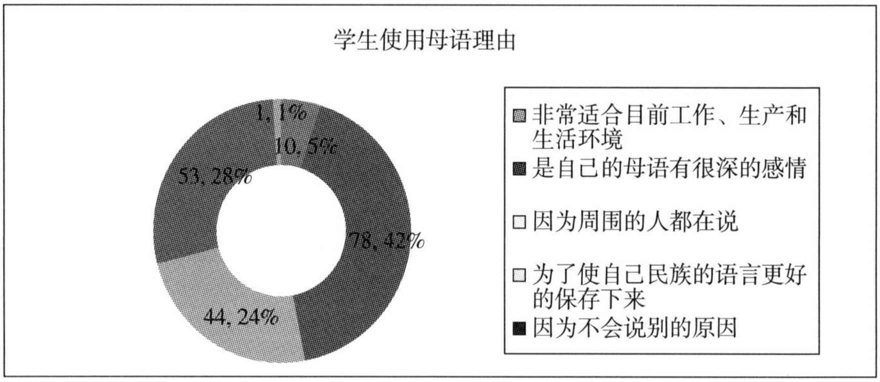

图1：撒拉族学生使用母语的理由

3. 双语教育比较匮乏

我国目前情况下较为赞同在少数民族地区实施双语教育，这一般指的是汉语-母语双语教育。双语教育在我国的实行是符合我国社会发展的总趋势的。双语教育一方面可以保证少数民族的母语学习和使用的自由，以保证少数民族的语言权利。另一方面，又可以在最大程度上保证少数民族群众的教育权利，以大大提高少数民族的总体教育水平，改变少数民族教育落后的状况，使得少数民族更加适应社会的发展。但是从总体上看，我国的双语教育水平还处于较为低下的阶段，撒拉族的双语教育水平也不例外。通过实地调查发现，撒拉族地区的学校以普通话的授课方式为主，很少涉及撒拉语，学校并未开设相关的撒拉语课程供学生学习。这说明撒拉族地区的双语教育十分匮乏，这在一定程度上影响了撒拉族地区青少年的双语水平。较为明显的是撒拉族地区除撒拉族之外的其他民族青少年如汉族、回族、藏族等会使用撒拉语的人数不是很多，这就会隐性地影响撒拉语的保持。在将来，我们应当大力推进双语教育，以改变这种局面。

4. 传统的寺院教育逐渐没落乃至消失对撒拉族青少年的语言教育产生了一定的影响

寺院教育并不是一种特殊现象，这在我国许多民族中都曾出现过。

像我国的蒙古族、藏族等就有比较完整的寺院教育制度和较为丰富的寺院教育资源，他们的寺院教育历史也比较悠久，这在某种程度上体现了我国寺院教育的发达。撒拉族全民信奉伊斯兰教，寺院教育（或称为经院教育）也比较完善和发达。这种经院教育对过去的撒拉族青少年的教育和语言习得有过重要的影响。由于《古兰经》是用阿拉伯语书写的，因此入经院学习的人，必须学会阿拉伯语。哲学家伊本·西纳曾说过“儿童学完《古兰经》并奠定阿拉伯文基础后，他们所受的教育应该集中于将来的职业。”[①]这说明经院学习对青少年语言学习的影响。“受教育者为掌握认知文化，提高智力水平而学的内容有：语言、文学、哲学、逻辑、历史、地理、政治、经济、物理、化学、算术、几何、代数、天文、医学、植物学、动物学……”从这段话中我们也可以看到语言教育也是经院教育一项重要内容。[②]但是1949年之后，我国各民族在政治、经济、文教方面经历了一场巨大的变革，撒拉族也不例外。由于国家实行宗教信仰自由政策。宗教信仰成为公民个人的私事，规定宗教与教育相分离、宗教不得干预教育，不准18岁以下的少年儿童入寺学习，因此经院教育开始衰落乃至消失。与此同时，国家采取一系列的积极措施和优惠政策，努力发展包括撒拉族在内的各少数民族教育。我们在调查中和一位老阿訇进行了深度访谈，他告诉我们在他们年轻的时候入经院学习的学徒还是很多的，因此有很多人能熟练掌握阿拉伯语和阿拉伯文。现在的孩子很少有人经院学习的了，家长都是送进学校接受汉语文教育，在撒拉族青少年中能熟练使用阿拉伯语和阿拉伯文的人越来越少了。仅有的阿拉伯语文知识也都是在诵读经书的时候习得的。老阿訇的话反映了经院教育的没落与语言教育之间的关系，以及对语言教育产生的后果。

① 马明良：伊斯兰教与撒拉族教育，载《西北民族学院学报(哲学社会科学版》，1995年1期。

② 同上。

二、撒拉族青少年语言教育存在的问题

任何现象背后都有一定的根源并且存在特有的问题。在撒拉族青少年语言教育现状的背后也存在一定的问题，我们在仔细分析之后发现撒拉语母语教育和汉语教育的竞争日趋激烈，撒拉族青少年母语教育和母语功能之间出现失衡的现象。另外双语教育的滞后，导致撒拉族青少年将语言学习的目光集中在汉语之上，这不利于撒拉语的保持。

1. 汉语教育与母语教育的竞争日趋激烈，潜在地影响着语言的和谐

民族接触会导致语言接触，而语言接触则会使得相接触的语言之间在语言功能上出现交叉和碰撞。这种交叉和碰撞又会导致语言之间产生竞争，并且互相争夺语言资源。不同的事物之间是矛盾统一的关系，汉语和撒拉语长期并存于一个统一的社会之中，出现了许多不可调和的矛盾，这是导致语言竞争的根本原因。其中一个表现方面就是汉语教育和撒拉语教育的竞争。任何竞争都是矛盾的碰撞，都是不和谐的现象。由于汉语教育在撒拉族地区的影响力越来越大，那么就会向母语教育的领地发起进攻并抢夺地盘，而母语教育为了保证更多的生存空间，也会全力以赴固守自己领地。因此汉语教育和母语教育的竞争日趋激烈，这种竞争给撒拉族地区的语言和谐带来了潜在威胁。

2. 母语教育与母语能力之间逐步失衡，威胁着撒拉族的母语保持

撒拉族的母语教育主要集中在家庭场合。我们的调查数据显示，唐寺岗村165名被试者中有139人认为在家庭内部必须使用本族语才能保持自己的民族语言，比例高达84%。上四合省村41名被试者有32人认为在家庭内部必须使用本族语才能保持自己的民族语言，占比78%。朱乎隆村的比例更高，43名被试者只有一人选择了其他选项，比例达到98%，而在实际生活中他们也是这样做的。尽管如此，撒拉族青少年的母语能力和母语教育

之间并不成正比，许多撒拉族青少年母语能力正在萎缩。我们对撒拉族青少年进行词汇测试发现，他们的母语能力并不理想。在基本词汇测试中发现，青少年母语熟练程度级别较低，多数青少年只能用母语数一到十之内的数字，能用母语数到一百的青少年人数较少。这说明撒拉族青少年虽然从小接受母语教育，同时在家庭中使用母语，但是他们的母语能力并不理想。这就出现了母语教育与母语能力失衡的现象，究其原因是由于受到了汉语以及藏语的影响。化隆一带的撒拉族长期在汉族和藏族的包围中生存，为了适应交际的需要，他们的母语中借入了许多汉语和藏语词汇，加之青少年从小就开始接受汉语教育，在语言经济原则的制约下，他们开始使用撒-藏-汉结合的混合型语言。因此导致了母语能力在 某种程度上的降低。

3. 双语教育的滞后导致撒拉族青少年语言态度开始向汉语转向

双语教育是汉语教育和母语教育相结合的一种教育方式，这既可以使少数民族青少年在进行汉语教育的同时，也能在一定程度上保留母语教育的空间。我国在语言政策上提倡在少数民族地区施行汉语和少数民族母语相结合的双语教育，但是在实际生活中由于受到各种主客观条件的干扰，双语教育实行力度不大，仍然十分滞后。撒拉族地区的双语教育状况也不容乐观。我们在调查中发现学校主要采用汉语授课，学校的课程安排上也没有撒拉语的课程。这种语言教育状况就会促使学生单方面依赖汉语，加之我国社会上语言使用的大环境以汉语为主，汉语的功能较之少数民族母语的功能强大的多。所以撒拉族青少年的语言态度开始由重视母语向重视汉语转向，这种情况不利于母语的保持。

三、撒拉族青少年语言教育的对策

面对撒拉族青少年在语言教育方面出现的问题，我们立足于撒拉族地区的实际，制订了相应的对策。

1、汉语教育是当下社会发展和民族进步的需求，应当稳步推进

我国当下的语言大环境以汉语交际为主。汉语是我国的主体民族汉族的使用语言，同时也是我国各民族之间的族际通用语。在我国，汉语承载的信息资源最多，因此实施汉语教育是当下社会发展的大环境的需要。在少数民族实行汉语教育是我国语言国策的一项具体内容，不仅利于国家的发展，也利于少数民族群众的进步。撒拉族地区的教育落后问题一直都很明显，实行汉语教育曾大大提高了撒拉族青少年的教育水平，也就从总体上提升了撒拉族群众的文化水平，这对撒拉族群众有着积极的意义。因此，对于撒拉族青少年而言，将来还应积极稳步推进汉语教育。

2、应当大力开展双语教育，逐步提升双语教育的空间，以增强母语的功能和竞争力

开展汉语教育虽然在很大程度上解决了少数民族地区教育落后的问题，但是却在一定程度上增加了少数民族群众母语教育的压力，这是汉语教育给少数民族群众带来的负面影响。解决这一问题的最好办法就是在少数民族地区实行双语教育。双语教育既兼顾了汉语教育同时又兼顾了母语教育。双语教育可以让少数民族青少年掌握更多的语言知识和语言思维方式，同时保证了少数民族母语的传承和保持。撒拉族地区的青少年尚未接受正式的双语教育，这是一个亟待解决的问题。在将来撒拉族地区应当大力开展双语教育，逐步提升双语教育的空间，以增强母语的功能和竞争力。

3、传播媒体应当在一定程度上向撒拉语倾斜

一种语言所占据传播媒体资源的多少，是衡量这种语言功能是否强大的一个标志。所占据的媒体资源广阔说明这种语言的功能强大，反之则说明某种语言的功能较弱。我们在撒拉族地区调研时发现，这里没有

撒拉语播音频道，也没有传统的纸媒。这在一定程度上限制了撒拉语的传播，也禁锢了撒拉语的保持能力。青少年所接触到媒体多为汉语，有很少一部分人能看懂藏语电视节目。为了增强撒拉语的竞争力，我们应当促进传播媒体在一定程度上向撒拉语倾斜，让青少年能接触到更多的撒拉语传播媒体，这对他们的语言教育十分重要。我们还可以发挥青少年的主观能动性，让撒拉族青少年成为撒拉语媒体的参与人，这可以在很大程度上提升他们的激情，以改变目前撒拉族青少年语言教育中存在的不利方面。

4、最重要的是提升青少年的母语意识，这是解决问题的根本着眼点

民族感情和民族意识对少数民族的语言态度有着重要的影响，这关系到少数民族母语保持的问题。尤其是青少年是母语传承和保持的关键力量，因此保证少数民族青少年有足够的母语意识意义重大。我们在一些少数民族地区调查时发现，有些少数民族母语意识正在衰退，典型地表现为不关心自己的母语，认为母语对自己的发展没什么作用，甚至有些青少年认为学习母语是一种累赘，因此不想学习母语。在甘都镇撒拉族村落调研时并未发现这种现象。调查统计数据显示：143名学生样本中，有78名撒拉族学生认为自己对母语有很深的感情，占比42%，有53人认为自己使用母语是为了使自己民族的语言更好的保存下来，占比28%，这两项都表明撒拉族学生对自己母语的认同和热爱。两项比例合计为70%，占到调查人数的绝大多数。还有一部分学生认为撒拉语非常适合目前工作、生产和生活环境，选择这项答案的有10人，占比5%。另有一部分学生回答自己使用母语是因为周围的人都在说撒拉语，这部分人数有44人，占比24%。这说明撒拉族青少年的母语意识较强。母语意识是母语保持的关键因素之一，提升青少年的母语意识是解决目前汉语教育强势状况下带来的问题的根本着眼点，我们应当给予足够的重视。

参考文献

[1] 丁石庆主编：莫旗达斡尔族语言使用现状与发展趋势，商务印书馆，2009年6月。

[2] 赴循化县民族教育调查组：循化撒拉族民族教育调查，载《青海民族研究（社会科学版）》，1990年3期。

[3] 韩建业：撒拉族教育之我见，载《青海民族研究（社会科学版）》，1992年2期。

[4] 马明良:伊斯兰教与撒拉族教育，载《西北民族学院学报（哲学社会科学版）》，1995年1期。

[5] 张小华：撒拉族英语教育现状调查及对策分析，载《青海民族大学学报（社会科学版）》，2010年2期。

网络流行语“蓝精灵体”的语用综观考察

余银霞

摘要： 本文希望通过借助前人的研究理论与成果，结合网络流行语实际，从认知的、社会的和文化的全面视角考察网络流行语的选择与理解，即运用语用综观的视角来系统研究网络流行语，以期为日后网络流行语的语用学研究作出一点贡献。

关键词： 网络流行语；蓝精灵体；语用综观论；顺应论

一、引言

（一）概述

从语言学角度来看，目前的研究大多认为网络流行语具有时代性、新奇性、流行性、简洁性、娱乐性、可模仿性、不规范性等特征。也有研究者认为流行性和与实践紧密相关是网络流行语的两大显著特征。网络流行语是一种备受关注的社会现象的同时，自身也具备丰富的修辞特点和语用特征，是一类意义蕴含丰富的语汇，因此运用语用综观视角研究网络流行语具有很强的现实意义和价值。

网络流行语在我国的产生和发展已经十多年，而随着互联网的飞速发展，网络流行语的内涵和外延都在不断的扩大和延伸。现有的研究成果已不能完全解释网络流行语中出现的种种新现象。本文试图运用语用综观理论从共时角度考察网络网络流行语的同时，同样运用综观论观照近十年来网络流行语的发展变化，梳理其演变轨迹，从不同层次来揭示促成网络流行语发展变化的各种因素。

（二）研究现状

鞠其琪的《语用学视角下的网络流行语分析》（2012年山东师范大学的硕士毕业论文）主要从语用学角度对网络流行语进行动态分析，考察哪些网络流行语遵循传统的语用学原则，哪些又违背了这些原则。与此相同研究视角的还有林贇的《当前网络流行语的语用探析》、王雁冰的《网络流行语风格特点的语用学研究》等文章。

从上述的文献综述结果来看，从语用学的角度对网络流行语进行分析研究，多是讨论网络流行语是如何遵循或故意违反语用原则，从认知的、社会的和文化的全面视角考察网络流行语的选择与理解，即运用语用综观的视角来系统研究网络流行语的论文或专著很少，只有零星几篇期刊论文运用语用顺应论诠释某一网络流行语的被广泛流传的现象，如史文娜的《网络流行语中“哥”的语用顺应理论阐释》。

二、“蓝精灵体”的语用综观考察

（一）“蓝精灵体”简介

网络流行语“蓝精灵体”起源于《蓝精灵》这部电影，引发集体怀旧热潮的同时，许多网友找到了话题的最大潜力点：蓝精灵主题曲。通过改编歌词，出现了“蓝精灵体”，以至于被各行各业的网友们改编成了发感慨，吐苦水的专用体。《蓝精灵》主题曲：

在那山的那边海的那边有一群蓝精灵/ 他们活泼又聪明/他们调皮又灵敏/ 他们自由自在生活/在那绿色的大森林/ 他们善良勇敢相互关心/ 欧，可爱的蓝精灵/可爱的蓝精灵！/他们齐心协力开动脑筋斗败了格格巫/ 他

们唱歌跳舞快乐又欢欣

这首《蓝精灵》主题曲用语充满童趣纯真，歌词“他们活泼又聪明/他们调皮又灵敏/ 他们自由自在生活/他们善良勇敢相互关心”运用排比的修辞手法，塑造了一群默默无闻、善良可爱、勇敢团结的蓝精灵形象，也充分表达了词作者对蓝精灵的赞美之情。“蓝精灵”这一默默无闻、自由活泼、勇敢励志形象也因此深入人心，尤其是诸多默默奋斗在不同岗位的网友们，工作中的烦恼或艰辛都化作创作灵感，因此产生了各行各业的蓝精灵体吐槽版本，都把自己的职业遭遇用《蓝精灵》主题曲《蓝精灵之歌》表达，短短几天下来，微博上总结了护士版、浦发版、博士版、研究院版、投行版、会计版、IT人版等16个最具代表性的版本。在此选取以下两个版本对网络流行语体“蓝精灵体”进行语用综观考察。

（二）蓝精灵体医生版

在那山的那边海的那边有一群白精灵，他们苦逼又聪明，他们手术到天明，他们没有休假生活在那白色的病房里，他们善良勇敢相互关心。欧，可爱的白精灵，欧，可爱的白精灵，他们治疗毛病应付家属，斗败了医务处，他们上班值班吃力又伤心。

将蓝精灵体医生版与蓝精灵歌词对比来看，二者的语句结构是基本一致的，将穿着白大褂的医生形象比作白精灵，既顺应了“蓝精灵体”格式，又借此表达了对医生的赞美；将治病、做手术、应付患者家属以及医务处管理人员等日常工作情境用“蓝精灵体”表现出来，极其贴合对医生工作状态描述的语境。从“他们治疗毛病应付家属，斗败了医务处，他们上班值班吃力又伤心”这句描述中可以我们读出网友对身处医生这一职业的深刻体会，作为医生，不仅要会看病、不怕苦累，还需要处理医患关系，甚至要和医务处管理人员周旋，劳心费力。显然，从医行业的网友想借“蓝精灵体”抱怨该工作的艰辛不易，希望引起其他网友共鸣和理解，尤其是在近年来医患关系非常紧张的背景下，在一定程度上可以为广大辛勤工作的医生正名，缓解医患关系矛盾。根据语言使用的顺应论，蓝精灵体医生版既在语句结构层面顺应了蓝精灵体，又恰到好处借蓝精灵体表达了对医生这一职业的抱怨，渴望引发网友共鸣和集体同情的交际目的。

（三）蓝精灵体地域版本

蓝精灵体之杭州人版：在江个那边湖个那边，有一群杭州人，他们温柔又俏作，他们碎烦又善良，他们坦悠悠个生活在刮杭儿风个城市里，他们房价毛高还打不到的~ 欧~发靥个杭州人，欧~色阔个杭州人，他们的西湖刚刚申了遗，他们不敢坐地铁，他们还是木老老欢喜格里。

中国幅员辽阔，因气候和地理条件迥异，各地人们品性和生活方式也各有特点，网友们基于《蓝精灵》歌词中表达蓝精灵生活状态和追求的表达，受启发创作了各自家乡的版本，刻画了生活在家乡的人们生活面貌，这类蓝精灵体版本语言一般充满幽默、调侃意味，夹杂部分当地方言；虽然偶有对家乡的现状和发展不满和抱怨，但仍对自己的家乡充满热爱和期盼！

杭州网友仿造的蓝精灵体杭州人版本最突出的特点就是大量运用方言，使许多杭州网友读了倍感亲切，产生很深的认同感，这在心理世界层面较大地顺应了目标阅读群体，即顺应语言交际中的听话人。自古以来，江浙一带人多温婉细腻、悠然淡定，正如网友所说“他们温柔又俏作（矫情），他们碎烦（不着急）又善良”。“他们房价毛高还打不到的~ 欧~发靥（有趣好玩）个杭州人，欧~色阔个（不急躁）杭州人，他们的西湖刚刚申了遗，他们不敢坐地铁”这段杭州话版的描述，尤其是提及杭州人有趣好玩、不急不躁，充满了幽默调侃的意味；杭州西湖全国闻名，因此申遗，作为省会兼旅游城市，通了地铁，房价自然高不可攀，但杭州人还是喜欢慢生活，不想让地铁加快生活节奏。尤其是“他们还是木老老欢喜格里（特别喜欢这里）”表达了该网友对家乡深深的热爱，相信许多杭州网友看了都会会心一笑，积极发表评论或转发，与网络交际圈的其他朋友分享。

三、小结

从语言交际的四个研究视角来看，语境关系顺应方面，蓝精灵体医生版和杭州人版都很好地顺应了各自展开话题后的物理世界、心智世界和社交世界，让其他网友读后容易感同身受，引发广大的共鸣和关注，积极运用“蓝精灵体”句式参与职业或地域方面讨论。而语言结构顺应则体现在运用同一种语体格式即“蓝精灵体”，这一互动交流的过程会因网友的职业或地域的不同，各自语言内容及风格的选择也会不同，处于动态性顺应过程。正如上文所选取的两个版本，前者凸显了强烈的表达意图——对医生这一职业苦累艰辛的抱怨，而后者则更多是幽默调侃式地介绍杭州人的生活面貌以及对家乡生活的热爱！

参考文献：

[1] 卜爱萍、车艳超：浅谈网络流行语“给力”，载《宁波广播电视大学学报》，2011年第3期。
[2] 林贇：当前网络流行语的语用探析，《宜春学院学报》，2012年第2期。
[3] 刘颖：语用学的新视角——语用综观与顺应，《哈尔滨商业大学学报（社会科学版）》，2005年第1期。
[4] 鲁苓：从“语言资源发展的新路向”——从“语言资源”的语言学到“语言使用”的语言学，《海南大学学报（人文社会科学版）》，2007年第5期。
[5] 王雁冰：网络流行语风格特点的语用学研究，《山西大同大学学报（社会科学版）》，2010年3期。

哈萨克语中“aq”一词构成的惯用语生成理据及其隐喻认知机制

张巧云

摘要： 在“aq”的认知过程中，由于哈萨克族的认知力，思维过程及某些共享的知识和经验是相同的，使得哈萨克人对“aq”产生认同感和愉悦感，这个词也更易进入他们已经形成的认知结构。文章试图从认知的角度去分析哈萨克语“aq”一词的惯用语生成理据以及惯用语的隐喻认知意义。

关键词： aq；惯用语；生成理据；认知机制

惯用语是比喻性语言的一种，惯用语的意义不是其组成成分意义的简单叠加、整合，而是脱离字面意义的隐喻性概念意义。另一方面，惯用语又是由一些完整意义的词语组成，具有一定的固定结构，这种结构和意义是在长期特定的历史文化背景中形成的，是由某个社会语言团体约定俗成，具有较强的习惯性。哈萨克语中的惯用语数量很多，文章试图以哈萨克语“aq”一词为切入点，从认知的角度去分析其惯用语生成理据以及惯用语的隐喻意义，从而进一步深入了解哈萨克族的文化和认知心理。

在哈萨克语“aq”一词的认知过程中，由于哈萨克族的认知力，思维过程及某些共享的知识和经验是相同的，使得哈萨克人对“aq”产生认同感和愉悦感，这个词也更易进入他们已经形成的认知结构。哈萨克人对“aq”十分偏爱，这就决定了哈萨克人对这个词在认知取向上要更深、更广。于是以“aq”的原型意义“白色的”为核心，产生了很多的引申意义，形成了“aq”的词群。在这些词中，独具一格的特点就表现在它的惯用语上，而建立在经验基础上的认知机制为惯用语提供了概念理据，并用来帮助理解惯用语的隐喻意义。

一、哈萨克语“aq”一词构成的惯用语生成理据

惯用语是语言符号系统中比较特殊的符号，它是定型的语言表达形式。由于历史的积淀，社会的习用，使得这些语言符号在形式上，意义上，功能上和使用环境上具有区别于它类语言符号的特点：它在形式上是定型的，意义上是整体的，功能上可以把它当作一个词、一个短语来使用。认知语言学派认为，惯用语构成项的的意义对整个惯用语的意义有贡献，在语义上有可分析性和可分解性。我们可以通过分析和分解这些由“aq”构成的惯用语来认识它的生成理据。

“aq”在哈萨克语中的原型意义表示为“白色的”，它在历史上被长期使用，且使用频率高，较稳定，构词能力强。哈萨克人对这个词也十分偏爱，但这偏爱的形成都有其深刻的历史文化背景。

（一）自然环境因素

哈萨克族在历史上是一个世代在山水之间终年游牧的民族，冰雪封冻的时间占一年的三分之二还多，大部分时间都是在白雪茫茫的环境中生产和生活，于是由冰雪和“aq（白色的）”之间建立了联想，产生了一系列与冰雪有关的惯用语，例如：

①aq（白色的）+boran（风）—aq boran，（暴风雪、风雪交加），白色与白雪同色，白色就成了白雪的代表，大风卷着雪花，形容风雪交加

的天气，而不能直译为“白色的风”。哈萨克族长期在冰雪世界里生产和生活的体验，使得他们的认知机制将“aq”和“白雪”两个领域的知识与惯用语的意义联系了起来。

②ɑq（白色的）+qɑr（雪），køk（蓝色的）+muz（冰）—ɑq qɑr，køk muz，在这里“白色的”是“aq”源意，用来修饰雪。“køk muz”并不是指“蓝色的冰”。在哈萨克人生活的天然自然的环境中，白色和蓝色是环境的主导色彩，这两种颜色都是受哈萨克人崇拜的颜色，因而也有不少关于“蓝色”的惯用语，如：“køk øzen（青少年）”，“køk turk（蓝突厥）”，所以这里要译成“冰天雪地”较好，而不能直译为“白色的雪，蓝色的冰”。由此可以看出，哈萨克族是以白色和蓝色这一颜色角度来形容冰雪世界，比较具体，而汉民族的“冰天雪地”是从另一角度抽象出来的意义，因而居住地的自然环境特质对不同民族的认知结构的取向有着不容忽视的制约作用。哈萨克族长期对冰雪世界的适应，影响和约束着他们以符合生存地自然生态环境需要的方式进行认知选择与取向。

③ɑq（白色的）+tyṇek（黑暗的）—ɑq tyṭek，译为“暴风雪”，而不能直译为“白色的黑暗”。这里的“ɑq（白色的）”仍然指白色的雪，“tyṇek（黑暗的）”是从颜色角度来形容昏天暗地的大风天气，“tyṇek（黑暗的）”加强了风雪的强度。正如认知语言学认为的，经验和认知在语言结构和功能中具有重要作用。哈萨克族在这种特定的环境下的深刻体验，必然会影响到认知的深度和广度，也必然会体现在他们的语言中。

心理学研究证明，认知是以感官对外界事物的感知为基础。有什么样的感觉方式，就会产生什么样的认知特征。人类的认知和语言的发展与人类感官对外界事物的感知和经验密切相关，哈萨克人在特定的环境下，借用隐喻投射，把“aq”从它的颜色域投射到与之相关的领域，以它的基本意为核心，使“aq”的词群不断扩大，丰富了哈萨克族的惯用语。

（二）民族饮食习惯和生产因素

哈萨克族是我国主要的游牧民族，他们蓄养着成群的马、牛、羊、驼，食其肉，喝其奶，衣其毛皮，也产生了很多与牲畜有关的惯用语，例如：

①ɑq（白色的）+ɑjəl（马肚带）—ɑq ɑjəl（久经骑使的马），而不能译为“白色的马肚带”。哈萨克人被称为“马上民族”，“马肚带”是他们日常生活的必备马具，长年累月的使用自然会发白，在这特定的游牧文化的影响下产生了它的隐喻意义“久经骑使的马”。我们可以看出，哈萨克人对这个词的认知过程由“ɑq（白色的）”联想到“久经使用而发白的马肚带”，又由“久经使用而发白的马肚带”联想到“久经骑使的马”，表现出其独特的隐喻认知途径特点。

②ɑq（白色的）+mɑl（牲畜）—ɑq mɑl（靠正当的手段得到的牲畜），而不能译为“白色的牲畜”。在哈萨克语中，“aq”是一个哈萨克人十分偏爱的颜色词，它的隐喻意基本上都是具有褒义意义，如：“纯洁”、“美好”、“神圣”、“吉祥”、“善良”、“幸福”的隐喻意义，“ɑq mɑl”是由“aq”具有褒义色彩的隐喻意义的转移意义而来，他又具有了“正当的”、“合理的”之意。

哈萨克族有着源远流长的食奶文化，其中的奶制品主要有：马奶、牛奶、羊奶、酸奶、马奶酒、奶豆腐、奶油、奶皮、奶酪等。产生了与“aq”有关的惯用语，例如：ɑq（白色的）+ərəmʃək（奶酪）—ɑq ərəmʃək（奶豆腐），奶酪本身就是白色的，为什么又加了“白色的”，是不是显得多余？正如汉语当中说“白色的白纸”那样会显得累赘呢？这也正强调了哈萨克人对奶制品的喜爱，对白色的偏爱。

“aq”的名词范畴意义为“奶，乳，奶制品”。与此相关的惯用语如下：

①ɑq（奶制品）+iʃw（吃）—ɑqiʃw（吃奶食）；

②ɑq（奶）+sw（水）—ɑq sw（掺奶的开水）；

②ɑq（牛羊奶、乳）+bolw（盼望，渴望）—ɑq bolw（牛、羊奶枯竭）；

③ɑq（牛羊奶、乳）+ʃəqqɑndɑ（出现，出来，产生）—ɑqʃəqqɑndɑ（春季时奶食充裕）。

在哈萨克族食奶文化和“aq”的隐喻认知意义作用下，又赋予了“aq”一词的名词意义“奶，乳，奶制品”，可见，哈萨克族传统饮食习惯对于民族认知的影响是显而易见的。不同民族的认知结构与组织离不开本民族长期形成的传统习惯，民族传统习惯影响民族对客观事物的认识，而民族认识又影响着传统文化与习惯。于是，由“ɑq（白色的）”到“aq”的名词范畴意义“奶，乳，奶制品”，又由它的名词意义联想到“aq”的隐喻意义“幸福”、“美”。所以说认知与语言相互交融，彼此依赖。

在过去，畜群和白色的奶及奶制品是哈萨克族得以生存的保证，他们认为白色的食品是神灵赐予的生命源泉，能给人带来幸福吉祥，因此而赋予“白色”以“纯洁”、“幸福”、“美好”、“神圣”、“吉祥”的情感意义。因而“aq”又和他们生存保证之条件建立了联系，产生了许多“aq”的惯用语。通过这些例子我们可以看出，畜群和奶制品与“aq”之间的相关性不可避免的会引导哈萨克族获得这些联系，它是身体、经验、大脑和心智的产物，只能通过体验获得意义，这样把主观判断和感觉经验连接了起来。由此可以看出，共同的生活体验构成了惯用语意义的基础，这个基础存在于哈萨克族共同的心理认知之中。如果不了解哈萨克族颜色词的文化意义，就很难理解“aq”的惯用语意义，可以说，民族认知是民族文化的一部分，民族认知与民族文化有着密切的关系。

（三）宗教因素

白天鹅是哈萨克族信仰中的圣鸟。故事传说里的白天鹅常常代表萨满教巫师。后世哈萨克的萨满教巫师也以白天鹅的形象装饰自己，穿白色的衣服，披白天鹅的羽毛，是善神的代表。白天鹅的形象在后世也被奉为世俗的始祖母，并称哈萨克为“qɑz＋ɑq”，这一族称就是白天鹅“ɑq＋qɑz”之意。所以在哈萨克民族起源传说里，白天鹅成了人们共同接受的主角。

善神的代表白萨满和世俗的始祖母白天鹅在宗教领域里提升和固化了“aq”在哈萨克民族意识中的地位。我们综观历史，宗教对民族意识发生着重要的影响作用，它以有形或无形的力量对民族共同体的民族意识起着提升、固化的作用。宗教对这种对民族意识的提升作用在世界许多民族中都有不同程度的表现。这种民族意识也体现在哈萨克族对“aq”的感知体验中，把“aq”由颜色域投射到宗教域，赋予白色以“神圣”、“善良”的隐喻意义。

由此可见，在共同的生存空间，生活方式，文化传承的生产和生活中，“aq”一词的频频再现，它在文化中具有的突显性越强，那么它激发人们的隐喻投射的可能性就越大。而语言是认知世界的工具，对“aq”认知的更广更深必定会使“aq”的词群更加的丰富，从而也扩充了“aq”的惯用语词汇。所以对哈萨克惯用语“aq”的理解也要依赖于特定的群体所拥有的共同知识和信息。

二、哈萨克语“aq”一词构成的惯用语隐喻认知机制

惯用语是比喻性语言的一种，它结构简单固定，使用频率高，用处广，意义表达丰富，因此对惯用语理解心理机制的研究，有助于人们对隐喻性语言的进一步理解和认识，而且惯用语的产生和发展具有很强的民族语言特色，这对我们对哈萨克族的语言行为、心智都会有一个更加深入的认识。

（一）“aq”一词的隐喻认知域

“白色”在语言中指某种具体事物的颜色，用认知语言学术语，这是“白色的”原型意义，属于颜色域。人类共同的视觉和感觉生理机制是形成颜色感知共性的基础，在“aq”的隐喻认知过程中，由于哈萨克人的认知能力、思维过程及某些共享的知识和经验是相同的。由哈萨克语“aq”一词构成的惯用语生成理据可以看出，哈萨克语颜色词“aq”有以下隐喻内涵：“纯洁”、“神圣”、“美好”、“善良”、“吉祥”、“幸福”。

语义冲突和心理相似性是颜色隐喻构成的两个基本条件，当我们用颜色来修饰没有颜色的事物时，就产生了语义上的冲突，心理相似性是指由颜色引起的心理意象与颜色所修饰的事物产生的心理意象的相似度。颜色隐喻可以使我们对于事物的认知更加真实，鲜明和生动，因此，我们从认知隐喻学角度对哈萨克语“aq”（白色的）一词进行审视可以发现其多义系统各节点之间的联系，从而在一定程度上揭示人们的基本认知是出于隐喻。

所谓认知域，根据语言大师兰盖克的观点，认知域是描述语言结构时所涉及的概念域，它可以是简单的知觉或者概念，也可以是一个复杂的知识系统。认知域又包含基本认知域和非基本认知域，基本认知域是来自于人的基本经验，是无法在简化的。人的基本认知域有空间、时间、颜色、感情、味觉、触觉等。基本认知域处于概念层次系统的最低层，为其他概念的认知和经历提供了基础和参照。在基本认知域基础上产生的概念又可以为更高层次的概念提供基础。颜色域的“aq”一词在基本认知域的基础上产生了“纯洁”、“神圣”、“美好”、“善良”、“吉祥”、“幸福”等隐喻概念意义，在这个隐喻概念意义的基础上又产生了更高层次的概念，我们从以下内容来具体分析。

（二）“aq”一词的隐喻认知方式

隐喻就是把一个领域的概念投射到另一个领域，或者说从一个认知域（来源域）投射到另一个认知域（目标域），从而形成一个新的概念。语言中存在着从颜色域向非颜色域的事理、精神、品质、心态等的映射，它可以映射到其他基本认知领域或非基本认知领域中，从而形成一个新的概念，也就是颜色词隐喻认知的产生。

“aq”是哈萨克语颜色域中的一种范畴，它在原有意义生成的基础上，随着哈萨克族隐喻认知思维不断向外扩展，“aq”的语义进一步引申扩展，又衍生出其他意义，这些例子也屡见不鲜。我们仍然从惯用语着手去分析探索其隐喻认知意义。

由哈萨克语“aq”一词构成的惯用语生成理据可以看出，“aq”有“纯洁”、“神圣”、“美好”、“善良”、“吉祥”、“幸福”的隐喻意义，投射到其他领域又产生了新的概念，例如：

①ɑq＋mejəz（情感，好感，同情）—ɑq mejəz（真心实意的，真心的），而不能直译为“白色的情感”。它在“善良”、“纯洁”的意义基础上衍生出“真诚”之意来，在“真诚”的意义基础上又衍生出“忠诚”之意，如：ɑq＋ʤy̥rek（心）—ɑq ʤy̥rek（忠诚，赤诚），而不能译为“白心”。哈萨克语用“白色”表示“忠诚”，而在汉语中用“红”来表示“赤诚的，忠心的”之意，如：“一颗红心”，“又红又专”，汉文化京剧中的“红脸”喻为“忠心耿耿之人”。

②ɑq＋køŋel（心情）—ɑq køŋel（好心肠的，心善的），而不能直译为“白色的心情，无聊郁闷的心情”。这个惯用语的意义来自于“aq”隐喻意义“善良”。

③ɑq＋neke（婚姻）—ɑq neke表示“家庭和睦”，而不能直译为“白色的婚姻”。在这里由“aq”“幸福”、“美好”的隐喻意义又衍生出“和睦”之意。

④ɑq+ʤol（道路）—ɑq ʤol”而非译成“白路”，它是由“aq”的“神圣”、“纯洁”的隐喻意义衍生而来，“神圣之路乃真理之路”，“ɑq ʤol”即“真理”之意。在此基础上ɑq＋ot（火）—ɑq ot表示“真理

之火”而非“白火”。

⑤aq+ʤwəp（洗），arwlap（为死者整容）+qojw（埋葬，安葬）—aq ʤwəp，arwlap qojw（洗净尸体，在敬仰的心情下埋葬），而不能译为“洗干净了，化好妆，埋葬”，因为哈萨克人认为“aq”是最纯洁的，因此人去世后要带着干净的身体，纯洁的灵魂上天，并用白布缠裹洗净的尸体，家人和亲戚们男子扎白腰带，女人用白布包头，家门前也挂起白幡，表示家有丧事。所以这里的“敬仰”是由“aq”的“神圣”、“纯洁”的隐喻意义衍生而来。

哈萨克族又由“白色的”联想到“空的”、“空白的”，如：aq+ʤer（土地）—aq ʤer（空地），又由“空的”、“空白”联想到“不做事的”，“穷的”等意。如：aq+alaqan（手掌，掌心）—aq alaqan译为“游手好闲的”；aq+ sawsaq（手指）— aq sawsaq译为“白面书生，四体不勤”；birinʃiden（第一方面）+aq，ekinsiden（第二方面）+kedej（贫穷）—birinʃiden aq，ekinsiden kedej译为“一穷二白”等。

随着时代的发展，“aq”一词借入了汉语的转义。在汉文化中，“白”这个颜色词虽然也有“纯净”，“真诚”的意思，但赋予它的大多是贬义的色彩。白色总是与丧事、邪恶、低贱的文化语义相联系，如：人死后家属要穿孝服，设白色灵堂。白色作为不吉利的凶色，所以，父母在，“冠衣不纯素”。在汉代至唐代，“白衣”指贱民，“白丁”指没有功名的人，“白屋”指茅草盖成的茅草房。戏曲中的“白脸”象征“奸邪，阴险”。在现代汉语中，“红白喜事”一语，“白”即丧事。“白”还与许多词构成含有反动或落后意义的合成词。如：“白区”，“白匪”，“白军”，“白色恐怖”等。随着社会的发展，汉民族和哈萨克族之间的文化相互影响，哈萨克语颜色词“aq”借入了汉语词“白”的转义，也产生了“反动”，“反革命”等意义，如：aq+armja（军队）——aq armja译为“白军”；aq+terorləq（恐怖的）—aq terorləq译为“白色恐怖”。

三、小结

由以上内容可以看出，“aq”一词多意的生成是具有理据性的，这种理据性就是隐喻内潜在的相似性，即两者之间的共同特征。“aq”惯用语隐喻认知的相似性就是由白色引起的心理意象与白色词所修饰的事物产生的心理意象的相似度产生的。隐喻普遍存在于人类的语言当中，正是隐喻，使我们的语言更加丰富，思路更加开阔；正是隐喻，使得我们能够正确理解抽象概念；正是隐喻，将我们的知识扩展到了新的领域。

根据认知语言学的研究成果，我们有理由相信任何移用“aq”而衍生出的惯用语隐喻意义都能从文化、历史中找到它的出处和源头。由于社会的纷繁复杂，每个源头都不可能记录在案，所以很多方面的源头都无从细考。“aq”的惯用语隐喻意义的投射不是凭空产生的，而是基于人们的生理，生活经验以及所产生的相关性。随着人类隐喻认知思维的不断深化发展，人们将继续运用隐喻这一语言机制创造出新的惯用语隐喻义表达新的思想。

浑沌学与语言文化研究

新世纪（2000—2013）的浑沌学与语言文化研究：检视与展望

——庆贺恩师张公瑾先生80华诞

丁石庆

提要：新世纪以来的十余年里，张公瑾先生引领的浑沌学与语言文化研究团队在学科建设方面进行了富有成效的拓展与推进，并取得了一系列阶段性成果。回顾、梳理、反思这十余年来学科发展道路，将有助于学科今后的健康发展和科学推进。

关键词：新世纪；浑沌学；语言文化研究；学科建设

进入新世纪以来的十余年，以张公瑾为领军人物的浑沌学与语言文化研究团队在学科构建、梯队建设、人才培养、学术交流、打造学科特色等诸方面迈出了坚实的步伐，取得了长足的进展，并形成学术研究范式，取得了一系列阶段性成果。我们期待在梳理此前的学科态势的基础上，反思得失，展望前景，并为进行科学的可持续发展规划奠定良好的基础。

一

张公瑾先生在上个世纪80~90年代提出的文化语言学学科独特的发展

构想和思路，为新世纪浑沌学与语言文化研究指引了方向和发展路径。正如张公瑾先生在首届浑沌学与语言文化专题研讨会议主旨报告中说到的，我们团队所做的工作无外乎“一方面是普及性的宣讲，一方面是研究性的阐释，还有一方面是理论性的探索。这三个方面同时并举，以推进浑沌学与语言文化研究工作的发展。”[①]张公瑾先生不仅这样讲，在探索学科推进的具体工作进程中也身体力行并承担重任，与团队成员同舟共济，集体推进。

（一）相关课程建设

上个世纪90年代，张公瑾率先在国内高校研究生培养方案中开设了文化语言学这门标志着新兴学科理论与方法的新课程，丁石庆则在本科生与研究生中开设了文化语言学课程，为新世纪以来浑沌学与语言文化研究积累了一定的教学与科研基础。新世纪伊始，借中央民族大学本科生合格课程建设的东风，丁石庆以其在本科生中主讲的《文化语言学》课程资源为基础，申报校级合格课程建设的集体项目，课程成员有丁石庆、张公瑾、李炳泽等。同时，丁石庆还在本科生高年级中主讲《语言与文化专题讲座》等课程与其互补，该讲座由丁石庆主讲，张公瑾、周国炎、王锋等团队成员参与部分专题串讲。文化语言学课程经几年的建设，于2004年通过验收，成为中央民族大学首批合格课程之一，之后虽因各种原因未能继续申报优秀课程建设项目，但作为中央民族大学少数民族语言文学系本科生专业必选课程之一延续至今。

上个世纪末前，张公瑾先生在少数民族语言文学专业招收南方民族语言与文化方向的博士生，以培养从事南方少数民族语言教学与研究的学生为主，后为适应学科的形势发展，将招生方向改为文化语言学（1999年）。新世纪以来，张公瑾先生在少数民族语言文学专业文化语言学方向

① 张公瑾：浑沌学与语言文化研究新视野（代序），载张公瑾、丁石庆主编：《浑沌学与语言文化研究新视野》，中央民族大学出版社，2008年。

开设了语言学名著选读，文化语言学、文化语言学方法论等多门专业课程。后期课程设置改革后，专设文化语言学、文化语言学方法论（以讲授浑沌学与语言文化研究理论与方法为主）等。2005年张公瑾先生被研究生院调到中央民族大学语言学及应用语言学专业继续招收文化语言学方向博士生。丁石庆作为该学科点负责人和博士点导师组组长从2003年开始招收人类语言学方向的博士生，同时继续在硕士点上招收文化语言学方向的硕士生，并分别在硕士点和博士点开设文化语言学、语言与文化专题研究、人类语言学经典导读、人类语言学专题研究等相关课程。周国炎从2002年开始在此学科点上招收应用语言学方向的硕士生，并从2008年开始招收应用语言学方向的博士生，在硕士点和博士点分别开设了应用语言学、对比语言学、民族语（布依语）等课程。张铁山也曾在该学科点上招收文化语言学方向的硕士生，晋升教授后因其从事民族古籍文献研究的优势在中央民族大学中国古典文献学博士点上招收博士生。杨大方晋升副教授后也在此学科点上招收语用学方向的硕士生至今。张先生在国内其他高校及科研机构的弟子如黄平文（广西民族大学文学院院长、教授、语言学及应用语言学专业硕士点学科带头人）、张殿恩（北京联合大学研究生院英语旅游文化系主任、中国教育学会外语教学研究与教师教育指导委员会委员、王显志（河北理工大学外语学院院长、教授、语言学及应用语言学专业硕士生导师）、谭志满（湖北民族学院法学院副院长、教授、南方少数民族研究中心常务副主任、硕士生导师）、吴东海（云南大学人文学院副教授、硕士生导师）分别开设了文化语言学、语言人类学、语言与文化、民族语言与文化等相关课程。此外，司提反·米勒博士作为张先生的外国留学生弟子，曾在内蒙古工学院任德语系主任期间（2006–2009）开设了浑沌学与语言学及浑沌学与语言文化研究等相关课程，还曾就相关论题分别在中央民族大学、北京第二外国语学院等高校做过专题报告。

张先生的弟子们在课程建设方面或继承沿袭或延伸拓展了张先生的学

术思想，为学科建设作出了各自的贡献。

（二）精品教材建设

上个世纪90年代以来，国内有多部文化语言学方面的各类教材，但或因其理论构架与学科理念存在的差异，或因其使用的语料多以汉语或外语为主，仅有极少部分少数民族语言材料，不能满足民族高等院校及学生的实际情况。此前，我们一般都采用自编教材，文化语言学合格课程建设的同时我们已将教材的编写工作提到了议事日程。2001年，借助北京市教委高等院校精品教材建设系列项目之东风，由张公瑾和丁石庆共同主持的《文化语言学教程》教材编写项目获重点资助。经多次研讨与交流基础上编写的《文化语言学教程》教材经过多次讨论与交流，于2004年由教育科学出版社资助出版。由张公瑾和丁石庆负责通稿和编审工作，参与撰写教材编写人员周国炎、张铁山、杨大方、王锋、戴红亮等。教材体例上分为理论与方法和研究与应用两个部分。前一部分主要讨论学科定位、文化与语言及相关问题的关系、学科方法论等理论层面的论题，后一部分涉及到语言在不同文化层次的具体体现及个案分析。教材出版当年获得中央民族大学优秀教学成果一等奖，并由中央民族大学推荐至北京市教委参评北京市高校优秀教学成果奖，2005年获北京市高校优秀成果二等奖，同时列为北京市高校精品教材。[①]

上述教材建设工作在推进学科建设的进程中，也为学科团队后续人才的培养与学科梯队的建设奠定了良好的基础。

（三）举办与团队主攻方向相关的研讨会并出版会议文集

从2003年始至今年，十年里以团队形式主办了7次主题为浑沌学与语言文化研究或相关专题研讨会，并出版了会议文集7部。举办专题研讨会也为新世纪以来本团队学科建设规模拓展和集体推进起到了重要作用。

① 据教育出版社编辑透露，该教材已被国内诸多高校尤其是民族高等院校作为本科生、研究生教材并已告罄。目前多家出版社有意资助再版或修订。

2003年12月由中央民族大学语言文学系主办并召开了“语言文化研究理论与方法专题研讨会”，中国社科院民族所多名少数民族民族语言研究方面的专家和北京大学、北京语言大学与校内专家学者及在读的研究生等60余名出席会议。张公瑾先生作了“文化语言学的时代课题和浑沌学在语言学中的运用”的主旨报告，认为当前的时代特点给文化语言学提出了包括保护“濒危语言”与开展双语教学、通过语言学研究非物质文化遗产形式、坚持文化多元性和语言多样性来抵制政治上的霸权主义、文化上的西方中心主义，实现世界各民族真正的文化平等和语言平等新的时代课题。报告在完善文化语言学的理论与方法论体系这个论题中重申如何结合浑沌学的理论与方法研究语言与文化问题。参会代表的多篇论文涉及到以上内容，该论题引起了参会代表的热议。会后出版了会议文集《浑沌学与语言文化研究》①，文集中收录了论文30篇，其中一半以上的论文涉及到语言文化研究理论与方法或浑沌学与语言文化研究主题。

2006年12月召开了首届“浑沌学与语言文化专题研讨会”，因这次会议的主题比较明确，参会代表也具有相关知识背景和研究成果，话题比较集中，会议效果较好。在这次会议上，张公瑾先生作了“浑沌学与语言文化研究新视野”的主旨报告，报告中号召“我们要尽量把普及性的和研究性的工作结合起来，这要求我们把浑沌学的基本原理和概念用通俗的话语联系语言文化实际进行讲解，以解决历史上和现实中一些疑难的或无法解决的问题。”②在报告中，张先生还将浑沌学中“熵”的概念结合语言文化具体材料进行了具体而又精辟的论述，并高屋建瓴地提出了新的学科发展任务。参会代表的论文均涉及到浑沌学与语言文化的某个方面的结合研究，会议信息量丰富，发言和讨论的气氛异常热烈，论文共涉及到汉藏

① 张公瑾、丁石庆主编《浑沌学与语言文化研究》，中央民族大学出版社，2005年。据中央民族大学出版社领导透露，该文集出版发行不久便告罄，之后很快又再版了一批。

② 张公瑾：浑沌学与语言文化研究新视野（代序），载张公瑾、丁石庆主编：《浑沌学与语言文化研究新视野》，中央民族大学出版社，2008年。

语系、阿尔泰语系、回族语言、英语等多种语言，论题内容广泛分布于语音、词汇、语法、语用，文字、方言、双语、多语、语言教学、名著选读等范围。从引用的浑沌学的角度来看，涉及诸如无序、随机性、对称与非对称、蝴蝶效应、奇异吸引子等概念。会后出版了《浑沌学与语言文化研究新视野》（中央民族大学出版社，2008年）。

2008年12月召开了第二届浑沌学与语言文化专题研讨会，因参加人数较多，本次会议的学术交流活动由主旨演讲、大会主题发言、分会场交流三部分组成。张公瑾先生题为“语言学思维框架的转换”的主旨报告中阐述了四个问题，分别为：“改换观念，实现一次思维框架的转换”、“立足本体，拓展语言文化研究的领域”、“整体把握，提高对语言文化价值的认识”、“自主创新，走在世界思潮的前沿”。张先生在报告中，指出文化语言学这门新兴学科虽然具有深厚的产生背景及渊源，但如果没有不同于传统的新的方法论的支撑，它还是站立不起来的。而面对现代多学科交叉成为科学发展的普遍趋势的今天，语言学借鉴其它学科的最新成果来刺激本学科的发展，已势所必然。而浑沌学理论对于语言学研究的重大意义也就在这时被发现是实现了一次思维框架的转换，而认定语言是一种文化现象的认识则改变了语言学的理论与方法论基础，大大拓展了语言学的研究领域，从而使语言学融入了文化多样性的时代潮流，在实践上增添了人文关怀，获得了前所未有的生命力。另外，“由于语言是一种文化现象，在语言与文化整体以及语言与其他文化现象的关系上，语言获得了最有论证力和说服力的文化价值。浑沌学是以直观、以整体为基点来研究事物浑沌状态的复杂规则性的非线性分析方法，使用浑沌学的理论，为我们研究语言的文化价值提供了认识上的武器，为我们在语言的各个方面各个角度观察文化现象打开了方便之门。”他认为我国在文化语言学及浑沌学的应用上是走在世界前沿的，文化语言学在中国有自己的传统和特点，它将为语言学开拓无限广阔的前景。

此次会议相当成功，且比以前研究的更为深入和系统。参会论文涉及到英语、俄语等印欧语系的语言，汉语、壮语等汉藏语系的语言，蒙古语、满语、现代突厥语等阿尔泰语系的语言及学界研究较少的越南语、京语等；论文研究范围也非常广泛，包括语言本体、语言变异、语言教学、语言翻译、语言和谐、语言影响、文学方面的语言学分析、语言学经典名著的解读报告、近期国内外信息的综合报道等各个方面；分别从宏观的理论体系、微观的实例分析和理论与实际应用三个方面，为大家展示了浑沌学与语言研究的不同视角和不同途径。会后出版了会议文集《浑沌学与语言文化研究新进展》（中央民族大学出版社，2009年）。

2009年12月第三届浑沌学与语言文化专题研讨会如期召开。中央民族大学少数民族语言文学院和相关院系的教师、中国社会科学院、教育部语言文字研究所等单位的教师和学者及部分硕、博士研究生等50余人出席了会议。会议仍紧紧围绕“浑沌学与语言文化研究”专题进行了热烈的讨论。张公瑾先生在主旨报告“传统语言学著作中的浑沌学资源”中梳理了语言学经典名著中蕴含的浑沌学思想。他发现索绪尔、萨丕尔或梅耶等语言学家的论著中都曾注意到语言分布和演化中的浑沌现象，如索绪尔认为整个要素的价值不等于各部分的价值的总和，萨丕尔在语言类型中讲到整体，认为不仅是语言语系，一个句子一个词都看作一个整体，梅耶认为“语言本身就是一个整体”。他们都看到系统的平衡和平衡破缺推动了语言的演化，看到语音的轻微调整引起大片的全局性的结构变化。张先生指出传统语言学著作中没有表述出来的这种浑沌学思想，印证了浑沌学理论和方法的科学价值，并有助于文化语言学在更广阔的范围内加以推广和应用，更彻底地实现一次思维框架的转换。张先生强调了继承与创新的关系，他认为，“一个有生命力的学科不仅要创新，还要善于继承，对以往本学科的成果要充分地汲取和吸收其有益的成分。用浑沌学理论和方法装备起来的文化语言学，对以往的语言学来说，是一次思维框架的转换，但依旧要继承以往语言学的有益成果。这个继承包含两个方面的内容，一方面是经过检验的理论成果和方法论原则，如系统理论和比较方法，我们要从一些长期被认为简单的运动方程中揭示其中产生的复杂行为；一方面是语言资料中有利于新理论解释的事实材料，以新的视角重新审视已经被研究过的非线性现象。浑沌既是自然界的普遍现象，以往的语言学肯定已触及这样的问题。只是困于传统观念的束缚，只把那些现象作为有序现象来研究，而未能作为浑沌现象来研究。一种新的理论体系应该能够对已知的语言事实作出新的解释。传统语言学著作中揭示的许多语言事实和传统的理论解述，我们可以用新的理论观点加以说明，这也是一种继承。”①会议论题内容广泛，多篇论文涉及浑沌学的核心理论。会后出版了文集《浑沌学与语言文化研究新收获》（中央民族大学出版社，2010年）。

2010年12月第四届浑沌学与语言文化研究专题研讨会上张老师的主旨报告“文化语言学方法论刍议”虽然简短，但提出了八个研究平面和九项方法论原则：“这8个平面就是语音、词汇、语法、语言系属、语言类型、语言的地理分布、文字和语言整体性研究。”九项方法论原则是：“系统平衡性原则、异源联想原则、名实相关性原则、异物同构性原则、中心边缘依存性原则、语言思维同一性原则、初值延续性原则、演化随机性原则和整体性原则。”②这八个平面和九项原则，为浑沌学与语言文化研究指明了学科今后的主攻方向。在会议自由发言期间，讨论了从学科角度进一步加强理论与方法的引介和具体理论与实际语料的操作化等重要话题。同时，也将翻译国外浑沌学与语言学及相关译文集的计划《浑沌学与语言文化研究新动态——国外相关研究译文集》提到了议事日程上。另外，召开全国性甚至国际性浑沌学等语言文化专题研讨会等事项也纳入了

---

① 张公瑾：继承与创新——传统语言学著作中的浑沌学思想资源，载张公瑾、丁石庆主编：《浑沌学与语言文化研究新收获》，中央民族大学出版社，2010年。

② 张公瑾：序，载张公瑾、丁石庆主编：《浑沌学与语言文化研究新探索》，中央民族大学出版社，2011年。

计划之中。会后出版了会议文集《浑沌学与语言文化研究新探索》（中央民族大学出版社，2011年）。

2011年12月召开了第五届浑沌学与语言文化研究专题研讨会。张公瑾先生在题为“分形、自相似性与‘异物同构性原则’”的主旨报告中，对这一方法论原则作了阐释。他认为“浑沌学理论中的分形和自相似性原理是文化语言学‘异物同构性原则’的依据之一。浑沌学中的分形即指部分中存在着整体的映像，分形最重要的特征是具有自相似性。依此推论，语言作为文化的组成部分存在着文化整体的映像，语言与文化具有自相似性。由于各个部分都存在整体的映像，因此，部分与部分之间同样也存在一定的自相似性。于是，我们就有可能通过语言研究各种文化现象和文化整体。”[①]同时，张先生也指出，“浑沌学原理在人文领域的运用不可能像在自然科学中那样有严格的操作程序，人文科学不可能把浑沌学的模型构建，数值计算和实验观察，以及物理方程、数学公式的叠代等原封不动地搬过来。我们主要是把浑沌学的基本原理有效地应用于具体人文科学的研究。一种研究方法从一个学科到另一个学科就要适当地改变一些具体操作方法，以适应新的领域的特点。”[②]会议之后出版了文集《浑沌学与语言文化研究新起点》（中央民族大学出版社，2013年）。

2012年12月召开了第六届浑沌学与语言文化研究专题研讨会。张先生的主旨报告“语言与思维的同一性原则”将自己新近思考和形成的学术成果，即文化语言学方法论的基本原则之一提交会议讨论。张先生首先梳理和阐述了原始浑沌型、综合型、组合型、分析型四种思维方式及其特征，之后对浑沌型思维方式与特点及将其引入语言学研究的依据作了解读。他认为：“现代浑沌型思维方式以整体观为基点，研究事物的有序和无序状

① 张公瑾：序，载张公瑾、丁石庆主编：《浑沌学与语言文化研究新探索》，中央民族大学出版社，2011年。

② 张公瑾：序，载张公瑾、丁石庆主编：《浑沌学与语言文化研究新探索》，中央民族大学出版社，2011年。

态，强调系统行为对初始条件的敏感依赖性。语言与文化中的浑沌现象，契合点的多样，不可分析的材料很多，这就是我们把浑沌理论引用到语言学中的由来。”[①]参会代表中吴平教授以“语言思维同一性原则初探——基于语言及语言教育的案例分析”为题提交会议讨论，并形成了与张先生主旨报告内容上的呼应，引起了与会代表的热议。会后出版了文集《浑沌学与语言文化研究新思维》（中央民族大学出版社，2014年）。

这次召开的“中国民族语言、古籍、文化语言学研讨会——祝贺张公瑾教授80华诞”涉及到了张先生主要从事的几个研究领域。中央民族大学宋敏副校长到场代表学校发表了热情洋溢的生日致辞，阿不都热西提·亚库甫院长代表少数民族语言文学学院、原中国社科院民族学与人类学研究所书记揣振宇先生代表中国民族古文字研究会、胡素华所长代表民族古籍与语言研究所、周国炎教授代表少数民族语言文学系、虎月放作为张老师的首批硕士研究生代表其所有弟子均向张先生致以生日祝贺与致辞。北京大学教授、著名文化学者张颐武代表家人也向其父表示祝贺，同时向所有参加会议的代表表示感谢。张先生做了题为“八十岁的感悟”讲话，并对自己的事业的后续发展寄予期待和嘱托。在庆贺生日仪式后，会议仍严格按照学术会议的程序分主旨报告、语言学研究（包括语言学、浑沌学与语言文化研究）和壮侗语及少数民族古文字和古籍文献研究等主题分组进行讨论，会议共收到上述三个研究领域的学者提交的论文50余篇。会后将出版文集。

上述几个学术研讨会及成果的汇集在学科理念宣传、研究个案积累、人才培养等诸方面功不可没。尤其需要强调的是，研讨会和文集的出版集结了团队的力量，提升了团队的凝聚力和集体合作攻关的意识。每次会议上在读的硕士生和博士生提交的论文约占一半或一半以上，其中有一部分

① 张公瑾：语言与思维的同一性原则，载张公瑾、丁石庆主编：《浑沌学与语言文化研究新思维》，中央民族大学出版社，2014年。

参会论文形成了他们的学位论文的重要组成部分，并为后续相关论题的深入研究及团队人才梯队的建设也创造了条件。

（四）国外相关研究成果译介工作

上个世纪90年代张公瑾先生提出将浑沌学的理论与方法引入语言学及文化语言学领域，并尝试进行教学与具体研究探索时，据我们所知，国外还没有有关这方面的研究成果和相关信息。但进入新世纪后，我们发现国外语言学界及相关学科开始有学者进行这方面的研究，并开始有一批论文甚至专著出版。我们开始认识到与国际相关领域的同行和学者们进行对话和学术交流的迫切性与必要性，也试图寻找适当的合作机会来与国外学者们共同探讨我们感兴趣的论题。在首届浑沌学与语言文化研究专题研讨会参会论文中就有人曾触及此内容。[①]实际上，这项工作早在2005年起我们就曾委托司提反·米勒博士具体落实。当时他通过互联网和电子邮件就曾获得数篇论文的汉译授权，但由于没有找到更多适合交流的相关成果，加之其他原因这项工作暂时搁置了。在首届浑沌学与语言文化研究专题研讨会上这项工作再次提到议事日程上，之后马上进入了紧锣密鼓的实施阶段。2010年底至2011年初，司提反·米勒博士通过各种渠道又陆续获得了几篇论文的汉译授权。后期，王松涛博士也通过互联网获得并确认了其他相关论文作者的汉语授权。两位博士在译稿的初编、校译，以及译文格式的统一等方面做了大量的工作，同时与团队中精通外语的成员王显志、吴东海、戴红亮（与张金生合译）、谭志满、张磊、孔艳、吴平、吴海英、谭清、马云霞、马琳琳等博士们精诚团结，分工合作，共同完成了13篇论文的汉译工作，为译文集的最后结集付梓立下了汗马功劳。在这项难度极大的译事进程中，每位译者拨冗投入，严肃认真，精心推敲，有些译稿进行了多次校译，最终交出的高质量译稿中凝结了他们为此付出的心血，证

① 丁石庆：浑沌学与语言文化研究中的几个问题，载张公瑾、丁石庆主编：《浑沌学与语言文化研究新视野》，中央民族大学出版社，2008年。

实了我们这个团队超强的凝聚力和各种研究实力，这也是我们这个团队今后继续合作攻关，推进学科向前发展的重要基础和潜质。

二

在梳理学科建设的成果时，我们也发现了一些问题。

问题之一，我们取得了一定的阶段性成果，但所获得成果论题较为松散，尤其涉及核心论题如方法论的理论探索方面的成果相对较少。从连续几届的专题研讨会的情况来看，总体上达到了我们预期的目标，也在一定程度上延续着我们团队的研究计划，但从参会论文数量来说，数量不够多，会议上互动与讨论的深度显然不够。另外，研究个案积累不少，但描写偏多，深层分析较少，尤其运用浑沌学理论与方法进行解释的成果不够多。近年来随着张先生的退休，他在研究生中开设且受学生普遍欢迎的特色品牌课程文化语言学导论，以及以讲授浑沌学与语言学结合研究的语言文化研究方法论等课程无人接替，部分在读研究生由于不甚熟悉和了解，导致提交的论文处于简单套用或浅层次模仿的水平。

问题之二，在形成学科团队的同时，作为一个新兴学科和新的方法论探讨路径影响有限；以团队内部的形式在国内运作，以上述几种方式推进，客观上使学科的理论与方法论探讨有了长足的进展，也积累了相当丰富的个案研究材料，培养了人才，但局限于团队内部的研讨而缺少其他学科或其他方法的交流，也使学科进步的步子迈的不大，也限制了影响面和宣传的范围。

问题之三，我们一直倡导的与国内对相关论题感兴趣的同仁与学者们的交流的计划还没有实施，尤其与国外交流的大门始终没有打开。国外相关研究成果的译介的后续工作因著作权、翻译人员等原因进展缓慢，计划邀请国外相关专家学者到中央民族大学开设讲座和课程、主办或合作主办国际性的浑沌学与语言文化研究专题研讨会及包括“请进来，走出去”的一系列学科建设计划也都因各种原因而暂时搁浅。

问题之四，在前期阶段性成果的基础上开展方法论研究的计划执行力度较弱，最主要的原因是，学科团队成员普遍感觉面对目前发展形势及工作生活现状，心理压力较大，无暇拨冗集中精力潜心研究浑沌学理论与方法，仅靠每届的专题研讨会和几位“积极分子”的投入和参与对学科后续的发展推进作用似乎有限。

三

张公瑾先生多年来另辟蹊径，坚持创新，率领团队建构以浑沌学理论与方法论为基础的文化语言学学科体系，并对目前的研究也予以充分的肯定与期待。他坚信：“文化语言学以及浑沌学的应用，我们都走在世界思潮的前沿，但我们不必讲‘领先’、‘接轨’之类的话。文化语言学有中国自己的传统和特点，它将为语言学开拓无限广阔的前景。”① 经过十数年的打造，我们相信团队都将在诸方面上一个台阶，理由如下：

其一，学科理论与方法论体系已成雏形，核心理念与方法论基础较为扎实，且具有前沿性质，学科的顶层设计较为合理，学科特色与品牌征兆突出，后续可持续发展空间较大。

其二，从团队成员的构成、规模与发展态势来看，多数人在高校或科研机构从事专业教学与研究工作，专业理论基础扎实，梯队合理，尤其一批中青年人才在健康成长，原本就具有的多种人才优势和资源优势得到了进一步的扩大，为后续研究积蓄了强有力的条件和后劲。

其三，已积累了诸多个案，为后续发展奠定了坚实的基础和挖掘与

① 张公瑾：继承与创新——传统语言学著作中的浑沌学思想资源，载张公瑾、丁石庆主编：《浑沌学与语言文化研究新收获》，中央民族大学出版社，2010年。

提升的条件。就目前已有的阶段性成果来看，几乎涉及到国内汉语和数十种语言少数民族语言，部分涉及到英、德、俄、日、韩、泰等多种外语材料。可谓语料翔实，个案丰富，这也为后续的比较和对比研究提供了参照和相关依据。

其四，经过多年的努力，与国外相关机构和专家的交流的时机基本成熟，拟先期将团队的部分成果以外文的形式翻译出版，达到宣传与交流的目的，并将重点在这方面做一些相关工作。

其五，我们的团队始终坚守张公瑾先生一直倡导的继承与创新的精神，密切关注国内外相关研究动态，多方征询不同学科与业内专家学者对学科发展的意见与建议，并具有宏观把握与适时调整学科发展方向的机制与素养，这也使我们对团队后续可持续发展前景充满信心与期待。

全球化、信息化、城镇化条件下的语言发展和演变

——以浑沌学为视角

王 锋

摘要：改革开放以来，中国的经济、社会和文化发生了巨大的变化。特别是进入21世纪的十多年来，中国全球化、信息化、城镇化进程进一步加快，语言的发展变化十分活跃。当今中国的语言发展和演变格局，与传统的以自给自足为基本发展模式的农业社会相比已经有了根本的不同。这种变化可以说是革命性的。

传统的语言演变格局，是以语言的自我发展为主，内部演变占优势，具有发展沿流的内在确定性。特别是在南方少数民族地区，由于山川阻隔，语言社区相互独立，外部环境影响小，语言总体上按内在的格局自然发展，在时间序列上以分化为主流。而在全球化、信息化和城镇化大背景下，语言发展的条件和环境发生了深刻变化，语言的发展和演变呈现出新的特征。

关键词：全球化；信息化；城镇化；语言发展；语言演变

一、全球化、信息化、城镇化条件下的语言发展和演变及其表现形式

语言的发展和演变，包括两个层面：一是语言在民族社会、经济和文化生活中的使用和发展；二是语言结构自身的发展和演变。

（一）全球化条件下的语言发展和演变

1. 语言数量减少趋势加剧

全球化是20世纪80年代以来在世界范围日益凸现的新现象，是当今时代的基本特征。它是一个以经济全球化为核心，包含各国、各民族和各地区在政治、文化、科技、军事、安全、意识形态、生活方式、价值观念等多层次、多领域的相互联系、影响、制约的发展过程。在这个过程中，科学技术的发展，主要是交通和通讯技术的发展，尤其是从电话到电子计算机再到因特网的发展，消除了人们之间的空间界限，加强了各地人们之间的联系，加快了全球一体化的进程。

从理论上讲，以经济为中心的全球化，客观上促进了文化的交流。这种交流是文化同质化与文化异质化两种趋势相互作用的过程。但从实际情况看，全球化对语言和文化多样性的影响总体上是消极的。首先，经济的全球化，要求市场的一体化，而一体化的市场是以统一的语言文字为基础的，复杂多样的语言文字客观上不利于经济交流；其次，占经济发展主导地位的国家、地区和民族，都会以社会和经济优势为依托，获取语言和文化优势，而社会、经济发展滞后的国家、地区和民族，其语言也相应地处于弱势，语言功能弱化，语言声望缺失，在全球化进程中不断被边缘化甚至走向濒危。正如海然热所指出的：“在那些人们足迹所至，无法恪守传统身份的少数民族地区，虽然他们的语言仍在使用，但频繁的接触导致那

些挟带金钱、技术和意识形态而来的语言的传播成为不可抗拒。”[①]在这些因素的作用下，英语等主要语言的使用人口不断膨胀，使用范围不断扩张，影响力不断增加，而大量使用人口较少，社会和经济发展滞后的民族语言，则加速走向衰亡。从全球范围看，人类语言数量正在加速减少，语言文化多样性面临巨大危机。

2. 优势语言对弱势语言语言结构的影响不断加大

在全球化背景下，优势语言不仅削弱和限制了弱势语言的使用功能和使用范围，同时也深刻地影响着弱势语言的结构。以经济、文化、科技一体化为背景的语言接触，不是语言之间对等的交流，而是优势语言对弱势语言的一边倒的影响。例如，词汇方面，大量的政治、经济、文化、科技词汇，基本无例外都是由优势语言输入弱势语言；在语音和语法层面，弱势语言也加速向优势语言趋同。如汉语，尽管使用人口数量众多，但在全球化和信息化背景下，汉语相对于英语而言也是弱势语言，受英语影响程度不断加深。汉语中输入的英语词汇数量巨大，仅第六版《现代汉语词典》就收录了239个英文字母词，标志着这些字母词正式进入了汉语的词汇系统，引起了学界震动。在国内，随着普通话影响力的不断增大，各地汉语方言的语音、词汇和语法日益向普通话趋同；在少数民族地区，民族语言越来越多地输入由汉语政治、经济、文化和科技借词，语音、语法也受汉语影响。全球化的潮流滚滚向前，优势语言对弱势语言的结构影响也是不可逆转的。

（二）信息化条件下的语言发展和演变

信息化是充分利用信息技术，开发利用信息资源，促进信息交流和知识共享，提高经济增长质量，推动经济社会发展转型的历史进程。它所对应的是社会整体及各个领域的信息获取、处理、传递、存储、利用的能力

① 海然热著，张祖建译：《论语言学对人文科学的贡献》，生活·读书·新知三联书店1999年版，第44页。

和水平。与发达国家相比，我国的信息化水平还相对较低，但随着互联网技术和智能手机的普及，中国的网民数量已经跃居世界第一，这是21世纪以来中国社会影响深远的巨大变化。通讯和网络技术的跨越性发展，带来了中国语言发展的新形势。信息化条件下，语言传播的渠道和形式发生了根本性变化，语言传播的速度和影响力得到极大提升。

1. 语言的传播和相互影响克服了时空限制，语言融合和趋同成为主流

在长期的农业社会中，不同的语言社区相互隔离。特别是很多语言社区由于山川阻隔，相互之间老死不相往来，其语言、方言独立发展，语言、方言之间的差异不断增大，形成以分化为主流的发展趋势。工业社会中，随着人口流动的增加，语言社区的隔离状态被打破，但语言和信息尚未实现无障碍交流。

20世纪末、21世纪初兴起的信息化浪潮，从根本上改变了语言和信息交流的形式和格局。在中国，随着短期内互联网技术和智能手机的普及，语言和信息的传播实际上已经克服了时空限制，实现了无障碍交流。即便是偏僻的少数民族地区，青少年群体也可通过网络和智能手机，与大城市的青少年同时接受最新的信息，并发布自己的思想和意见。不仅是语言实现了无障碍传播，不同语言之间、同一语言的不同方言之间，其相互影响的程度也是前所未有。语言发展的历史由此进入一个新的阶段，即以融合和趋同为主的发展阶段。

2. 语言传播的速度和影响力产生飞跃

在长期的传统社会中，信息的传播基本上是通过“口耳相传”、“道听途说”，信息传播的速度是缓慢的，内容是零散的，除非在特定的情况下，传播者和接收者数量一般比较有限，信息传播造成的影响也比较小。

但在信息化条件下，人类社会进入了一个新媒体时代。语言信息可以在极短的时间内传遍世界各地，远隔重洋的人们几乎可以同步接收语言信息。同时，信息传播的参与者数量巨大，传播能力惊人。以微博等为代

表的开放型信息传播形式，开启了信息化社会的“自媒体”时代，每个人既是信息的接收者，同时又可以是信息的发布者和传播者，完全颠覆了传统的信息传播格局。以新浪微博为例，截至2014年3月，微博月活跃用户1.438亿，日活跃用户6660万，其中包括大量政府机构、官员、企业、个人认证账号。[①]根据北京市社会科学院2013年《北京文化蓝皮书》的统计，仅北京一地，2012年粉丝数在100万至300万的新浪微博账户就有498个，粉丝数在300万以上，具有重要公众影响力的新浪博主142个、腾讯博主107个。[②]粉丝超过千万的也大有人在，除一些个人大V外，北京政务微博群、上海政务微博群的粉丝也都过了千万。千万人口已经相当于世界上不少中小国家的人口总量。一个拥有一两千万读者的集主编、编辑、记者于一身的“自媒体”，强大的社会影响力不言而喻。得益于微博等新媒体的网式信息传播结构，一条新的语言表达方式的传播可以呈指数增长，信息以滚雪球的方式迅速扩散，其传播速度和影响力是传统媒体难以想象的。

3. 社会、文化系统与语言系统的互动更为快速和直接，语言要素的发展变化进入活跃阶段

语言是文化发展和传承的重要载体，同时又是文化发展的凝聚体，语言本身就是一个文化信息系统。一个民族历史上创造的文化成果，最后作为一种经验积淀在其民族语言中，因此，语言本质上是人类创造活动和文化知识的集大成的文化体系。

在传统社会中，语言系统是相对封闭和稳定的。人类的社会活动和文化创造的成果，通常要经过长期的积累、沉淀和传播，才能形成概念进入语言系统，被不同地区的人们逐渐接受，语言发展的群体性特征比较鲜明。

在信息化社会中，信息传播的时空障碍基本被消除，人们的社会活动和文化创造，都通过信息化技术，以极快的速度反馈至语言中，经过语

① http://baike.baidu.com/view/2762127.htm?fr=aladdin.

② http://bjcb.morningpost.com.cn/html/2013-05/17/content_225479.htm

言群体的认可，从而进入全民共同语，很多网络语言的发展正是这一模式的反映。尤其是在社会和文化的热点事件中，更易形成全民创造、全民传播流行语的火热局面，这是社会文化现象通过民间话语体系对语言系统进行影响的表现。热点事件中产生的网络流行语，部分是原先就存在的，但通过网民的集体创造，被赋予了新的意义，内涵有了极大的延伸；部分是网民根据事件的典型特征精练概括而成。[①]无论是何种形式，都集中反映了民间社会的语言热情和智慧。同时，新词由网络媒体向报纸、电视等主流媒体扩散的速度加快，从而被更广泛的使用者认知、熟悉、选用、再创新，不少新词进入了共同语。《现代汉语词典》第六版新增3000余条新词，增补新义400余项，其中不少新词新义就来源于网络用语。

总的来说，就是在信息化条件下，社会、文化系统对语言系统的作用和影响更为快速和直接，语言系统呈现前所未有的波动，语言结构的发展进入了一个活跃阶段。对此，学界和语言工作者都应有充分的认识。

4. 信息化进程中的数字鸿沟，进一步加剧弱势语言的衰亡

在信息化进程中，表面上看，在同等的信息化技术条件下，各种语言文字的机会和权利是均等的。但实际上，不同国家、民族和地区在信息传播中的地位差距非常大，这种差距被称为“数字鸿沟”。数字鸿沟在带来社会、经济、文化等方面鸿沟的同时，也造成语言之间更大的不公平，并威胁着许多语言的生存。在信息化社会中，不能成为网络语言或是在网络应用上处于劣势的语种，其使用功能和活力将会进一步弱化，进而走向濒危甚至衰亡。

（三）城镇化条件下的语言发展和演变

当前，我国正在经历一个影响深远的城镇化进程。城镇化不仅是人口的流动，而是社会、经济、文化的全面城镇化。就语言发展和演变

① 甘露：《热点新闻事件中产生的网络流行语的影响》，载《中国传媒科技》2011年第12期。

来说，城镇化带来的影响是十分深刻的。城镇化推动了语言使用者的大规模流动与聚集，使原本封闭、独立的乡村语言社区走向开放的语言社区，从而带来语言使用和语言结构的巨大变化。这一变化可从以下几个方面来考察：

1. 方言和民族语言的使用功能在城镇化进程中不断弱化

城镇化首先表现为人在城镇中的大规模流动与聚集。而这些流动和聚集的人口，大多是具有不同语言文化背景的群体。不同背景的语言使用者在城市里高度杂居，一种通用、经济、高效传递现代科技文化信息的交际共通语成为必然的要求。此外，语言作为一种特殊的资源，人们在由封闭性社区向开放性社区转化过程中，会有意识地利用和管理语言资源以便适应新的环境，这是人类社会行为中工具理性的具体体现。①在我国，汉语以其灿烂悠久的历史和文献，众多的使用人口，较强的经济、科技、文化承载力而得到各民族的广泛认同，历史上一直是各民族之间的族际交际共通语。而对汉语方言区的城镇来说，普通话的交际共同语功能也在日益强化。因此，城镇化进程在客观上弱化了汉语方言和少数民族语言的使用功能，汉语方言和民族语的使用范围缩小，使用频率降低。

使用功能的差异同时还改变了人们的语言观念和语言态度，影响了人们对方言和民族语的认同和价值判断，方言和民族语的语言声望不断降低，生态环境趋于恶化。这种状况在城镇化第二代人口中表现尤为明显。第二代人口习得、使用方言和民族语的比例急剧降低，是城镇化影响语言生态的典型案例。

另一方面，在城镇化进程中，乡村和城镇两个语言社区的联系和互动日益密切。通过频繁的人员流动、信息交流以及以城镇为中心的媒体宣传，语言功能和声望的差异，也扩展到乡村语言社区。在内地及边疆民族的农村地区，普通话及汉语方言的影响也呈现出不断增大的趋势。

---

① 李荣刚：《城市化对乡村语言变化的影响》，载《重庆社会科学》2011年第10期。

2. 乡村语言和方言的结构受城市优势语言和方言影响加大，产生不同程度的语言变异

在城镇化进程中，农村地区经济迅速发展，文化教育加快普及，社会交际日益频繁，大众传播媒介深入日常生活，农民思想观念和农村文化结构发生改变。这些变化，本质上也是城乡互动中的语言城镇化过程。这一过程在宏观上体现为郊区和乡村的语言模式日益向城市语言模式靠拢，而在微观上，则是乡村语言和方言的结构受城市优势语言和方言影响加大，产生不同程度的语言变异。这些变异表现在语音、词汇、语法等方面，也表现在语言风格等非结构层面。在内地，乡村语言在城市强势语言文化的影响下，通过自身的变异，方言土语成分逐渐减少，慢慢地向临近城市的语言靠拢并最终与普通话趋同。在民族地区的农村，民族语言在城镇汉语方言以及普通话的影响下，逐渐发生变异。表现最为突出的是汉语借词的输入，语音系统的变异，语法结构尽管相对稳固，但在少数民族青少年中，民族语的语法结构也在发生变化。这种变异因文化、经济和交通发达程度的不同而有差异，但变化趋势则是客观存在的。

二、浑沌学视野中的语言发展和演变

如前所述，在全球化、信息化和城镇化条件下，语言的发展演变业已进入了一个新的阶段。如何认识和把握新时期语言发展的形式和特点，这是语言学理论面临的一个新课题。面对纷繁复杂的语言发展现象，尤其是层出不穷的非线性发展现象，传统语言学理论已经力不从心。传统的语言学理论，不论历史语言学还是结构主义语言学，都只注意语言的线性特征和有序状态，如历史语言学探讨语言的对应规律，结构主义语言学注意分布和对立，着眼点都是运动的平衡态和周期态。其实，语言不是一个自我封闭的符号世界，而是一个开放的、演化的、有着大量外界干扰的非

线性复杂系统。[①]全球化、信息化和城镇化发展，进一步凸显了语言发展的非线性特征。用非线性科学和浑沌学的理论，可以为新时期语言发展和演变提供有力的理论武器。本文试以浑沌学的基本理论，来阐释当前语言发展演变的一些特点。

（一）语言系统更趋开放和复杂，非线性发展特征凸显

语言堪称人类创造的最复杂的符号信息系统。其系统的复杂特性首先表现在语言结构上：（1）语言结构由多种层次的众多要素组成，大的层面，语言系统由语音、词汇、语法三个子系统组成。三个子系统又分别包含不同层次的构成要素；（2）语言系统构成要素分属多个层级的嵌套子系统；（3）语言系统的内部要素相互依存、相互作用。

其次，语言是随着人类社会、经济和文化生活的发展而发展的，因此，语言本质上是一个开放的动态系统，在其演变过程中通过从环境中吸收能量和信息，从而增加复杂性。语言系统与其他系统之间有着密切而频繁的信息交换关系。这是语言得以生存和发展，同时复杂性不断增加的基础。

在全球化、信息化和城镇化条件下，语言的开放性和复杂性更趋凸显。主要表现有：

1. 语言的开放性范围扩大。在传统社会中，语言系统的开放性不太凸显，且仅与语言社区所在及周边的社会和文化系统存在信息交换。一个民族和地区的语言，其信息系统通常只反映本民族和本地区的生产和生活知识。但在新的时期，随着经济、交通、科技的发展，大量外界甚至全球范围内的社会和文化信息都会对一个语言系统造成扰动，从而也增加了语言的复杂性。例如“克隆”、“厄尔尼诺”、GPS、WTO等特定领域的新词，也会出现在乡村语言甚至少数民族语言中。

2. 语言系统对外部系统的反馈更为敏感。借助信息化条件，人们的社

① 张公瑾：《走向21世纪的语言学》，载《民族语文》1997年第2期。

会和文化活动及其成果能够以极快的速度反映到语言系统中，而不再需要传统社会中长期的积淀和传播过程。尤其是一些带有普遍性的热点话题和概念，更易引起语言系统快速而敏感的反应。例如“超女”、“KO”、“失联”、“蚁族”、“房奴”、“富二代”、“山寨”、“非典”等大量新词的快速传播，就体现了这一特点。

3. 语言群体流动增大，语言系统的接触更加错综复杂。在全球化和城镇化背景下，语言个体的流动量大而广，无论城市和乡村，都很少再有传统社会纯粹单一的语言社区。语言接触的深度和广度已经超过历史上任何时期。

4. 个体性扰动对语言系统的影响凸显。语言是约定俗成的，是集体无意识的产物，语言的发展是不以人的意志为转移的，个人无法发挥作用。但是，在新的条件下，借助信息化技术，在特定的条件下，一些个人的语言活动有可能获得广泛认可，从而以很快的速度扩散到语言系统中，如“囧”字就是从个体使用扩散到网民和社会各界中。由于网民数量众多，语言发展和变异的参与主体数量众多且分散，对语言系统发展造成的扰动是日益凸显的。

（二）外部环境的影响进一步增大，语言发展的内在确定性受到削弱

语言是一个动态的发展系统，且其发展有自己的方向和确定性。语言发展的方向和趋势短期内不容易看出，但在一个较长的时期内，则可以清楚地看出其内在的规律性。正如萨丕尔所指出的：语言里其他一切都有自己的沿流，每一个词，每一个语法成分，每一种说法，每一种声音和重音，都是一个慢慢变化着的结构，由看不见的、不以人意为转移的沿流模铸着，这正是语言的生命。[1]这里的“沿流”，可以理解为语言发展的内在确定性。在传统的农业社会中，人口流动性小，语言社区相互隔离，语言主要体现自我的发展，其发展的内在确定性较为凸显。

① 爱德华·萨丕尔著，陆卓元译：《语言论》，商务印书馆1985年版，第154页。

但正如前文所指出的，在新的发展条件下，外部环境对语言系统的影响日益加剧，首先是经济和社会流动造成语言主体的迁移和流动，语言接触和影响的深度和广度前所未有；二是以新媒体为渠道，社会文化系统与语言系统的互动极大加速，社会文化热点迅速反馈至语言，社会文化系统对语言系统的影响更加快速而直接。这一切，都使语言系统发展的内在确定性受到日益剧烈的扰动。受这些扰动的影响，语言的发展经常偏离原有轨道，发生新的变化。

以汉语为例，如词汇方面，当前汉语中形成了越来越多的英文字母词，如WTO、GPS、GDP、NBA、ATM机、POS机等，就是英语作为全球性语言，对汉语语言系统造成的扰动。尽管汉语中吸收字母词是好是坏，学术界还有争议，但比较一致的认识是，汉语中英语字母词的增加，尽管是必要的，但也在一定程度上影响了汉语的发展方向，需控制在一定数量以内，不能无限制吸收，否则将影响汉语和汉字的原有性质。又如，汉语词汇的双音节化是一个重要的发展趋势，但“范跑跑”、“楼歪歪”、“高大上”、“白富美”等三音节词，是随着社会热点问题形成的特殊用语，随着这一构词法从网络扩散到汉语口语中，就造成了汉语构词的新变化。一些不符合汉语原有组合规律的结构，如“被增长”、“被就业”、“被自杀”等，但已经在一定程度上通用；再如，从类型学上看，汉语是一种动词型或动词优先的语言，而英语则是一种名词型或名词优先的语言。但是，受英语的影响，汉语的动词优先原则也受到冲击，并出现了一些名词优先的句子。例如，“祝您旅途愉快”是动词型的句子，但现在却经常说成“祝您有一个愉快的旅程”，这实际上是汉语中的英语表述。这类句子的大行其道，对于汉语的发展是有重大影响的。

（三）语言发展对初值的敏感依赖性更加凸显

对初值的敏感依赖性，又称蝴蝶效应，是人们早已熟知的浑沌系统的根本特征。在浑沌系统中，只要初始条件稍有偏差或微小的扰动，就会使系统的最终状态发生巨大的变化。在这一点上，语言系统的发展是完全符合浑沌系统的特征的。萨丕尔在谈到语音发展的时候就已指出，一种沿流，从语音的轻微调整或扰动开始，会在几千年的历程中引起最深刻的结构变化。[①]这种语音的轻微调整或扰动，就是一种初值的形式。除了语音，词汇和语法的发展也有类似的特征。

当前的语言发展在新的条件下，蝴蝶效应现象更趋突出，且更具时效性，在传统语言发展中数十年乃至成百上千年才能完成的变化，在新的条件下短时间内就会实现。其根本的原因在于语言的传播和影响方式有了根本的变化，从有声语言、书面语言到日益普及的广播电视、网络媒体、移动通信，新兴媒体对语言的发展和传播具有进一步放大效应。在信息化条件下，语言信息实现实时传输，不仅方便快捷，传播无阻碍，且传播受众基数大，远超传统平面媒体。一个新的语言现象和变化，往往通过特定的场合和条件，就在极短的时间内扩散到全民语言中。

例如，“愿景”一词，原来多使用于台湾、香港等地。在中国大陆和港、澳、台地区的交流过程中，大陆人民也逐渐开始了解“愿景”一词，但使用范围一直有限。2005年4月29日，在胡锦涛总书记与原国民党主席连战的会谈公报中，使用了“愿景”一词，这是该词首次出现于国家重要文件，标志着该词获得了普遍认可，从而进入普通话词汇系统中，同年7月出版的《现代汉语词典》第5版中即收录了“愿景”一词。2009年春晚，“雷死我了”、“被雷了”等网络词汇被写入剧本台词，全国的网民和社会各界都认识并了解了“雷”的新意义，使“雷”走出网络，走到了日常生活中。2010年11月10日，一向以严肃、严谨著称的《人民日报》在头版头条刊发了题为《江苏给力“文化强省”》的文章，受到全国网民和读者的高度关注。由于《人民日报》的权威性和号召力，一直仅限于网络使用的“给力”一词一夜之间蹿红神州大地，扩散到全民词汇系统中。这

① 爱德华·萨丕尔著，陆卓元译：《语言论》，商务印书馆1985年版，156页。

一事例堪称新时期汉语发展蝴蝶效应的最好例子。其他如各种偶然、突发事件而引起的语言新变化，不胜枚举，导致各种新词爆炸式增长。句法方面，如各种“体”的层出不穷以及“全民造句狂欢”，其发展变化，都带有特定条件下的偶然性，但带来的影响是深刻而巨大的。

语言发展在短时期内对初值的敏感依赖性，带来了语言工作的很大困难。首先，因为初值具有不确定性。在新的条件下，语言发展进入活跃阶段，新的语言现象层出不穷，人们难以判断哪些初值只是昙花一现，而哪些初值则会影响到全民语言；其次，初值发展在新的条件下发展快速，难以进行有效的语言规范。传统社会中，语言发展变化较慢，而在当前条件下，有的语言现象可能在一夜之间扩散到全社会。这就导致语言规范环节缺失，不规范语言现象大量增加。

（四）分形的消减和语言分化趋势的弱化

在浑沌系统的演化过程中，系统经过历时的发展，因空间分布、社会条件及其他各种因素的不同，会发展成为与母系统整体相似的子系统。这就是共时平面上的浑沌现象，其主要表现是分形和自相似性。客观世界中的许多事物，具有自相似的层次结构，这些层次结构就是分形。

语言是一个非线性复杂系统，它有着多层次、多方面的分形结构。例如，地域方言可以视为语言的分形，它是语言地理分布和历史发展的结果。在一个语言区域内，随着时间的推移，该区域内不同地理单元的语言变体将会缓慢地发展为不同的分形，即方言和土语。如汉语各大方言首先可以视为汉语在共时的地理空间上的分形，但这些分形同时又是自秦汉以来在时间序列上具有自相似性的历时结构。

除了地域方言以外，与语言系统发展相关的还有各式各样的分形。如萨丕尔所指出的语言的个人变异：“仔细考查一下每一个人的言语，就会发现无数细节上的差别，存在于词的选择，句子的构造，词的某些形式或某些组合的相对使用频率，某些元音、辅音或二者合并时的发音等方面，也存在于快慢、轻重、高低等给口语以生命的方面。可以说，他们说的不是完全相同的一种语言，而是这种语言的各种稍有分别的方言。”[①]又如，维拉·露西亚指出，语言习得因生物认知、信息输入、互动模式、社会历史语境、自动性、所属、情感、动机等不同而对应于不同的分形。[②]这些分形，实际上代表了语言发展的无限可能性。

在传统社会环境中，语言因空间分布、社会条件及其他各种因素的不同，会分化出不同层次、不同标度的分形，语言的发展也以分化为主流。

但在新的时期，在全球化、信息化和城镇化条件下，以强势文化、网络文化、城镇文化为依托的通用语言影响力不断扩大，对地域方言、社会方言、个体变异的渗透和约束力不断增强。在语言政策上，国家大力推广国家通用语言文字，教育领域通用语言文字已经得到普及，新闻媒体使用国家通用语言文字常态化；在语言功能上，通用语言和强势语言的社会经济价值凸显，弱势语言功能弱化，语言转用普遍发生；在语言内部结构上，各种语言和方言受强势语言和方言的渗透，不断向强势语言趋同。总体来说，就是语言的各种分形形式逐渐向通用语言和强势语言趋同，分形消减，语言发展的分化趋势减弱。

以白语为例，由于受汉语的深刻影响，白语不仅在语音、词汇上受汉语的影响越来越大，语法结构也向汉语趋同。例如，白语的各个方言中原来普遍都有通过语音交替方法构成的表示否定意义的动词和助动词。但这种否定词屈折构词方式现在已经不断式微，让位于借用汉语否定词的分析形式。又如白语昆明沙朗话，受昆明汉语方言的影响，通过借入汉语方言疑问词“嘞”，其疑问句式也与汉语趋同。类似的例子还有很多。而各地汉语方言在词汇、语音、语法上不断向汉语普通话趋同的例子，更是俯拾

① 爱德华·萨丕尔著，陆卓元译：《语言论》，商务印书馆1985年版，第132页。

② 维拉·露西亚著，孔艳译：《语言习得的分形模式》，载张公瑾、丁石庆主编《浑沌学与语言文化研究新动态——国外相关研究译文集》，中央民族大学出版社2011年版。

皆是。强势语言通过不断增强的社会、经济和文化影响力，日益密切的人口和社会流动，再加上高度发达的信息技术的支持，对弱势语言和方言的影响将更趋凸显，语言融合已经成为语言发展的主流。尽管在网络语言的冲击下，语言发展的不确定性增加，但并不能改变语言地域、社会、个体变异弱化的总体趋势。

三、结语

1. 在全球化、信息化和城镇化的大背景下，语言发展的模式和特点发生了重大的变化。语言发展的新模式和新特点，可以用新的理论来观察。非线性科学和浑沌学的理论，可以为我们观察和解释新的语言发展特点提供新的视角，也具有更强的解释力。

2. 语言作为一个开放性系统，在新的条件下，其开放性更加凸显，语言的使用和发展、语言的内部结构，都更多地受到外来系统的扰动。这都导致语言发展的不确定因素大量增加，语言现象发展的速度大幅加快。特别是在信息化条件下，语言发展对初值的敏感依赖性凸显，发展呈现出突然性、影响力急剧扩大等特点，这给新时期的语言规范工作带来了新的挑战。

3. 在新的时代背景下，语言历史发展的模式发生显著改变。在传统的封闭社会中，语言的历史发展以分化为主流，即语言在时间序列上是有序分化的。但在新时期，语言的相互接触和影响更为密切，强势语言和方言的影响力更加凸显，语言分化趋势弱化，融合趋势日渐成为语言发展的主流。因此，语言历史演变的谱系树模式日渐式微，张公瑾先生提出的“河网状”演变模式更加符合当前和今后语言发展的实际。

4. 客观认识弱势语言的衰亡。在新的历史时期，语言分化的社会和文化基础趋于解体，语言的融合，尤其是以优势文化语言为中心的语言融合已经成为主流，弱势语言功能弱化，并逐渐走向濒危和消亡，这是一个带有根本性的改变，也是一个不可逆转的趋势。我们应该清醒地认识这一发展趋势。党中央提出“科学保护各民族语言文字”，正是在科学、客观认识这一发展趋势基础上提出来的新时期民族语言文字工作方针。

参考文献

［1］（美）E. N. 洛仑兹：《浑沌的本质》，气象出版社，1997年。

［2］（比）I. 普里戈金：《从混沌到有序》，上海译文出版社，2005年。

［3］陈文鹏：《近十年网络词语发展变化研究》，暨南大学硕士学位论文，2011年。

［4］甘露：《热点新闻事件中产生的网络流行语的影响》，载《中国传媒科技》2011年第12期。

［5］李荣刚：《城市化对乡村语言变化的影响》，载《重庆社会科学》2011年第10期。

［6］李宇明：《中国语言生活的时代特征》，载《中国语文》2012 年第4 期。

［7］宋学锋：《复杂性、复杂系统与复杂性科学》，载《中国科学基金》，2003年第5期。

［8］王锋：《对语言作为非线性复杂系统的再认识》，“第六届浑沌学与语言文化研究”研讨会，北京：中央民族大学，2012年12月。

［9］王锋：《昆明西山沙朗白语研究》，中国社会科学出版社，2012年12月版。

［10］闫萍：《近十年汉语新词语的考察与分析》，南京林业大学硕士学位论文，2011年。

［11］张公瑾、丁石庆：《浑沌学与语言文化研究》，中央民族大学出版社，2005年。

［12］张公瑾、丁石庆：《浑沌学与语言文化研究新动态——国外相关研究译文集》，中央民族大学出版社，2011年。

［13］张公瑾：《文化语言学发凡》，云南大学出版社，1998年。

［14］张公瑾：浑沌学与语言研究，载《语言教学与研究》，1997年第3期。

［15］周庆生：《少数民族语言在社会转型中的挑战与机遇》，载《云南师范大学学报（哲学社会科学版）》2013年第2期。

浑沌学：语言预测学研究的新路向

王一川　王显志

一、语言预测学概述

我国语言学界在20世纪80年代中期提出了一门集理论与应用为一体的现代科学，强调将语言置于全息的系统内进行前瞻性和科学性的研究。通过研究语言的动态本质，提出了语言潜显理论，即潜性语言的显性化和显性语言的潜性化。首先，语言的潜显理论能在普通语言学中找到实例，例如索绪尔关于语言和言语的区分、共时态和历时态的区分、组合关系和聚合关系的区分，乔姆斯基关于语言能力和语言运用的区分，此外，语法系统中潜性语法和显性语法的区分（深层语法和表层语法的区分），语义现象中潜性语义和显性语义的区分。其次，“词语破碎处，无物可存在”[①]，各语言之间的词汇潜势也体现了语言的动态本质，例如，英语表示同辈亲属关系只有“brother”和“sister”两个词，而汉语中有兄、弟、姐、妹四个词，称呼时不仅要区分性别，而且要区分长幼。较英语来说，汉语的这种语义分割属于潜在语言成分，未来或许也能像“dama”一样挤进秩序森然的英语词汇，成为英语中使用的语言成分。韩语中，男孩和女孩对哥哥、姐姐的称呼截然不同，男孩叫哥哥“형”,叫姐姐“누나”，女

① 海德格尔著，孙周兴译：《在通向语言的途中》，第150页，商务印书馆，2005年。

孩叫哥哥“오빠”，叫姐姐“언니”，这种具有明显性别差异的语言相对于汉语的同辈亲属称谓也属于潜性语言成分。此外，普通话词汇系统对地域方言词的吸收也体现了语言的潜显变化，例如，北方方言的“唠嗑”、“忽悠”，粤方言的“拍拖”、“巴士”，吴方言的“尴尬”、“蹩脚”，湘方言的“现话”、“翻工”等方言词在未进入通用语词汇时呈潜性成分，通过对普通话词汇系统的渗透，最终实现了语言的潜在性向实在性的转变。随着时代和社会的发展进步以及词语指称的事物的隐退，现实中使用的语言成分也会随之消失，即显性语言的潜在化，例如公私合营、人民公社、工宣队、粮票、兑换券等。从根本上说，语言的潜显变化是社会、文化、经济、心理，风俗习惯等因素共同影响语言的结果。

二、数学逼近自然的三种范式

（一）确定论

从开普勒的行星运动三定律，到牛顿力学三定律，再到爱因斯坦的相对论，描绘的都是确定性的、时间可逆的、谐调的科学世界。在这个世界中，时间和空间具有绝对的对称性，一切系统都被认为是相似的，其运行和演变都遵循确定的规律，确定性意味着存在的唯一性。只要知道支配系统行为的动力学方程，或者说，只要初始条件给定，便可推算事物发展的过去和未来。加之事物的影响方式具有收敛性，发展过程中蕴涵的不稳定因子往往忽略不计。例如，牛顿定律在时间 $t \to -t$ 的反演下具有时间不变性（或称时间对称性），即物理定律在时间正向和逆向流逝时都是一致的，过去和未来都起着相同的作用。牛顿以来的科学传统比较推崇确定论的描述，但是随着人类认识的深化，科学不再局限于理想化、简单化、近似化的情景，而是要反映现实世界的复杂性和不确定性。

（二）概率论

如果说以天体力学为代表的确定论描述的是一一对应的关系，那么以热力学、流体力学为代表的概率论描述的则是多一对应的关系。概率论主要研究随机性或不确定性等现象，例如，布朗运动（悬浮在液体中的花粉颗粒的无规则运动）、麦克斯韦气体分子速率分布定律（刚性气体小球所显示的漂浮不定行为的研究）、玻尔兹曼和吉布斯的统计力学、海森堡的测不准原理、兰姆移位等。上述统计物理和量子力学表明：过去和未来的对称性被打破，世界充满了不统一的不确定性。随着不确定性在不同时间尺度的延伸，不相关、不可预料的随机波动充斥着系统内部，随机性和概然性才是存在于宇宙结构中的基本要素，世界俨然是由掷骰子的上帝所支配。“大自然的规律是数学规律，上帝是几何学家”。[①]至此，统一的客观世界被描述成两种基本精神完全相反的科学图景。人们不禁思考世界是偶然的还是必然的？是确定性的还是随机性的？

（三）浑沌论

作为无穷过程的理想极限，确定论只有在系统行为规律、初始条件、测量精度等完全确定的情况下才成立；而概率论仅在$n \to \infty$，即必须有无穷多个不同的数组成时才成立。浑沌理论的出现，缩小了这两个对立描述体系之间的鸿沟。它使我们知道，世界既不是完全概率的，也不是完全确定的，完全概率和完全确定是描述世界的两种不同模式。浑沌是确定性系统的内在随机性，是确定性与概率性的辩证统一。一方面，浑沌学肯定布朗运动、量子涨落等随机运动是一种外在的随机性，同时揭示出浑沌系统内在的随机性。换句话说，没有随机作用，没有随机系数，初始条件也是确定的情况下，系统自身也会产生随机性。另一方面，浑沌有随机性的一面，也有确定性的一面，并且首先是确定性的，是由完全的确定性原因

① [英]伊恩·斯图尔特著，潘涛译：《上帝掷骰子吗?—混沌之数学》，第5页，上海远东出版社，1995年。

引起的。

三、语言预测学研究的三个路向

将确定论、概率论和浑沌学这三种科学和认识论上的思维方式用于语言预测学研究，就产生了三个不同的路向：语言预测学中的确定论、语言预测学中的概率论、语言预测学中的浑沌论。

（一）语言预测学中的确定论

语言预测学中的确定论主要研究语言项目发展变化的各种周期，认为语言是一个具有叠加性、齐次性、可积性的线性系统，其发展轨迹在任何时候都是确定的、彼此相似的。斯图尔特指出了经典确定论的范式，“在没有任何无规外部输入的情况下，如果方程唯一地规定系统的演化，则系统的性态自始至终唯一地被确定”。[①]由于系统的周期性或近周期性不会因为初始值的微弱改变产生剧烈变化，因此，无论是在微观层次还是在宏观层次，系统运动都是可推断的、可预言的。系统的这种内在均匀性，使我们相信，“根据这种状态的连续性和单值的依存关系就可推出运动的微分方程。当已知初始条件时，借助此方程就能绝对准确地预知物体以后的全部运动。”[②]依赖于确定论所预言的路径，目前的语言预测学研究主要通过归纳现实中使用的语言单位的修辞方式，运用类推原理、相关性原理和推理机制对语言发展进行预测。例如，周洪波（1996）在谈到新词语预测时写道，新词的预测策略主要着眼于语素和语素之间的排列组合，通过仿造、简缩、合力三种方式进行预测。[③]

① [英]伊恩·斯图尔特著，潘涛译：《上帝掷骰子吗?—混沌之数学》，第8页，上海远东出版社，1995年。

② [美]阿尔伯特·爱因斯坦著，易洪波、李智谋译：《相对论》，第132页，江苏人民出版社，2011年。

③ 周洪波：新词语的预测，载《语言文字应用》，1996年第2期。

（二）语言预测学中的概率论

马克思认为，“一门科学只有成功地运用数学时，才算达到真正完善的地步”。彭加莱在谈到概率时也写道，“在我们不知其原因的现象中，有一种偶然发生的现象……通过概率运算给予我们的信息显然将是真的，即使到这些现象将被更充分地了解的那一天也不失其真”。[①]乔姆斯基对语言研究的伟大贡献在于他采用自然科学中形式主义的演绎方法（或称“伽利略研究风格”），他像伽利略为宇宙建立抽象的数学模型一样，构建有关语言知识的抽象数学模型。因此，应用概率论、数理统计的方法进行语言预测，不仅具有可行性且具有可操作性。首先，从学科性质来讲，语言学是人文科学中最接近自然科学的学科。作为一门领先的科学，语言学在其方法和成果上均表现出数学和逻辑研究的特点。[②]采用概率论、数理方法进行语言学研究颇具理论意义和应用价值。其次，从研究领域来讲，数理语言学的一个分支：统计语言学，即是应用概率论、信息论研究语言现象，建立语言的统计模型。再次，从研究方法来讲，数学启示我们运用分析法研究句法学、音系学、语义学；物理和化学启示我们用实验法研究语音学、心理语言学；社会学启示我们用统计法研究社会语言学、语用学、语言教学。正是由于语言发展轨道层次上的不稳定性，使得对语言系统的统计描述层次趋近平衡，最终达到渐进一致分布。运用数理统计的方法进行语言预测，通过构建数学模型，绘制正态分布图或回归分析散点图，我们能够直观地展现语言发展变化的轨迹，较依据类推原理或推理机制的语言预测研究无疑是方法论上的进步。

但是，从浑沌学来讲，运用数理统计的方法进行语言预测，虽然能保持、突显浑沌吸引子的统计特性，但是会丢失许多吸引子演化的重要信

① [法]昂利·彭加莱著，李醒民译：《科学与方法》，第38-39页，辽宁教育出版社，2001年。

② Greenberg .J : Linguistics as a pilot science. In HAMP P E. Themes in linguistics: the 1970s Monton . 1973

息，掩盖甚至消除系统的非线性特征。非线性是对简单比例关系的偏离，是产生不同于“线性叠加”的增益或亏损的交互作用。[①]传统的非线性科学的研究方法大多局限于研究系统的局部性、连续性和有序性，未考虑全局性、间断性和浑沌性。此外，在传统的非线性理论中，常对非线性模型作线性处理，用线性模型局部地代替全局去研究非线性系统，因此在分析过程中往往使用线性迭加、微扰法（摄动法）、无穷小分析等数学方法。然而，随着个体描述与统计描述之间的等价性被打破，这种线性逼近的方法仅适用于近线性或弱线性问题，难以描述系统中的浑沌现象。随着系统论、信息论、协同学等理论的出现，非线性系统的研究取得了重大进展。“纯粹数学中泛函，群论，拓扑学，尤其是微分动力系统的发展也为研究非线性问题提供了有效的手段”。[②]因此，当研究对象从线性系统转向非线性、复杂性的系统时，我们必须从根本上改变科学态度，对研究方法作出适当调整，即从以往精确的、解析的、纯逻辑的方法转变为近似的、非解析的、非逻辑的方法。正如普利高津所言：“科学今天所经历着的变化导致了一种全新的局面。科学的兴趣正从简单性向着复杂性转变。对于微观世界简单性的信念已经打破了”。运用数理统计或概率论进行语言预测，有可能把研究对象被描述成一个线性叠加的系统，也就是说，这个系统没有间断，没有突变，没有分岔，更不会产生浑沌。

（三）语言预测学中的浑沌论

浑沌系统的不可预测性源于三个关键要素：对初始条件的敏感依赖性、临界阈和分形维数。周国炎在谈到语言预测时指出，由于语言自身非线性特征以及语言所服务的人和社会分层，使得我们难以对语言进行全面

① 郝柏林：《从抛物线说起：混沌动力学引论》，第3页，上海科技教育出版社。

② 国家自然科学基金委员会：力学—自然科学学科发展战略调研报告（续），载《力学与实践》，1998年第3期。

的预测。[①]他所说的语言系统的不可预测性包含着两个层面：时间层面和空间层面。从时间层面来讲，语言演化是一个不断迭代的过程，随着迭代的进行，随机性占据的区域随之扩大，各种误差都有可能在过程中积累起来并逐级放大，相邻轨道呈指数发散，系统的不稳定性和复杂性不可逆地增加，导致系统内在地不可长期预测。正如波多克所言，“未来的绝大多数其他方面位于不确定光谱中的灰色区域”。[②]对于复杂的、不稳定的语言系统来说，其演化整个过程不可精确预测。从空间层面来讲，语言包含着语音、词汇、语法等子系统，而各个子系统又可分为不同的层面，很难从整体上对语言进行全面预测。然而，“我们在观测的所有层次上都看到了涨落、不稳定性、多种选择和有限可预测性”。[③]“语言的动态性、人文性、开放性、调节性，决定了语言具有某种可预测性”。[④]首先，长期预测和短期预测是相对而言的，是一个动态调整的过程。由于浑沌系统的内在随机性只出现在系统的长时间范围内，我们不能对语言演化全过程进行预测，但是可以对语言系统在某一时期的发展作短期预测；其次，我们虽然不能对语言系统进行整体全面的预测，但是可以对语言的某个子系统进行预测，目前的语言预测多集中在易于量化处理的词汇系统。

浑沌作为一种非线性现象，是确定性的随机性，具有确定性的法则。如果我们能够找出这个确定法则，就能够预测非线性动态系统。具体来说，基于以下三种认识：第一，这种貌似复杂的、貌似无模式的行为，其实是由精确规律产生的，是由系统的内在特性引起的，短期行为是完全确定的，这就保证了预测的可行性。第二，奇异吸引子具有整体的稳定性。

---

① 张公瑾、丁石庆主编：《浑沌学和语言文化研究新收获》，第50页，中央民族大学出版社，2010年

② [美]亨利·N·波拉克著，李萍萍译：《不确定的科学与不确定的世界》，第164页，上海科技教育出版社，2005年

③ [比]伊利亚·普里戈金著，湛敏译：《确定性的终结》，第3页，上海科技教育出版社，2009年

④ 于根元等著：《语言哲学对话》，第32页，语文出版社，1999年。

陆同兴在谈到洛伦茨吸引子（奇异吸引子）时写道：“相轨线扩展到一定程度时会因相空间收缩而返回到其中的一个平衡点附近，并围绕中心由内向外扩展，等扩展到一定程度时又突然随机地进入到其中一个平衡点附近，结果相点在两个中心之间永无休止地走着”。[①]换句话说，吸引子的运动轨迹始终局限于一个确定范围的相空间中，无论浑沌系统内部多么不稳定，它的轨迹都不会走出浑沌吸引域。因此系统只能在吸引子中心态附近涨落，一切吸引子之外的运动向它趋近，而一切到达吸引子内的成分，只有在距离平衡态的某个临界阈才会发生失稳（呈指数分离），才会导致其对初值的敏感性，才开始进行非线性运动。需要指出的是，相空间中的临界阈是确定的，吸引子上运动的统计特征或发展趋向也是确定的。因此，基于奇异吸引子整体趋稳局部趋弱这种特性，如果能找到预测对象的临界状态与其后续的状态之间的函数关系，或者在奇异吸引子上引入定常态的分布函数，我们就能评估系统未来可能性。第三，系统的某一时期的发展变化和之前某一时期的发展变化有相同或相似的规律。由于浑沌系统在一定程度上的周期性、有序性和确定性，系统运行过程中呈现出某些行为类似又不重复的模式，或者说，吸引子在不同层次上也具有自相似性。

四、浑沌预测方法

浑沌预测，可借助计算机和浑沌的基本评判分析方法，如约克定理、庞加莱映射、lyapunov指数等找出不同动态行为出现的边界条件，或通过唯象法、神经网络法、NFIP法等非线性方法。[②]具体来说，首先，按选择的数学模型可分为：相似点法、回归法、灰色模型。相似点法，由于在相空间里的每一个相点表示系统的一个状态，并且相邻观测值之间具有相互

---

① 陆同兴：《非线性物理概论》，第97–98页，中国科学技术大学出版社，2002年。

② 曲正修等：混沌学研究进展评书，载《飞航导弹》，2001年第12期。

依赖性，可在系统演变的历史记录中需找到与当前时刻相点最邻近或最相似的相点，以相似点的运动来代替当前时刻相点运动，从而对当前时刻相点的未来演化规律进行预测。回归法，即在相点间建立回归方程对系统进行预测。灰色系统，指具有层次、结构关系的模糊性，动态变化的随机性，指标数据的不完备或不确定性的系统。它既包含已知信息，又包含未知信息或非确知信息，揭示系统内部事物连续发展变化的过程。灰色系统预测，“即在分析与研究系统因子之间相互影响与协同作用的基础上，建立系统主行为特征量与关联因子的灰色动态模型群，然后通过求解进行预测。”[①]灰色模型预测，虽然不需要大量样本数据，但定量分析结果与定性分析结果不会一致。如果将无序的原始数据整理成规律性较强的生成序列能得到较好的效果。其次，按建模的数据情况可分为：全域法、局域法、自适应预测。全域法，是将轨迹中的全部相点作为拟合对象，找出规律，预计轨迹的走向。这种方法较适用于稳定、封闭的系统，对于复杂的不稳定的语言系统来说，映射关系过于复杂。局域法，是从相空间的预测点的最邻近点着手，将最邻近点在轨迹上的下一点作为预测值输出，但这种方法只能反应局部特性。自适应预测，即始终根据当前预测的误差来调整预测模型中的参数，使下一次预测的误差最小，然而其遍历性不强、不易递推。

五、结语

随着科学的发展和认识的深化，传统的预测理论（如类推原理、随机原理）受到质疑，语言预测学研究面临着思维方式和方法论的巨大变革。将浑沌学引入语言预测学研究，不仅为我们提供了新的预测理论（如系统

① 王学萌、张继忠、王荣：《灰色系统分析及实用计算机程序》，第169页，华中科技大学出版社，2001年。

演化原理、内在随机性原理），而且指出了新的预测方法（如浑沌时间序列法）。语言是一个多元开放性的浑沌系统，也遵循着一条渐次相变、逐次分岔的路径。然而，语言系统的演化过程又具有一定层次的有序性和稳定性，通过把握语言随机变化中的确定性、整体发展的方向性和局部发展的非方向性、稳定状态和失稳状态的变化，我们就能够在一定程度上对语言的走势进行前瞻式分析。浑沌理论连同系统论、协同学、信息论等理论的新进展，为语言预测学带来了光明前景，同时也提出了一系列挑战。

浑沌是一个过程

吴东海

摘要：浑沌是一个过程：系统→吸引子→奇异吸引子，线性→非线性→对初始条件的敏感性，比较→相似→自相似。浑沌与非浑沌之间既有深刻的联系又有本质的区别。认识到浑沌是一个过程，可以帮助我们进一步理解浑沌的辩证性。

关键词：浑沌学；奇异吸引子；对初始条件的敏感性；自相似性

我们常说浑沌现象在现实世界中随处可见，那么现实世界中是不是都是浑沌现象呢？答案应该是否定的。回顾浑沌学的产生历史，我们认识到，浑沌其实是一个过程，在研究浑沌现象时，我们既要看到浑沌现象与非浑沌现象的联系，又要注意浑沌现象与非浑沌现象的区别。

浑沌学理论有三大原理：奇异吸引子，对初始条件的敏感性，自相似性。下面我们就从这三个方面分别进行考察。

一、系统→吸引子→奇异吸引子

奇异吸引子理论研究的领域是事物的状态。世界上的事物非常之多，然而，这些事物的存在不是孤立的，而是组成大大小小不同层级的系统，也就是说，事物的存在具有系统性。这种系统性表现在两个方面，一个是外部，一个是内部。就拿我们每个人来说，我们每个个体人总是从属于一定的系统，你的家庭、你的单位、你的社区等就是你所属的系统，认识你这个人的性质特点，只有从你所属的系统去认识，才能更加全面。同时，我们每个人本身也是个系统，每个人都是由头、躯干、四肢等组成，而每个组成部分又可以再分为不同的系统。只有这样的认识，才能更加准确。不仅人这样的具体事物具有系统性，像语言这样的抽象事物也具有系统性。系统性的理论告诉我们，任何事物都不是单独孤立地存在的，要从事物内部和外部的各种联系中去认识事物。

那么如何从事物的各种联系去认识事物呢？自组织理论告诉我们，动态系统的状态有两类，一类是暂态，一类是定态，定态又分为不稳定定态和稳定定态，稳定定态代表动态过程的长期动向，而系统运动只有达到吸引子上才能稳定下来并保存下去。也就是说，任何一个稳定的定态中都有一个起主导作用的吸引子，因此，认识吸引子是认识事物系统性的关键。吸引子对于系统来说就好像是人的大脑对整个人体，它指挥调动着全身各个部位协调行动。对于一些抽象事物的系统来说，吸引子往往又是隐藏在各种纷繁复杂的具体现象之后的，需要我们认真地分析研究。例如，本人在《傣语四音格研究》中认为，傣语四音格在语音、结构、意义等方面都存在着强大的吸引子，它们分别是语音的和谐流畅性，结构的并列性，意义的整体性。正是这些吸引子对傣语四音格的系统有着强大的引导作用，从而使傣语四音格成为一种有鲜明个性的语言现象。

不过，仅有这些特征的系统我们仍然不能称之为浑沌系统！前文说过，任何一个稳定的定态中都有一个吸引子，但这样的系统并不是浑沌系统。浑沌学理论告诉我们，浑沌系统中的吸引子是一种奇异吸引子。浑沌系统的长期行为也要稳定于相空间的一个低维点集合上，系统运动到这个集合以后，不可能再离开它，该集合是稳定的，因而这是一种吸引子。但这个集合内部，运动又是极不稳定的，这种吸引子都是相空间的分形几何体，具有分数维数，几何图像极为复杂。[1]由此可见，浑沌学所研究的事物状态是一种非常复杂的系统，与一般系统相比，它们有共性，都具有吸引子，都是一种定态，然而，浑沌系统又不是普通的定态，在浑沌系统内部又存在极不稳定的因素。浑沌系统是对事物存在状态的精确性的研究。

二、线性→非线性→对初始条件的敏感性

对初始条件的敏感性理论研究的领域是事物的发展。事物的发展总是有一定的条件和原因，不过，影响事物发展的条件和原因是有差别的。有的条件和原因比较简单，这叫单一原因，有的条件和原因非常复杂，这叫多重原因；有的条件和原因比较明显，这是直接条件，有的条件和原因比较隐蔽，这是间接条件。一般情况下，我们科学研究的目的主要就是发现事物发展背后的这些条件和原因。然而，无论是单一原因，还是多重原因，也无论是直接条件，还是间接条件，事物在这种状况下的发展都是表现出很强的规律性，在数学上都可以用一个动力学方程表示，我们把这样的发展叫作线性运动。

我们知道，事物的发展并非总是一帆风顺的，有时候，由于种种原因，事物在发展过程中会突然改变原来的轨迹，朝着另外一个方向发展。这样的情况在现实中是很普遍的，例如，正在孵化的鸟蛋被狂风吹翻鸟巢而打碎；射击名将王义夫，在奥运会赛场上最后一轮射击中因突然头晕而脱靶等等。我们把这样的发展称为非线性运动。在非线性运动中，原来的运动规律被打破，事物不再按原来的演变规律发展，但是，新的条件和原因又产生，事物又在新的条件和原因下运行，新的演变规律又出现。语言学中的新语法学派正是看重了这一点，他们坚信“语音定律无例外”，认

① 苗东升、刘华杰：《浑沌学纵横论》，第101页，中国人民大学出版社，1993年6月。

为没有一个例外没有规律，语言的每一个规律的例外都有原因[①]。

但是，这样的非线性运动还不是我们所说的浑沌运动。浑沌运动的本质特征是系统长期行为对初值的敏感依赖性，即所谓的“蝴蝶效应”。把浑沌运动与前述线性运动和非线性运动作比较，我们可以看出它们之间的联系和区别。

浑沌运动是线性运动与非线性运动的统一。浑沌运动具有非线性运动的一些特征。在浑沌运动中，事物的发展具有非周期性，而一般的线性运动具有周期性和明显的规律性。同时，浑沌运动也具有线性运动的一些特征。浑沌运动是稳定的非周期运动，浑沌运动的非周期性不是在外部激励的情形下产生的，而是由于受到初值的扰动，在系统内部产生的，被称为内在随机性，这是系统行为敏感地依赖于初始条件所必然导致的结果。[②]

可见，浑沌运动不同于普通的线性运动，也不同于一般的非线性运动，浑沌运动的产生是有一定的条件的。浑沌运动产生的条件是系统长期行为。从两个极其邻近的初值出发的两条轨道，在短时期内似乎差别不大，但在足够长的时间以后，必然呈现出显著的差异来。浑沌运动之所以首先从天体学、气象学等领域发现，而不是在经典物理学中发现，就是这个原因。因此，浑沌运动是对复杂运动系统的长期性的研究。

三、比较→相似→自相似

自相似性理论研究的领域是事物之间的关系。认识事物之间的关系最常见的方法就是比较。比较这种方法既是我们日常生活中认识事物最基本的方式，也是我们在科学研究领域里普遍使用的方法，语言学、历史学、

① 岑麒祥编著 岑运强评注：《语言学史概要》，第122—123页，世界图书出版公司，2008年6月。

② 苗东升、刘华杰：《浑沌学纵横论》，第71页，中国人民大学出版社，1993年6月。

人类学、文学等领域都要用到这种方法。

比较的结果可以从两个方面来考察："同"和"异"。有的比较是为了发现"同"，有的比较是为了寻找"异"，这是研究目的决定的。有的比较是在相关相近的事物之间进行，有的比较是在差别很大事物之间进行，这是研究对象决定的。事物本身有简单有复杂，事物之间的关系也有简单有复杂。在现实世界中，我们有时很难将事物关系中的"同"和"异"截然分开，往往是同中有异，异中有同，我们把这样的状况叫"相似"。

自相似性理论也是一种比较，不过这是一种较为特殊的比较。自相似性理论的比较对象是事物的整体与部分。事物的整体与部分是处在不同层面上的两个存在，我们甚至不便确定它们是两个事物还是一个事物，这与我们前述的比较很不相同，那种比较对象是处在同一层面上的两个不同事物。而且，整体是一个系统，部分也可能是一个系统，整体与部分之间是系统与系统之间的比较，这里的关系更为复杂。对于整体与部分的关系，我们的认识是有一个过程的。最初我们认识到，部分属于整体，整体包含部分；后来我们又认识到，整体不等于部分之和；而浑沌学研究进一步表明，有时候部分可能包含着整体的全部信息，人们有可能从任意一部分了解整体的全部结构、特性、行为等。我们把同一事物内部整体与部分之间这样一种关系称为"自相似性"。

事物的自相似性是普遍存在的。我们的古人早就发现了事物的自相似性，所谓"天人合一""一粒沙含大千世界"，说的就是事物的自相似性。如今，一些基本的天文学、生物学、中医学等知识以及日常生活经验，都可以为我们证实事物的自相似性。分形几何学以及细胞克隆技术等更为自相似理论提供了强有力的支持。钱冠连先生在《语言全息论》中说："语言内全息状态，指的是：语言的词素—词—词组—子句—句子—语篇各层次中，部分与整体全息，部分与部分包含相同的信息；语言体系中的一个全息元（子系统），都分别在整体上和其他全息元上有对应的部位或相似的信息，即是说，体系的每一个全息元在不同程度上成为整体的缩影。”[①]该书主要内容是具体分析论证了语言内全息状态和语言外全息状态，该书的《前导篇》甚至还提到了宇宙全息律、生物全息律等概念。也许该书的有些提法过于大胆，但是就语言全息律而言，很多说法还是较有说服力的。

事物的自相似性也是有条件的，自相似性产生的条件是处于不同层面的两个事物，既所谓的“无标度性”。近代和现代科学都是在“有标度性”的前提下进行的，理解事物的关键是抓准特征尺度。特征尺度不对头，用斗去量海水，用大炮去打苍蝇，便不能正确认识和处理事物，这已成为现代社会人们想事推理的常规模式[②]。然而，随着科学的发展和技术的进步，人们又发现了许多不具特征尺度的现象和事物，如全息照相技术、临街相变理论等。可见，自相似性理论是在更为开阔的视野下对事物更为全面性的研究。

四、几点启示

认识到浑沌是一个过程，有着多方面的意义，可以给我们更多的启示。

首先，浑沌是一个过程，意味着浑沌与非浑沌之间具有深刻的联系。浑沌现象与非浑沌现象都是处于同一演化系统之中，它们只不过是系统演化的不同阶段而已，浑沌现象与非浑沌现象应该具有共同的前提，从属于共同的领域。认识浑沌系统要有一个过程，首先要认识“系统”的理论，然后是“吸引子”的理论，最后才是“奇异吸引子”——浑沌系统理论。

---

① 钱冠连：《语言全息论》，第14页，商务印书馆，2002年4月。

② 苗东升、刘华杰：《浑沌学纵横论》，第206页，中国人民大学出版社，1993年6月。

在这一过程中，系统、吸引子、奇异吸引子等理论的内涵虽然各不相同，但是，它们都是研究事物状态这一共同领域，是对事物状态不同深度的研究。“奇异吸引子”理论可能比较深奥，但是，借助系统、吸引子这些已经比较熟悉的理论，我们对“奇异吸引子”理论就能有个大致的正确理解。同样，理解对初始条件的敏感性理论，要从线性理论、非线性理论开始。线性、非线性、对初始条件的敏感性研究的共同领域是事物的发展，线性、非线性、对初始条件的敏感性是对事物发展不同状况的研究。理解自相似理论也要从比较、相似等理论方法开始。比较、相似、自相似研究的共同领域是事物的关系，比较、相似、自相似是对事物关系不同性质的研究。

看到这种联系，我们发现，浑沌并不神秘，浑沌存在于现实之中，就在我们的身边。浑沌与事物本身有关，事物是多姿多彩的，有的事物展现的是它简单的一面，有的事物展现的是它浑沌的一面；事物也是变化多端的，有时会表现出普通特点，有时会表现出浑沌特点。浑沌与我们的认识有关，当我们只需要用一般的深度去认识事物时，呈现在我们眼前的就是事物的非浑沌性；当我们需要用更深刻的眼光来认识事物时，呈现在我们眼前的就是事物的浑沌性。浑沌只不过是对普通事物更精确、更复杂、更全面的认识。

其次，浑沌是一个过程，表明了浑沌与非浑沌之间具有本质的区别。

浑沌现象是系统演化达到某些关节点后出现的状态。在这些关节点，系统的定态行为的性质发生了突然改变，原来的稳定定态变为不稳定定态，同时出现新的定态，这种现象叫作分叉[①]。因此，从非浑沌现象到浑沌现象有一个过程，需要一定的条件。认识分叉产生时的各种条件，应该是我们浑沌研究的重要切入点。从前文的论述我们可以看到，从吸引子到奇异吸引子，从非线性到对初始条件的敏感性，从相似到自相似都是有一

① 苗东升、刘华杰：《浑沌学纵横论》，第57页，中国人民大学出版社，1993年6月。

定的条件的，它们之间都有本质的区别：前者是非浑沌现象，后者是浑沌现象。然而，在我们把浑沌学理论应用于语言学研究的过程中，很多人都把前者误认为是浑沌现象。

我们认为，强调这种区别是很有必要的。虽然我们不需要像数学物理学等自然科学那样对浑沌作精确的定量研究，但是从定性方面把握浑沌的本质却是不可缺少的，否则，就会造成滥用错用浑沌概念，降低我们研究的声誉。

在目前的语言研究中，严格意义上的浑沌现象我们发现的还比较有限，对于语言的浑沌性，我们的认识还不够充分，很多研究最多还只停留于系统性、吸引子、非线性等阶段。不过，我们也不必气馁，因为，这些方法和理论，虽然还不是严格意义上的浑沌学方法和理论，但是，它们是认识浑沌性的必经之路。弄清楚这些理论和方法，我们离浑沌已经不远了，更何况，浑沌的内涵本身就包含了非浑沌。

最后，浑沌是一个过程，还可以帮助我们进一步认识浑沌的辩证性。

把浑沌理解为一个过程，其实就是用浑沌学的方法来认识浑沌。我们说，浑沌是有序与无序的统一，浑沌是确定性与不确定性的统一，浑沌是稳定与不稳定的统一等等，这就是说，浑沌之中包含了非浑沌，因此，浑沌是浑沌与非浑沌的统一。

把浑沌看作一个过程，我们还可以有更为深刻的认识。浑沌学的三大理论，从奇异吸引子到对初始条件的敏感性再到自相似性，实际上也是一个连续的过程。奇异吸引子研究的是事物的状态，对初始条件的敏感性研究的是事物的发展。在浑沌中，状态是一种动态系统，发展是复杂系统的运动，这里状态与发展是统一的。因此，浑沌是静态与动态的统一。从奇异吸引子、对初始条件的敏感性到自相似性，这是研究对象从一到多的变化。自相似性是对事物“无标度性”的研究，它把标度在不同层面的事物放在一起，在这里，“一”即是“二”，“二”也是“一”。可见，浑沌是“自我”与“非我”的统一。

把浑沌理解为一个过程，我们还可以看到传统研究方法与浑沌学研究方法之间的联系。在各门科研中，人们提出了名目众多的研究方法。实际上，这些方法在总体上可以归结为三大类：以综合全面考察为特征的系统法，以探求事物各种联系为特征的因果法，以发现事物之间异同为特征的比较法。浑沌学的三大理论就是对这三类方法的延伸：奇异吸引子理论是对系统法的发展，对初始条件的敏感性理论是对因果法的深入，自相似性理论是对比较法的推广。

认识到浑沌是一个过程，就能使神秘的浑沌现象与普通的现实现象一致；认识到浑沌是一个过程，就能使深奥的浑沌学理论与我们的语言学研究融合；认识到浑沌是一个过程，就能使复杂的浑沌学方法与传统的科研方法接轨。

异质同构性原则与文化语言学方法论

吴　平

一、结构、同构与同构关系

结构是各个组成部分的搭配和排列，是物质系统内各组成要素之间的相互联系、相互作用的方式。客观事物都以一定的结构形式存在、运动、变化。结构是刻画事物组织与合成的思想语言。既有意识形态上的，也有物质实在状态的。物质结构多种多样，可分为空间结构和时间结构。

从通用技术角度来讲，结构是指事物的各个组成部分之间的有序搭配。世界上任何事物都存在着结构，结构多种多样且决定着事物存在的本质。语言学的"结构"指把各语言成分组织成有意义的模式。如一个陈述句，可以视为不同层次的结构：句法层次、词形层次、语音层次、词汇层次。瑞士心理学家皮亚杰认为，结构可以解释为语言学、数学、逻辑学、物理学、生物学等学科采用的模式。他认为，结构在最一般的形式上，存在于各要素被统一成一个整体的时候，要素的性质完全地或部分地依赖于整体的性质。丹麦语言学家叶尔姆斯列夫把结构规定为"各种内部依存关系的自动统一"。结构的特性有整体性、转换性和自我调整性。整体性指一个由许多共同一致的现象构成的整体中，每个现象都与其他现象相依存，并且只能在与其他现象的关系中存在；转换性是指一个亚结构以生成规则为依据，有序转化为另一个亚结构；自我调整性是指各种规则在该系统范围内部发生作用。列维·斯特劳斯认为结构有四种特性，即系统性、转换性、可预测性和可理解性，并将其运用于文化研究。结构主义寻求的正是文化变式中的不变式,是结构意义上的人类文化的同构性。这启迪着人们走出传统历史主义的线性描述和经验主义的现象归纳的单一氛围，而到历史与文化的纵向布局和横向布局的多层面中，到历史与文化的深层结构中去寻找各种新的联系。

同构在数学中指的是一个保持结构的双射。在更一般的范畴论语言中，同构指的是一个态射，且存在另一个态射，使得两者的复合是一个恒等态射。同构是在数学对象之间定义的一类映射,它能揭示出在这些对象的属性或者操作之间存在的关系。若两个数学结构之间存在同构映射，那么这两个结构叫做是同构的。一般来说，如果忽略掉同构的对象的属性或操作的具体定义，单从结构上讲，同构的对象是完全等价的。“同构关系”即，在某A域中，A中元素集体具有R的性质，在某B域中，B中元素具有R`的性质，那么R和R`具有“代换关系”。所谓“代换关系”，一般可以在欧氏几何与线性代数的转换中得到说明。当R和R`具有这种“代换关系”时，我们说A和B是“同构的”。

在数学中研究同构的主要目的是为了把数学理论应用于不同的领域。如果两个结构是同构的，那么其上的对象会有相似的属性和操作，对某个结构成立的命题在另一个结构上也就成立。因此，如果在某个数学领域发现了一个对象结构同构于某个结构，且对于该结构已经证明了很多定理，那么这些定理马上就可以应用到该领域。如果某些数学方法可以用于该结构，那么这些方法也可以用于新领域的结构。这就使得理解和处理该对象结构变得容易，并往往可以让数学家对该领域有更深刻的理解。

“同构关系”还可以解释“物自体”的预设。人体的一个系统，比如视觉，在观察外物时，必须是首先具有自我的构造，才可以起作用的。那么，对于“物自体”而言，只能获得在自我结构之内的反映。但这个“物自体”的“不可知”，并不是要获得形而上的认知，也就是“上帝式认知”。相反，只有获得人自身的反映，这个外物才算是被认知。而这两个系统要发生关系，也必须具备“同构”的条件。

人类的认识是随着人类社会实践的发展而发展的，人们通过各种实践活动感知世界而产生认识活动，而认识活动又导致人类的思维与世界具有了同构性。

二、异质同构

“异质同构”是“格式塔”心理学的理论核心，这个学派的代表人物是美国现代心理学家鲁道夫·阿恩海姆。阿恩海姆在其最重要的理论著作《艺术与视知觉》（1954）中，对视知觉结构做了大量的分析并以此作为分析造型艺术的基础，充分阐述了他的“异质同构”说。格式塔是德文（gestatl）的音译，国内通常意译为“完形”。在谈到格式搭时，它常常有两种含义：（1）事物的形状或形式，是该事物的一种特性，（2）作为某种被分离的并具有形状这一属性的事物而存在的具体个性和独特实体。而格式塔心理学采用的是第二种含义。萧孝嵘（1934）认为：格式塔既不是相加而成的事物，也不是混沌的现象；格式塔的性质不含在其部分里面；格式塔的各部分具有功能上的联络；不是一切的格式塔都具有移位不变的特性；格式塔为其周围的事物所影响；格式塔的意义与形式的意义不相等，格式塔指具体的事物，而非指事物的抽象性质；格式塔不限于知觉领域，凡是心理学中的所研究的情境与进程皆包含在内。

认知语言学认为，人的概念系统是通过隐喻来构建的，隐喻就是以一个概念域的经验来理解另一个概念域的经验。Lakoff和Johnson（1980）认为人的认知过程往往会参照熟知的、有形的、具体的概念和事物来认识和对待陌生的、无形的、抽象的概念和事物，从而形成彼此之间的相互关联。概念无论是源概念还是目标概念，都具有多面性。从源概念过渡到目标概念是一种凸显，当聚焦于目标概念的某一方面时，该方面就会凸显，其他方面则被掩盖，导致源概念和目标概念的部分对应。从而形成了一物多喻，异质同构。

分形在浑沌学的严格意义上是指一个几何图形的组成部分与整个图形有某种方式的相似性，在应用于人文科学时，即指部分与整体之间的关系。分形最重要的特征是必须具有自相似性。“异物同构性原则”是指不同事物之间在结构上具有一定的自相似性，而且可以使用同样的方法加以研究。这是我们将分形理论应用于文化语言学的方法论原则之一。[①]

异质同构在诸多研究领域得到了验证和推广，王艳、伍珺（2012）表示，从传播的视角看，笔记与博客这一古一今的产物有了共同的支点：二者承载的内容、表现的形式、承担的功能等方面都有着极大的相同之处。从传播学的角度看，二者虽然内容不同，但形式却表现出异质同构的特征。

孙克诚（2008）认为《西游记》、《水浒传》二书在叙事模式上存在着神异降生—反叛自立—屈身投降—征讨异己—抛却肉身—成佛成神的同构性。

孙肖嘉分析了唐人崔护的《题都城南庄》的异质同构点：

诗句形象	自然形象	同构点1	同构点2	同构点3	同构点4	哲理
		力结构	色彩	质地	季节	惜春惜时
桃花	春天桃花	笑	粉红	娇嫩	春天	桃花谢了
人面	少女面庞	笑	粉红	娇嫩	青春	不见人

高源、林永乐（2004）认为中国古典园林的同构性表现为两个不同

① 张公瑾：分形、自相似性与“异物同构性原则”（代序），载张公瑾、丁石庆主编《浑沌学与语言文化研究新起点》，中央民族大学出版社，2013年。

层次：表层是合规律性的“同形同构”；深层是合主体目的性的“异质同构”。中国古代建筑外在表观物质上的相似性，即同形同构只是其表象，究其根源仍然是“礼制”文化对物质世界的影响，即异质同构现象。

三、语言中的同构和异质同构

老子《道德经》中的“道生一，一生二，二生三，三生万物”说明了语言和世界是同构的。洪堡特认为，由于语言是大脑的一种能力，讲话人才能运用有限的语言手段创造出无限的语言行为。语言是用递归手段生成的系统，生成的法则是固定不变的，而生成的范围和使用的具体办法是完全不固定的。在语言结构的总特征上，语言似乎来源于同样的模式。乔姆斯基提出语言天赋论的假设，认为人在语言习得的初始阶段大脑中就已经具备了一种语言习得机制（LAD）和普遍语法（UG），儿童自然地暴露在语言之下，通过无意识的假设性尝试和内化处理，不知不觉地修正自己的一套语言规则，从而取得了语言能力，并能够自如地运用母语。“天赋观”正是对语言机制的一种理想化的考虑，把整个语言系统比作一台机器，各个语言的差别只是参数不同而已，通过有限的抽象规律和原理来解释无限的语言事实。维特根斯坦认为，句法和现实具有同构性。他强调句法与现实同构，句子结构象似于事实结构,语言和文化具有同构性，二者都是民族情感精神和智慧的凝结“民族语言即民族精神。”洪堡特曾经指出：“每一种语言都包含着一种独特的世界观”“民族的语言即民族的精神”“民族的精神即民族的语言”二者的同构程度超过了人们的任何想象!）

语言的共性不在语言形式上，而在于人的认知心理。由于人类具有相同的身体构造和感知器官，而所面对的也几乎是相同的物质世界，因而可以说人类具备有相同的感知、认知能力。心理词库是自然语言心理表征的重要构成成分之一，它以一定的结构形式和特有的方式存储在人的大脑中，以语言符号编码，再以言语的形式输出。即心理词库在本质上是以语言符号作为信息载体来反映客观世界。

“异质同构性原则”是指不同事物之间在结构上具有一定的自相似性，而且可以使用同样的方法加以研究。这是应用于文化语言学的方法论原则之一。语言和世界的同构性，是我们得以重新演绎语言系统的演化，当然这其中也有非线性和不可逆性。但是，在我们的语言体系中则存在着这种可能性，为语言研究提供了可行的研究方法。

文字发明前的口头知识在传播和积累中有明显缺点，原始人类使用了结绳、刻契、图画的方法辅助记事，后来用特征图形来简化、取代图画。当图形符号简化到一定程度，并形成与语言的特定对应时，原始文字就形成了。文字使人类从仅有听觉信号增加了视觉信号，使语言打破时空的限制，得到延伸。汉字是作为世界上最古老的三大文字系统（包括汉字、古埃及的圣书字和苏美尔人的楔形文字）中唯一沿用至今的文字。

初期汉字系统的字数很少，造字时一般兼用表形和表意两种方法，以象形与指事的独体字为主，大量事物以通假字来表示，使文字表述存在较大歧义。例如先秦的「文」，兼有后世的新字「纹」的功能，表示组成各种事务的规律、形式，不单指文字的文，也包含野兽身上的花「文」、布上面的织「文」、手指的指「文」等数种意义。由于文明的进步，这些汉字应付不了复杂的人事交流，于是又有了指事、会意、形声以及转注、假借等方法。

从小篆时代开始一直到现代，汉字以基本的象形指事字为基础，发展了形声、会意的组字法，以组合方式，来细化大量的字出来，使得文书上记载越来越精密，到今天一直为造字的主力。最早海上的交通工具就只有：「舟」一种；但演化到现在，细分成「舨、舟、艇、船、舰」等不同小大规模与形制的「舟」。

象形字的构造过程可以说是“意象的再生”，如“木”删去繁杂的枝丫和树叶，仅表现树木共有的整体特征。指事字在象形的基础上，运用抽象符号来表达抽象的概念，如在“木”的下部加“一”，便是“树根”的“本”。既不能象形又不好指事，就可借助会意的方法来制造更为复杂的汉字，如“休”、“森”。形声字包括了：视觉、听觉的意象同构。汉字结构基本上是沿着整体特征——关键指事——会意组合——意象同构的思维特点发展而成，体现出汉字造字由简单到复杂、由个体到整体、由平面到多维同构的整体思维。

金属一开始只有“金”的通称，但随着冶金技术的发展，对于金属的知识更加丰富，“金”被细化分类，并用“金/钅”为偏旁，出现了银、铁、铜、锡等等。到近代，化学名词在翻译成中文时，也用了形声会意造字法，造了一系列的新字，例如钠、镁、钾、钙等。

周有光（1997）指出，契丹文、女真文和西夏文的发现和释读，使人们看到变异仿造的汉字型文字。日文和朝鲜文跟中文的比较，改变了汉字的概念。越南喃字的研究，引起对中国少数民族的汉字型文字的重现。50年代以来，大规模调查少数民族的历史和语言，发现更多孳乳仿造的汉字型文字。研究这些非汉语的汉字，扩大了汉字学的视野。周先生还谈到，西亚的“钉头（楔形）字”、北非的“圣书字”、南美的“马亚（玛雅）文”都有相同的内在结构。

汉字和日语汉字及假名的同构。日文中分成汉字及假名，而假名中又分有平假名和片假名。原先日本并没有属于自己的文字，后来借用中国的文字，将中文的草书衍生成平假名，把中文楷书的偏旁改成片假名。例如说平假名的『あ』乃由汉字的『安』简化而来的；而片假名的『ア』则是汉字『阿』的一部分。目前日文中常用的汉字约有二千字左右，片假名大多用来表示外来语,其余的多用平假名。值得注意的是汉字的读法有中国式的读法称『音读』以及日本式的读法称为『训读』。

Greenberg明确提出：“语言中成分的次序或物理经验的次序与对事物

的认识的次序平行。”顺序象似性的认知基础是：按事件之间的时间顺序叙事,符合人们简单的认知规律。从认知角度讲，因果与时序之间具有同构性，先因后果正是一种时序关系的反映，也具有拟象似的性质。

汉语的句法成分的排列顺序直接反映了事件发生的先后顺序。如Caesar的（I came、I saw、I conquered）就是一个典型的例子。所以顺序象似性主要是指时间顺序象似原则,即概念结构的次序安排决定了语言形式的次序原则，思维的顺序与语言单位排列的顺序象似，与文化观念密切相关。Haiman 称之为时间象似性，Givon称之为线形次序原则。

汉语语法也表现出这种同构性。在汉语中，词、短语、句子均有主谓、偏正、联合、动宾、动补等结构类型。主谓结构如：地震，年轻，霜降，心酸，粮食丰收，阳光灿烂，明天星期三，肩膀磨破了等。偏正结构如：气功，热心，腾飞，笔直，雪白，山东人，野生动物，共同奋斗，刚回来，为人民服务，辉煌的成绩，火热的心等。联合结构如：价值，骨肉，国家，质量，美好，开关，忘记，今天和明天，柴米油盐，伟大而质朴，讨论并通过，小明和妈妈，理想和现实，成功与失败，等。动宾结构如：站岗，美容，投资，注意，想他，盖被子，增强信心，接受批评，喜欢清静，制造麻烦，动员大家等。动补结构如：提高，说服，推翻，立正，推广，学得好，打死，看了一次，走到天涯海角，高兴极了，穿的漂亮，长得好看，玩的高兴等。

如上所述，词语、短语和句子，在主谓、偏正、联合、动宾、动补等五大结构中都有体现。这就充分说明了在汉语语法中的同构性的存在。汉语语法中的同构性，是源于汉民族的思维特点即平衡。在汉文化中有中庸之道、和谐之美，因此平衡也就显得尤为重要。这五种结构类型在词、短语、句子中的平衡存在正是汉文化的体现。

语序是指句子成分的排列顺序，在各种语言中语序的作用普遍存在。在汉语中，语序发挥着特别重要的作用。原因是由于语序所带来的不仅仅是语意的轻重与强弱，还有整个句式的改变，因此所表达的意思也可能完全不一样。例如“不怕辣，辣不怕，怕不辣”，同样三个语素“不”“怕”“辣”，在意义不变的情况下，却能搭配出表意不相同的语法结构。“不怕辣”是否定式的动宾支配关系，宾语是描绘性词语。“辣不怕”是动补说明关系，补语是否定式的描写性结构。“怕不辣”是肯定式动宾支配关系，宾语是否定式的描写性结构。“不怕辣”为一般陈述，“辣不怕”有所强调，“怕不辣”强调为甚。孙亚楠（2008）通过对汉语中“在+处所”短语的语序进行历时和共时的考察，认为该短语的语序是灵活的，有较大的自由度。进而得出汉语语序具备较大的灵活性，不太受句法的规约，更具有描摹事理顺序的可能性，体现语序和事理顺序的同构性。语序在汉语中有着如此重要的作用，正是最小的语法单位缺乏足够的形式区别特征造成的，它不得不更多地依赖于语义的运行规律。而语义规则显然会更明显地受到人的思维规律与道德观念的制约，这正是汉语语法的文化解释。

中国文化非常强调主次、长幼、贵贱的观念，就有：国家、父子、师生、官兵、干群等词；强调对称，就有：东西、左右、前后、上下等词；这都体现出汉语在构词方面的同构性。而词族则又是另一种同构，如电：电灯、电话、电视、电扇等等。

双语词典的编撰，是两种不同的语言符号系统之间的对应，是两种异域异质文化及思维的对话，但究其本质都源于人脑对客观世界的映射。所以，心理词库与双语词典释义在认识论本质上具有同源性，源于人类对客观世界的认知加工。

第二语言学习同样表现出这种异质同构的原则。语言的共性并不在语言形式上，而在于人的认知心理。人类具有相同的身体构造和感知器官，在面对物理世界时，具备有感知、认知能力。心理词库在是自然语言心理表征的重要构成成分之一，它以一定的结构形式和特有的方式存储在人的大脑中, 以语言符号编码, 以言语的形式输出。不管采用哪一种教学方法, 都应使语码在宏观结构上表现出系统性, 经过不断的输入输出的训练，以心理词库为前提进行识别、理解、转换和表述，以此来达到与人的心理词库的同构性。

四、结语

同构性表明，复杂系统本身有其普遍特征和普遍规律，这种同构性可以进行描述，可以进行分析。这种同构性，可以指不同系统或不同学科系统之间具有相同或相似的结构，也可以指在系统内部组成部分与整个系统有某种方式的相似性，即部分与整体之间的对应关系。异质同构原则以集合、类比和简化的手段适用于对语言本体、语言与文化、语言教学等方面的相关研究。对于汉语来说，这一原则体现在借用会意、形声来新造大量的汉字，组合和新造新词新语；对于句法的灵活性和意会性乃至篇章的结构和组合，都可以借鉴这个原则来解析和阐述。同样，对于汉语与文化的研究和解析、汉语教学尤其是汉语作为第二语言教学的研究和实践，采取相同或相似的系统结构、系统方法进行操作，不失为一条有效的途径。

参考文献

[1] 高源，林永乐：中国古代建筑文化中的同构现象解析，载《长安大学学报（建筑与环境科学版）》，2004年3月，47-50。

[2] 刘莘：结构主义:文化、结构与无意识，载《重庆师范大学学报（哲学社会科学版）》，1989年03期，14-24。

[3] 库尔特·考夫考：《格式塔心理学原理》，浙江教育出版社，1997：3—10。

[4] 鲁道夫·阿恩海姆：《艺术与视知觉》，四川人民出版社，1997：4。

[5] 齐磊磊，颜泽贤：混沌边缘的复杂性探索——对不同领域内复杂性产生条件的同

构分析，载《自然辩证法通讯》，2009年第2期，19-26。

[6] 孙肖嘉：《异质同构 反常合道》，全国第三届现代刻字艺术理论研讨会论文集

[7] 石勇：论语言与世界的同构性，载《重庆科技学院学报（社会科学版）》，2009年第7期137，170。

[8] 孙克诚：略论《西游记》、《水浒传》叙事模式的同构性，《青岛科技大学学报（社会科学版）》，2008年9月107-113。

[9] 孙亚楠：“在+ 处所”的语序探源与英汉比较，《社会科学家》，2008年第7期158-161。

[10] 王艳，伍珺：古今文化传播的异质同构——古代笔记与当今博客论略（http://news.xinhuanet.com/newmedia/2012-04/24/c_123029998.htm2012年04月24日）

[11] 萧孝嵘.：格式塔心理学原理.[M]. 北京：商务印书馆，1934:4—12.

[12] 周有光：《世界文字发展史》，上海教育出版社，1997年。

[13] 张洪春：现代思维方式——整体论的思维方式，载《理论探讨》，1996年第3期，44-45。

中国蒙古语言文化变异之探源①

曹道巴特尔

一、蒙古语言文化变异之脉络

蒙古人及其语言文化的变迁，经历过两次重要的历史性转变。第一次转变是从游猎社会分离出来，来到草原地带，融入匈奴、突厥影响范围，发展游牧语言文化。第二次转变是在中国境内部分地区向农牧结合和蒙汉混合式方向转变。这种历史性变化不仅包括语言本体的语音、语法和词汇，也包括语言使用方面的变化，并且都导源于文化变迁和技术更新。一方面源于蒙古人的社会环境变化和物质文化变迁以及随物质文化变迁而发生的制度文化变迁和精神文化变迁；一方面源于技术革命对传统生活方式的冲击，尤其是电子革命时代以来的冲击越来越明显。技术更新对于全人类来讲是一种普遍意义的变革，而对蒙古人及其语言文化来说也有其重要而独特的意义。

众所周知的蒙古人至今的传统文化是一种以游牧经济为核心的文化，其根源与古代的匈奴、东胡、突厥等先民的文化传统有关。可是这并不是我们可以追溯到的最远的源头。在远古时代，蒙古人尚未接触到上述草原

① 本文系中国社会科学院创新工程课题“北方边境地区民族语言文字使用现状与发展趋势研究”主要成果之一。

群体之前的语言文化应该是位于西伯利亚森林地带的一种游猎的或者半游猎和半游牧的浑沌状态的文化。当时，偶像教或万物皆有灵的原始思维占据其整个的思维空间，人们极度依赖日月星辰和大自然。

自从进入匈奴、东胡、突厥等游牧人社会以来，蒙古人的语言思维方式、整个的词汇结构、语句中的情感表达方式等发生了相应的变化。随着经济文化类型的转变，逐渐形成了有意识地支配大自然和以有利于自身发展的方式适应周边环境的能力，同时也以驯化、饲养的方式支配一些特定的动物，借鉴学习使用或创造丰富的牧业文化词语。具结果，最终构建蒙古人一切文化词语都与传统的游牧文化紧密相连的基本格局。经过几个世纪的发展变化，蒙古人把古代匈奴人、东胡人、突厥人的遗产继承并弘扬，创造蒙古人自身的文化体系，其核心往往是马文化。原来手握弓箭，脚踏雪橇，飞速穿梭于林海雪原中的猎人后代，逐渐构筑草原上呼风唤雨的马背牧人的世界。

一个外来的偶遇改变了一个群体。匈奴、东胡、突厥等草原游牧群体对早期蒙古人的影响一开始时只是个微弱的扰动，它使其边缘地带发生了局部变化，产生了一个奇异的吸引子。随着时间的推移，对于游猎群体而言尚属微不足道的游牧文化这个外来因素或者其周边形成的一股沿流，慢慢变成了引发根本性演化的初始条件（也称初值），使一波一波蒙古人走出森林，汇入西伯利亚森林南沿草原地带的游牧文化的洪流。一开始时，刚走出森林的蒙古人群体还对崭新的领域尚不深知，长期漂泊于游牧文化圈北方边缘地带，历经好几个世纪。但是到了十三世纪，蒙古人逐渐进入草原游牧文化核心地带，使蒙古人由游猎群体引诱出来的那个微不足道的沿流或者奇异的吸引子，即向游牧文化靠拢的迹象，使蒙古人群体逐渐带入游牧人的行列，最终使之变成了掌握十三世纪人类风向的引领者。这种游猎→游猎游牧结合→游牧的渐进式变化是一个完整的非线性的、浑沌学意义上的发展过程。蒙古人走出森林没有其必然，但是一旦走出森林进入草原，要融入游牧文化是其必然。游猎和游牧没有因果关系，但是游猎人来到草原进行动物饲养业，有其先天优势，因为懂得动物，更是因为家畜最初也是由野生动物分离出来的。

就物质文化和语言文化的关系而言，古老的文化词汇总是代表着某一历史时期的或者某一经济文化类型区的物质文化信息。蒙古人和西伯利亚或者东北亚民族的远古渊源都在这些古老词汇上得到印证。

在西伯利亚森林深处，古老的“莫儿根”（神箭手，北方猎民的首领称号）最初只是一个让人羡慕的神箭手，因为能够给家族或者群体带来更多的食物和皮毛，在漫长的岁月里他们逐步成为公认的首领，所以在广阔的西伯利亚森林地带几乎所有的游猎部落都把神箭手称号“莫儿根”当做了他们部落首领的名号。蒙古人在森林地带狩猎时期，也有过很多以“莫儿根”命名的部落首领，《蒙古秘史》等记录蒙古人历史的古代文献的记载中出现过10世纪之前的“豁里察儿·篾儿干”“朵本·篾儿干”等很多的“篾儿干”。这个“篾儿干”就是“莫儿根”的另一种文献拼写变体，就是由神箭手称号引申而来的部落首领名号，是北方东北亚文化圈诸多民族共有文化所携带的共同源流信息来源。因为蒙古人在草原上继承和发展了游牧文化，部落首领名号不再是“莫儿根”而是以“伯颜”所替代了，因为游牧社会经济发达，出现贫富差距，智慧超群、驯养能力强的人构成了富有阶层，掌握了私有制社会部落及部落联盟的支配地位，本来只有“富有者”词义的“伯颜”一词成为游牧蒙古人部落联盟首领的称号，比如《蒙古秘史》中出现9世纪–13世纪的“脱罗豁勒真·伯颜”“纳忽·伯颜”等很多部落首领名称。从而“莫儿根”一词在草原上发生了词义转移，演化成对智慧、知识的形容词。在12–13世纪的蒙古社会中，“伯颜”的地位也受到挑战，部落联盟产生了具有更为显赫地位的“汗”（君主）和“可汗”（皇帝）名号。从而“伯颜”一词又回到“富有、富饶、丰富”的词义上。纵览蒙古人社会历程，每个时期的称号都在代表着不同的发展水平。“莫儿根”对应于森林中的原始狩猎生活，“伯颜”对应于私有制初期的贫富分化的部落联盟时期，“可汗”称号对应于封建时期的有组织的统治政权。

蒙古人在8–12世纪建立了以游牧经济为核心的文化体系。直到二十世纪，大部分蒙古人的语言文化仍然以马文化为核心的游牧人语言文化为主体。但是，二十世纪的科技进步和中国社会的风云变化，从技术革命和文化接触两个方面，改变了中国境内蒙古人的语言和文化。当今，我们所看到的中国蒙古语是发生了局部的、急剧变化的一种语言。

毫无疑问，蒙古人及其语言文化首先是由古老西伯利亚森林游猎群体分离出来的，后来再次由古代匈奴、东胡、突厥文化中分离出来。游牧文化是蒙古人作为一个民族群体所拥有的物质文化、精神文化、制度文化之所以有自身独特型的基础。这个基础导源于一个初始条件，即蒙古人在自己对动物的熟悉程度、草原所提供的饲养场所和先民饲养经验、蒙古人自己所处的森林和草原交错地带为文化过渡所提供的便利条件等基础上的第一次迈步。这个初始条件及其壮大决定了蒙古文化的个性和能够成为全民族普遍价值取向的定型。

近代中国蒙古语言文化发生了又一次的变化，蒙古族和汉族在蒙古地方的接触和汉族文化的影响向蒙古文化的扩散导致了一个重要的分叉，也是一个新的初始条件。另一个具有极大的普遍意义的作用因素是新技术革命，它是对人类具有普遍影响的发展动力。所以，蒙古人语言文化的变迁，尤其是近现代中国蒙古语言文化的变迁并非是线性而由单一的因素作用下的简单的变化，它是多种因素协同作用的结果，其中新技术革命的意义重大，还有民族语言文化接触的巨大影响。

二、游牧语言文化体系及其构件

我们能够勾勒出的或者可以看到的从古至今的蒙古族文化系统是以马文化为核心的牧业文化。其语言文化上的最重要的表现为蒙古语词汇基本以畜牧业文化词语为其词汇系统的核心部分。包括在生产、生活、心理、宗教、自然的任何方面，蒙古语都有着大量的来源上与畜牧业文化相关的极其丰富的词语。这些词语主要以名词、形容词、动词为主。

（1）姓氏人名词（蒙古语词语 / 音译 / 汉语词义）：

【01】malčinkü / 玛拉沁夫 / 放牧的男孩

【02】angčinkü /安柯钦夫 / 狩猎的男孩

【03】buqandai / 布汗岱 / 象牤牛一样的

【04】qarabars / 哈日巴拉 / 黑虎

【05】bürgud / 布日古德 / 雄鹰

【06】maγunoqai / 木淖海 / 癞皮狗…

在这里，只有【01】属于纯粹的牧业文化词汇，与草原牧业文化有关。在蒙古语中mal是“家畜”，而在突厥语里是“家畜”和“货物”，蒙古语把“放牧人”或者“牧民”称作malčin。因为狩猎时代或者森林深处不具备动物饲养条件，就从来没有诸如“家养”“家畜”之类语义的词语。人名malčinkü是由mal+čin+kü构成，mal是“家畜”，mal+čin（家畜+者）=malčin（牧者）是“牧民”，malčin+kü（牧者+男儿）=malčinkü（牧童），作家玛拉沁夫的名字就是如此而来。上述例子中【02】–【06】是游猎文化和游牧文化皆有的共有词。草原上的蒙古人至今仍然没有丢失狩猎传统，蒙古语中把“猎物”称作ang，把“猎人”称作angčin；人名angčinkü是由ang+čin+kü构成，ang是“猎物”，ang+čin（猎物+者）=angčin（猎者）是“猎人”，angčin+kü（猎者+男儿）=angčinkü（猎童），作家兼学者安柯钦夫的名字就是如此而来。蒙古语中buq-a主要指“犍牛”或“种牛”，但同时也指“种鹿”等雄性野生动物。所以它是游猎文化和游牧文化的共有词。同样，qarabars（哈日巴拉,黑虎），bürgud（布日古德,雄鹰），maγunoqai（木淖海,癞皮狗）等中的动物名称词bars（虎），bürgüd（鹰），noqai（狗）等词语当然也是游猎文化和游牧文化的共有词。

（2）植物名称词：

在蒙古语的植物名称词中有着大量的以动物词语命名的名词术语。一般都是根据该植物某一基本形状或者某一特征与动物某一器官之间的相似之处来给这些植物取名的。例如：

蒙古语植物名称 / 汉语直译词义 / 汉语植物名称

【07】temegen kükü / 骆驼的乳头 / 地梢瓜

【08】üker ün nidü / 牛眼 / 黑醋栗

【09】imaγan eber / 山羊角 / 杠柳

【10】qonin nidü / 绵羊的眼睛 / 歌仙草或柳叶旋覆花

【11】unaγan segül / 马驹的尾巴 / 远志草

【12】taulai yin böger-e / 兔子的肾脏 / 毛栗

【13】güjegeljegen-e / 毛肚子果 / 草莓…

【14】noqai hosiγu / 狗嘴 / 枸杞子

【15】qonin jangγuu / 绵羊苍耳 / 苍耳

从下面对于一些蒙古语词语的来源的简单解释，可以看清楚蒙古语的语言思维同汉语思维之间的不同之处。

地梢瓜：在沙漠草原地带，temegen kükü是常见的植物，其汉语名称是地梢瓜，还有地梢花、羊不奶棵、小丝瓜、浮瓢棵、地瓜瓢、驴奶头等不同名称，英文名称为Cynanchum the-sioides（Furyn）K.Schum。地梢瓜外皮绿白色，内肉鲜嫩，内有乳汁一样的白色液汁，十分甘甜，是孩子们喜欢吃的一种野生水果类。因为其有极像乳头的菱形形状并且内有乳色液汁，蒙古人形象地称其为temegen kükü，即“骆驼的乳头”。

黑醋栗：黑醋栗也是蒙古人所熟悉的野生果类，又名黑加仑，学名黑穗醋栗（Ribes nigrum L.），其成熟果实为黑色小浆果，形状如同眼珠，故蒙古人形象地称其为üker ün nidü，即“牛眼”。

杠柳：杠柳的英文学名为Periploca sepiumBge，汉语别名还有叫羊奶子、北五加皮、羊角桃、羊桃等，属萝摩科杠柳属缠绕灌木，具有极强的固沙作用。因为成熟时长出像山羊角形状的果实，蒙古人称其为imaγan eber，即“山羊角”。

在蒙古语中，这种以动物词语形象地命名植物的词语很多，这一点与蒙古人的动物知识和畜牧业生产经验是密不可分的。

（3）自然景观的名称词：

【16】üker čilaγu / 牛石 / 巨石

【17】temegen qada / 骆驼岩 / 一个地名，因为远看形似骆驼而得名

【18】aduγun čilaγu / 马群石 / 一个地名，因为远看形似一群马而得此名

【19】qabirγan sara / 肋月 / 月牙儿

【20】ögeken čilaγu / 脂肪石 / 鹅卵石

【21】ajirγan boroγan / 种马雨 / 暴雨…

上述诸例子都以动物词语形象地命名不同形状的自然景观，尤其是把月牙儿称为qabirγan sara（肋月）是一种十分恰当的描绘。还有河道水中的鹅卵石的确很像一块儿一块儿的椭圆形脂肪块。另外，暴雨下的速度和力度，真的很像烈马狂奔，所以形容为“种马雨”是最恰当不过了。

（4）动物名称词：

【22】morin melekei / 马蛙 / 青蛙

【23】üker melekei / 牛蛙 / 牛蛙

【24】üker kedegen-e / 牛蜂 / 大蜂

【25】kümün qar-a görögesü /人黑猴 /猩猩

【26】bup-a šibaγu / 牤牛鸟 / 苇莺

【27】qonin qariyači / 绵羊燕子 / 河滩燕

【28】temegeljegen-e / 骆驼虫子 /螳螂…

上面的例子表明，蒙古语不仅有以动物命名的植物和自然景观，还有不少以动物命名的动物名称词。其中一些词语是与汉语共同的，比如牛蛙，但是更多的还是蒙古语特有的词语，很有游牧文化味道，往往把野生动物联系到与家畜的某种关系或者相似之处来命名。比如，苇莺的鸣声很像牤牛的声音，蒙古语的“牤牛鸟”这个名称如此而来。又如，河滩燕是一种喜欢在河岸峭壁上打窝的草原燕子，一到春夏，很多河滩燕在河边吃草的羊群上边低矮处飞来飞去，所以很多人称其为“绵羊燕子”。

（5）器具名称词：

【29】morin šil / 马瓶 / 大瓶

【30】üker puu / 牛炮 / 大炮

【31】imaγan büriye / 山羊号 / 寺庙用的小型法号

【32】üker büriy-e / 牛号 / 寺庙用的大型法号

【33】bup-a terge / 牤牛车/ 火车头…

【34】qonin dung / 绵羊螺号 / 寺庙用的一种短粗的法螺

蒙古语还有很多以动物命名的器具。一般体积大的器具形容为牛、马，体积小的器具形容为绵羊、山羊等。上述例子中【29】和【33】值得谈一谈。上世纪五六十年代，曾有过能装两三公斤的酒瓶，一方面由于其体积和容量大，一方面可以搭载马背上，所以蒙古人称其为“马瓶”。把“火车头”称为“牤牛车”完全来源于对火车头的打鸣和牤牛鸣叫之间的一种联想。

（6）部落外号：

【35】üker barγu / 牛巴尔虎 / 对巴尔虎部人的外号

【36】imaγan čaqar / 山羊察哈尔 / 对察哈尔部人的外号

蒙古族各不同部落之间都有一些比较代表性的个性特征或者标签式的差异，这种特征往往是与他的文化背景、周边环境等有着密切的联系。上述例子所示蒙古语中的 ü ker barγu（牛巴尔虎）、imaγan čaqar（山羊察哈尔）等分别把巴尔虎人和察哈尔人的性格归纳为“倔强、执着如同牛一样的巴尔虎人”和“善变不定、冷热无常如同山羊肉一样热得快、冷得也快的察哈尔人”。无论贬低还是褒奖，这种形容极其概括反映出了这两个部落民众的较为代表性的个性差异。

（7）动词：

蒙古语的“光临”为morila-（毛日拉），是“来到”的敬体，其词根mori-（毛日）是蒙古语马名称词mori（毛日）。“客人光临、皇帝驾到、天神下凡……”等带有敬畏、尊重的语义都用这种词语。蒙古人称“启程”为morda-（毛儿达），也是敬体词，其词根也是蒙古语马名称词mori（毛日）。尊贵的人、长辈等的“谢世、归天、逝世”“离开、走开”等都用这种词语。

三、技术革命对传统语言文化的历史性颠覆

随着新技术革命，包括工业化、机械化、电子革命的推进，传统的畜牧业文化发生了巨大的变化，骏马在生产、战争中的重要地位早已被机械设备代替，草原上的牧民骑着摩托车放牧，开着拖拉机收割饲料，用卡车运输一切生活、生产用品，畜力运输工具牛车和马车、畜力生产工具等也退出日常应用，草原上的马群越来越减少。马的主要意义只剩下体育竞技比赛等狭小的用途，蒙古人的马文化面临新的挑战。如果说原来城里人不太懂得马和与马有关的文化，那么现在草原上的年轻牧民都不太熟悉马文化，马名称、马具名称、与马有关的一切文化词汇逐渐远离蒙古人的生活，其在日常语言中出现的频率也越来越少。随着社会的发展蒙古人也改

变游牧生活，开始了定居或者半定居的生活，与游牧文化相关的四季游牧生产、生活用语，与蒙古包生活相关的词语等也逐渐淡化。奶食品、肉食品的生产、加工方式方法也发生了改变，因此与之相关的词语同样也逐渐被淡忘。没有了固有的生产、生活方式，就没有了固有词语使用的基础，蒙古语逐渐向着新的方向发展变化。

从前，马鞍是草原上每家每户门外必有的一个重要器具，可是现在几乎见不到了。偶尔在定居以后蒙古人的堆积物品的储藏室里能够看到安放在角落里的马鞍，也有可能在具有怀旧情结的城市蒙古人家庭能够看到被充当装饰品的马鞍，另外各旗县博物馆有着作为文物来保存的马鞍。这里谈到马鞍，目的是要讲与马鞍相关的词语即马鞍及其周边词语。因为马鞍淡出实际使用甚至进入了博物馆，这些词语也逐渐被未来的人们淡忘，逐渐退出日常用语之列。马鞍及其周边词语只是蒙古游牧文化词语的一个小小的组件，随着游牧经济的改变，蒙古语中一套一套的文化词语如同马鞍及其周边词语一样不断退出或者将要退出实际的应用，以马文化为代表的蒙古人传统语言文化大厦正在面临新的挑战和新的调适。关于马鞍及其周边词语我们在此至少能够列举emegel（马鞍）、toqom（鞍屉、鞍垫）、gölim（鞍韂、鞍韂）、qangγai　emegel（鞍板）、鞍翅、bügürge（鞍鞒、鞍峰）、emegel ün saγudal（鞍心、鞍座）、olong（马鞍肚带右身带扣环一方）、jirim（马鞍肚带左身带眼一方）、olongčoq（马鞍上的毡垫）、olongčor（固定鞍板的鞍钉穿皮）、debse（鞍座垫）、degeli（鞍小韂）、baγabur（鞍鞒上的镶边）、ogčorγ-a（鞍板革纽）、qabtasu（鞍翅）、γanjuɣ-a（皮梢绳）、daruγulγ-a（大泡压钉）、toboruu（装饰小泡钉）、noqtu（笼头）、qajaγar（马嚼子）、jiloγo（马嚼控制绳索）、čulbuγur（缰绳）、čidür（三腿马绊）、tuša（前腿马绊）、örögel（前后两腿马绊）、arγamjiγ-a（绊绳）、tašiγur（马鞭）、tengse（马棍）、bilaγu（布鲁棒、甩棒）……等等，这些词语将随着马匹用途的缺省，逐渐淡出日常使用。还有与马相关的特定的毛色词语、性别词语、齿龄词语等等一整套的庞大的词语体系也一同淡出日常使用。除此之外，还有蒙古包及其周边词语也是蒙古人物质文化词语的重要的一面。还有蒙古人马文化思维所创建的把一切相关事物都要与马联想的思维方式也构成了更为庞大的文化词语链。新技术革命的到来和其向蒙古族地区的迅速铺开，正在改变着蒙古人生存方式，传统的畜牧业经济和以此为基础建立起来的庞大的游牧文化体系正在让位于新的生活方式。物质文化的改变导致了习俗制度文化以及精神文化的改变，物质、制度、精神文化的改变在蒙古族语言上引起了极大的变化，以马文化为核心的蒙古族传统语言文化正在朝着新的方向变异，这是新技术革命对马文化所产生的根本性颠覆。

四、文化接触、农耕化与汉语文化的影响

自清代中期开始，蒙古人居住的地方出现农业汉族人，开始改变蒙古地区的生产、生活方式。进入20世纪，尤其是新中国成立以来，向蒙古族地区大量迁徙汉族人口，中国蒙古人的社会环境发生了根本变化，与汉族人杂居的蒙古人完全或者局部地接受农业文化，放弃了传统的牧业经济，蒙古语中增加了丰富的农业文化词语，从汉语吸收大量的相关农业、科技、政治词语，逐渐形成蒙汉混合式的方言土语，而且已经成为中国蒙古语在人口和应用上占有压倒性比例的科尔沁-喀喇沁蒙汉混合式蒙古语。这种语言在很多方面不同于传统的蒙古语，正在以自身独特的个性向着主导未来中国蒙古语的方向发展。

目前的中国蒙古人，几乎没有一个人在日常语句中不夹杂着使用汉语词语。穿梭于乡间的小商贩、承包湿地耕种的农民、衔接上级与农牧民的乡镇干部、上学回来的青年一代都是活生生的汉语词语的携带者和传播者。还有广播影视等各种媒体，每时每刻向广大蒙古族群众传播着汉语文

化影响。汉语影响在中国蒙古语中最突出的成功案例是使占蒙古族人口50%以上的科尔沁、喀喇沁蒙古人的语言变成了蒙汉混合式的语言。

大部分蒙古语言学家主张要保护蒙古语标准音和基础方言的合法地位，以现代蒙古书面语和标准音来规范已经发生严重变异的科尔沁–喀喇沁蒙汉混合式蒙古语。但是这种合情合理的主张和努力正在面临挑战。比起科尔沁–喀喇沁蒙汉混合式蒙古语人学用标准音，更多的蒙古人正在不同的方言区域里争前恐后地学用汉语词语，蒙古语语句中夹杂着为数不少的汉语词语已经成为中国蒙古人语言的普遍现象。在这种局面面前，很多普通民众和知识界人士开始担忧蒙古语的未来前景，有的人迷恋经典蒙古语的心理越来越加强。虽然形成于17–18世纪的中国现代蒙古语为人们留下了相当丰富的遗产，蒙古人用它创造了不少的经典作品，但是它有可能是因为科尔沁–喀喇沁蒙汉混合式蒙古语的冲击而逐渐走向边缘化，甚至在不久的未来有可能其主导地位被科尔沁–喀喇沁蒙汉混合式蒙古语所替代。

无论使用人口还是适用范围，科尔沁–喀喇沁蒙汉混合式蒙古语正在逐渐壮大，以复合化的词语为主的新的形式日趋取代蒙古语固有语法形态。尤其是在不断涌现的新词术语面前，蒙古语的造词能力显得非常吃力，虽然学院派的语言工作者们不断推出蒙古语翻译新词术语，但是其中很少有完全符合蒙古语原有表达式的术语，那些被命名为“新词术语”的冗长而难以理解的短语结构无法满足一般群众的语用要求，一次一次推出的新词术语没有被吸收到日常的语言使用当中，现在的蒙古人几乎都在原封不动地使用着汉语新词术语。也就说，在蒙古语中吸收汉语词语已经是蒙古人语言交际的必不可少的一种重要途径。过多地吸收汉语词语会不会改变蒙古语的纯正、独立性质？这样的顾虑早已成为热爱民族语言文化的一般蒙古人和知识界精英人士的心病。可是在客观现实面前，这样的顾虑和担心还能够怎样呢？其实，蒙古语历来不是单纯的纯正的语言，世界上也从来不存在任何的纯正的语言，所有的语言都是程度不同地带有混合成分的语言。

中世纪以前的蒙古语是经过突厥语洗礼之后形成的，后来依次受到来自于汉语、藏语、满语的影响。蒙古语中应该有很多的古匈奴、古梵语、波斯语、女真语、契丹语的成分，真的很难说得清楚当今蒙古语中真正属于蒙古人自己的语言成分到底有多少。这样的一个大混杂物被所有的蒙古人指认为是地道的、纯正的民族语言，很多人不希望它有什么不太正常的变化，但是保持它的原样已经不太可能了。就这样，中国蒙古语将进入科尔沁-喀喇沁蒙汉混合式蒙古语时代。定居农耕的科尔沁蒙古人人口密集，使用着一口很不标准的蒙古语，而且口语中夹杂着的汉语词汇也失去了原来固有的声调，变成了蒙古式的无声调词语。科尔沁蒙古人的风土人情已定，语言文化风格也逐渐定型，民间文化、文学语言也形成了独特的科尔沁风格，使用人口占中国全体蒙古语人口的一半以上，已经是国内最大的方言，而且不断地扩大着影响力。科尔沁蒙古人遍布全国所有蒙古人居住地方的行政、科研、教育、服务、金融、生产等各个领域，各地蒙古人也逐渐接受科尔沁蒙古人的文化，包括语言在内。

科尔沁-喀喇沁蒙汉混合式蒙古语是一种地方话，广大农业化蒙古人所使用的语言，是一种具有雄厚群众基础的大众语言，它正在构成新的经典，经过一段发展过程，科尔沁-喀喇沁蒙汉混合式蒙古语有可能成为中国蒙古语基础方言。中国蒙古语将是一种以科尔沁-喀喇沁蒙汉混合式蒙古语为基础的，有点象韩国语、日本语、越南语那样的新型混合式语言。其特点是词汇中包含大量的汉语词语，语法形态仍然是阿尔泰式的黏着形式，是一种不同于传统蒙古语的新的形式。无论如何它还是蒙古人的语言，不大可能成为汉语的附属品或者特殊的方言。到时候全体蒙古人和今天的人们把传统蒙古语看作经典的标准一样，会加倍地热恋这种新的形式，通过它表达对生活的热爱之情，写诗歌、做文章、颁行政府文件，处理社会日常的一切事物。未来中国蒙古人的日常用语、教学语言、报刊语言、广播语言、电视语言都将是这种语言。

五、结语

远古时期，人们在森林、山川奔波的原始时代，其生活与其他动物没有太大的区别。那个时候应该是一个动态存在的一个稳定态。但是人类潜在着别的动物所没有的创造性基因。事先他没有任何征兆，默默地潜伏着很长的时期，发展到原始社会时期人们学会了利用火，也学会了保存火种，这是一个飞跃，是重要的分叉，从此人类永远离开了其他动物，人类的智慧走上了发展的道路。第二次分叉是人类学会采集和狩猎，学会利用天然洞穴简单搭建住处的本领。第三个分叉是人类根据不同的自然环境开始有意识适应和利用大自然，在不同的地方分别产生了不同的经营模式，例如狩猎、驯化动物、种植庄稼、海上捕鱼等等。当然语言文化也得到了不同的发展。这些不同的发展阶段经历了不同长度的发展过程，凡月往后，所经历的时间越短，从上一阶段过渡下一阶段的飞跃也很迅速。在第三个阶段人类发明了文字，记录了自身发展的历史，自青铜器以来进入冷兵器时代，骏马和铁器成为征服世界的最尖端武器，各种符合当时知识水准的各种发明遍布世界。当每一个稳定态的结束时，都从自身内部孕育出下一个定态要发生的初始条件。取火和炼铁之间经历的过程可能是几十万年，但是人类最终还是会把火和矿石链接起来并且能够炼出铁来。同样，人类在火和铁的基础上，没有经历太多的时间，几千年以后就进入了工业革命时期，其标志是蒸汽机，到处奔跑着人造机器，骏马最终进入弱势状态，这是第四个分叉。工业革命时代经历了短短几百年，人类在二十世纪后期全面进入电子革命或者信息技术时代。这就是技术革命的力量。蒙古人在冷兵器时代曾经活跃过一段时间，他在北方草原继承和发展了匈奴和更为古老时期的马文化传统。但是进入工业革命以来，他的命运发生了变化，落伍了。尤其是当代，骏马完全退出生产和生活，只留下一个体育娱乐的消遣功能。因为蒙古人在包括工业革命在内的整个科学时代没有任何发明创造，所以其文化面临了整体性的挑战，甚至被颠覆。这是人类文明发展中一切文化所会面临的问题，就是新技术革命对旧文化的颠覆和旧文化如何适应新技术而得到新的发展的问题。本文只是企图通过蒙古语言文化为例探讨了新技术革命和语言文化接触对语言文化发展变化的决定性作用。

参考文献

[1] 张公瑾：《文化语言学发凡》，云南大学出版社，1998年。

[2] 内蒙古大学：《蒙汉辞典》，内蒙古人民出版社，1976年。

[3] 内蒙古社会科学院：《汉蒙词典》，内蒙古人民出版社，1983年。

[4] 中国社会科学院：《现代汉语词典》，商务印书馆，1996年。

[5] 曹道巴特尔：《蒙汉历史接触与蒙古语言文化变迁.，辽宁民族出版社，2010年。

[6] 曹道巴特尔：中国蒙古语言现状与发展趋势，载《中国民族》（蒙古文），2013年第2期。

[7] 张公瑾、丁石庆：《浑沌学与语言文化研究新探索》，中央民族大学出版社，2011年。

[8] 张公瑾、丁石庆：《浑沌学与语言文化研究新动态》，中央民族大学出版社，2011年。

[9] 张公瑾、丁石庆：《浑沌学与语言文化研究》，中央民族大学出版社，2005年。

[10] 张公瑾、丁石庆：《浑沌学与语言文化研究新进展》，中央民族大学出版社，2009年。

[11] 张公瑾、丁石庆：《浑沌学与语言文化研究新视野》，中央民族大学出版社，2008年。

[12] 张公瑾、丁石庆：《浑沌学与语言文化研究新收获》，中央民族大学出版社，2010年。

语言保护理论初探

王松涛

摘要：语言衰变和语言濒危现象在世界范围普遍存在，保护语言及其所代表的文化刻不容缓。对语言保护理论的初步探索，即对语言保护的概念、对象、内容及其与语言态度、语言政策、语言立法的关系的基本论述对语言保护实践提供理论指导。

关键词：语言保护；理论；语言濒危

一、语言危机是一个世界性问题

语言是文化中最为活跃的部分，同时又是非常脆弱的部分。随着社会发展不断加快，语言和文化的多样性正受到前所未有的挑战，强势的语言和文化正以惊人的速度吞噬着弱势的语言和文化。根据联合国教科文组织《濒危语言地图》（Atlas of Language in Danger of Disappearing），估计目前全世界约有6700种语言，其中英语、汉语、印度语、西班牙语、俄语、阿拉伯语、孟加拉语和葡萄牙语这八种语言被世界人口一半以上的人所使用。而大约有3000种以上的语言，每种语言的使用人口不超过10000人。在联合国教科文组织2003年3月10–12日召开的保护濒危语言项目专家组会议上发布了报告《语言活力与语言濒危》（Language Vitality and Language Endangerment），根据语言活力和濒危程度的不同，将世界上的语言划分为安全、不安全、明显濒危、严重濒危、极度濒危和消亡六个不同的层级。该组织在2009年2月17日发布的关于《世界濒危语言地图—2009年2月17日统计表》中（UNESCO Atlas of the World's Languages in Danger – statistics as of 17 February 2009），根据上述分类的后五个不同的层级，对世界上170国家和地区语言的活力和濒危情况进行了统计和划分。统计表共列入2498种语言，其中不安全607种，明显濒危632种，严重濒危502种，极度濒危538种，1950年以来消亡219种。在1995美国科学进步年会上，研究语言濒危问题的专家迈克尔·克劳斯（Michael Krauss）这样预言，在21世纪结束的时候，将有95%的语言将会消亡或合并。同年在东京大学召开的国际濒危语言研讨会上他指出，在世界上现有的6000多种语言中，有20%–50%的语言已后继无人，只有5%–10%的语言是安全的，其余的都是不同程度濒危的语言。[①]

二、语言和文化不可分

在社会发展的进程中，人类创造了语言。这些语言极其所代表的文化成为丰富多彩的人类社会的组成部分。语言及方言不仅是人类相互交流、表达对世界看法的工具，也是民族文化的表现形式。语言和文化不可分，语言本身就是一种文化。

洪堡特认为，语言是一种世界观每种语言都包含着属于某个人类群体的概念和想象方式的完整体系。[②]语言是民族精神，是民族的根本特征，民族之间的差异主要体现在语言差异上。[③]洪堡特对美国人类语言学产生

① 冯小钉：语言消亡与保护语言多样性问题的研究评述，载《安徽大学学报》，2003年5月第3期，第71–74页。

② 洪堡特：《论人类语言结构的差异及其对人类精神发展的影响》，姚小平译.，北京：商务印书馆，2002.第72页。

③ 洪堡特：《论人类语言结构的差异及其对人类精神发展的影响》，姚小平译，北京：商务印书馆，2002.第52页。

了巨大的影响。博阿斯认为，语言中的语义和形态集中反映了人类的思想和行为，因此，是人类学家研究人类文化的重要方面。每一种文化都有价值，都有其独特之处，各民族文化没有优劣、高低之分。博阿斯主张学习一个民族的语言才能真正了解这个民族的文化。语言的特殊性质明显地反映了不同民族、不同种族的心理风格。语言是打开一个民族文化的钥匙。萨丕尔认为，语言强有力地制约着我们对社会的看法，人类生活在语言的制约之中。语言的结构不同，必然会导致语言使用者对客观世界有不同的分割。不同的语言模式影响着人们的思维，从而产生不同的思维模式，不同的语言使用者对世界有着不同的认识。语言是人类最古老的遗产，文化的任何其他方面都不可能早于语言，没有语言就没有文化可言。萨丕尔还倡导以人文主义的视野研究语言，反对纯技术的形式主义分析方法。萨丕尔在《语言论》说："语言基本上是一种文化和社会的产品，它必须从文化和社会上来理解。""语言学对于社会科学的方法论具有战略上的重要性，因为语言是像文化的其他表现那样严格社会化的人类行为类型。它在基本原理和倾向上背离那种只有自然科学家关于公式化描述的常规。"①

正是语言和文化这种相辅相成的关系，保护语言就等于保护文化。

三、中国少数民族语言保持的形式严峻

在《世界濒危语言地图—2009年2月17日统计表》中，我国共有144种语言被列入上述五个不同的层级中（这个数字和我国语言工作者的统计数据有一些出入，是因为该组织将我国的某些方言列为独立的语言），其中不安全41种，明显濒危49种，严重濒危22种，极度濒危23种，1950年以来

① Sapir, E. 1929. The Status of Linguistics as a Science. In: 刘润清等编：《现代语言学名著选读》，北京: 测绘出版社. 第188页.

消亡的语言9种。[1]也就是说，我国的大部分语言在不同程度上都存在衰变的事实，有些已经到了消亡的边缘，如赫哲语和满语等。

四、为什么要保护语言

从文化上讲，保护语言就是保护文化。语言是文化的载体，也是文化的一部分，语言就是文化。人口较少民族的文化很大程度上依赖于语言的存在，其保持和发展更为迫切。从语言学角度来看，如果一种语言没有得到描写就消失了，那么这种语言的一些没有被证实的、或独有的结构就永远不可得知。这对历史语言学是一个巨大损失。人口较少民族的语言往往具有其独特的特征，也是对世界一种独特的体验和认识。从伦理上讲，我们没有权利剥夺下一代了解自己语言的权利。如果这种语言没有得到描写就消失了，后代就没有机会学习前辈的语言，没有机会了解传统知识和文化的方方面面。对于人口较少民族来说，其语言更容易在强势语言和文化的影响下衰变和消亡，对其加以特别的保护对于尊重少数民族的权利和文化有着积极意义。从科学上讲，每个社会群体用不同的语言模式解读着他们特有的知识，用特有的方法表达着他们的世界观。而且，如果语言消失了，关于他们生活的环境、植物和动物等特有的有科学研究价值的知识就一同消失了。这里包括一些药品、食品、材料等方面的知识。人口较少民族的独特生活方式中总有着不同于其他民族的特别之处，在其语言上都有这样那样的反映。曾经以狩猎为生的鄂伦春族在狩猎和动物方面的词汇异常丰富，对这些与其生活息息相关的事务有着独特和细致的认识。随着其生活方式的转变和语言的衰变，这种认识也将逐渐消失。从象征意义上讲，族群特征和自尊对于一个民族是至关重要的，而语言就是能够体现这些内容。从社会发展上讲，保护语言也就是在一定程度上保护了使用这种

① Unesco. 2003. Language vitality and Endangerment. Paris: Unesco Publishing. p.1.

语言的民族的独立和认同感，也就是在一定程度上保持了语言、文化和民族的多样性，对于各民族的语言文化共同繁荣和相互和谐相处起到积极作用。没有独立的语言，独立的文化会大部分消失了，民族认同感也在一定程度上会减弱。人口较少民族原本人口少，没有了自己的语言，其将被湮没在人数众多的主体民族中，民族的认同感和凝聚力将有所下降。

五、语言保护的定义

1. 关于语言保护的定义

目前在国内外的文献中还没有提及，特别是在国外的文献中极少使用语言保护这个概念，作者给出了一个尝试性的定义和相关的解释。

语言保护是在语言的发展过程中人为地采取措施加以干预，从而保持语言固有特点和使用环境，使其不致衰退或消亡，从而达到保护语言所代表的文化的目的。

我们可以从以下几个方面来理解语言保护的定义

（1）语言保护是一种人为的干预；

（2）语言保护是一种外部行为；

（3）语言保护的目的不仅是为了保护语言本身，更重要的是保护语言所代表的文化；

（4）语言保护的措施是多种多样的。

2. 语言保持

霍夫曼（Hoffman C.）是这样定义语言保持的："语言保持是指这样一种情形，社区的成员试图保持他们一直使用的语言"。[①]作者认为，是社区成员为继续使用自己原有的语言所作的努力；或是从语言活力和濒危程度的角度，对语言的状况进行的客观的描述。语言保持的定义包括两个

① Hoffman C. An Introduction to Bilingualism. London: Longman, 1991. P186

方面含义：

（1）一方面，语言保持是一种行为，是某种语言的使用者为了保持自己的母语继续使用，从而使自己的母语所反映的文化得以保持所做的努力。我们可以从这样几个方面来理解语言保持这个概念。①语言保持是一种行为；②语言保持是一种来自于语言社区成员的、内部的行为；③语言保持的目的是继续使用这种语言，从而保持这种语言所代表的文化。

（2）另一方面，语言保持是一种状态，是对语言保持状况的描述。我们可以从以下两点来理解语言保持概念的这一方面①语言保持是一种状态的客观描述；②描述的出发点是语言活力和语言濒危程度。

联合国教科文组织将世界上的语言的保持情况分为六个层次，即安全、不安全、明显濒危、严重濒危、极度濒危、消亡。我国有的语言学家对语言的保持情况有几种分类方法。

六、语言保护的对象

从广义上讲，语言保护的对象是世界上所有的语言和方言。无论是目前使用人口较多、正处在良性发展而没有消亡危机、处于语言保持阶段的语言，还是使用人口较少、正面临不同程度衰变或濒临消亡的语言甚至已经消亡的语言都是语言保护的对象。对于那些没有消亡危机的语言，保护其语言的纯洁性和原貌不至于受太多外来影响，保持其传统的特点，对这些语言进行一定程度的规范有利于语言的学习、从而保持传统文化的纯洁性、从而达到保护和发扬光大本民族文化的目的。汉语在世界上有着众多的使用者和学习者，随着中国经济和文化不断发展，学习和使用的人数和范围仍在不断地增加。但在使用上，如汉字的书写等需要进一步地规范，汉语方言也需要进一步保持和保护。

从狭义上讲，处于不同程度衰变的语言是语言保护的主要对象。采取长远而有效的措施保护那些不同程度衰变的语言，遏制加速衰变的语言，抢救濒临消亡的语言，从而达到抢救和保护这些语言所代表的民族文化。但在实际上，人口较少、目前语言保持程度较好的语言的保护才具有更现实、更可行的意义。这些语言目前正处在不同程度的衰变中，通过一定程度的保护，遏制其衰变，努力使其恢复到一个比较理想的状态。当然，对于一些极度濒危的语言，恢复其使用的功能到一个可以使这个语言良性发展程度已经不可能，及时的抢救性保护是非常紧迫和必要的。虽然有些人口较多的语言也存在濒危现象并需要保护，如满语，但大多数需要保护的语言以人口较少民族的语言居多。

七、语言保护的内容

语言保护分为本体保护和功能保护两个部分。语言的本体保护是指对语言本身加以保护，从而保证其保持原有的结构、原貌、纯洁性和规范性。学习和研究某种语言，对其语音、词汇和语法加以详细描述是本体保护的最基本形式。

1. 语言的描写是语言本题保护的基础

在此基础上可以创制民族文字，记录民族的历史和文学。编写教材是本体保护向学校教育推进的必要条件。在规范文字的基础上，编写适合于本民族学生语言实际情况的民族语教材，是开展民族语教育的基础。

2. 语言功能保护

语言的功能保护是指保护语言在各个场合、各个群体中的使用，从而保持语言的活力和继续发展的能力。

语言使用的范围需要加以保护，包括家庭、社区、工作场所。工作场所使用民族语体现了民族语的充分地位，人口较少民族的语言基本不具备在工作场所使用的地位和条件。保护语言在社区的使用是在较大范围内对语言进行保护，通过开展民族语活动如讲故事比赛等鼓励民族成员在日常交往中使用民族语。家庭是民族语言保护的最后阵地。保护家庭中的母语使用很大程度上依赖于父母或家中年长使用者的坚持和努力。

语言使用的人群需要加以保护。人群可以按照不同的标准进行划分。根据年龄可以分为不同的年龄段，根据职业可以分为学生、农民、公务员等群体。根据性别可分为男性和女性等。语言保护的人群在老年人和儿童与学生两个群体比较关键。许多老年人能够比较完整和流利地使用本民族语言，语言的完整性在他们身上得以体现。少年儿童处于学习语言的最佳时期，是民族语言的主要学习者、语言教育的主要对象和语言保持的希望。

3. 语言本体保护和功能保护的关系

语言的本体保护和功能保护是相辅相承的。功能保护是本体保护的基础，只有保护民族语言在相当范围和人群内的使用，保持语言活力，语言本身才有可能得到好的保持和发展。反过来，语言本体得保护又为语言功能的保护提供了支撑，学习和研究民族语、描写民族语、创制文字、编写民族语教材等都是扩大民族语的使用范围和使用人群的基础和重要方法。语言本体保护和语言功能保护同等重要。

4. 人口较少民族的语言本体保护和功能保护更加紧迫

随着人口较少民族语言的不断衰变，受通用语的影响，一些语言保持的完整程度已经大打折扣，不仅在词汇上，结构上也在通用语的影响下发生变化。如果不能在语言比较完整保持的阶段完成对其细致的描述，其保持下去的机会将大大降低。同时，尽管十分困难，努力通过各种方式如举办民族活动、举办语言比赛等鼓励民族语的学习和在社区的使用，开展民族语教育，使其在功能上得以保护。

八、语言态度与语言保护

澳大利亚社会语言学家Bradley提出，“为什么一个少数群体被同化，其语言消亡，而另一个群体保持了其语言和文化特性？在语言保持中，也许语言社区对自己语言的态度是至关重要的因素”。Wurm也指出，“保持和重新恢复一个面临濒危的语言最重要的因素之一就是语言使用者对母语的态度”。[①]

1.政府的态度对语言保护的影响

政府的态度决定了语言政策的走向。单语政策和一元文化政策会在鼓励通用语使用同时从主、客观上限制其他语言的发展。在民族语、特别是人口较少民族语言文化面临不同程度衰变的情况下，政府的的态度往往起着非常重要的作用，甚至是决定作用。由于政府有着制定政策、执行政策和相应的组织上、人员上和经济上保障能力，其语言态度所决定的语言政策在很大程度上决定着民族语保持保护的成败。

2.社区成员的态度对语言保护的影响

语言使用者的态度决定了其为保持母语所做的努力。积极的语言态度使他们寻求和政府及各种机构通力合作，在不同的历史阶段对少数民族语言保护提出不同的建议并努力实施。另一方面，他们也在尽可能多地使用自己的语言，保持母语环境。

九、语言政策与语言保护

为了促进某种或多种语言的使用和发展，政府或其他团体通过各种方

① Bradley, David. 2002. Language Attitudes: the Key Factor in Language Maintenance. In: David Bradley and Maya Bradley. (eds.) *Language Endangerment and Language Maintenance.* New York, NY: RoutledgeCurzon. p xi.

式采取的官方或者非官方的政策和措施对语言的发展进行干预，统称为语言政策。对于某种语言来说，语言政策至少可以分为同化（消极）的语言政策、放任的的语言政策和积极的语言政策。

不同的语言政策对语言保护有着不同的作用，有时起着至关重要的作用。消极的语言政策会不仅打乱某种语言的自然发展进程，而且会加速这种语言走向濒危和消亡，这种政策对某种语言来说有时是毁灭性的。任意发展的语言政策虽然不会人为地干涉某种语言的自然发展进程，但间接上会有利于通用语言的发展，从而使少数民族的语言处于相对的劣势，走向衰变是不可避免的。积极的语言政策会采取积极有效措施保护少数民族的语言，延缓弱势语言的衰变和濒危，对保护少数民族语言和文化有着积极的作用。

人口较少民族的语言处于弱势地位，不仅需要积极的语言政策加以保护，而且需要根据不同民族的不同情况的制定特定政策来保证语言和文化的保持和保护。

文字的重要意义在于两个方面，一是将本民族的历史和文化准确地记录和保存下来，使其能够“传于异地”“留于异时”，是民族历史和文化保存的重要手段。另一方面，文字为语言的学习和学校教育的必要条件，没有文字语言只能通过口口相传，学习的条件和规模都不能和民族语的学校教育相提并论。人口较少民族需要民族文字来保证语言与文化的保持和传承。

十、语言立法与语言保护

1. 语言立法是通过制定法律的形式保护和规范某种或某些语言。如果说制定法律保护优势的主体语言的是为了这些语言的规范和健康发展，立法保护少数民族语言则是为了保持这些语言的活力、遏制其不断衰变、甚至是在其消亡之前加以记录。从这个意义上讲，立法对人口较少民族的语言保护更紧迫、更具有现实意义。

2. 语言立法是保护语言和文化的重要手段，这同样对处于相对弱势的人口较少民族语言和文化有着更为重大和积极的意义。一旦语言保护的一系列措施用成文法律的形式固定下来，这些措施就具有了强制性，这些措施的实施就有了法律上的依据和受到法律的保护。任何违反规定的行为都会被认定为违反了法律。

3. 语言保护法律的实施情况直接关系到语言保护的最终效果。

立法保护民族语的关键在于法律中规定的政策的具体实施。因此，相关法律中关于保护政策的实施的细则和具体落实。

十一、政府、母语人与语言学家的关系

我们对政府、母语人态度和语言学家三者的作用与关系进行简要分析，并针对我国的具体情况提出一些尝试性建议。母语人态度是推动民族语保护的内在动力和首要因素。通过母语人的积极语言态度和不断争取来获得政府的理解和语言学家对本民族语言保护的兴趣，继而得到真正有保障的政府支持，最终在政府政策和资金支持下，在语言学家的帮助下对民族语进行全面、系统的保护。如果连母语人也放弃了保护本民族语的努力，这种语言的消亡就为时不远了。政府是语言保护措施的决策者和实施者，任何有决定意义的保护措施都依赖政府的政策支持和财力投入。语言学家的研究为语言保护提供技术和理论支持。而语言学家记录和研究民族语言，从语言的基本特征、语言使用状况和发展变化等方面进行充分研究并参加语言保护的实践活动。语言学家还可以从保护民族文化的高度对民族成员进行鼓励和引导，激发其民族语言文化自豪感和保护意识。

语言关系是民族关系的一部分。在现代中国背景下，根据我国少数

民族语言保持和保护的基本国情，正确处理这三者的关系既关系到民族语言和文化的兴衰，也关系到国家的稳定和发展。对于本民族成员来说，应正确处理保护民族语言文化的意识和民族情绪的关系。一方面，民族成员较强的保护本民族语言和文化的意识，对积极推动民族语言文化的保持和繁荣起到积极作用。只有本民族成员积极的语言态度才是推动各种保护措施的原动力。政府往往不会主动意识到语言保护的重要性和紧迫性，需要民族成员不断努力来促使政府制定相关政策和增加资金支持，促使立法机关通过相关法律，成立相关机构，使语言保护有全面的保障。目前中国一些人口较少民族的语言都不同程度存在不断弱化甚至濒危的现象，其传统文化面临逐渐消失的威胁。没有本民族成员强烈的危机意识和保护意识，这些语言的保护就会处于无人过问的境地。另一方面，强烈的语言文化保护意识并不等于过激的言行和不理智的做法，保护语言的意愿要用合理、合法的方式表达出来。“语言权利的行使不得具有破坏国家统一和领土完整的目的”，①不恰当的行为不仅毫无益处，反而可能有害和延误语言的保护。一些民族成员“从维护本民族语言权利和发展本民族文化教育事业角度考虑问题,对轻视或者忽视使用少数民族语言文字的现象，仍然比较敏感。鉴于少数民族当中语言态度有差异，对一些敏感问题要慎重对待”。②

对于政府来说，应正确处理鼓励保护民族语言文化和稳定的关系。上世纪九十年代以来，语言管理和规划“极其强调语言规划的生态环境，越来越关注语言濒危和语言消亡问题，关注语言人权问题”，③所以，政府要充分认识到少数民族成员的语言权利和民族语言文化对本民族成员的重大意义和核心价值，努力保护语言生态环境。民族语言往往是民族成员文

---

① 郭友旭：语言权利的法理，云南大学出版社. 2010年第224页。

② 道布：语言活力、语言态度与语言政策，中国社会科学院学术委员文库：道布文集. 上海：上海辞书出版。

③ 周庆生：中国语言生活状况报告（上编），语文出版社. 2010年第23页。

化认同的主要特征，失去了语言就失去了其民族身份标记，对一个民族来说至关重要。任何合理的保护语言的建议和措施都应得到鼓励，强烈的语言保护意识和积极的语言态度也都应得到理解和支持。要真正考虑民族成员对本民族语言保护的最迫切需求并在制定切实可行的措施的基础上，确保语言保护有序进行。不能借口维持稳定而消极对待、甚至限制民族语言的保护和发展。如果语言保护的相关政策与法律仅仅是一纸空文而不能得到落实，往往会使少数民族成员对政府产生不信任或抵触情绪。事实上，即使政府做了大量语言保护工作，很多语言最终也难免走向消亡。但保护语言的努力是政府积极态度的体现，同时会消除误解与矛盾，有利于国家的稳定。语言保护和稳定有密切关系。“国家的政治统一需要语言上的支持。这并不意味着国家应采取语言同化的政策……”。[①]由于民族语言的保护对其使用者意义重大，有效的保护政策和措施会增强民族语使用者对政府工作的认可度和信任感，而保护不力或限制少数民族语言的使用和发展反而会给社会带来不稳定因素，处理不当还会引发重大事件。以保护民族语言和文化为目的的急躁和过激行为也应得到理解和理智的疏导。强烈的保护民族语言和文化的意识并不等于煽动民族情绪，不能因为这样的片面理解就放弃保护民族语言。

对于语言学家来说，应正确处理民族语言研究和民族语言保护实践的关系。研究民族语言本体的描写语言学家通过田野调查，准确、忠实地记录所研究语言的语音、词汇和语法，充分了解语言本身的基本特征。研究功能的社会语言学家也通过田野调查对民族语言的使用情况、变化情况、语言保持、语言政策和语言态度等方面进行研究，充分了解民族语言在社会环境中的状况与变化。二者互为补充，提供语言的完整信息。但二者并不是为研究语言而研究语言，将专业知识和研究成果应用到保护和发展民族语言的实践中才是语言研究的最终目的。描写语言学家关于语言基本特

① 郭友旭：《语言权利的法理》，云南大学出版社，2010年第223页。

征的成果可以成为语言本体保护的基础，即创制和规范文字、编写民族语教材等。社会语言学家关于语言状况和变化的成果可以为语言政策和语言规划的制定提供准确的信息。二者各有侧重，共同为民族语的保护和发展提供专业支持。

傣语语料库中不规范词形分析

戴红亮

不规范词形是相对正确词形或规范词形而言的，在语料库中，规范词形一般符合傣文书写规则，而在数量上则表现为词频相对较高，而不规范词形不符合傣文书写规则或者在上下文中语义不通，在数量上则表现为词频相对较低。识别语料库不规范词形主要两种方法，一种是看其是否符合傣文拼写规则，如果不符合拼写规则，就可以直接判断其为非规范词形；另一种是根据上下文语义判断其书写是否正确，有些词形虽符合傣文书写规则，但在上下文中其语义不通，而采用词形相近的词则语义通畅，则也可以判断为不规范词形。语料库中不规范词形主要包括两类，一类是形误词，一类是多形词。形误词是指词形出现错误的词，也就是在书写时由于各种原因而导致的与标准词形不一致的词形。造成形误词的原因很多，主要有：①受临近音节影响而形成的形误词；②字母书写形式近似形成的形误词；③读音近似形成的形误词；④书写错误形成的形误词等。多形词主要是一个词存有多种写法，基本上都是现代汉语借词，傣语借用汉语借词后，同一个词采用不同的音节形式翻译，有些音节尚处于竞争之中，从而造成多形词。我们认为形误词从规范化角度看，是一种不规范化现象，如果语言演变的角度看，有些形误词或多形词可能预示着语言演变的某种趋势。

一、傣语形误词类型及原因分析

在语料库标注过程中，我们发现语料中有不少错误，我们将之命名为形误词。为了显示形误词，在标注时，我们在该音节的音标后加一个？号进行标记，如<[illegible]#n#phu^{3}kɔn^{5}ʔɔn^{1}？#领导#dw><[illegible]#n#tsum^{3}vaai^{1}？#群众#dw><[illegible]#n#ve^{2}vaa^{2}？#时间#bl><[illegible]#v#bɔk^{7}？paau^{5}#报告#dwhj><[illegible]#v#xau^{3}maa^{6}？#进来#dw>等，其中音标后标有？的傣语音节的词形都出现了差错。据统计，语料库中标注出来的形误词有1402个，占总词表词16291个的8.61%。从绝对数量来看，这个数目已经相当大了，说明语料库的质量确实有待提高，不过形误词大多是低频词，因此在语料库的整体分布并不是很高，但归纳和总结形误词的类型，分析形误词发生原因有助于避免大量形误词的产生。

（一）形误词分布情况

形误词除少数词频在10以上者外，大多在10次以下，而且词频稍高的形误词频大多是一两次。下表是形误词的基本情况：

序号	词频	个数	形误词举例	正确词
1	23	2	<[illegible]#v#tsi^{4}nam^{4}?#指引，指导#dwhj><[illegible]#n#jaau^{5}?hɤn^{2}#家庭#dw>	<[illegible]#v#tsi^{4}nam^{2}#指引，指导#dwhj><[illegible]#n#jaau^{3}hɤn^{2}#家庭#dw>
2	21	1	<[illegible]#n#pin^{1}? jaa^{1}#措施，办法#dw>	<[illegible]#n#pin^{5}jaa^{1}#措施，办法#dw>
3	19	1	<[illegible]#n#xaau^{2}? taaŋ^{2}#路程#dw>	<[illegible]#n#xaau^{6}taaŋ^{2}#路程#dw>
4	18	1	<[illegible]#v#xui^{1}? paau^{5}#汇报#hj>	<[illegible]#v#xui^{2}paau^{5}#汇报#hj>
5	17	2	<[illegible]#n#naa^{2}tsaaŋ^{2}?#技术，知识#dwhg>	<[illegible]#n#naa^{2}tsaaŋ^{6}#技术，知识#dwhg>

续表

序号	词频	个数	形误词举例	正确词
6	16	1	<ᩮᩃᩥ᩠ᨦ ᨠᩣ᩠ᨶ#n#lɤŋ^{2}? kaan^{1}#情况#dw>	<ᩮᩃᩥ᩠ᨦᩯ ᨠᩣ᩠ᨶ#n#lɤŋ^{6}kaan^{1}#情况#dw>
7	15	1	<ᩅᩥᨩ ᨩᩣ#n#vi^{4}saa^{4}? #科技#bl>	<ᩅᩥᨩ ᨩᩣ#n#vi^{4}saa^{2}#科技#bl>
8	14	4	<ᩋᩬᩢᨠ#v#ʔɔk^{7}? #出来#dw><ᩋᩩ᩠ᨶ ᨲᩩ᩠ᨶ#v#ʔun^{5}tun^{6}? #庆祝#dwhg>	<ᩋᩬᩢᨠᩯ#v#ʔɔk^{9}#出来#dw><ᩋᩩ᩠ᨶᩯ ᨲᩩ᩠ᨶᩯ#v#ʔun^{5}tun^{2}#庆祝#dwhg>
9	13	2	<ᨡᩣ᩠ᩅ ᩈᩣ᩠ᨶ#n#xaau^{5}saan^{1}? #消息，新闻#dw><ᨡᩮᩢᩣ ᨲᩣ᩠ᨶ#r#xau^{1}taan^{2}? #他们#dw>	<ᨡᩣ᩠ᩅᩯ ᩈᩣ᩠ᨶ#n#xaau^{5}saan^{1}#消息，新闻#dw><ᨡᩮᩢᩣ ᨲᩣ᩠ᨶᩯ#r#xau^{1}taan^{6}#他们#dw>
10	12	4	<ᨦᩱ ᨩᩲ#a#ŋaai^{2}? tsai^{1}#容易，方便#dw><ᨣᩩ᩠ᨦ ᩋᩣ᩠ᨶ#n#kuŋ^{6}ʔann^{2}? #公安#hj>	<ᨦᩱᩯ ᨩᩲ#a#ŋaai^{6}tsai^{1}#容易，方便#dw><ᨣᩩ᩠ᨦᩯ ᩋᩣ᩠ᨶᩯ#n#kuŋ^{6}ʔann^{6}#公安#hj>
11	11	10	<ᨾᩮᩥ᩠ᨦ ᩃᩣ ᩮᩈ᩠ᨶ#ns#mɤŋ^{2}laa^{2}? sɛn^{5}#勐腊县#dwhj><ᩈᩩ᩠ᨾ ᨹᩣ᩠ᨾ#n#sum^{1}phaam^{2}? #大自然#dw>	<ᨾᩮᩥ᩠ᨦ ᩃᩣᩯ ᩮᩈ᩠ᨶ#ns#mɤŋ^{2}laa^{4}sɛn^{5}#勐腊县#dwhj><ᩈᩩ᩠ᨾ ᨹᩣ᩠ᨻ#n#sum^{1}phaap^{8}#大自然#dw>
12	10	6	<ᩋᩥ᩠ᨿᩩ#v; p; u#ju^{3}? #在；呢#dw><ᩉᩨ᩶#v; p#hɯ^{5}? #使，让；给#hg>	<ᩋᩥ᩠ᨿᩩᩯ#v; p; u#ju^{5}#在；呢#dw><ᩉᩨ#v; p#hɯ^{3}#使，让；给#hg>
13	9	6	<ᩁᩭ᩠ᨿ#m#hɔi^{6}? #百#dw><ᨶᩢ᩠ᨾ ᩈᩣ᩠ᨦ#n#nam^{4}saaŋ^{1}? #产量#dw>	<ᩁᩭ᩠ᨿᩯ#m#hɔi^{4}#百#dw><ᨶᩢ᩠ᨾ ᩈᩣ᩠ᨦᩯ#n#nam^{4}saaŋ^{3}#产量#dw>
14	8	9	<ᨻᩬ ᩉᩱ ᨾᩯ ᨶᩣ#i#pɔ^{6}hai^{6}mɛ^{2}? naa^{2}#农民#dwhg><ᩮᩃᩥ᩠ᨦ ᨻᩮᩥ᩠ᨦ#n#lɤŋ^{2}? pɤŋ^{1}#形式，模型；形势#dw>	<ᨻᩬ ᩉᩱ ᨾᩯᩯ ᨶᩣ#i#pɔ^{6}hai^{6}mɛ^{6}naa^{2}#农民#dwhg><ᩮᩃᩥ᩠ᨦᩯ ᨻᩮᩥ᩠ᨦ#n#lɤŋ^{6}pɤŋ^{1}#形式，模型；形势#dw>
15	7	9	<ᨲᩮ᩠ᨦ ᨾᩯᩯ#v#tɛŋ^{5}mɛ^{6}? #修理，整理#dw><ᨳᩮᩢᩣ ᨠᩯ#a; n#thau^{5}? kɛ^{5}#年老；老人#dw>	<ᨲᩮ᩠ᨦᩯ ᨾᩯ#v#tɛŋ^{5}mɛ^{2}#修理，整理#dw><ᨳᩮᩢᩣ ᨠᩯ#a; n#thau^{3}kɛ^{5}#年老；老人#dw>
16	6	12	<ᨾᩯ ᨠ᩠ᩅᩣ᩠ᨦ#v#mɛ^{5}kvaaŋ^{5}? #推广#dwhj><ᩉᩩ᩠ᨶ ᩮᩃᩥ᩠ᨦ#n#hun^{5}lɤŋ^{2}? #形势，局势#dw>	<ᨾᩯ ᨠ᩠ᩅᩣ᩠ᨦᩯ#v#mɛ^{5}kvaaŋ^{3}#推广#dwhj><ᩉᩩ᩠ᨶᩯ ᩮᩃᩥ᩠ᨦᩯ#n#hun^{5}lɤŋ^{6}#形势，局势#dw>
17	5	24	<ᨲᩥ᩠ᨯ ᨻᩣ᩠ᨯ#p#tit^{7}paat^{8}? #涉及#dwhg><ᩃᩩ ᨻᩯ#a#lu^{4}pe^{2}? #损坏，坏#dw>	<ᨲᩥ᩠ᨯ ᨻᩣ᩠ᨶ#p#tit^{7}paan^{8}#涉及#dwhg><ᩃᩩ ᨻᩯᩯ#a#lu^{4}pɛ^{5}#损坏，坏#dw>

续表

序号	词频	个数	形误词举例	正确词
18	4	41	<[illegible] [illegible]#ns#tsoŋ4? ko4#中国#hj><[illegible] [illegible]#r#laaŋ6? phɔŋ6#某些#dw>	<[illegible] [illegible]#ns#tsoŋ6ko4#中国#hj><[illegible] [illegible]#r#laaŋ2phɔŋ6#某些#dw>
19	3	72	<[illegible] [illegible] [illegible]#ns#tseŋ2hiŋ6? sɯ5#景洪市#dwhghj><[illegible] [illegible]#v#vet8? lɔm4#围绕#dw>	<[illegible] [illegible] [illegible]#ns#tseŋ2huŋ6sɯ5#景洪市#dwhghj><[illegible] [illegible]#v#vɛt8lɔm4#围绕#dw>
20	2	198	<[illegible] [illegible]#nt#loŋ5? ni6#最近#dw><[illegible] [illegible]#d#dɛn2teu6? #一定#dw>	<[illegible] [illegible]#nt#voŋ5ni6#最近#dw><[illegible] [illegible]#d#dɛn2teŋ6#一定#dw>
21	1	996	<[illegible]#m#hɔi4? #百#dw><[illegible] [illegible]#d#mɤ1? kau5#依旧，照旧，依然#dwhg>	<[illegible]#m#hɔi4#百#dw><[illegible] [illegible]#d#mɤn1kau5#依旧，照旧，依然#dwhg>

从上表可以看到，绝大多数形误词都是低频词，出现1–3次的形误词有1266个，占总数的90.3%。但也有一些词语频率较高，同一词形错误高达20多次，形误词具体情况请参看附录2。

（二）形误词的类型

傣语形容词从类型上可以分为以下几种：

1.声调错误。声调错误是指本应为A调的却标了B调，在形误词中，声调错误的形误词占的比例很大，约占73.3%，也就是说，绝大多数形误词都是因声调错误而导致的。在声调中，各种声调的错误相差悬殊，其中其他声调错标为第九调的仅有一例，而其他声调错标为第四调的有245例。另外傣语声调与声母之间关系密切，如阴调类音节错为阳调类音节时，其声母书写形式也会发生变化。

以下是各种调类形误词的基本情况：

（1）其他声调错标为第九调的音节仅有一例，如<[illegible] [illegible]#v#no2jaat9? #允许，批准#bl>，其正确形式应为<[illegible] [illegible]#v#no2jaat8#批准#bl>，由于第九调音节在长元音a时不用标注，所以其错误的显性形式是将低音组辅音标注为高音组辅音了。

（2）其他声调错标为第八调的音节仅有4例，主要是应为第一调和第九调的错标为了第八调，如<[illegible]#n#ti^{6}nak^{8}？#重点#dwhg><[illegible]#v#ʔup^{8}？kan^{1}#谈话#dw>，其正确形式应为<[illegible]#n#ti^{6}nak^{7}#重点#dwhg><[illegible]#v#ʔup^{9}kan^{1}#讨论，商量#dw>等，由于第一调和第九调都是阴调类音节，而第八调为阳调类音节，所以其错误的显性形式是将高音组辅音标注为低音组辅音了。

（3）其他调类错标为第七调的音节有25例，主要是第九调错为了第七调，第八调错标为第七调的仅有一例，由于第七调不用标注声调，实际上是应标注声调的没有标注声调，如<[illegible]#n#bɛp^{7}？pɤŋ^{1}#规格#dw><[illegible]#v#xau^{3}ʔɔk^{7}？#进出#dw><[illegible]#a#pha^{1}sɤt^{7}？#伟大；神圣#dw><[illegible]#n#dɔk^{7}？mɔn^{2}#花蕊#dw><[illegible]#v#lɯp^{7}？sɯp^{7}#继承#dw>等，这些词的正确形式应为<[illegible]#n#bɛp^{9}pɤŋ^{1}#规格#dw><[illegible]#v#xau^{3}ʔɔk^{9}#进出#dw><[illegible]#n#dɔk^{9}mɔn^{2}#花朵#dw><[illegible]#a#pha^{1}sɤt^{9}#伟大；神圣#dw><[illegible]#v#lɯp^{8}sɯp^{7}#继承，传承#dw>等。

（4）其他调类错标为第六调的音节有111例。绝大多数是第五调错标为第六调，第五调错标为第六调实质上是将两个显性声调符号用错了。第四调错标为第六调的也有一部分，第四调傣语不用标调，错标为第六调，实际上是为不该标调的音节增加了声调，其他的就非常少了。如<[illegible]#a#sɛt^{8}sɯ^{4}？#正直，老实#dwhg><[illegible]#v#lɔ^{4}？tsaam^{2}#试验#dw><[illegible]#r#tsu^{4}？tsɤ^{4}#各种#dw><[illegible]#v#ʔun^{5}tun^{4}？#庆祝#dwhg><[illegible]#v#nam^{4}？paa^{2}#带领#dw><[illegible]#n#jaau^{4}？hɤn^{2}#家庭#dw>等，其正确形式应为<[illegible]#a#sɛt^{8}sɯ^{6}#正直，老实#dwhg><[illegible]#v#lɔ^{6}tsaam^{2}#试验#dw><[illegible]#r#tsu^{6}tsɤ^{4}#各种#dw><[illegible]#v#ʔun^{5}tun^{2}#庆祝#dwhg><[illegible]#v#nam^{2}paa^{2}#带领#dw><[illegible]#n#jaau^{3}hɤn^{2}#家庭#dw>。

（5）其他声调错标为第五调的音节有170例，基本上都是第六调和第四调错标为了第五调，第六调错标为第五调也是两个显性声调用错了，第四调是一种隐性标调方式，错标为第五调，实际上是有些本不用标调的音节标注了声调，如<[illegible] [illegible]#n#pi^{6}nɔŋ^6? #兄弟，亲戚#dw><[illegible] [illegible] [illegible]#n#hoŋ^{2}hen^{2}nɔi^6? #小学#dw><[illegible] [illegible]#v#tsi^{4}nam^6? #指导#dwhj><[illegible] [illegible]#c#jɔn^6? pɤ^6#因为#dw><[illegible] [illegible]#v#tun^{4}ju^6? #促进#dw><[illegible] [illegible] [illegible]#ns#pha^{1}tet^{8}laau^6? #老挝#bldw>等，其正确形式应为<[illegible] [illegible]#n#pi^{6}nɔŋ^4#兄弟，亲戚#dw><[illegible] [illegible] [illegible]#n#hoŋ^{2}hen^{2}nɔi^4#小学#dw><[illegible] [illegible]#v#tsi^{4}nam^2#指导#dwhj><[illegible] [illegible]#c#jɔn^{4}pɤ^6#因为#dw><[illegible] [illegible]#v#tun^{4}ju^4#促进#dw><[illegible] [illegible] [illegible]#ns#pha^{1}tet^{8}laau^2#老挝#bldw>。

（6）其他声调错标为第四调的音节有245例，数量最多。绝大多数是第六调和第五调错标为了第四调，其他第一调和第二调也有一些。由于第四调不用标调，因此这种错误的实质是本应标调的音节没有标调，如<[illegible] [illegible]#n#paa^{5}mai^2? #森林，树林#dw><[illegible] [illegible]#n#nam^2? lak^7#聪明，智慧，智力#dw><[illegible] [illegible]#n#nam^2? din^1#土地#dw><[illegible] [illegible]#n#pɯn^2? mɤŋ^2#史志，地方志#dwhg><[illegible] [illegible]#v#tun^2? ju^4#促进#dw><[illegible] [illegible] [illegible] [illegible]#i#sin^{3}nam^{4}saai^{1}mɤŋ^2? #水利#dw><[illegible] [illegible]#a#nam^2? ŋaam^2#美丽#dw>等，其正确形式应为<[illegible] [illegible]#n#paa^{5}mai^4#森林，树林#dw><[illegible] [illegible]#n#nam^{4}lak^7#聪明，智慧，智力#dw><[illegible] [illegible]#n#pɯn^{4}mɤŋ^2#史志，地方志#dwhg><[illegible] [illegible]#v#tun^{4}ju^4#促进#dw><[illegible] [illegible] [illegible] [illegible]#i#sin^{3}nam^{4}saai^{1}mɤŋ^1#水利#dw><[illegible] [illegible]#a#nam^{1}ŋaam^2#美丽#dw>。

（7）其他声调错标为第三调的有128例，主要是第二调错标为第三调，其他调类比较少，第二调错标为第三调实际上是显性声调用错了，如<[illegible] [illegible]#v#mɛ^3? kvaaŋ^3#推广#dwhg> <[illegible] [illegible]#v#puŋ^3? nɤŋ^2#发展#dw><[illegible] [illegible]#nt#mɤ^{6}don^3? #最近#dw><[illegible] [illegible]#n#siŋ^3? xɔŋ^1#牲畜#bldw>等，其正确形式应为<[illegible] [illegible]#v#mɛ^{5}kvaaŋ^3#推广#dwhg><[illegible] [illegible]#v#puŋ^{5}nɤŋ^2#发展#dw><[illegible] [illegible]#nt#mɤ^{6}don^5#最近#dw><[illegible] [illegible]#n#siŋ^{1}xɔŋ^1#牲畜#bldw>。

（8）其他声调错为第二调的有153例，主要是第一调和第三调错为第二调，其他的也有一些，第一调本不用标调，错标为第二调实际上是给不用标调的音节标上了声调，第三调错标为第二调则是两个显性声调用错了，如<[illegible] [illegible]#v#ʔik^{9}thɛm^{2}? #增添，增加#dwhg><[illegible] [illegible]#n#naŋ^{1}sɯ^{5}? #报纸，文件#dw><[illegible] [illegible] [illegible]#n#phu^{5}? kɔn^{5}ʔɔn^{1}#领导#dw><[illegible] [illegible]#n#xaau^{5}saan^{5}? #新闻，消息#dw><[illegible] [illegible]#v#ʔap^{8}kɛu^{5}? #交付#dwhj><[illegible] [illegible]#n#naa^{5}? tɤk^{8}#面积#dw>等，其正确形式应为<[illegible] [illegible]#v#ʔik^{9}thɛm^{1}#增添，增加#dwhg><[illegible] [illegible]#n#naŋ^{1}sɯ^{1}#报纸，文件#dw><[illegible] [illegible] [illegible]#n#phu^{3}kɔn^{5}ʔɔn^{1}#领导#dw><[illegible] [illegible]#n#xaau^{5}saan^{1}#新闻，消息#dw><[illegible] [illegible]#v#ʔap^{8}kɛu^{6}#交付#dwhj><[illegible] [illegible]#n#naa^{3}tɤk^{8}#面积#dw>。

（9）其他声调错为第一调的有188例，由于第一调本不用标调，因此也是应标调的音节没有标调，也相当一部分是第二调没有标调，其他的也有一些，分布较为分散，如<[illegible] [illegible] [illegible]#v#pan^{2}tha^{6}naŋ^{1}? #团结#bl><[illegible] [illegible]#a#jai^{1}? nak^{8}#巨大#dw><[illegible] [illegible]#r#fuŋ^{1}ni^{1}? #这些#dw><[illegible] [illegible]#v#jaam^{1}? lɯt^{9}#习惯#dw><[illegible] [illegible]#n#maak^{9}xɛn^{1}? #花椒#dw><[illegible] [illegible]#n#ve^{2}laa^{1}? #时间#bl>等，其正确形式应为<[illegible] [illegible] [illegible]#v#pan^{2}tha^{6}naŋ^{2}#团结#bl><[illegible] [illegible]#a#jai^{5}nak^{8}#巨大#dw><[illegible] [illegible]#r#fuŋ^{1} ni^{6}#这些#dw><[illegible] [illegible]#v#jaam^{3}lɯt^{9}#习惯#dw><[illegible] [illegible]#n#maak^{9}xɛn^{5}#花椒#dw><[illegible] [illegible]#n#ve^{2}laa^{2}#时间#bl>。

2.声母错误。本应为A声母的写成了B声母，声母错误一种是受词中另一音节声母影响而出现错误，另一种情况是傣文符号相近而出现的错误，如<[illegible] [illegible]#n#xak^{7}xaat^{9}#时代#bl><[illegible] [illegible]#n#tsum^{2}vaai^{1}#群众#dw><[illegible] [illegible]#n#thaa^{2}thaan^{2}? #部队；士兵#bl><[illegible] [illegible] [illegible] [illegible]#i#xaau^{3}su^{5}? haau^{2}kin^{1}#生活#dw><[illegible] [illegible]#nt#loŋ^{5}? ni^{6}#最近#dw><[illegible] [illegible]#p#boi^{3}? taam^{1}#依据，按照#dw>等，其正确形式应为<[illegible] [illegible]#n#sak^{7}xaat^{9}#时代#bl><[illegible] [illegible]#n#tsum^{2}1aai^{1}#群众#dw><[illegible] [illegible]#n#thaa^{2}haan^{1}#部队；士兵#bl><[illegible] [illegible] [illegible] [illegible]#i#xaau^{3}ju^{5}haau^{2}kin^{1}#生活#dw><[illegible] [illegible]#nt#voŋ^{5} ni^{6}#最近#dw><[illegible]

[illegible]#p#doi^{3}taam^{1}#依据，按照#dw>。

3.韵母错误。这里面情况比较复杂，有的整个韵母有错误，有的韵腹错误，有的韵尾错误，如<[illegible] [illegible]#n#taai^{5}pɛŋ^{2}？#代表#hj><[illegible] [illegible] [illegible]#v#pin^{1}sɛn^{1}dɛu^{1}？#一致，统一#dw><[illegible] [illegible]#a#lu^{4}pe^{2}？#损坏，坏#dw><[illegible] [illegible]#v#tit^{7}tsaam^{2}？#关系，相关#dwhg><[illegible] [illegible]#v#joŋ^{2}？suŋ^{1}#提高#dw><[illegible] [illegible]#v#phɔn^{5}nɔn^{4}？#减少#dw><[illegible] [illegible]#v#puŋ^{5}nɤu^{2}？#发展#dw>，其正确形式应为<[illegible] [illegible]#n#taai^{5}pɛu^{2}#代表#hj><[illegible] [illegible] [illegible]#v#pin^{1}sɛn^{1}deu^{1}#一致，统一#dw><[illegible] [illegible]#a#lu^{4}pɛ^{5}#损坏，坏#dw><[illegible] [illegible]#v#tit^{7}tsaap^{8}#关系，相关#dwhg><[illegible] [illegible]#v#jot^{8}suŋ^{1}#提高#dw><[illegible] [illegible]#v#phɔn^{5}nɔi^{4}#减少#dw><[illegible] [illegible]#v#puŋ^{5}nɤŋ^{2}#发展#dw>。

4.增加了一些不必要的成分，这突出表现在三个塞音韵尾调类上，三个塞音韵尾中第七调和第八调不用标注声调，但有的标了，第九调如果是长元音，本来也不用标注声调，有的也标注了，如<[illegible] [illegible]#n#xau^{3}met^{8}？#稻谷#dw><[illegible]#v#tɛt^{8}？#戴#dw><[illegible]#v#pop^{8}？#遇着，碰着#dw><[illegible] [illegible]#v#set^{7}xaat^{9}？#决定；肯定；判定#dw><[illegible] [illegible]#a#tok^{8}jaap^{9}？#困难#bldw>，它们的正确形式应为<[illegible] [illegible]#n#xau^{3}met^{8}#稻谷#dw><[illegible]#v#tɛt^{8}#戴#dw><[illegible]#v#pop^{8}#遇着，碰着#dw><[illegible] [illegible]#v#set^{7}xaat^{9}#决定；肯定；判定#dw><[illegible] [illegible]#a#tok^{8}jaap^{9}#困难#bldw>等。此外还有一些添加了一些不必要的成分，大多应属于笔误，如<[illegible]#m；v#kaa^{5}？#癸；去#dw；hg><[illegible] [illegible]#r#fuŋ^{1}？ ni^{6}#这些#dw><[illegible]#n#mɤ^{6}？#时候#dw><[illegible] [illegible] [illegible] [illegible]#n#tsuŋ^{2}saan^{6}mɤu^{6}tsaaŋ^{2}？#总参谋长#hj><[illegible] [illegible]#nd#tɔ^{5}naa^{3}？#当面，对面#dw><[illegible] [illegible] [illegible]#v#aa^{2}ma^{6}xaam^{2}？#承担，担保#bl>等，它们的正确形式应为<[illegible]#m；v#kaa^{5}#癸；去#dw；hg><[illegible] [illegible]#r#fuŋ^{1} ni^{6}#这些#dw><[illegible]#n#mɤ^{6}#时候#dw><[illegible] [illegible] [illegible] [illegible]#n#tsuŋ^{2}saan^{6}mɤu^{6}tsaaŋ^{2}#总参谋长#hj><[illegible] [illegible]#nd#tɔ^{5}naa^{3}#当面，对面#dw><[illegible] [illegible] [illegible]#v#ʔaa^{2}ma^{6}xaam^{2}#承担，担保#bl>等。

5.缺少必要成分，这与增加正好相反。缺少的成分有时是一个音节，有时是音节中的某个成分，有时是一个声调（声调部分我们单独说明），如<[illegible]#n#？？sɤn^{6}tsin^{2}？#卫生巾#hj><[illegible]#n#pha^{6}？？lum^{2}loŋ^{1}#麻风病#bldw><[illegible]#v#ʔun^{5}ŋ？？#庆祝，庆贺#dwhg><[illegible]#n#phaai^{5}su^{4}？？#派出所#hj><[illegible]#i#xɔ^{3}ju^{5}haau^{2}？？#生活#dw><[illegible]#a#vi^{4}？e？^{1}#神圣#bl>等。这些词中都缺少了一些成分，它们的正确形式应为<[illegible]#n#vɤi^{5}sɤn^{6}tsin^{6}#卫生巾#hj><[illegible]#n#pha^{6}jaat^{8}lum^{2}loŋ^{1}#麻风病#bldw><[illegible]#v#ʔun^{5}ŋan^{2}#庆祝#dwhg><[illegible]#ni#phaai^{5}su^{4}sɔ^{2}#派出所#hj><[illegible]#i#xaau^{3}ju^{5}haau^{2}kin^{1}#生活#dw><[illegible]#a#vi^{4}set^{9}#神圣#bl>等。

6. 书写错误导致的形误词。这类错误纯粹是书写导致的，它们不符合傣语书写规则，是傣文中不可能存在的形式，如<[illegible]#m#hɔi^{4}？#百#dw><[illegible]#n#phu^{3}kɔn^{5}ʔɔn^{1}？#领导#dw>等，它们的正确形式应为<[illegible]#m#hɔi^{4}#百#dw><[illegible]#n#phu^{3}kɔn^{5}ʔɔn^{1}#领导#dw>。

（三） 形误词错误原因分析

造成形误词的原因大致可以归纳为以下几种：

1. 受临近音节影响而产生的形误词，就是该词中某一音节受其他音节影响而出现同化的现象，如<[illegible]#n#xau^{3}met^{8}？#稻谷#dw>这个词，后一音节本不用声调，但受到前一音节声调符号的影响，也加上了相同的声调。这一类形误词数量较大，大多表现在声调上，如<[illegible]#v#jok^{7}ʔɔk^{7}？#抽出，留出#dw><[illegible]#v#phɔp^{7}tsɔt^{7}？#普及，普遍#dw><[illegible]#v#tsi^{4}nam^{4}？#指引，指导#dwhj><[illegible]#n#vi^{4}saa^{4}？#科技#bl><[illegible]#v#kam^{4}tsɔi^{4}？#帮助，帮忙#dw><[illegible]#n#xɔŋ^{4}nɔn^{4}？#寝室#dw><[illegible]#v#sɤu^{4}？sɯ^{4}#收购#hghj>等；由于傣语只使用了三个声调，第一、第四、第七调不标调，第二调、第九调（如为长元音aa时与第一调相同）、第五调和第八调声调符号形式相同，第三调、第六调符号形式相同，因此广义的声调相同也应包括这一类，如<[illegible]#n#bɛp^{7}？pɤŋ^{1}#规格#dw><[illegible]#v#ʔun^{5}tun^{6}？#庆祝#dwhg><[illegible]#v#tɛŋ^{5}mɛ^{6}？#修理，整理

#dw>< #v#phɔn^{5}nɔi^{6}？#减少，减弱#dw>< #n#paa^{5}mai^{6}？#森林，树林#dw>< #ni#vɤn^{6}？xvaa^{5}tsaan^{5}#文化站#hj>< #v#kɔn^{5}nam^{6}？#带领，率领#dw>等；也有声母或韵母的类推问题，如< #n#xak^{7}？xaat^{9}#时代#bl>< #n#taaŋ^{2}tsu^{2}tsu^{4}？#党组织#hj>< #n#ʔu^{2}？ju^{2}#年龄，年纪#bl>< #n#un2jun2？#公园，花园#bl>< #ns#tsoŋ^{6}tso^{4}？#中国#hj>< #n#thaa^{2}thaan^{2}？#部队；士兵#bl>等，这些词受临近音节的影响，也发生了同化，这些词的正确形式应为< #n#sak^{7}xaat^{9}#时代#bl>< #n#taaŋ^{2}tsu^{2}tsɯ^{4}#党组织#hj>< #n#ʔaa^{2}ju^{2}#年龄，年纪#bl>< #n#ʔun^{2}jaan^{2}#公园，花园#bl>< #ns#tsoŋ^{6}ko^{4}#中国#hj>< #n#thaa^{2}haan^{1}#部队；士兵#bl>。

2.字母近似出现的形误词，就是某些字母非常相近，本应为A字母的词写成了与其很近似的B字母。新傣文也有一些声母外形上比较近似，这些字母相近的的音节也经常容易发生形误词，如< #n#tsum^{2}vaai^{1}？#群众#dw>< #d#dɛn^{2}teu^{6}？#一定#dw>< #v#puŋ^{5}nɤu^{2}？#发展#dw>< #v#het^{8}？to^{1}#学习；识字#dw>< #v#hat^{7}lɛt^{9}？#练习#dwhj>等。由于字母近似导致的形误词呈现出一定的规律，大致有以下几对经常出现错误：

（1）v和l母经常出现错误，经常将l母写成v母，如< #i#va^{6}？vai^{2}pai^{1}maa^{2}#交通#dw>< #n#pha^{6}jaat^{8}lun^{2}voŋ^{1}？#麻风病#bldw>< #n#tsum^{2}vaai^{1}？#群众#dw>< #n#kam^{2}vaŋ^{2}？#力气，力量#bl>< #nt#loŋ^{5}？ni^{6}#最近#dw>。它们的正确形式应为< #i#la^{6}vai^{2}pai^{1}maa^{2}#交通#dw>< #n#pha^{6}jaat^{8}lun^{2}voŋ^{1}#麻风病#bldw>< #n#tsum^{2}laai^{1}#群众#dw>< #n#kam^{2}laŋ^{2}#力气，力量#bl>< #nt#voŋ^{5}ni^{6}#最近#dw>。

（2）塞音韵母t和鼻音韵尾n经常出现错误，如< #p#tit^{7}paat^{8}？#涉及#dwhg>< #v#ham^{6}het^{8}？#学习#dw>< #v#met^{8}？mop^{8}#完成#dw>< #v#hat^{7}lɛt^{9}？#练习#dwhj>< #nt#mɤ^{6}dot^{9}？#最近#dw><

[illegible]#n#tsit^{7}ta^{1}vin^{2}jaat^{8}？#神经系统#bl><[illegible]#n#xɔp^{9}dɛt^{1}？#边疆，边境#dw><[illegible]#i#dun^{5}？ fin^{5}kin^{1}paaŋ^{2}#吸毒#dw><[illegible]#v#phat^{7}lon^{2}？#驾车#bldw><[illegible]#i#phit^{7}ʔaat^{9}paan^{2}？ jaa^{2}#违法#bldw>等。它们的正确形式应为<[illegible]#p#tit^{7}paan^{2}#涉及#dwhg><[illegible]#v#ham^{6}hen^{2}#学习#dw><[illegible]#v#men^{4}mop^{8}#完成#dw><[illegible]#v#hat^{7}lɛn^{5}#练习#dwhj><[illegible]#nt#mɤ^{6}don^{5}#最近#dw><[illegible]#n#tsit^{7}ta^{1}vin^{2}jaan^{2}#神经系统#bl><[illegible]#n#xɔp^{9}dɛn^{1}#边疆，边境#dw><[illegible]#i#dut^{9}fin^{5}kin^{1}paaŋ^{2}#吸毒#dw><[illegible]#v#phat^{7}lot^{8}#驾车#bldw><[illegible]#i#phit^{7}ʔaat^{9}paat^{8}jaa^{2}#违法#bldw>。

（3）复韵母au与鼻音韵母aŋ经常出现错误，如<[illegible]#d#dɛn^{2}teu^{6}？#一定#dw><[illegible]#v#puŋ^{5}nɤu^{2}？#发展#dw><[illegible]#n#taŋ^{2}tsɤŋ^{6}？#全州#dwhj><[illegible]#n#taai^{5}pɛŋ^{2}？#代表#hj>等。它们的正确形式应为<[illegible]#d#dɛn^{2}teŋ^{6}#一定#dw><[illegible]#v#puŋ^{5}nɤŋ^{2}#发展#dw><[illegible]#n#taŋ^{2}tsɤu^{6}#全州#dwhj><[illegible]#n#taai^{5}pɛu^{2}#代表#hj>。

（4）鼻音韵尾n和鼻音韵尾ŋ经常出现错误，如<[illegible]#i#be^{3}ŋɯn^{2}laaŋ^{2}？ xam^{2}#钱财#dwhg><[illegible]#v#tuŋ^{4}ju^{4}#促进#dw><[illegible]#v#ʔun^{5}ŋaŋ^{2}？#庆祝#dwhg><[illegible]#n#ŋɯŋ^{2}？ xam^{2}#钱财#hg><[illegible]#nt#mɤ^{6}doŋ^{5}？#最近#dw><[illegible]#n#hun^{1}taan^{2}？#道路#dw><[illegible]#n#baan^{3}mɤn^{2}？#社会，地方#dw><[illegible]#n#bɛp^{9}pɤn^{1}？#规格#dw><[illegible]#v#xvaan^{5}？ xai^{1}#开放#dwhg><[illegible]#i#faa^{4}lɛŋ^{4}hɛn^{3}？ xaan^{1}？#天干物燥#dw>等。它们的正确形式应为<[illegible]#i#be^{3}ŋɯn^{2}laan^{2}xam^{2}#钱财#dwhg><[illegible]#v#tun^{6}ju^{4}#促进#dw><[illegible]#v#ʔun^{5}ŋan^{2}#庆祝#dwhg><[illegible]#n#ŋɯn^{2}xam^{2}#钱财#hg><[illegible]#nt#mɤ^{6}don^{5}#最近#dw><[illegible]#n#hun^{1}taaŋ^{2}#道路#dw><[illegible]#n#baan^{3}mɤŋ^{2}#社会，地方#dw><[illegible]#n#bɛp^{9}pɤŋ^{1}#规格#dw><[illegible]#v#xvaaŋ^{5}xai^{1}#开放#dwhg><[illegible]#i#faa^{4}lɛŋ^{4}hɛŋ^{3}xaan^{5}#天干物燥#dw>。

（5）塞音韵尾p和鼻音韵母m经常出现错误，如<#v#tit^{7}tsaam^{2}? #关系，相关#dwhg><#n#sup^{7}phaam^{2}? #大自然#dw><#ns#mɤŋ^{2}hip^{8}? #勐兴#dw>等。它们的正确形式应为<#v#tit^{7}tsaap^{8}#关系，相关#dwhg><#n#sup^{7}phaap^{8}#大自然#dw><#ns#mɤŋ^{2}him^{2}#勐兴#dw>。

3.书写错误导致的形误词。有些词纯粹是由书写错误导致的，这类词不具有规律性，这类词数量也不少，如<#n#phu^{3}kɔn^{5}ʔɔn^{1}? #领导#dw><#n#phin^{4}vaaŋ^{6}? mi^{2}#平方米#hj><#n#tsɤn^{5}hu^{2}? #政府#hj><#q#feɯn^{6}? #分#hj><#p#boi^{3}? taam^{1}#依据，按照#dw>等。它们的正确形式应为<#n#phu^{3}kɔn^{5}ʔɔn^{1}#领导#dw><#n#phin^{4}faaŋ^{6}mi^{2}#平方米#hj><#n#tsɤn^{5}fu^{2}#政府#hj><#q#fɤn^{6}#分#hj><#p#doi^{3}taam^{1}#依据，按照#dw>

4.语音近似形成的语音错误，语音近似主要包括两大类，一类是短元音a和长元音aa的混用，一类是韵腹近似，如i与e，e与ɛ之间。前一类如<#n#ʔaam^{2}? naat^{8}#权力#bl><#n#pet^{8}saa^{1}? #行为，态度#bl><#n#saa^{1}saa^{1}? naa^{2}#宗教#bl><#v#mɤn^{1}kaan^{1}? #像#dw><#a#phaa^{1}? sɤt^{9}#伟大#dw>等，它们的正确形式应为<#n#ʔam^{2}naat^{8}#权力#bl><#n#pet^{8}sa^{1}#行为，态度#bl><#n#saa^{1}sa^{1}naa^{2}#宗教#bl><#v#mɤn^{1}kan^{1}#像#dw><#a#pha^{1}sɤt^{9}#伟大#dw>。后一类如<#n#tak^{7}xɛ^{3}? #水蛤蚧#dw><#v#pɛn^{5}? kai^{2}#改变#hj><#v#pin^{1}sɛn^{1}dɛu^{1}? #一致，统一#dw><#v#tsut^{8}xim^{1}? #缺乏#dw><#a#lu^{4}pe^{5}? #损坏，坏#dw><#v#vet^{8}? lɔm^{4}#围绕#dw><#n#jaa^{1}tse^{2}? #十滴水#dw><#v#tse^{6}? #浸泡#dw><#n#neu^{4}? mɯ^{2}#手指#dw><#n#pha^{6}tet^{8}? #制度#bl><#n#het^{8}? kɔŋ^{2}#规章，道理#dw>等，它们的正确形式应为<#n#tak^{7}xe^{3}#水蛤蚧#dw><#v#pen^{5}kai^{2}#改变#hj><#v#pin^{1}sɛn^{1}deu^{1}#一致，统一#dw><#v#tsut^{8}xem^{1}#

缺乏#dw><[illegible]#a#lu⁴pɛ⁵#损坏，坏#dw><[illegible]#v#vɛt⁸lɔm⁴#围绕#dw><[illegible]#n#jaa¹tsɛ²#十滴水#dw><[illegible]#v#tsɛ⁶#浸泡#dw><[illegible]#n#niu⁴mɯ²#手指#dw><[illegible]#n#pha⁶tɛt⁸#制度#bl><[illegible]#n#hit⁸kɔŋ²#规章，道理#dw>。傣语短元音正处于萎缩之中，一些短元音音节被拼写成了长元音，这应该是傣语语音一种发展趋势，但短期内，它们不会在所有词中发生，而只会在某些具体词中进行“扩散”。傣语的i和e也有发生变化的可能，如最有代表性的[illegible]（是，成为pin¹），从老傣文书写形式上看应读为[illegible] pen¹，现代傣语中一般读为pin¹，两者读音很相近。

二、现代汉语借词多形词分析

多形词一般只出现在现代汉语借词中，它是指一个现代汉语借词进入傣语后，由于采用不同音位对应而出现的一词多形或一音节多形问题。多形词属于一种过渡现象，这种现象在音译词中属于一种普遍正常的规律。很多多形词经过一定时间的调试后，本身会逐渐趋于淘汰掉不常见的形式，逐渐趋于规范，但有的多形词需要人工引导和规范，使其规范化。

傣语在音译汉语借词时，有一套较为严格的语音对应系统，其中声调和声母相当严格，存在着严格的对应关系，但韵母对应时有出入，汉语的某个音位傣语中采用了两个或以上的音位与之对应，从而产生多形词，这与汉语韵母数量较少，傣语韵母较多，具有较大选择空间有关。或者即使有较为严格的对应规律，但个人在书写时，也呈现出一定的变化，导致多形词的产生。多形词有两种存在形态，一是某个词存在两种书写形式，<[illegible]#n#tsuŋ²li²#总理#hj><[illegible]#n#tsoŋ²li²#总理#hj>，有的是同一音节，同一个汉字，傣文采用不同音节与之对应，这也应属于多形词范围。下面采用列举的方式说明这种多形词：

1.汉语的oŋ对应傣语的oŋ和uŋ两个音位。这类词比较多，如<[illegible]

ᦟᦲ#n#tsuŋ^{2}li^{2}#总理#hj><ᦷᦈᧂ ᦟᦲ#n#tsoŋ^{2}li^{2}#总理#hj><ᦵᦈᦲᧁ ᦈᦳᧂ ᦟᦲ#n#tsɤu^{6}tsuŋ^{2}li^{2}#周总理#hj><ᦵᦈᦲᧁ ᦷᦈᧂ ᦟᦲ#nh#tsɤu^{6}tsoŋ^{2}li^{2}#周总理#hj><ᦷᦈᧂᧉ ᦃᦱ ᦵᦍᦲᧃ ᦙᦲᧃ ᦂᦳᧂᧈ ᦃᦸ ᦂᦸ#ns#tsoŋ^{6}xvaa^{4}jɤn^{4}min^{4}kuŋ^{5}xo^{4}ko^{4}#中华人民共和国#hj><ᦷᦈᧂᧉ ᦃᦱ ᦵᦍᦲᧃ ᦙᦲᧃ ᦷᦂᧂ ᦃᦸ ᦂᦸ#ns#tsoŋ^{6}xvaa^{4}jɤn^{4}min^{4}koŋ^{2}? xo^{4}ko^{4}#中华人民共和国#hj><ᦷᦑᧂᧉ ᦙᦳᧂ#ns#toŋ^{6}muŋ^{4}#东盟#hj><ᦑᦳᧂᧉ ᦷᦙᧂ#ns#tuŋ^{6}moŋ^{4}#东盟#hj><ᦂᦳᧂᧈ ᦉᦱᧂ ᦑᦱᧂ#kuŋ^{5}saaŋ^{2}? taaŋ^{2}#共产党><ᦷᦂᧂᧈ ᦉᦱᧃ ᦑᦱᧂ#n#koŋ^{5}saan^{2}taaŋ^{2}#共产党#hj>等。从傣文译写汉语情况来看，多数音节采用uŋ，但也有一些高频音节采用oŋ，而且同一个词使用oŋ远高于uŋ。如<ᦷᦈᧂᧉ ᦂᦸ#ns#tsoŋ^{6}ko^{4}#中国#hj>常用oŋ，达614例，仅有两例使用<ᦈᦳᧂᧉ ᦂᦸ#ns#tsuŋ^{6}ko^{4}#中国#hj>。这种差别20世纪50年代就已经显示出来了。据傅懋勣先生说，“中国”这个词，在20世纪50年代，有些人读为tsoŋ^{6}ko^{4}，有些人读为tsuŋ^{6}ko^{4}，“不过汉语n和ŋ前边的u，在傣语里有人读u，有人读o，还不大稳定。例如：‘中国’有些人说tsuŋ^{6}ko^{4}，有些人说tsoŋ^{6}ko^{4}。”①从“中国”一词的新傣文书写形式来看，当前tsoŋ^{6}ko^{4}读音已经占据绝对优势。如果从语音对应关系来说，使用uŋ两者更为相近，除了少部分词外，绝大多数汉语“oŋ”词，傣语是采用uŋ与之对应的，不妨列举几个例子：

序号	举例	频次	举例	频次
1	<ᦂᦳᧂ ᦈᦲᧃᧉ#q#kuŋ^{6}tsin^{6}#公斤#hj>	323	无	0
2	<ᦂᦳᧂ ᦀᦱᧃᧉ#n#kuŋ^{6}ʔaan^{6}#公安#hj>	187	无	0
3	<ᦈᦳᧂ ᦟᦲ#n#tsuŋ^{2}li^{2}#总理#hj>	22	<ᦷᦈᧂ ᦟᦲ#n#tsoŋ^{2}li^{2}#总理#hj>；<ᦵᦈᦲᧁ ᦷᦈᧂ ᦟᦲ#nh#tsɤu^{6}tsoŋ^{2}li^{2}#周总理#hj>	11

① 傅懋勣、刀世勋等：《云南省西双版纳允景洪傣语的音位系统》，载《傅懋勣民族语文论集》第212页，民族出版社，2011年。原载《语言研究》1956年第1期。

序号	举例	频次	举例	频次
4	<[illegible] [illegible]#n#kuŋ^{6}sɯ^6#公司#hj>	198	无	0
5	<[illegible] [illegible]#ni#tsoŋ^{6}kuŋ^5#中共#hj>	57	五	0
6	<[illegible] [illegible]#n#fɤn^{6}tsuŋ^6#分钟#hj>	9	<[illegible] [illegible]#n#fɤn^{6}tsoŋ^6#分钟#hj>	10
7	<[illegible]#v#suŋ^5#送#hj>	147	无	0
8	<[illegible] [illegible]#n#nuŋ^{4}saaŋ^2#农场#hj>	117	无	0
9	<[illegible] [illegible]#ns#tsoŋ^{6}xvaa^4#中华#hj>	61	无	

从上表可以看到，大多数词使用uŋ，但“中”一般用“oŋ”，而且与之读音相同的“忠、种”等也基本采用“uŋ”。

2.汉语a对应长元音aa和短元音a。一般情况下，汉语的a傣语在音译时，常用长元音aa与之对应，这带有普遍性，如<[illegible] [illegible]#n#tsaaŋ^{5}phuŋ^6#帐篷#hj><[illegible] [illegible] [illegible]#nh#tsaaŋ^{6}tsuŋ^{6}sin^6#张忠鑫#hj><[illegible] [illegible]#n#tsaan^{5}tsaaŋ^2#站长#hj><[illegible] [illegible]#n#vaaŋ^{2}lo^4#网络#hj><[illegible] [illegible] [illegible]#n#thaai^{5}jaaŋ^{4}nɤn^4#太阳能#hj><[illegible] [illegible] [illegible] [illegible]#ni#saan^{6}tsoŋ^{6}sɛn^{4}xui^2#三中全会#hj><[illegible] [illegible] [illegible]#n#maa^{2}lin^{4}su^2#马铃薯#hj><[illegible] [illegible]#v#tsaa^{4}tsɛu^6#杂交#hj><[illegible] [illegible]#v#kaai^{2}tse^4#解决#hj>等，但也有时候采用短元音，如<[illegible] [illegible] [illegible]#nh#tsau^{5}ju^{2}pi^4#赵玉碧#hj><[illegible] [illegible]#nh#tsaŋ^{6}lin^4#张琳#hj><[illegible] [illegible]#n#tsa^{6}tsɛu^6#杂交#hj><[illegible] [illegible]#a#jau^4? xuŋ^5#遥控#hj><[illegible] [illegible] [illegible]#nh#jaŋ^{4}tsaa^{6}vɤn^4#杨家文#hj><[illegible] [illegible]#v#kai^{2}tse^6#解决#hj>等。傣语借用汉语借词时，一般都用长元音aa，这是普遍规律。但在个别书写时，采用短元音a，最为突出的是翻译汉语姓氏“杨”，傣语一般都用短元音，这是一个较大的例外。今后这个可以规定一律采用长元音翻译现代汉语借词。傅懋勣先生认为上世纪50年代就是这

样的，“所借汉语的元音不分长短，一律读长音。”[①]

3. ɛn一般使用ɛn，但某些高频词使用en，如<[illegible] [illegible]#n#pɛn^{6}faaŋ^4#边防#hj><[illegible] [illegible]#n#tsuŋ^{2}tsɛn^6#总监#hj><[illegible] [illegible]#n#tsau^{5}phɛn^5#照片#hj><[illegible] [illegible]#n#sɛn^{5}tsaaŋ^2#县长#hj>等。高频词如<[illegible] [illegible]#v#pen^{5}kai^2#改变；改革#hj>，字典中都是使用en，语料库中也一般使用en，但也有<[illegible] [illegible]#v#pɛn^{5}kai^2#改变#hj>形式。<[illegible] [illegible]#v#pen^{5}kai^2#改变；改革#hj>是个较早进入傣语词汇中的汉语借词，所以采用了en，这又是一个频率较高的例外。

4.汉语的iou，傣语一般使用iu，有时候采用eu，如<[illegible] [illegible]#n#jiu^{4}mɯn^4#油门#hj><[illegible] [illegible]#n#jeu^{4}paŋ^6#油泵#hj><[illegible] [illegible]#a#jeu^{6}tsɯ^4#优质#hj><[illegible] [illegible]#a#jiu^{6}siu^5#优秀#hj>等。

5.汉语的ie，大多数时候使用e，如<[illegible] [illegible]#n#je^{4}tsɯ^2#叶子#hj><[illegible] [illegible]#n#je^{4}sɔn^6#叶酸#hj <[illegible] [illegible]#n#se^{6}xui^5#协会#hj>等，但傣语有时使用ɛ，如<[illegible] [illegible]#n#si5nɛ4#企业#hj>等。有时两者同时出现，如<[illegible] [illegible] [illegible]#n#je^{2}xvaa^{5}si^5#液化气#hj>出现10次，<[illegible] [illegible] [illegible]#n#jɛ^{5}xvaa^{5}si^5#液化气#hj>出现2次。

6. 汉语的iŋ，傣语大多数时候使用in，有时候使用iŋ，如<[illegible] [illegible] [illegible]#n#jin^{5}saan^{6}xuŋ^4#映山红#hj><[illegible] [illegible] [illegible]#n#phɛn^{5}jin^{2}te^4#影碟#hj><[illegible] [illegible]#n#jin^{6}ji^2#英语#hj><[illegible] [illegible] [illegible]#n#paan^{5}kuŋ^{6}thin^6#办公厅#hj><[illegible] [illegible] [illegible]#n#phin^{4}faaaŋ^{6}mi^2#平方米#hj>等，但也相当一部分词使用iŋ，如<[illegible] [illegible]#ns#jiŋ^{6}ko^4#英国#hj><[illegible] [illegible] [illegible] [illegible]#n#thaan^{5}sɔn^{6}siŋ^{6}ʔaan^6#碳酸氢铵#hj><[illegible] [illegible] [illegible]#n#sɛn^{6}tsin^{6}tiŋ^2#千斤顶#hj><[illegible] [illegible] [illegible]#ni#paan^{5}kuŋ^{6}thiŋ^6#办公厅#hj><[illegible] [illegible] [illegible]#n#phiŋ^{4}faaŋ^{6}mi^2#平方米#hj>等。

7.汉语的uei，傣语有时候使用ɤi，但有时候使用ui，两者对译的频率都很高。如使用ɤi的<[illegible] [illegible] [illegible]#n#vɤi^{5}sɤn^{6}jɛn^5#卫生院#hj><[illegible] [illegible]

① 傅懋勣、刀世勋等：《云南省西双版纳允景洪傣语的音位系统》，载《傅懋勣民族语文论集》第212页，民族出版社，2011年。原载《语言研究》1956年第1期。

<#n#vɤi^{6}lɛŋ^{5}jɛn^{4}su^{5}#微量元素#hj><#n#vɤi^{6}po^{4}#微博#hj><#n#mɤi^{2}su^{4}#美术#hj>，使用ui的<#n#xui^{4}sɛŋ^{6}tsɯ^{6}siŋ^{6}#回乡知青#hj><#n#tsi^{6}vui^{2}xui^{5}#居委会#hj><#n#mɤi^{4}kui^{5}#玫瑰#hj><#ni#si^{6}vui^{2}#区委#hj><#n#sui^{2}ko^{2}#水果#hj><#n#sui^{2}ni^{4}#水泥#hj><#n#tui^{6}tu^{2}tsi^{6}#推土机#hj><#n#vui^{6}sin^{4}sɤ^{6}#微型车#hj><#n#vui^{4}laan^{4}#围栏#hj><#n#vui^{5}sɛu^{5}#卫校#hj>等。

8.汉语的ei，傣语一般使用ɤi，有时使用oi，偶尔使用ui，如<#ni#noi^{5}tsɤn^{5}pu^{5}#内政部#hj><#ni#nɤi^{5}tsɤn^{5}pu^{5}#内政部#hj><#n#noi^{5}xo^{5}#内科#hj><#nh#lui^{4}foŋ^{6}#雷锋#hj>等。

三、小结

上面我们分析了傣文中常见的形误词，从形误词类型来看，主要是声调丢失和增加导致的错误，由于声调是傣文必要组成部分，丢失声调后会引起连锁反应，导致声母或韵母，特别是高低音组的混同和错误。有些错误频率较高，应已成为一种习惯写法，将来有可能成为习非成是。从多形词来看，主要是汉傣之间声韵母非完全对应引起的：两种语言都有的声母，一般存在较为严格的一一对应关系。傣语有汉语没有的，存在两种对应关系，一是一个傣语声母与若干个汉语声母对应，反之亦然，这体现了对应的复杂性和多向性，但这种一对多或多对一是明确的、确定的。傣语韵母较多，一个汉语韵母有时使用好几个傣语韵母对应，大多是一对多的关系。这种对应关系从表面上看，是语音对应关系，而究其实质则是语言竞争，竞争导致两种语言不断调整韵母对应关系，但在稳态形成前，音近的读音都会参加竞争，直至形成稳态系统为止。在竞争过程中，某些词汇还会出现例外，某些竞争失败后的韵母，并不会完全消失，而可能会在某类词中固化下来，成为语言对应复杂性的活化石，从而使语言成为复杂的系统。

论“龙”之西译以“Long”为宜和“dragon”之汉译不宜为“龙”

师存勋

摘要：在西方文化里，“dragon”是邪恶、灾难的化身，它与中华民族的“龙”无论就外在之形还是就其精神内涵而言，差距颇大。愚意以为，“龙”不宜西译为“dragon”，而宜以汉语拼音形式直接以“Long”译之，无论音译之角度还是意译之角度，皆无不妥之处。“Long”在英文中有“（空间上、时间上）长的”、“长久”等意，这都符合“龙”之外在形象特征和长久历史积淀所形成的精神文化寓意。更为要者，以“Long”彻底取代“dragon”而为“龙”之英译（西译）形式，可有效纠正西人在翻译“龙”一词上所体现出的讹误和强权主义、以自我为中心之错误心态，并可在中国正在崛起之时为树立中华民族的自信和正面形象作出有效的策应。另一方面，“dragon”一词又被汉译为“龙”，这又是一大失误，西方的“dragon”更应以音译“赘艮”等形式进入汉语。建议我国家语委、外交部等在推动、确立“龙”之西译以“Long”为宜，“dragon”之汉译不宜为“龙”这一过程中有所响应。

关键词：龙；Long；dragon；赘艮；翻译

一、“龙”和“dragon”之差异

在中国人心目中，无论就其外在形式还是就其文化内涵而言，“龙”都是美好的象征，关于这一点，本文不作累述。“dragon”一词在英语中具有强烈的贬义，而在西方历史文化中，长久以来更是形成了一种“屠龙”主题。关于“dragon”一词，我们随便翻阅西方人所编著之字典、词典就会发现，西方之“dragon”有着自身的文化内涵，试如英国《牛津高阶英汉双节词典》中关于“dragon”的如是解释：

“dragon ['drægən]n 1 imaginary animal with wings and claws, able to breathe out fire 龙. 2（fig derog比喻，贬）fierce person, esp a woman凶恶的人；（尤指）悍妇：The woman in charge of the accounts department is an absolute dragon！”

这段关于“dragon”的英文解释说得很明白：“dragon”是一种想象中长着翅膀和爪子并能够吐火的动物，而该词另有之比喻则为贬义，指的是“凶恶的人；（尤指）悍妇”。此外，英语中另有“the old dragon（万恶之源）”等与“dragon”一词有关的短语、习语等。我们不难发现，西方的“dragon”与中国的“龙”实际无论就其文化内涵还是就其外在形态而言都是有着较大区别，其中最为重要的差别无疑是“dragon”一词在西方语境中为邪恶之化身，代表的是反面形象。而也正因为如此，长久以来西方文化中便积淀出来了一种所谓的“屠龙”文化。

古希腊以来西方形成所谓的“屠龙”文化，这一所谓的“屠龙”文化包含了对异质文明之贬斥。古希腊传说的Cadmus传奇中，Cadmus在神之指引下于底比斯附近的神圣小森林中找到了dragon，经过一番战斗，Cadmus击败dragon并拔下其牙齿，他把dragon之牙齿种下后获得了一支勇敢的战士，战士们互相残杀，最终有五人胜出，成为建城生力军，英语中短语

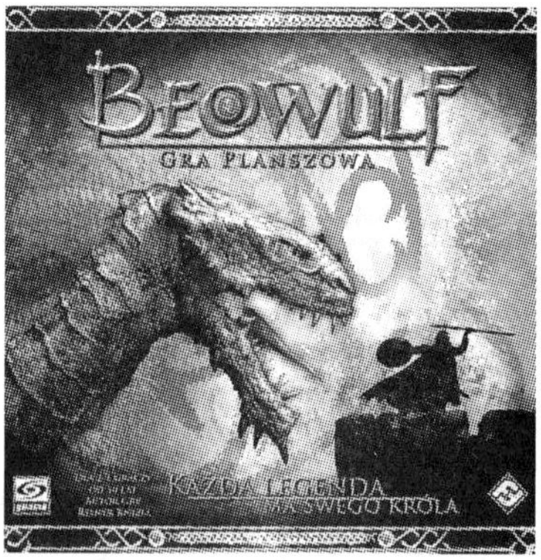

“to sow dragon’s teeth”（埋下争端之种）即出自此典。古希腊有金羊毛故事，其中看守金羊毛的是一跑龙套角色的dragon，Jason在其朋友帮助下，将这一dragon杀死。中世纪早期英国史诗Beowulf（贝奥武甫）中的所谓“屠龙”情节在西方世界更是家喻户晓：贝奥武甫变成了一位伟大的国王，他统治五十年后，与一条吐着火的dragon进行了人生最后一战，在杀死该dragon的同时，贝奥武甫也战死了。欧洲中世纪中后期德意志《尼布龙根之歌》则继承了类似“屠龙”描写。Saint George的所谓“屠龙”传说中，一只dragon霸占了某一异教徒城镇，该城镇居民送上绵羊甚至是自己同胞来安抚可恶的dragon。城主之女亦被选为牺牲，就在其于悲伤之中等怪兽来享用自己时，Saint George出现，他将dragon斩杀，拯救该镇人民于水深火热，原来信奉真主的该镇居民遂改信上帝。

随着鸦片战争以来中西方的摩擦和交流，西方的“dragon”和中国的龙便出现了碰撞，且西方列强以强势之姿态用“dragon”一词指称中国的“龙”，其中不无贬损之深意，而“屠龙”之对象则指向了中国“龙”。试如中国学者就1860年西方所流行之相关漫画《在中国我们应该做什么》评论曰：“我们只要看看骑士手中的双锤（象征英法联军，锤子被特意画得如两个鸦片球），就知道这幅漫画与《林顿最后的比赛》之间的亲缘关系。注意对照我们前面看到的满大人形象，一望而知，这条所谓的中国龙

《在中国我们应该做什么》，1860年

《好狗》，1895年

就是一条由满大人与欧洲恶龙杂交变身而来的混合龙。”[①]

而针对1895年一幅叫《好狗》的漫画，作者并曰：“一个欧洲人牵着一条身上写着‘最后通牒’的狗，正冲着中国龙一阵狂吠，穿着大清朝鞋的中国龙吓得缩在墙角边，两腿发软，紧闭双眼，一屁股坐到了自己的尾巴上。这时的辫子龙，一再退缩到连狗都不如了。”西方文化中的“dragon”绝非中华文化中的“龙”，“dragon”与“龙”只是在外在形象上有部分重叠而已，彼此所代表的文化内涵则相去千里万里，根本不相对等。而正如上图所示，晚清以来西方人杂糅其文化中邪恶之“dragon”和中国“龙”元素而创造的新“dragon”更是不伦不类，极大损害了中国“龙”之美好形象，也是对中华民族尊严的侮辱。

在中国古代文献中，虽然先秦《庄子·列御寇》中便有“朱泙漫学屠龙于支离益，单千金之家（家产）”之语，但“屠龙”始终没有发展成西方人般之规模，“屠龙”更没有在中国人心目中沉淀为一种喜好和异族征服符号，究其原因，则与中国人对“龙”之热爱关系密切。倒是近代以来，在与西方人接触之过程中，“屠龙”这种文化似乎才真正侵入了中国文化的肌体，《倚天屠龙记》这一作品命名即为一例，而近年来，各类的

① 施爱东：辫子龙：19世纪西方漫画的中国元素，载《民族艺术》2012年第1期。

所谓“屠龙游戏”更是肆无忌惮地横行于网络。

二、“龙”一词英译（西译）解决方式之我见

长期以来，我们将“龙”错误地翻译为“dragon”，钻入了西方人偷梁换柱的圈套，这是对自我民族文化的莫大漠视，此一状态亟待改变。张公瑾先生在《文化语言学的性质和任务》一文中谈到“文化”时如是曰：“它是一个民族对特定环境适应能力的积累。每一种适应环境能力都是有价值的。因此，第三世界国家保护自己民族语言的努力，并不仅仅意味着保护自己民族存在的一个‘标志’，而是保护一种对全人类都有价值的文化。”[①]作为一种文化现象，“龙”形象的生成并非一朝一夕之事，乃我中华文化长期积淀之精华，更是我华夏文明之于全人类极有价值的文化，而“龙”西译以“dragon”则为吾国吾民之大耻辱。针对如上问题，目前我国学界有建议把汉语中的“龙”翻译成英语中原本没有之“long”一词者，也有认为可翻译为“long”者，此诚可喜之现象。

愚意以为，“龙”一词可直接以“Long”为英译（西译）形式，这一方面符合汉语拼音习惯，另一方面也可以将中国之“龙”与西方之“dragon”从根本意义层面上区分开来，而“Long”的首字母大写，可使“Long”这一字母拼读形式能够代表“（中国）龙”这一概念，并可使其具有专属性质而固定下来，也能体现出中国人对“龙”之尊敬。另外，“Long”的首字母大写，这也符合英国人（西方人）专有名词首字母大写的传统。而在具体操作方面，我国家语委、外交部和相关驻外政府机构则应加强对外交流和积极宣传引导，必要时候，国家亦可通过外交途径就此进行相关照会，使“Long”这一真正可以代表“（中国）龙”的拼读形式能够以新造英文单词的形式为英国（西方）社会所认可并为西方权威词典

① 张公瑾：《张公瑾文集》（卷一），第12页，中央民族大学出版社，2013年。

所收录。关于这一点，我们不妨参考国内外相关经验。如作为半殖民地半封建社会地位的反映，我国民族名称过去常被国外报刊书籍轻率随便地加以误译，针对这一混乱状态，1980年元月在京召开的第三次全国民族语文科学讨论会上，制定了用拉丁字母拼写的《我国民族名称拼写法》，该拼写法目的之一即：可作为统一我国民族名称和语言名称外文译名之依据。再如1977年在联合国第三届地名标准化会议上，中国代表团提出关于用汉语拼音字母拼写中国地名作为国际罗马字母拼写标准之决议草案并获得通过。而在国外，事关国家大是大非问题之更名亦不在少数，我们不妨以韩国改“汉城”中文名为“首尔”之相关举措为参考。2005年汉城市政府向中国驻韩国大使馆发出正式信函，要求中国方面使用新名称“首尔”，随后中国接受并使用韩国首都“首尔”这一新译名。2005年1月李明博宣布汉城之中文名称改作“首尔”时曾说：多数国家都将“Seoul”按与英文标记相似之发音来称谓，汉语中之华盛顿等皆据这些地名之固有发音以为标记，随着韩中两国往来与交流之日益频繁，名称造成的混乱日益增多，汉城经一年多意见征询，决定以中文名称“首尔”取代旧有“汉城”一名。韩国决定改原有“汉城”之中文名为“首尔”，实际不无国家主权方面之考量，而我中国政府通过外交方式和其他形式之积极外宣，将“龙”英译（西译）为“Long”，也是中国崛起之重要表现，可极大提升中华民族的民族自豪感和自信心，更是维护国家主权之重要举措。

此外，英文中，“long”这一拼写形式所具有的英文义项能够与“龙”以及代表中国“龙”的“Long”这一拼写密切联系，我们不妨还以《牛津高阶英汉双解词典》中相关“Long”的解释为据就此略作考察如下：

“long adj. having a great or specified extent in space（空间上）长的；”

“long adj. having a great or specified duration or extent in time（时间上）长的；”

“Long adv. for a long time 长久，长期地；”

“long adv. at a time distant from a specified point of time（used esp in the expressions shown）long ago / before / after / since（距某一时间）很久地（尤用于以下示例）很久以前〔之前很久 / 之后很久 / 很久以来〕。”

除此而外，“long”还有期盼、热望等含义，如它与别的单词组成词组“long for something”或“long for sb to do sth”,其表达的意义则为“have an intense desire for sth; want sth very much”，即汉语“（对某事物）渴望；非常想有某事物”。中华民族自古以来便对生活和世界充满了积极乐观的态度，龙正可谓是这种入世精神的象征，从这点来看，“龙”之西译以“Long”无疑也是恰当的。

三、“dragon”一词的汉译问题

关于“dragon”一词的汉译，不妨音译为“拽跟”、“踱肯”“坠艮”或“赘艮” 等，之所以如此翻译，根本上来说是为了使西方的“dragon”区别于中国固有的“龙”，使“龙”长期以来在中华民族心理和情感上所积淀的美好定式不为异质文化中的贬义因素所污染。而就具体翻译技巧而言，“拽跟”、“踱肯”、“坠艮”或“赘艮”等词汇中的，“拽”、“踱”、“坠”或“赘”等字眼之消极性含义，与“dragon”一词的贬义多有接近。具体就“dragon”一词汉译为“拽跟”、“踱肯”、“坠艮”或“赘艮”的途径和推广而言，国家语言文字委员会、宣传部、教育部、发改委等政府部门皆应积极研究其必要性，召开专门之学术研讨会以进行讨论和加深理解，并建言国务院，从而在全国范围内从上而下进行宣传，以使教育界、出版界、翻译界、新闻界和知识界等相关领域充分认识到该项翻译的重要性和积极意义，并积极采取发文通告等形式，及时更正以往翻译中的错误，避免继续以“龙”汉译“dragon”之错误，能够

使“dragon”的汉语翻译以“拽跟”、“踧肯”、“坠艮”或“赘艮”的形式固定下来。尤其需要明白的一点是：以“龙”一词汉译“dragon”，实有玉碗盛粪秽之嫌，进一步言，该项翻译实际事关国家主权和民族尊严，若连我们自己都对以“龙”汉译“dragon”此种轻率之举听之任之，更何谈外人来尊重我邦？恐怕以西方人为主的外邦人只会暗自窃笑，觉得我中华民族浑浑噩噩、软弱可欺。以上所述绝非盲目排斥西洋文化，亦不同于中国某邻国之“去中国化”，而是我等必须清醒认识到之严肃问题。

混沌学中有这样一种理论：“处在混沌状态的系统，运动轨道将敏感地依赖于初始条件。从两个极其邻近的初值出发的两条轨道，在短时期内似乎差距不大，……。从长期行为看，初值的小改变在运动过程中不断被放大，导致轨道发生巨大偏差，以至在相空间中的距离可能要多远就有多远。”①如果我们把当初“dragon”一词“龙”这一汉译和“dragon”一词汉译为“龙”所产生之效果比做两个极其邻近的初值，那么可以说：当初以“龙”汉译“dragon”似乎并未产生太多的问题，而时至今日，以“龙”汉译“dragon”这一简单轻率之行为已经造成了极大混乱，从长期行为看，如不及时予以更正，当初的这一简单轻率翻译还将为未来中国的国家形象、国家主权造成潜移默化的损害，且这一伤害一旦形成，则如慢性病一般很难根除；而另一方面，我全球华人同胞之自信和自尊也将受到极大伤害。而在世界其它地方，为了维护民族尊严和国家主权而更改名称的行为时有发生，除我们大家熟知的“汉城”中文名称改为“首尔”而外，另如1995年印度孟买将英文名称从“Bombay”改为“Mumbai”，为的是脱去英国殖民地的痕迹，还如2005年3月，南非通过决议把行政首都比勒陀利亚恢复最早的名称“茨瓦内”，这同样也是为了表示与种族隔离时代彻底决裂。某种层面上我们可以说，将中国“龙”翻译为英文“dragon”，这是当初西方对中国进行殖民侵略的产物，是西方列强所乐

① 苗东升、刘华杰：《混沌学纵横论》，第71页，中国人民大学出版社，1991年。

见之一种文化霸权行为，我辈无论如何也不应该盲目接受，否则何异于“结与国之欢心”之媚态？

四、余论

中国梦的实现固然需要GDP的强有力支撑，而另一方面，我们需要在文化领域确立坚定的自信并树立良好的国际形象，“龙”一词的西译和“dragon”一词的汉译关涉国家形象和民族大义，因而其意义尤为重要。进一步言，“龙”、“dragon”之区别和相关翻译问题亦关涉国内百姓生活、尤其是边疆之和谐建设问题。本人在中央民族大学读博期间曾于一新疆少数民族同学处咨询曰：“在你们民族文化中龙是否属于正面形象？”该君亦以汉语答曰：“在我们民族文化中龙代表恶，属反面形象。”对这一回答我稍感诧异，后渐渐明白其中缘由：中国某些少数民族如新疆一些少数民族同胞，由于受地缘等因素影响，其文化中亦有类似于西方文化中“dragon”这一负面形象，而当“龙”和“dragon”之区别没有被厘清并被轻率画上等号后，“dragon”一词之消极、反面意义就负迁移至“龙”，遂使“龙”一词在某些少数民族同胞心目里亦沉淀为恶之化身。上月在撰写该文之紧忙时候本人个人电脑为木马病毒所染，欲使其开机，稍好则需半小时或一小时，严重则数日根本不能打开，猛然间工作遇到如此不便，遂对此染病电脑心生极大恶意。噫嘻，“dragon”一词消极意义之于“龙”一词积极意义之颠覆又何异于木马病毒之于电脑之不良入侵？目前，中央政府正以刮骨疗毒之决心欲使已被大小贪腐分子所累甚久之“中国龙”腾飞，且剔徐贪才厚等蛀虫于巨龙身外，我“中国龙”之腾飞和国家之崛起指日可待矣。而在对我“中国龙”进行防腐去疾伟大举措之同时，就其与“dragon”这一西词之区别问题以及就“龙”一词相关翻译问题之解决亦迫在眉睫。“龙”之西译以“Long”为宜之同时，“dragon”

之汉译千万不宜为“龙”，而以“拽跟”、“踜肯”、“坠艮”、“赘艮”或其它类似之翻译不失为上策，因而也为可以考虑之选择。而无论“龙”之西译以“Long”为宜还是“dragon”之汉译宜以“拽跟”、“踜肯”、“坠艮”、“赘艮”或其它，其必要性绝非危言耸听，其迫切性已是刻不容缓。

文化语言学视域下贵州布依语媒体发展问题思考

杨 菁

摘要：布依语媒体与其他民族语媒体一样，既是布依族人了解外界、认识自我的窗口，也是外界了解布依族的一个重要渠道。本文通过对贵州布依族地区的布依语媒体的调研发现影响贵州布依语媒体发展的除了媒体自身的主客观因素之外，还有语言文化方面的因素，针对这些实际问题本文提出了解决对策。

关键词：布依语媒体；问题；对策；文化语言学

一、概述

贵州布依语媒体出现于新中国成立之后。1957年贵州人民广播电台开办的布依语播音节目标志着布依语媒体的诞生，但该节目于次年停播，之后直至20世纪80年代，布依语媒体发展都处于停滞状态。20世纪80年代至90年代，布依语媒体逐渐恢复发展，前半段发展较快，后半段发展相对缓慢，其间黔南州布依族苗族自治州罗甸县和黔西南布依族苗族自治州望谟县分别创办了《布依文报》，译制了布依语电影《月亮湾的笑声》、《山寨火种》、《镖王》等，望谟县还拍摄《卜当》、《甲金》、《雅平寨》、《加麻号》等电视资料片。近几年，布依语媒体发展呈现出一个小高潮，布依文报纸、布依语广播电视都有不同程度的新发展，还出现了布依语网络这一新媒体形式，虽然与部分民族语网络媒体相比，发展相对滞后，但是从自身来看还是有所突破。

布依语媒体与其他民族语媒体一样，既是布依族人了解外界、认识自我的窗口，也是外界了解布依族的一个重要渠道。一方面它是布依语单语人认识和了解外面世界的窗口，他们不懂汉语，只能靠布依语媒体获取外界信息；布依—汉双语人在布依语媒体中找到自己语言文化的根，能增加他们的民族认同感和归属感。另一方面，布依语媒体能向外界更好地表现布依族文化，尤其是布依族的语言文字方面的文化，媒体中布依语、布依文的表达是布依族人思想的一种最好诠释，这对外界了解布依族文化，透过文化了解布依族有着重要作用。

总的来说，布依语媒体的存在和发展十分重要，但布依语媒体自诞生以来一直在困境中艰难发展。近几年，布依族地区经济建设和社会发展相对较好，布依语媒体似乎也找到了一些自身发展的突破点，但在媒体形式层出不穷的今天，布依语媒体的发展仍然被一些问题困扰着。

二、贵州布依语媒体发展中存在的问题

1. 领导重视程度低

一些布依族地区的领导认为布依族地区的发展依赖于经济的发展，所以工作重点围绕如何发展经济，而忽略了布依语媒体的重要作用。布依语媒体一方面可以让外界更好地了解布依族文化，以布依文化作为招商引资的一个切入点来发展经济；另一方面布依语媒体让布依族群众更好地认识外界，丰富自己的知识储备，在致富奔小康的路上拥有更多有利信息。一些布依语媒体曾经辉煌过的县都因为领导重视不够、经费停发、没有政策

支持，布依语媒体不得不暂停。所以领导重视程度低是贵州布依语媒体发展困难的重要因素。

2. 自我生存能力差

贵州布依语媒体的发展大部分有一个共同的问题：自我生存能力差。这主要体现在两个方面：一方面是节目形式内容陈旧呆板，缺乏活力和生命力，另一方面，媒体资金的来源主要是“等、靠、拿”，缺乏积极性和主动性。在媒体市场竞争日趋激烈的今天，只注重社会效益，忽略经济利益的布依语媒体处境十分危险，一旦国家财政拨款停止，毫无市场竞争力的布依语媒体就只能瞬间解体，没有任何和其他媒体竞争抗衡的能力。布依语媒体一直发展萎靡的根本原因是自我生存能力差。

3. 受众定位模糊

受众定位对于一个媒体来说十分重要，必须清晰认识到是办给谁看的，才能有的放矢。布依语媒体的受众是懂布依语的布依族群众，因此，办的布依语媒体应该是他们爱看的、需要的。现在的布依语新闻节目时效性不够，大多是对汉语新闻的再处理，内容也大都是国家、地方的方针政策。这类新闻节目对于布依—汉双语人来说缺乏时效性，他们完全可以通过汉语新闻了解时讯，不需要布依语的翻译；而布依语单语人几乎都生活在相对偏远的地方，文化层次较低，对于他们来说，未经解读的国家方针政策，他们无法理解。这类节目陷入了两难的境地。所以受众的定位和相应内容的安排是布依语媒体是否有人听、有人读、有人看的关键。

4. 建设资金匮乏

少数民族地区较汉族地区经济发展相对滞后。在贵州布依语保存相对较好，有布依语媒体存在的三个县2013年GDP和在全省88个区县中的排名分别是：罗甸县40.38亿元，排名62；望谟县25.82亿元，排名79；册亨县

23.14亿元，排名85。[①]从数据可见，三个县排名都比较靠后，经济落后导致各方面建设资金严重不足，各地区对布依语媒体的拨款也十分有限。建设资金的匮乏直接制约了专业人才的聘用，设备的采购、节目的后期制作等，一些新颖的节目构想和思路布依语媒体人也只能放弃，维持低成本节目内容的运作。建设资金的匮乏是布依语媒体存在和发展的瓶颈。

5. 专业人才短缺

贵州布依语媒体人才严重短缺，通常是一人做多项工作。如布依文报刊多是一人承担采编、排版、印刷等多项工作；而布依语广播电视节目中的采访、编辑、剪辑、播音也是一人干多项活，或是借助其他汉语节目的人员帮助完成。布依文的网页也是靠懂布依文且热爱布依族文化的人自发业余的建设管理，专业人员十分匮乏。造成这一局面的原因主要有两个方面：一方面，艰苦的工作条件、很低的工资待遇、落后的管理体制和不明朗的发展前景吸引不了高层次的专业人才来建设布依语媒体，吸引不了专业人才的同时，本族优秀的专业人才还在往经济发达地区流失；另一方面，对于熟悉布依语的本族人没有合理的培训机制和系统的人才队伍建设理念让他们有机会去接受新闻媒体和布依族语言文字的专业培训，他们只能自己摸索，艰难前行。

6. 技术设备缺乏

现在的布依文报刊均是和其他民族文字或汉字报纸合刊，合用技术设备，情况稍好一些，但毕竟不是纯布依文报纸。过去，纯布依文报的发行出版机构均设在民族宗教事务局中，采编人员也是民族宗教事务局的工作人员，没有专门的报社，也没有专业的技术设备，布依文报纸都是用滚筒油印。布依语电视剧的拍摄和后期制作都得花经费中的大部分来聘请省外的专业公司完成，自己根本没有技术和设备来进行拍摄。布依语新闻的采

① 贵州省统计局核算处：2013年县（市、区、特区）地区生产总值及构成[EB/OL]. http://www.gz.stats.gov.cn/Web62/News/20140512/2588.htm. 2014.05.12/2014.09.14.

访也只能靠汉语新闻采访团队提供稿件和素材，自己栏目组没有技术设备完成这方面工作。

7. 覆盖区域受限

覆盖区域受限是布依语广播、电视、网络媒体都同样面临的尴尬。偏远的布依族村寨的村民信息相对比较闭塞，与外界语言也不通，文化程度不高，识字不多，他们对布依语广播和电视的需求最迫切。在这些地方，为数不多经济条件好的家庭有电视机，但他们的电视无法收到布依语节目，因为有线电视相对于无线电视抗干扰性强，播放效果好，因此布依语电视节目大都是有线电视传播，而这些地方受偏僻的地理位置限制无有线信号，所以接收不到布依语电视节目；地理环境同样制约着广播频率的覆盖，这些地方也接收不到布依语广播节目的频率信号，网络信号更是如此。所以覆盖区域受限是布依语媒体发展不得不面对的客观难题。

三、贵州布依语媒体发展的对策

1. 提高认识，引起重视

《国务院关于进一步繁荣发展少数民族文化事业的若干意见》中指出："加大对民族类新闻媒体的扶持力度，加快设备和技术的更新改造，提高信息化水平和传播能力，扩大覆盖面和收益面，对涉及少数民族事务的重大宣传报道活动、少数民族文字重大出版项目，给予重点扶持。""扶持民族类重点新闻网站建设，支持少数民族文字网站和新兴传播载体有序发展，加强管理和引导。少数民族出版事业属公益性文化事业，中央和地方财政要加大对纳入公益性出版单位的少数民族出版社的资金投入力度，逐步增加对少数民族文字出版的财政补贴。"在我国制定的少数民族语言文字政策的8个方面内容中也有提及"国家扶持少数民族语文的新闻、广播、电影、电视事业”[①]。在国家层面一直十分重视民族媒体，包括民族语媒体的发展。而这些政策应该从国家到省、自治区到地州、市到区、县充分贯彻下去，不应该出现断层。布依语媒体目前仅有黔西南布依族苗族自治州和该州的望谟县发展较好，这样的状况是与领导班子的认识和高度重视分不开的，黔西南布依族苗族自治州州领导亲自指导州广播电视台布依语媒体建设，多次关心节目制作，亲自审看节目，使得州里布依语广播和布依语电视得以稳定发展。因此提高认识，引起重视是布依语媒体得以发展的基本条件。

2. 定位清晰，调整节目内容形式

布依语媒体人应该清晰地认识到布依语媒体的主要受众包括文化程度相对较低的布依语单语人和汉化程度较高的布依—汉双语人。应该针对各自的特点调整节目内容形式，安排他们喜闻乐见的节目内容，培养属于布依语媒体的忠实读者、听众、观众。布依语单语人看布依语节目是想获得信息，拓宽视野；而布依—汉双语人可以通过汉语媒体获得资讯，他们看布依语节目的目的更多的则是寻找认同，实现心灵的回归。所以节目内容既要满足布依族群众信息获取的要求，也要贴近他们各方面的生活。节目形式也应该多样化，不能只是单一的播报新闻，可以根据布依族的民族特点和群众的文化层次，策划出吸引布依族群众的且对他们生产生活有所帮助的节目，例如一些对国家和地方方针政策的解读，民族民间文化艺术的分享，先进农业生产知识和经验的介绍等。多元化的节目既能丰富媒体，也能全方位、多角度宣传和保护布依族文化。

3. 改革融资方式，建立科学合理的经营模式

布依语媒体的发展需要打开资金渠道，获取充足的资金投入。一方面充分利用国家政策资金扶持获取专项建设资金，同时通过地方财政对布依语媒体进行适当帮助，虽然这是目前布依语媒体获取资金的主要方式，

① 道布：《中国的语言政策和语言规划》，载《民族研究》，1998年6期，第42—52页。

但也不能因此被束缚；一方面合理吸收民间资本，建立共同盈利模式，转变公益媒体的角色，实现自负盈亏。除此而外，提升媒体质量，积极参与市场竞争，搭建信息交换平台，以获取媒体高额回报和可观的广告运营费用。多管齐下，共同解决布依语媒体资金瓶颈。

4. 重视人才，搞好专业队伍建设

优秀的媒体团队才能打造富有生命力的优质媒体，人才多少决定团队好坏。一边筑巢引凤，稳定的岗位编制、合理的劳动酬劳、科学长效的业务培训、健全的人才流动机制才能引得进人才，留得住人才；一边也要引凤筑巢，在吸引熟悉现代传媒科技的技术人才，既懂民族语文又具备新闻学、传播学、播音学知识的复合型人才，善于经营的管理人才后，要搞好专业队伍建设，合理分配各类人才，明确分工，组成有梯度的媒体团队，这样才能增强媒体团队的业务实力，也才能真正用得好人才。作为民族语媒体，对熟悉本民族语言文字的人才可以有选择地进行选拔培训，发挥他们自身的语言优势的同时补充新闻传播知识的不足，积蓄充足的民族语媒体人才储备。

5. 协调资源，合理使用技术设备

对于资源、技术、设备都相对匮乏的布依族地区，要想办好布依语媒体，就要协调各方资源，合理使用技术设备，其中包括硬件设备资源和软件设备资源。有条件的地区 ，可以适当为布依语媒体团队配备能维持媒体基本运作的硬件设备资源；而没条件的地区，在与其他团队共用硬件设备资源时也要合理规划好，让有限的硬件设备资源尽可能发挥最大的功效。软件资源设备可适当调整，在布依族人口相对集中的山区多架设一些有线信号基站和广播频率信号接收基站，让节目源尽可能快速高质地传输到布依族家庭；同时，对无法搭建有线信号基站和广播频率信号接收基站的地区，也要充分发挥村级广播的作用，用村级广播媒体实现信息传播，让偏远地区的布依族群众也能了解外面的世界，获取到对自己有帮助的信息。

四、贵州布依语媒体发展问题的文化语言学思考

布依语媒体发展除了上述提到其自身的诸多主客观因素，一些语言文化方面的因素同样影响着布依语媒体的发展。对于语言文化方面的影响因素，没有相应的解决对策，只能顺应语言及语言环境自身的发展。

1. 多元的人文语言生态环境

贵州布依族地区的语言生态环境已由早期的封闭式转变为开放式，贵州布依族地区虽然现在仍有聚居的使用者群落、稳定的语言社区和传统的民族文化，但是越来越多的外界交往使得贵州布依语已处于一个多元的人文语言生态环境中。不同语言和文化的接触和碰撞，使得不同的语言相互竞争且相互协同发展，各自在不同的领域发挥自身的作用。“在世界上任何国家和地区，无论有多少种语言存在，在新闻和娱乐传播媒体所使用的语言都无一例外地倾向于官方语言或当地有文字的主体民族的语言。这些语言都是相对强势的语言，尤其是国家官方语言。”贵州布依族地区的媒体也不例外，媒体语言领域主要由汉语占据，在这样多元的人文语言生态环境下，人们已经习惯汉语是媒体领域的主要使用语言，认可汉语对国家政策和实时信息的媒体传播功能，这也就给布依语媒体发展构成了障碍。由此可见，多元开放的语言生态环境不但没有促进布依语媒体的发展，反而削弱了布依语在媒体领域中的使用。

2. 日益提高的双语能力

随着现代科技和交通的快速发展，贵州布依族地区的双语化程度越来越高，布依语母语人对本民族语的依赖也不再那么强。民族语媒体在内容涉及面、时效性等方面都远不及汉语媒体。当布依—汉双语人在汉语能力达到一定水平之后，他们会毫不犹豫地选择汉语媒体作为获取信息的渠道，汉语成为他们媒体使用语言的首选，收听收看民族语媒体在一定程度

上只是双语人民族感情的一种寄托，布依语媒体的受众群体出现危机。双语人的出现和双语能力的提高符合多元文化交流的需要，其减少了交际障碍，加快了信息传递，是符合世界文化发展需要的，但是布依语使用者日益提高的双语能力是贵州布依语媒体发展的影响因素，强势语言汉语在媒体功能上远远优于布依语，布依语媒体相对于汉语媒体发展一直处于劣势。

3. 逐渐改变的语言文化认同感

贵州布依族对自己的语言文化不够自信，他们会认为自己的民族语言难登大雅之堂，别人都理解不了。在某些领域认同感不高，在没有现代科技出现的过去，布依语主要在日常的生产生活领域使用，词汇和表达方式等符合使用需要。在受到现代科技和汉文化冲击后，他们的母语认同感有所改变，尤其在媒体领域，布依语中固有的词汇和表达方式等无法准确表述现代科技、时事政治、政策法规等内容，而这些又是媒体传递的主要信息，此时必须大量借助汉语借词和表达方式，布依语和汉语混杂的表述让本身就发展相对滞后的布依族更加难以理解，只要具备一定汉语能力的布依语母语人都会首先选择汉语媒体作为信息获取的渠道，因此对自己民族语言的不自信和对布依语媒体领域的低认同感共同影响了受众的媒体选择，进而影响布依语媒体的发展。

五、结语

布依语媒体发展过程中主观和客观上都存在很多障碍，同时还受到语言文化方面的因素影响，才造成了现在发展相对滞后且长期发展艰难的局面，要扭转这一局面，不是一朝一夕的事情，这些问题环环相扣，一个问题解决不好就会牵扯出其他问题，如此往复，恶性循环，共同制约布依语往前发展。目前布依语报纸媒体发展落寞，电视、广播媒体正是黄金时期，网络媒体刚刚起步，布依语媒体人必须在清醒认识到这一状况的前提下，找出问题关键，多个问题同时入手解决，才能带来布依语媒体发展的新局面。

参考文献

[1] 贵州省统计局核算处： 2013年县（市、区、特区）地区生产总值及构成［EB/OL］，http://www.gz.stats.gov.cn/Web62/News/20140512/2588.htm.2014.05.12/2014.09.14.

[2] 道布：《中国的语言政策和语言规划》，载《民族研究》，1998年6期。

[3] 张公瑾、丁石庆：《文化语言学教程》，教育科学出版社，2004年。

南京话语气词系统的浑沌状态初探

朱德康

摘要：本文在前人研究的基础上，对南京方言语气词系统进行了描写和分析,考察探讨了其语法和语用功能，并进一步以南京话和普通话的共有语气词为出发点，对比分析了二者的异同。此外，本文还从浑沌学的角度出发分析研究了南京话的语气词系统在整体上呈现出的非线性发展特征及从无序到有序的状态。

关键词：南京话；语气词；浑沌

一、南京话的语气词系统

南京话是江淮方言的核心方言之一，其语音、词汇、语法等诸多方面都在一定程度上体现了江淮方言的主要特征。南京话在音感上抑扬顿挫，感染力强，这与其丰富多变的语调和语气助词是有很大关系的。运用语气助词表达语气是汉语语法的一大特点，语气助词在汉语语法中占有重要的地位，是语气范畴所要讨论的主要内容。

（一）单用语气词

1.啊

“啊”的用法很广泛，可以用于疑问句末尾表示疑问，也可以用来表示感叹、舒缓感情等。

1）用于疑问句末尾：南京方言一般用“啊VP”的形式提出疑问。

（1）这啊是你的书啊？（是非问）

在“啊VP”形式的疑问句中，末尾的“啊”可以省去，不影响原句意思，因为其不承载句子的疑问信息。加上“啊”的作用则是加强疑问语气。

也有和普通话疑问句相似形式的疑问句。

（2）你刚才去那块儿了啊？（特指问）

（3）你吃苹果还是梨子啊？（选择问）

（4）走不走啊？（正反问）

2）用于感叹句末尾，表示情感的抒发，和普通话无异。

（5）原来是你干的啊！

（6）这地方这么漂亮啊！

2. 唉

“唉”用于句末常表示感叹，或者说话人对表达的某件事情的肯定，有确定事实的作用。

1）表示感叹或者叹息。

（7）是唉，我也不希望这样唉。

（8）你不要强迫她唉！

2）表示说话人对某件事情的肯定语气。

（9）我跟你讲的人就是他唉。

（10）没错唉！

3）用于陈述句末，略带不以为然、不太满意的口气陈述某件事。

（11）你不能老是靠我帮你解决问题唉！

3. 哦

许多版本的《现代汉语》将“哦”标注为叹词，我们认为，“哦”其实也可以做语气助词。当“哦”发第四声的时候，可以表示应答，意思为“知道了！”。

“哦”有明显的缓和语气的作用，周洋（2010）将句末语气词“哦”称为“缓和语”。从句法结构角度看，句末语气助词“哦”能运用于各种句类，包括祈使句、陈述句、感叹句以及疑问句，常常可以起到调节和修饰语气的作用，尤其是在祈使句中，在南京方言中也是如此。

1）表示告知对方，有委婉缓和的口气。

（12）我出去一下子哦。

（13）书我放在你桌子上了哦。

2）用于祈使句，强调所陈述的内容，提醒、警告对方。

（14）那个东西不能碰哦！

（15）你要注意休息哦！

4. 噻

“噻”是南京话中比较有特色的句末语气词之一，说话时往往语气强烈，表达强烈的感叹，多有不耐烦、催促之意，有“你怎么还不……”的意思。

（16）赶快把钱给我噻！

（17）走噻！（赶紧走啦！）

5. 包

“包”同样是南京话中比较有特色的句末语气词之一，用于陈述句和疑问句时，用法相当于普通话中的“吧”。

1）用于陈述句，表示感叹时，有劝说、无所谓的情绪，有“就是了”的意思。口吻上有不在乎的意思，而说话者实际上心里比较在乎，情绪上往往处于不太开心的状态。

（18）他想要就给他包。

（19）钱包丢了就丢了包，么得四。

2）用于疑问句时，表示探寻、商量的语气。

（20）你确定不去包？

（21）书你看完了包？

3）用于陈述句，表示自己以前说过的话得到了证实，其实是自我的标榜，一般情况下说话者所说的话就是对事实的验证。

（22）你看，车子都走光了包。（说话者之前就说过车子会走光，后得到了验证）

（23）我说他不会来包。（说话者之前就说过他不会来，得到了验证）

6. 赖

“赖”在南京方言中一般看作是语气词“了”和“唉”的合音。

1）用于陈述句，表达确定的感情。

（24）买了新的，旧的就不要赖。

（25）我就不去赖，你们去吧。

2）用于祈使句，表示较强烈的催促，不耐烦之一。

（26）你就不要跟他吵赖！

（27）算赖！输就输赖！

7. 吧

1）用于陈述句末尾，表示实现动作的确定语气。

（28）走吧走吧，不早了。

2）同时也可以表示动作的不确定。

（29）他应该是坐火车走吧。

8. 喃

在普通话中，“呢”可以引导特指问，表示一种探究的语气，同时也可以在陈述句中表示提醒的口吻。如：你的帽子呢？我儿子可听话呢。在南京方言中，“呢”的对应形式是“喃”。“喃”在南京方言中是使用频率很高的语气助词，同时与普通话相比又有着鲜明的方言特色。

1）表示疑问：

A“喃”放在句末表示疑问语气，承载的信息是“是非问”的疑问句，如：

（30）你的帽子喃？还没走喃？

如果将例句末尾的“喃”去掉，直接加上问号变成疑问语气的句子，表达的语调就变成了是非问。

（31）你的帽子？（这是不是你的帽子？）

（32）还没走？（还没走是不是？）

由此可见，“喃”与普通话中的“呢”在承载疑问信息上，都是承载非是非问的疑问句。

B“喃”也可以放在有疑问代词的反问句末尾，加强反问语气。如：

（33）都么得人想听，你还非要我唱歌个么四（干什么）喃？

（34）烧这么多菜我怎么可能吃的下去喃？

在这些句子中，原有的反问语气已经很明显，再与表示疑问的“喃”叠加，就使句子的反问语气进一步加强。

C“喃”也可以放在选择疑问句后，加强疑问语气，如：

（35）你去还是不去喃？

（36）你是跟他走还是跟我走喃？

2）表示提顿：

“喃”放在选择复句的后面构成“X喃…Y喃…”的格式，表示语气上的提顿。如：

（37）去喃，又嫌累，不去喃，你又觉得可惜。

（38）给他喃，她不高兴，给她喃，他又不高兴。

9. 吗

“吗”的用法南京话中与普通话有一些区别，在南京话中说话人主动提问时不用“吗”？而是用特殊句型“啊VP”形式。如：这顶帽子啊是你的啊？（这顶帽子是你的吗？）

而当听话人对事实表示怀疑，再次提出疑问时，可以用“吗”。

如：A：我跟你说了，的确不是我弄坏的。

B：真是这样子的吗？

10. 咾

1）用于陈述句尾，表示陈述事实。

（39）外面又下雨咾。

（40）东西给他搞坏的咾。

2）用于疑问句尾，表示自己做好某项决定后，向别人征求意见。

（41）我就不跟你一起去咾？

（42）我先去洗澡咾。

3）用于祈使句，有催促、提醒之意，语气较委婉。

（43）时间不早老，该走咾。

（44）你该去上课咾。

（45）你以后可不能再这个样子咾。

11. 嘛

用于祈使句末可以表示劝说、要求的语气。

（46）真的什么都不吃啊，吃个苹果嘛！

2）用于是非问句末表反问，与普通话中的“吗”的反问用法相似。肯定形式往往用语气副词“还”加“嘛”表示否定的意思，否定形式往往用“……不就是|不是……嘛”的格式表示肯定的意思。

（47）还用你说嘛？

（48）难道我不知道要提前来嘛？

（49）你就不晓得先提醒我一下子嘛？

12. 啦

用于疑问句尾表示询问对方意见，或者对自己想知道的事情提问。

（50）吃这么点儿就不吃啦？

（51）昨天刚考个第一名，今天就不用看书啦？

（52）东西都给他啦？

（53）啊吃过饭啦？

2）放在句子中间表示提顿，或者列举：

（54）苹果啦，桔子啦，香蕉啦，他都喜欢吃。

13. 喽

用于感叹句句末，表示高兴、欣喜的心情，此处也可以用“老”。

（55）噢！去五星级饭店吃饭喽！

（56）今天终于可以不用上班喽！

（57）明天出去旅游喽！

2）用于陈述句尾，陈述事实，表示告知对方对方不太愿意听到的消息同时表示不屑和无所谓的态度。

（58）妈，你给外婆买的苹果都被弟弟吃的喽。

（59）新买的玩具都被他搞坏的喽。

14. 撒

是南京话中较有特色的语气词之一，跟“噻”的使用方法相近。如：

（60）走撒！叫你多少遍咾！

“撒”作为句末语气词表示催促，驱使的意义时，语气和“噻”比较相对较弱。在口语中常常在句末声调上升，且较短促。而“噻”在句末时说话者常常拖长声调，并且降调，使得听话者感官觉得有较强烈的催促和不满之感。

值得注意的是，“撒”的使用频率相对比“噻”少且多在年轻人中使用，由此我们可以推断“撒”是南京话语气词系统中后起的一员。

15. 代

相当于语气词“的唉”的连用形式，表示较为强烈的确定的感情色彩，在某些语境中还有附和别人的意思，表示赞同的意义。

1）用于感叹句，表示肯定。

（61）是代！这个小孩不像话唉！

（62）全是他弄代！

2）用于陈述句，陈述确定的事实。

（63）这把伞是我代，你拿错了包。

（64）这是我给他代，你拿走个么四啊。

16. 嗒

“嗒”相当于语气词“的啊”的连音，多用于疑问句末尾。

（65）他今天早晨还来上班嗒？

（66）这包礼物还是她给嗒？

17. 哪

1）用于感叹句，表示大程度的夸张。

（67）她家离学校那叫一个远哪！

（68）这个小孩学习好哪！

2）用于疑问句，表达强烈的不满、惊奇。句末用降调，往往说话者会提高音量。

（69）你儿子还么得回来哪！

（70）东西现在还么得搞好哪！

（二）连用语气词

南京话与普通话以及许多其他方言一样，也有语气词的连用，并且大部分是两个语气词连用，连用时兼有两种语气。

南京话中，许多语气词连用之后会发生两个词连成一个音的现象：如“的、唉”连音成“代”，“了、哦”连音成“老”，“了、唉”连音成

“赖”等等。由于明显的连音现象和南京人使用的习惯问题，这些连音后产生的词已经渐渐被看成是一个单独的语气词，可以独立使用，并且具有了一定的方言特色。这里，我们将这些连音后变成一个词的语气词都看成是单用语气词，而不再看成是语气词的连用现象。

1. “的”加一系列语气词组成的语气词的连用

这些语气词的连用形式有：的了、的赖、的啦、的吧、的喽，如：

（71）车子被他弄坏的了。

“的了”在句末表示对事实的陈述，没有附加特殊的感情色彩。“的了”的用法是江淮方言区普遍有的一种用法，在南京周边的一些隶属于北方方言的城市就没有这种用法。

当语气词连用时，其层次是很重要的，不同层次的语气词表示不同的语气意义，而最后一个语气词是全句的重点。连用的语气词并不是两三个语气词的直接组合，二是处在句子结构的不同层次上。南京方言的语气词连用时，全句语气的重点也是落在最后一个词上，如：

（72）你把我衣服撕坏的赖！

（73）你确定这个房子是我的啦？

（74）昨天电费是他交的吧？

（75）他女朋友被他甩的喽！

以上四句中，句尾语气词都是“的”加另一个语气词的组合用法，“的”都表示事实的确定，而“的”后面的语气词才真正决定了句子的语气。第一句表达了强烈的不满和责怪，第二句表示疑问，第三句同样表示疑问，第四句表示感叹，和陈述确定的事实。

2. “了”加一系列语气词组成的语气词的连用：

这些语气词的连用形式有：了吧、了包、了奈。

在“了”和其他语气词的组合中，“了”表示确定的事实，或者已完成的事情，“了”后面的语气词表达全句的主要语气。但是这里要注意，不能与“了1”的用法相混淆。

（76）东西给他了吧？

（77）他既然不想让我们去我们就不去了包。

（78）我洗过澡了奈！

3. 两个以上语气词的重叠：

1）的了吧：表示对已经完成的事实提出的疑问。

（79）我放在门口的垃圾被你扔的了吧？

（80）老师的教鞭被你搞坏的了吧？

2）的了呢唉：（或“的了奈”）

（81）妈！你还给他钱！钱都被他花光的了呢唉！

以上是对南京话各语气词的基本意义和功能的简要描写。语气词连用时，由于“啊”“唉”“哦”这些语气词是元音开头的，所以在语气词连用的情况中，很容易和这三个语气词前面的语气词的声母拼读起来。如“了唉”连用时，“唉”的音节“ai”很容易就与“了”的声母“l”拼读，变成了“赖”。语气词“啊”尤其容易受前一个音节的影响而产生变读，这是语音同化的结果。所以南京话中两个语气词连用发生连音的现象，主要是因为第二个语气词的音节开头是元音。

二、南京话语气词与普通话语气词的比较

普通话中也有丰富的语气词，主要可以分为陈述语气、疑问语气、祈使语气和感叹语气四种。普通话中的语气词虽然多，但是最基本的语气词实际上只有六个：的、了、呢、吧、吗、啊。其他的语气词有的用得较少，有的是因为语气词连用而产生连音的结果。在南京话的语气词系统中，大多数用法与普通话类似，但是也有一些特殊的语气词，虽然与普通话语气词有对应，却在用法和意义上有着细微的差别，这其中有的语气词

是江淮方言区所共有的。

1. 吗

在普通话中，“吗”可以引导选择问和是非问，如：这是你的吗？咱们走吗？而在南京话中，当在疑问语气中突出疑问焦点的时候，不用“吗”，而是用“啊VP”、“还VP”结构或者“VP不VP”结构。如：“啊去上课啊？”“去不去上课啊？”这点不同是由南京话特有的疑问结构导致的，减少了“吗”的使用功能。

这一点可以从以下的比较中得到证明：

A	B
你去吃饭吗？	你啊去吃饭啊？
这支笔是你的吗？	这支笔啊是你的啊？
你要辣油吗？	还要辣油啊？

这里需要注意的是，在“还VP”这个结构中，副词“还”是没有任何意义的，“还”的存在与否对于整个句子的意义没有影响。

通过A、B两组的例句可以发现，在南京话中，“吗”这个语气词已经失去了它在普通话中的做疑问语气词的作用。（此处排除在反问句中的用法）

那么，南京话中就没有“吗”这个词的用法了吗？也不是这样。当听话者对说话者说的事实表示怀疑时，仍然和普通话一样要用到“吗”，这时候听话者提出的问句往往有反问的色彩，表示怀疑，在一定的语境中并不代表真正的提问。如：

（82）甲：盆栽就是被他搞坏的。

乙：是吗？

同时，普通话中“吗”的反问用法南京话中也依然存在。在普通话中，“吗”虽然是一个典型的疑问语气词，但从“吗”所附着的疑问句的疑问程度看，有的表真实的疑问，有的属于无疑而问，表示一种更为确定的语气。如：

（83）你以为我们缺了你就不行了吗？

（84）这一切难道是我的错吗？

2. 吧

在普通话中，“吧”主要表示说话人对自己的看法不很肯定，但在具体的句类中，这种揣摩性的语气程度并不相等。在陈述句末表示叙述不很肯定，在疑问句末则希望对方给予肯定或证实，而在祈使句末可以使请求、命令、劝告、催促等的语气略微舒缓一些。如：

（85）我想他应该能想通吧。

（86）你是他的爸爸吧？

（87）你还是好好学习吧，别想那么多了。

但是在南京话中，当表达同样的揣摩、不肯定的语气，希望对方给予肯定或证实时，疑问句末尾不用“吧”，而是用“包”或者用“啊VP”、“还VP”形式。则以上第二个例句就变成了：你啊（还）是他的爸爸啊？

3. 噻

“噻”在南京方言中时有较鲜明特色的句末语气词，一般用于祈使句末尾，表示要求、命令、催促的意思，与普通话中的“啦”意思相近。但是“噻”有明显的催促或者不耐烦的语气。如：

（88）走噻！赶紧开门噻！把东西给他噻！

如果去掉“噻”，仍然是意思明确的祈使句，加上语气词“噻”之后，句子在原有的要求、命令的语气上又加上了催促、不耐烦的意思，使句子的语气得到加强。

试比较：

A 走！ < B走噻！

B赶紧开门！ < B赶紧开门噻！

加上“噻”之后，句子的催促和使令意思得到加强。

与普通话中的“啦”比较：

A走啦！ < B走噻！

A赶紧开门啦！ < B赶紧开门噻！

在祈使句不用语气词或者用“啦”的时候，基本意思是催促听话者做某件事，也许听话者只是刚刚得到要求、听到命令，并一定延误了时间，没有领会说话者的意思。而在南京话的“噻”中加有明显的“都跟你说过了，你怎么还不照着我说的去做”的意思，往往使令语气更加强烈，并且带有轻微的不满。普通话中没有可以表示这种意思的相对应的语气词。有的时候，也可以用语气词连用产生的合音语气词“赖”，意义与“噻”相同。

但是，“噻”的意思也不只是在祈使句中表示催促不耐烦这一种，在不同的语境中，它的催促不耐烦之意也会随着语境有程度上的增减。

三、南京话语气词系统的浑沌状态分析

整体来看，南京话的语气词虽然错综复杂，呈非线性状态，但系统本身又具有自组织性，化无序为有序。

（一）南京话语气词系统的非线性特征

线性发展的规律是既可以叠加也可以分解，而南京话作为江淮官话的典型代表，在近年的发展演变中一方面受到以北方官话为基础的普通话的强势影响，另一方面仍较好地保存着本身的方言特征。以语气词系统为例，南京话中的17个单用语气词之中有相当一部分和普通话中的常用语气词重合，且在语法、语用功能上大同小异，同时又保有诸如“代”“噻”之类的特有语气词和特殊的语气词连用和合音的现象。所以说，南京话的语气词系统并不是简单地叠加，而是形成了自己特有的系统，这个系统是经过整合与加工的，因而其具有非线性的特征。

（二）南京话语气词系统的无序与有序

浑沌学认为，错综复杂的语言现象表面看似是无序的，但无序之中往往都存在着可以捉摸的、有序的规律，无序只是表象，有序才是真正的实质。在整个南京话的语气词系统中，有相当一部分语气词可以连用，这看似无序的搭配，深究下来却有着相当严整的内在有序规律。南京话的语气词连用时，层次是很重要的，不同层次的语气词表示不同的语气意义，而最后一个语气词是全句的重点。连用的语气词并不是两三个语气词的直接组合，而是处在句子结构的不同层次上，语气词连用时，全句语气的重点也是落在最后一个词上。

此外，由于“啊”“唉”“哦”这些语气词是元音开头的，所以在语气词连用的情况中，很容易和这三个语气词前面的语气词的声母拼读起来。如“了唉”连用时，“唉”的音节“ai”很容易就与“了”的声母“l”拼读，变成了“赖”。语气词“啊”尤其容易受前一个音节的影响而产生变读，这是语音同化的结果。所以南京方言中两个语气词连用发生连音的现象，主要是因为第二个语气词的音节开头是元音。

四、结语

本文对南京话语气词系统进行了初步描写，发现南京话中共存在单用语气词17个，其中有相当一部分和普通话中的常用语气词重合；语气词连用现象频繁，但多为两个语气词的连用，且常伴随合音现象发生。在描写基础上，本文进一步以南京话和普通话二者共有的语气词为出发点，对比分析了二者的异同，发现南京话语气词系统较之普通话更为丰富且语气表达直白、强烈。此外，本文还开创地运用浑沌学的相关理论对南京话语气词系统进行了分析研究，我们认为，南京话的语气词系统在整体上呈现出非线性的发展特征，且在语气词的搭配使用上突出反映了从无序到有序的浑沌状态。

参考文献

[1] 李晓华：应县方言语气词与普通话语气词的比较，载《太原大学教育学院学报》2010年。

[2] 刘丹青：南京方言词典，江苏教育出版社，1995年。

[3] 冉永平：言语交际中“吧”的语用功能及其语境顺应性特征，载《现代外语》，2004年第4期。

[4] 姚亦登：江苏高邮方言的语气词，载《方言》，2008年第3期。

[5] 张公瑾、丁石庆：文化语言学教程，教育科学出版社，2004年。

[6] 周洋：论语气词“哦”的语用功能，载《现代语文（语言研究版）》，2011年第11期。

从浑沌学视角看俄语语言文化学研究

王晓宇

一、引言

关于语言与文化关系的论述可以追溯到19世纪。著名人类学家和语言学家洪堡特（1767–1835）在其代表作《论人类语言结构的差异及其对人类精神发展的影响》中，从人类学和民族学的角度对语言进行了哲学探讨，提出了“民族的语言即民族的精神，民族的精神即民族的语言，二者的同一程度超过了人们的任何想象”。[①]可以说，语言参与到民族世界观的形成和民族文化的发展中，与文化紧密相连。

传统的语言学理论或侧重语言的结构研究，或侧重语言的功能研究，在不同程度上都忽视甚至割裂了语言同社会的联系。索绪尔认为，语言学的研究首先应该是语言内部结构的研究，乔姆斯基首创转换生成语法理论，这些语言学的研究方法把人们的注意力集中在语言系统本身，在阐释语言本身和语言共性方面固然有其独到之处，在外语教学实践中用于研究语言系统内在规律和训练对这些规律的熟练程度上也有其优势。但如果用它们来考察某一特定语言与民族、文化的关系时，这些语言学的研究方法

① 洪堡特：论人类语言结构的差异及其对人类精神发展的影响，第52页，姚小平译，商务印书馆，1997年。

便显得苍白无力了。人们忽视了一点，那就是作为特殊的社会现象，语言还有特殊的人文和民族文化背景的一面。

俄罗斯的语言文化学、中国的文化语言学是将语言放在社会文化的大背景下进行研究的代表。前者脱胎于俄语语言国情学研究，后发展为诸多流派；后者亦有不同流派，但较为有代表性的是张公瑾先生所开创的文化语言学流派，他把天体物理研究等自然科学领域的浑沌理论和方法运用到语言学领域中，开创了语言学研究的新天地。

本文作者对俄罗斯和中国俄语语言文化学研究状况进行了梳理，认为浑沌学理论与方法可弥补该研究中的不足，为俄语语言文化学提供全新的研究方法和视角。

二、俄语语言文化学研究概况

俄语语言与文化研究经历了从俄语语言国情学到语言文化学的转变。

（一）俄罗斯的语言文化学研究

1. 俄语语言国情学

俄罗斯著名语言学家维列夏金和科斯托马罗夫于20 世纪 70 年代合著的《语言与文化》一书，奠定了俄语语言国情学的理论基础。该书先后出版5次，对语言国情学这一术语进行了逐步的规范和细化。该书作者认为，语言国情学的核心是语义问题，其主要任务在于揭示词语、句子或语篇中的民族文化语义。

俄语语言国情学最初是作为一种外语教学法提出来的，目的是用国情知识来辅助语言教学。中国不少高校俄语系亦曾开设《语言国情学》课程，其目的在于帮助学生了解对象国语言中所蕴含的文化背景知识，以此达到掌握语言、完成交际任务的目的。将外语教学与文化背景知识的研究结合起来，这是对外俄语教学的有效手段。因此，从这个意义上讲，语言国情学更多只是停留在为语言教学实践服务的阶段，不能把其列为语言学的独立分支，而只能算作对外俄语教学的一个方面。

在中国，“语言国情学”这一术语正式见诸学术杂志，是我国学者季元龙发表在《外语界》1985年第3期的文章《一门新兴的语言学科——俄语语言国情学》。

2. 俄语语言文化学

俄语语言文化学脱胎于原来的语言国情学，其作为语言学的独立分支起始于20世纪90年代的俄罗斯语言学家 B．B.沃罗比约夫（语言文化学：理论与方法，1997）、B．A.玛丝洛娃（语言文化学导论，1997）和 B.H.捷利娅（俄语成语，语义、语用和语言文化学视角，1996）等。

关于语言文化学的定义，学者们各执己见，但核心都是研究民族文化在语言中的表现和表达，即旨在研究各民族文化的多种存在形式是如何在语言中得以表现和载蓄，它们又是如何被分析、描写与解释的。[①]

语言文化学拓宽了俄语语言与文化研究的范围，是语言国情学的扩展和延续。在语言文化学研究视域中，民族文化和周围世界在语言中融合为一个相互关联不可分离的整体，语言文化学的宗旨就是不断探索体现存储和传承民族文化的语言手段，并运用阐释的方法揭示民族文化和民族心智的特点。

关于语言文化学的研究对象，И．Г．奥利尚斯基在《20世纪末语言学研究》一书中提出了9种语言文化单位和现象，包括：1）语言国情学中作为描写对象的词和表达法，其中包括来自经典作家的语言形象，如套中人，聪明误等；2）被神话化的文化语言单位，包括固定在成语、形象、暗喻单位中的文化礼仪、仪式、传说、习俗、迷信说法等；3）格言、谚语等；4）象征、行为规范、标准、仪式等；5）形象；6）语言的修辞方

① 彭文钊：俄语语言文化学：源流与发展，载《广东外语外贸大学学报》，2008年第4期。

式；7）言语行为；8）言语礼节；9）宗教与语言的相互作用和关系。[①]

玛丝洛娃在《语言文化学》一书中对该学科形成的理论基础和流派分野进行了详尽分析。她指出，20世纪90年代以来，语言文化学大概有这样5个研究方向：1）特定社会族群研究，研究具体文化语境下的民族或族群特征；2）语言文化学历时研究；3）比较语言文化学，研究既有联系又有区别的语言；4）对比语言文化学，研究两种语言文化背景下的民族精神与意识的异同；5）语言文化辞典的编纂。玛丝洛娃还梳理出20世纪末莫斯科四大语言文化学学派，即：1）斯捷潘诺夫学派，旨在从历时角度描写俄罗斯民族文化的常量；2）阿鲁久诺娃学派，即逻辑分析学派，研究具有普遍意义的文化，从外在观察者的角度对文化概念进行重构，并出版了专著《语言和人的世界》；3）捷利娅学派，即莫斯科语言文化学成语分析学派，主要对成语进行语言文化学分析；4）沃罗比约夫学派，该学派是对维列夏金和科斯托马罗夫语言国情学的进一步发展。

基于此，我国学者彭文钊指出，目前俄语语言文化学的发展存在两大方向：一是以阿鲁久诺娃、斯捷潘诺夫和捷利娅等为代表的学者，他们一直致力于通过语言研究文化的工作，对某一主题进行相关研究。由于该研究跨学科的多样性以及他们对结构主义语言学的传承，很难用某一学科来限定他们的研究范围。他们只是有时会使用语言文化学的术语，并不表示其对该学科的认同感和归属感。在很大程度上，语言文化学仅仅是作为术语或一种研究方法及研究方向来使用的。[②]彭文钊把这一研究方向称为语言文化学式的研究，或广义的语言文化学。另一个研究方向是以沃罗比约夫、普罗霍罗夫等为代表的狭义的语言文化学，以普希金俄语学院、俄罗斯人民友谊大学、莫斯科大学等学术机构为核心，他们一般遵守语言文化学学科范式，理论上为该学科建设丰富内容，实践上服务于俄语教学和词

① 转引自朱达秋：世纪之交的俄罗斯语言文化学，载《四川外语学院学报》，2002年第1期。

② 彭文钊：俄语语言文化学：源流与发展，载《广东外语外贸大学学报》，2008年第4期。

典编纂。

我国学者朱达秋则根据研究者不同的出发点和研究侧重点及理论方法上的差异，大致将俄语语言文化学的研究分为以下流派：1）以捷利娅为首的成语学派；2）逻辑语言学流派或概念逻辑流派；3）辞典学派，成果体现在论文集《语言的民族特征及其在标准词典中的反映》以及系列词典中；4）跨文化交际和语言教学论流派。其中，与语言文化学任务和要求直接关联的词典可分为四类：1）哲学方面的文化学词典；2）介绍某些国家和文化的教学参考类的语言国情学词典；3）专门的语言国情学词典；4）语言文化学的详解词典和百科词典，如《斯拉夫神话百科词典》。[①]

彭文钊、孙玉华等学者还对20世纪90年代以来俄语语言文化学发展的新趋势进行了细分：1）以维列夏金和科斯托马罗夫为代表的知识考古学方向——语言信息单位研究，理论核心是词汇背景理论；2）以普罗霍罗夫为代表的社会心理学方向：言语交际的社会文化研究，理论核心是民族的社会文化定型；3）以沃罗比约夫为代表的社会文化学方向——民族个性研究；4）以克拉斯内赫和库德科夫为代表的民族心理语言学方向——俄罗斯文化空间研究，克拉斯内赫将文化空间分为3层，即：个体认知空间、集体认知空间和作为某一民族-语言-文化共同体全体成员共同拥有的知识和观念的总和。两位学者均对文化空间总体框架下的先例现象研究感兴趣，他们开创了语言文化学的民族心理语言学方向，分别从各自角度给出了民族意识在语言中表达的知识库。

（二）国内俄语语言文化学研究

国内外语界主要是追踪对象国在相关领域的研究成果。近年来，国内俄语学界及时跟踪俄罗斯语言文化学研究动态，第一时间介绍俄语语言文化学新进展，提出语言文化学学科体系建设的理论构想，并采用相关理论进行研究，在该领域结出了累累硕果，其中，专著类成果主要有：赵

① 参见朱达秋：世纪之交的俄语语言文化学，载《四川外语学院学报》，2002年第1期。

爱国著的《语言文化学论纲》（2006），彭文钊、赵亮合著的《语言文化学》（2006），刘娟著的《概念分析理论与语言文化研究》（2008），杨明天著的《观念的对比分析——以俄汉具有文化意义的部分抽象名词为例》（2009），宋洪英著的《语言文化学视野下的定性研究》（2011），王臻著的《语言先例现象探索》（2011）。论文集有：赵爱国、王清主编的《俄语语言与文化研究》（2007），王仰正、王永主编的《语言·文化·交际》（2007）和王松亭等主编的《俄语语言与文化研究新视野》（2011）。

通过对这些专著和论文集的研读，本文作者发现，与俄罗斯的语言文化学有所不同，国内俄语语言文化学的研究主要集中在以下几个方面：

1）概念分析。概念分析成为学界研究的热点，如刘娟（2008）通过对俄罗斯语言文化世界图景中的情感概念的描写和阐释，揭示俄罗斯民族文化的特性。

2）先例现象探索。如王臻（2011）通过对语料的实证分析和对比揭示出先例现象在语言中的动态变化规律，从而归纳出俄罗斯民族精神与认知内涵。

通过对比俄汉语中的先例现象揭示俄中两国民族文化的差异以及对具体概念进行描写和阐释，成为高校学生论文的选题热点。

3）语言文化学教学法研究。语言文化学理论在教学实践中的应用是语言文化学研究的重要研究方向。这方面的代表性研究有孙玉华的《跨文化交际背景下俄语篇章研究的理论基础》[①]；赵爱国、姜雅明为代表的应用语言文化学理论与实践研究，两者所著《应用语言文化学概论》（2003）以俄语语言文化学、英语跨文化交际学、汉语文化语言学和教育学基本理论为指导，建构了外语教学语言文化学的理论框架和教学体系。该研究方向对俄语实践教学具有巨大的推动作用。

① 载《外语教学》，2011年第5期。

4）跨学科研究。对语言文化学与其他语言学分支学科的交叉研究，比如刘宏的《跨文化交际与语言意识研究》[①]，分析了语言意识作为跨文化交际研究和心理语言学的交叉内容的概念和基本研究方法。

三、浑沌学——俄语语言文化学研究的新视角

俄语语言文化学作为一门新兴学科，是将文化引入语言研究中，突破了传统上对语言系统内部研究的局限性，但是思路仍然有些狭隘，较为局限在概念分析和先例现象的研究等方面，学者及高校学生的论文扎堆采用这一理论去分析俄语中的概念和先例现象，有时也进行俄汉语言对比研究。这些研究多为静态的共时研究，较少将语言作为动态系统予以考察，对不同时期文化变迁对语言的影响所进行的历时研究也比较少见。由此可见，与传统的语言学研究相比，俄语语言文化学仅仅从语言系统内部研究转向外部研究，由语言系统静态研究向动态研究的转向并不明显。许多问题，比如在跨文化交际影响下的俄语语言内部变化（主要集中在词汇层），俄罗斯本国政治制度、社会体制的变革所引起的语言变化现象，俄语的纯洁性等等，都应归入语言与文化研究的整体范畴，进行综合考察和分析。

一种新的研究方法的运用，往往会推动某一领域研究的深度和广度。浑沌学理论给语言文化研究提供了一个全新的视角，为弥补俄语语言文化学以往研究中的不足提供了理论支撑。

浑沌学本是物理学的理论。20世纪80年代中后期，张公瑾先生首先把这一用于天体物理研究等自然科学领域的浑沌理论和方法引入语言学领域，开创了语言学研究的新天地。浑沌是现实系统的一种自然状态，一种不确定性，它在表现上千头万绪、混乱无章，但内在地蕴涵着丰富多样

① 载《东北亚外语研究》，2013年第1期。

的规则性、有序性。[①]换句话说，绝大多数确定性系统都会出现古怪、复杂、随机的浑沌行为。[②]语言不是封闭的线性系统，而是充满不确定性的非线性系统。

目前，浑沌学理论主要应用于汉语言研究方面，运用浑沌学对外语语料进行的研究少之又少。浑沌学是一项普遍适用的方法论原则，其在汉语文化语言学研究中的应用给了我们成功的例子。我们不仅要继承俄罗斯学者的研究成果，还要借鉴国内汉语语言与文化研究的相关理论与方法。在今后的研究中，我们可以尝试把浑沌学理论引入到俄语语言文化学研究中来，动态考察俄语语言与文化、语言与民族、语言与社会的关系，这会使我们的研究更深入，视野更宽广。虽然，目前还很少有相关研究成果出现，但我们愿意为此努力，并期待有更多的学者将浑沌学理论运用在俄语语言文化学研究中。

参考文献

[1] 张公瑾、丁石庆：《文化语言学教程》，教育科学出版社，2004年。

[2] 赵爱国：《语言文化学论纲》，黑龙江人民出版社，2006年。

[3] 彭文钊、赵亮：《语言文化学》，上海外语教育出版社，2006年。

[4] 刘娟：《概念分析理论与语言文化研究》，吉林大学出版社，2008年。

[5] 杨明天：《观念的对比分析——以俄汉具有文化意义的部分抽象名词为例》，上海译文出版社，2009年。

[6] 宋洪英：《语言文化学视野下的定性研究》，河南大学出版社，2011年。

[7] 王臻：《语言先例现象探索》，黑龙江大学出版社，2011年。

[8] 赵爱国、王清：《俄语语言与文化研究》，黑龙江人民出版社，2007年。

[9] 王仰正、王永：《语言·文化·交际国际学术会议论文集》，黑龙江人民出版

① 苗东升、刘华杰：《浑沌学纵横论》，第14页，中国人民大学出版社，1994年。

② 张公瑾、丁石庆：《浑沌学与语言文化研究》，第57页，中央民族大学出版社，2005年。

社，2007年。

[10] 王松亭等：《俄语语言与文化研究新视野》，黑龙江人民出版社，2011年。

[11] 赵爱国、姜雅明：《应用语言文化学概论》，上海外语教育出版社，2003年。

[12] 褚敏：漫谈二十一世纪俄语语言与文化研究之新方向，载《中国俄语教学》，2001年第3期。

[13] 班文涛：俄语语言文化学的哲学理据及研究学派，载《河南科技大学学报》，2011年第3期。

[14] 赵迎菊：语言文化学及语言文化意象，载《外语教学》，2006年第5期。

[15] 季元龙：一门新兴的语言学科——俄语语言国情学，载《外语界》,1985年第3期。

评介文章

筚路蓝缕启山林

——读《张公瑾文集》随感

胡鸿保

张公瑾教授八十华诞之际，我参加了中央民族大学少数民族语言文化学院举办的庆寿研讨会，读到了三卷本的《张公瑾文集》[①]。尽管只是选取了我能够读懂的部分文章，看过之后还是有很多感慨，加深了我对于张老师和他那一代民族学家的了解。

从20世纪50年代初期张老师从事少数民族语言教学与研究工作至今，已经过去了半个多世纪。他在傣族研究、民族古籍及文化语言学三个方面均有建树，是一位深受学生爱戴的成功学者。

在庆寿活动的答谢致辞中，张老师说到，“我的命运是和祖国的命运联系在一起的”。话甚简单，含义却非同寻常。我读《文集》，追忆此语，体会更深。集中卷首的“自序”、《20世纪50年代西双版纳傣族地区调查工作的回顾和体会》（卷二）、《诗联一束》（卷三）等文字以及两个附录[②]（卷三），很能够反映出一代学者的学术人生。这是一个大变动的不平凡的年代，现在看来也确实是一个创造奇迹的时代。新中国的民族研究在许多方面是筚路蓝缕、艰苦创业，而张老师正赶上了这样一个

① 中央民族大学中国少数民族语言文学学院 编：《张公瑾文集》，中央民族大学出版社，2013年。以下简作《文集》，引用时仅随文夹注卷数和页码。

② 附录一，戴红亮：《张公瑾传略》；附录二，揣振宇：《张公瑾先生访谈录》。

时代。“自序”告诉我们，作者的青年时代是在不停的运动中度过的，60年代初在校农场劳动两年，两期“四清”也是两年，“文革”中在干校劳动一年半[①]，“重体力劳动和极度饥饿感的真正滋味”便是在那种情况下体会到的。然而，张老师今天回忆起来并无遗憾：“正是因为有了这些经历，后来遇到的各种困难就都算不上什么了”。

1961年于西山中央民族学院的校农场养牛、挤奶期间，张老师写的记事诗中有两句是：“晨昏搓草勤喂牛，昼夜偷闲争读书。”（《西山记事》）另外一首在1964年冬“四清运动”中写的《凉山三同诗》里则有如此描写和感受：“竹筐运肥肥灌颈，木桶背水水湿衣。山头割草嫌腿短，云间播种怨天低。辛苦耕耘换胎骨，冒出书斋辨东西。”局外人读来品味，当事人晚年的学术丰收，实在是早年非常环境中坚持“耕读”并举的结果。

张老师在几个研究领域都卓有建树，很多工作都是从头做起、具有开创性。如学习西双版纳傣文没有参考书，就完全靠自己“从有关无关的材料里去提取一些有用的东西”。比如当地的小学课本、政府机关下发的傣文文件，还有1956年西双版纳出的一种傣文的小报《消息报》（卷三，526页）。现在收入《文集》中的《傣语语法通论》也是当时摸索着在教学实践中写出的。“自序”中有这样的解释：“这部通论的价值就在于我在许多地方，不仅讲了一句话傣语这么说，还讲了不能那么说，……。这样的写法，如果不是结合教学实际，怕也是不容易写出来的”（卷一，3页）。又如在天文历法方面，“文革”期间有了机会参与“少数民族天文历法”研究项目，他就尽可能找来有关汉历和印度历法方面的书阅读，遇到困难随时向专家请教。“同时我还有机会有针对性地参观北京天文馆、天文台和建国门的古观象台的各种陈列和解说。晚上有机会就看天上的星

① 张老师告诉我，1964–66年他参加的两次“四清”，一次是在四川凉山，另一次是在广西三江；1971–73年中央民族学院的干校设在湖北潜江县的沙洋。

星”（卷三，529页）。

张老师勤于思考的精神，在生活中随处可见。比如，1950年在西双版纳调查时碰到土地面积的丈量问题。张老师在实践中得到启发、深有感触，“原来土地面积这样客观的事实，其实认识方法不同，得到的结果就不一样”，当地人“按种子数计算出来的面积，却能够反映出劳动量和产量的多少，它与人的活动的效果相联系，应该说是更加实在的”（卷二，143页）。

张老师去年在接受学生采访时说到，他一生只有一次选择，那就是1951年从上海复旦大学社会系转入中央民族学院学习民族语，此后就与少数民族结下不解之缘。他在访谈时用到两个词：“随物赋形”、“不随波逐流”[①]。我想，这跟他引用的《西游记》里一首《西江月》的下半阕表达的是同一个意思[②]，是他学术人生成功的经验之谈。

1980年代初，张老师潜心钻研语言学史与语言学理论，并在80年代中期的文化语言学中国潮中成为最早的“弄潮儿”。他曾应邀与林耀华、金天明等先生一起给我们讲授《民族学基础》，承担其中的“语言学专题”部分[③]。当时中央民族学院的研究生部总共不过20多名硕士生（没有博士生）。张老师讲课非常认真，还随堂分发了他精心挑选复印的论文和部分论著的有关章节，如阿巴耶夫：《语言史和民族史》、张公瑾：《社会语言学与中国民族学史研究》。现在重新读到《文集》中的某些话语，如被多次援引的索绪尔的《普通语言学教程》、梅耶的《历史语言学中的比较方法》、萨丕尔的《语言论》、罗常培的《语言与文化》等论著、格里姆

① 张莉、曾宝芬（问），张公瑾（答）：默默耕耘，果熟自然红，载《百色学院学报》，2012年第4期。

② 这首《西江月》全文是：“色色原无色，空空亦非空。静喧语默本来同，梦里何劳说梦。有用用中无用，无功功里施功。还如果熟自然红，莫问如何修种。”——见《西游记》第九十六回“寇员外喜待高僧，唐长老不贪富贵”。

③ 翻阅我当时的课堂笔记，记的是1983年春季学期（研一的第二学期），每周3学时，张老师共讲了5讲。当年与我一起听课的还有纳日碧力戈同学，他日后成为马学良先生的第一位博士生。

的名句“我们的语言也就是我们的历史”以及南诏德化碑刻一位傣族将领的名字“赵龙细利”等，会让我觉得十分亲切。

按照其弟子丁石庆的总结，张公瑾先生的学术发展经历了三个阶段，1980–90年代属于“学术思想形成期”，论文《社会语言学与中国民族学史研究》（1982）和论著《文化语言学发凡》（1998）堪当此时期的前后界标。[①]我们当年听老师授课正逢这一转折时期。课堂上老师给我们讲授了语言学史，讲到了施莱赫尔的“语言谱系树”，也讲到了萨丕尔的“沿流说”，只是还没有引进混沌学的理论。后来张老师提出“河网状”的演化模式以纠正“谱系树”理论，依据混沌学平衡与平衡破缺的原理重新论证了“沿流说”（《继承与创新》，卷一，65–72页）。对照听课笔记，再读《文集》“自序”里说的，语言学的理论与方法是作者“60年来理论思维的结晶”，我感受到了一位真正学者数十年风风雨雨永不止步的进取精神。莫问如何修种，果熟自然红，确实不失为一种生动形象的比喻。

《文集》里有多篇近些年写的“书序”，读后我有三点较深的感受。

一是怀有理论目光来从事经验研究。新中国的民族研究在起步阶段面对的是民族国家的建设、海量的民族工作实践。很多这一时期成长起来的民族学者，尤其是语言学家，能够成为某一具体问题方面的专家，但也常常停留在“专家”的位置上，没有进一步晋升。张老师则有理论的自觉，能正确把握好“特殊”与“一般”的辩证关系，使个案研究的意义得到充分的发掘、提升到理论的高度。他以摩尔根的易洛魁人研究为例，指出摩尔根不仅仅局限于撰写一个部落的报告，而是把他们的社会形态看成是人类古代社会的一种模型，赋予其人类历史研究的普遍意义。张老师认为我们应该有摩尔根的眼光，认识到我们所研究的少数民族中许多别具特色的文化现象的普世性意义（卷三，404页、445页）。

① 丁石庆：继承、整合与创新——张公瑾先生学术思想体系的构建与探索，载《中央民族大学学报》（哲学社会科学版），2013年第5期。

二是作为一位导师，需要有高远的理论追求，正是因为有了对于研究学科的“顶层设计”，才能够成为一代领军人物，引领一个学术团队开拓一片新天地[①]。2005年以来出版的6部以“浑沌学与语言文化研究”为主题的研讨会论文集，都有张老师撰写的“序言”（会议开幕式上的主旨报告）；在他指导的博士生论文修订成书出版时张老师还为他们作序，这既是鼓励提携后学，同时也是在推进浑沌学派的文化语言学研究。

在黄平文《论文化接触对语言的影响》的“序”中，张老师介绍该论著“既吸收了萨丕尔的沿流说，又应用了混沌学理论中关于系统的外力扰动和平衡破缺的认识，……在壮语演化的研究中，另辟蹊径，别开生面，达到了一个新高度。”（卷三，434-435页）《〈二语教学的纠错反馈——浑沌学视野下的研究〉序》中，张老师肯定了门生洪芸的成就，指出“她应用混沌学的整体观和非线性的方法来观察语言教学问题，这是一次思维框架的转换，它对课堂教学的意义，就不仅仅限于对外汉语了”；“她的开路之功，功不可没”。同时，老师还表达了对广大学子日后研究的殷切期望，“混沌学在第二语言教学的舞台上，还可以演出很多精彩的情节来。这不是我现在对洪芸的书的要求，而是期待后来者做的事情。”（卷三，451-452页）

三是张老师为人治学的谦虚谨慎，使得师生之间洋溢着一种家人般的亲切和谐气氛。一个学术共同体的形成除了需要有鲜明的理论观点支撑外，一位卡里斯玛型领袖（charismatic leader）也是十分重要的因素。在为丁石庆《双语文化论纲》写“序”时，张老师既肯定此书是一部有较高价值的理论著作，同时一抒己见，“借本书出版的机会，表达一种与作者结论不同的观点，借此引发对这一问题更深入的讨论”。（卷三，407-408页）在为杨民康的《贝叶礼赞》做的书序中，他除了对傣族文化的典型特色和自然风光有夹杂个人美好记忆的生动描述外，还对后来者作出超越前

① 参见丁石庆：科学精神，人文情愫，载《中国民族报》，2013年10月25日07版。

辈的成绩表露出由衷的喜悦（卷三，416–417页）。在为王锋《从汉字到汉字系文字》写的序里，结尾的话语是：“我是研究少数民族古文字的，现在如果再有人向我问到有关汉字系民族文字方面的问题，我会告诉他：请去找王锋，我不如王锋。”（卷三，423页）

另外，戴红亮在毕业八年之后修订出版当年的博士论文《西双版纳傣语地名研究》，读张老师的“序”和作者的“后记”，更让我体会到了他们师生情谊的深厚根基。戴红亮入学时老师已年近古稀，但他还为这博士生单独讲授老傣文和文献，手把手地教学生认识傣文字母。据我所知，这样的情形在中国学界实属罕见。得此导师，戴红亮幸甚！而张老师则在科学地评判学生成绩的同时抒发了指导、阅读这篇论文的个人怀旧情感：“一个个熟悉的地名展现出一幅幅绮丽风光和欢声笑语的画图，使我回到了那青年时代挥洒朝气和与老乡三同的激情岁月。……特别是那些小村子名字，……它们使我想起秋收时分配的欢乐，扫除文盲时的朗朗读书声，还有那寺院中堆积着的贝叶经”。[①]

作为一位在傣族研究领域的“老兵”，张老师说“傣族研究是我的立身之本”（卷一，自序），我们或可以说傣族文化已经成为他思想感情的一部分。联想到在庆寿活动中，当我听到张老师的门生代表虎月放[②]发言说傣族人民感谢你，见到这位傣家女为张老师挂上傣族传统的挎包，戴上民族帽，我觉得面前站着的活脱就是一位老傣。

2001年一次报告中，张老师谈到，要体会一个民族的理念和感情，就一定要学好这个民族的语言。他举出一首傣族长篇叙事诗里描写浓雾笼罩着田野和村庄的四个傣语字，来说明汉译难以传达出傣语原来的韵味。“这四个字，使我想起了曾在那里扫盲的曼沙，那佛寺，那茫茫的坝子，

① 戴红亮：《西双版纳傣语地名研究》，中央民族大学出版社，2012年，“书序一”和“后记”。戴红亮是2001–2004年随张老师攻读博士的。

② 虎月放是张老师指导的第一位硕士生，1987–1990年在读。

那清晨的浓雾，那树枝上发出滴答声的水珠……这四个字经常唤起我对西双版纳亚热带风光最深刻的思念和最深沉的回忆。”（卷二，146–147页）我以为这应该是人类学研究中所谓“移情”或“神入”（empathy）的最高境界的现实典范。纵观百年中国民族学史，又有几人修为能臻此佳境?

今天，张公瑾老师仍然精神矍铄，笔耕不辍。我们祝愿他健康长寿，学术之树常青。

张公瑾教授与傣族传统音乐研究

杨民康

张公瑾教授是我国著名的语言学家、民族学家和傣族文化研究学者。20世纪七八十年代，张公瑾教授与我的恩师、中央音乐学院资深教授田联韬先生（自20世纪60年代起，在中央民族大学音乐舞蹈系工作至20世纪80年代）有较密切的学术往来，并且成为好友。我自20世纪80年代开始从事傣族、布朗族音乐及南传佛教音乐的研究，即通过先生的一系列论著，久仰先生的大名，但直至20世纪90年代末，才经田先生介绍同张教授认识，自此有了向先生长期求教、享其恩泽的机会。大约两年前，经本人介绍，我的正在研究傣族赞哈调的硕士研究生李玮霖也常去中央民族大学，开始向张老师学习傣文，同时请教有关赞哈调的知识及相关研究方法。故此，我们从傣族音乐研究的“祖孙”三代学者都因共同的研究兴趣与张老师结下了缘分，开展了长达近半个世纪的学术交往，结下了深厚的个人情谊。这些学习和交往过程在我的脑海中留下了许多珍贵回忆，现谨借庆祝张教授八十华诞的机会略予回顾。

一、张公瑾教授为我的南传佛教仪式音乐研究“保驾护航”

我的主要学术研究方向是中国西南少数民族音乐。其中，傣族、布朗族、德昂族、阿昌族和部分佤族所信仰的南传佛教及其仪式音乐，是我关注最多的一个学术视点。记得那是新世纪到来之际，我经田老师引荐，拿着刚刚写毕的一部书稿雏形来到张老师家中，当他老人家看到有年轻后辈不仅愿意下到他所一直重视的南传佛教传播地区去做扎实的田野考察，而且完成了在他看来有一定分量的学术成果时，难掩喜悦之情，在热情接待、勉励有加的同时，还为我遍阅全文，指点迷津，并通过面授及后来的通讯往来，一一分析并找出文中的诸多错讹之处。此后，每逢我在研究中碰到疑难之处，便登门拜访或发信向张老师求助请教，他从来都是立即放下手中的其他工作，为我答疑解惑，或者亲自动手，帮助我翻译经文、唱词。当我的博士论文《贝叶礼赞：傣族南传佛教节庆仪式音乐研究》一书将要出版时，又承蒙他老人家亲自撰写序言，对我尚显粗浅的研究成果给予了热情的褒誉和鼓励。后来，又在张老师的亲自带领下，我们又开始了历时多年的携手合作，共同撰写《中国佛教史：南传佛教史卷》一书。在写作此书的过程中，张老师以他深厚的傣学、历法和宗教学素养，始终作为学术团队的灵魂及核心，支撑、把握着从课题的构思、写作到整个实施过程的大局。至今，以我个人名义完成的《贝叶礼赞：傣族南传佛教节庆仪式音乐研究》（博士学位论文，宗教文化出版社，2003年，获文化部第二届文化艺术科学优秀科研成果奖二等奖）、《佛韵觅踪——西双版纳傣族安居节佛教音乐民俗考察》（广西人民出版社，2007年）、《一维两阈：布朗族音乐文化志》（中央音乐学院出版社，2012年，获第九届中国音乐金钟奖优秀奖）、《中国南传佛教音乐文化》（高等教育出版社，2014年）以及由张老师领衔，以团队名义完成的《中国佛教史：南传佛教史卷》（张公瑾、杨民康、戴红亮，山西教育出版社，2014年）等五部专著及数十篇学术论文，其中都浸透了张老师的心血。如果说，我几十年来在傣学研究领域还做了一点事情的话，那么，这都是张公瑾先生与田联韬、王国祥诸前辈先贤谆谆教导、严格要求，一直为我“保驾护航”的结果。

二、张公瑾教授作为“两栖学者”给我的学术开示及终身教益

在目前的傣学领域，张公瑾教授是少有的既精通傣语会话，又能熟练地从事傣文（尤其是老傣文）文献翻译的汉族学者之一。对于傣族传统文化所进行的长年持续、始终如一的研究工作，使他由一位纯粹的局外文化学者逐渐进入了局内文化持有者的学术佳境。而早期所经受的科学、严谨的语言学学术训练以及数十年来丰富、全面的教学研究经历，则使他既拥有较高的理论思维水平和深刻的学术洞察力，又在具体的田野考察及分析环节上显露出很强的实际动手能力和操作能力。关于他的语言学理论研究，可见其1998年出版的《文化语言学发凡》一书及系列理论文章中，曾极力主张把民族文化的问题带到语言学课堂及理论研究中，力图使该项研究带上跨学科研究的性质，并由此产生了把浑沌学理论和方法引用到文化语言学及傣族文化研究中的设想。他就此提出：“文化与语言的结合是跨学科的，浑沌学与语言学的结合也是跨学科的。”[①]此观点在后来的语言文化学研究领域产生了一定的影响。笔者由此联想到，以往在中外人文社科学界，由于语言学以其学科思维及方法论优势而居于“领头羊”地位的原因，能够在理论研究和分析实践两者之间以及本学科和其他文化研究学科之间互采所长，来去自如的“两栖学者”，一向在语言学学科中要远远多于其他学科。从20世纪80年代我在中央音乐学院攻读音乐学硕士学位开始，在中央民族大学专修和旁听过许多语言学、民族学课程，在与我有师生之谊的语言学学者中，便有张公瑾、徐仁瑶等老师，他们以其优异的学术禀赋及文化品质可归于上述“两栖学者”之列。比较而言，以往的音乐学由于归属于艺术学科领域，更偏好并强调自己的“专项研究”特点，

① 张公瑾：《傣族研究是我的立身之本》，载《中国社会科学报》2013年9月2日第496期。

以致带有较多以接受其他学科方法论及研究思维为主的经验学科的性质。在早期的音乐学分析思维中，曾经接纳了许多语言学的方法精粹。自20世纪中期音乐学与人类学结缘，产生了民族音乐学（即音乐人类学）这门学科分支以来，由于受到人类学、语言学等多学科的影响，上述人文社会科学的“两栖学术”思维便成为民族音乐学学者继承较多、受益较大的学术财富之一。不言而喻的是，通过数十年与张老师这样的众多语言学和民族学学者的不断交往，我和我的学生们自然也进入了其学术继承人乃至“终身受益者”之列。在对我的多部书稿及其中部分研究细节进行审阅时，张老师尤其注意考察我所采用的学术、文化观念和方法论，并提出许多有益的建议和指教。2003年，先生为我的《贝叶礼赞》一书做序时写道：“他（按：即笔者）不辜负香港中文大学三年深造的机遇，树立了文化多元性的认识，纯熟地掌握西方民族音乐学和现代人类学的调查研究方法，从而使自己超越传统调查研究的局限，既能对问题分析入微，又能在理论上作宏观把握。”又说：“全书处处渗透着新的学术思想，运用着新的研究方法。尤其是书中出现的聚合关系、组合关系、能指、所指等源自索绪尔的术语，更使我这个研究语言学的人备感亲切。”[①]其实，我从一位纯粹从事音乐艺术实践的表演者最终成长为一名民族音乐学家和高校教师，其中便注入了先生及其他人文社会学科老师们的心血，是他们始终提倡应该在艺术研究中融入人文文化精神及社科理论方法，并对之身体力行和以此对我一贯严格要求的结果。

三、张公瑾教授的傣学研究对傣族音乐研究的几点启示

如今，随着少数民族地区商品经济文化和旅游业的蓬勃发展，傣族文

① 杨民康：《贝叶礼赞：傣族南传佛教节庆仪式音乐研究》，宗教文化出版社，2003年，序二第1—3页。

化研究在学界渐成热点，以此为对象和标题的研究论著也林林总总、汗牛充栋。这其中，张公瑾老师以其过硬的傣文读写应用能力为起点，通过混沌学及语言文化学的发散性理论思维，发展衍生出包括古籍、佛经整理与研究，傣语语言学及文化系统研究，傣族历史、历法研究以及傣族传统艺术研究在内的较完整的傣学研究体系及大量学术成果，现居于傣学和南传佛教文化研究之巅峰，执相关学科、学界之牛耳。

张教授曾经在2010年于西双版纳召开的"《中国贝叶经全集》新闻发布会暨出版座谈会"的发言中指出："贝叶文化是傣族文化的象征，傣族文化从物质生产到日常生活、到精神文明的顶峰，构成了宝塔式的结构。"[①]张老师眼中的上述塔式结构，由塔座、塔基到塔尖三个部分组成。其中，南传佛教的传入，"使傣族文化以前所未有的速度和规模高攀哲学和人文精神的顶峰，这是塔尖。"而傣族传统音乐文化融合了民间艺术和佛教文化二者因素，无疑也位于精神文明的顶峰。因此，南传佛教和傣族音乐，可说是贝叶文化"塔尖"上的两颗明珠。在张教授数十年的研究生涯中，通过《傣族文化》、《傣族文化研究》、《中国的傣族》、《傣族文化史》等一系列著作，对于贝叶文化从塔座、塔基到塔尖展开了全面、完整的系统性研究，其中便有一部分成果同上述两个重要的精神文化领域直接相关。历年来，张老师的上述傣学研究对我所从事的傣族音乐文化研究有着多方面的启示作用，其中的要点是：

第一， 本人目前所承担的多个有关云南与周边南传佛教音乐文化圈的研究课题，其中涉及的音乐、乐器分布等问题及其研究思路，受到了张教授著作论文中有关云南与东南亚傣仂语言文字分布的观点方法的很大启发。

① 张公瑾：《简述傣族文化的宝塔式结构》，载凤凰网佛教频道2010-06-29，http://fo.ifeng.com/special/beiyejing/beijingziliao/detail_2010_06/29/1690300_0.shtml。

第二，张老师的早期学术论文《西双版纳傣族民间歌手——赞哈》[①]以及《傣族文化》[②]等书中的相关章节，对傣族赞哈歌手及其演唱艺术进行了开拓性的研究，对于笔者后来的相关课题研究给予了很大的启发。

第三，本人在《贝叶礼赞：傣族节庆南传佛教仪式音乐研究》一书及多篇论文中涉及了泼水节、安居节等傣族佛教节日及历法问题，这些历史文化知识都是建立在张公瑾、陈久经等教授的《傣历研究》（1990）、《傣族文化》等著作所进行的奠基性研究基础之上。

上述几个方面里，笔者目前在第一方面的研究取得的进展较为明显，现以此为例略作描述：

从20世纪末笔者涉足湄公河流域诸跨界族群音乐文化关系研究开始，便关注到包括佛教寺院的大鼓、象脚鼓舞蹈、孔雀舞（“紧那梨和紧那罗舞”的一种）以及音调相似的佛教诵经曲调共聚于其中几个重要城市，由此形成一个可以体现其共同地域文化特征的乐舞文化特质丛的现象。尤其是2008年以来，笔者继以往对西双版纳地区佛教寺院的铆钉大鼓（汉语俗称太阳鼓）具有的初步认识，通过对云南与东南亚周边跨界族群音乐开展进一步考察，在泰国清迈、缅甸景栋及老挝南勃拉邦等也陆续发现了铆钉大鼓在此分布密集，而走出这类地区便逐渐稀疏的状况。上述现象促使笔者去进一步思考其背后的深层文化原因，结果受到相关民族、佛教史料及张老师的民族语言学研究成果的启发，我在这一领域的研究获得了一些突破性的进展。据傣文《仂史》记载，1190年傣族首领叭真在西双版纳（古称车里）一带建都时，孟艮（今缅甸景栋）、八百（今泰国清迈一带）、老挝皆受其统治。方国瑜也曾论证说，景龙（今西双版纳景洪一带）、孟艮、猛交（今越南境内）、猛老（今老挝境内）是叭真家族的统治区域，也就是景龙国的版图，即包括元明时期的车里、孟艮、八百、老挝四个区

① 张公瑾：《西双版纳傣族民间歌手——赞哈》，载《少数民族文艺研究》1982年1号。

② 张公瑾：《傣族文化》，长春：吉林教育出版社1986年版。

域。[1]从佛教传播角度看，据西双版纳傣文手抄本《佛教圣事大记》：佛教由斯里兰卡传入兰那，又由兰那传入缅甸的景栋，最后进入云南傣族地区。由于兰那古称勐润，地处泰北的清迈景海一带，故传入云南的佛教这一分支称润派。[2]如今，上述地区从行政上已经归属不同的国家，但各地均有分布的掸傣族群和孟高棉语族群（含布朗、德昂、佤等民族）彼此保持着长久的历史文化联系，产生并形成了包含宗教、文字、民俗及音乐、乐器在内的诸多共同的文化特质。在这诸多的文化特质里，佛教文字的传播和共存现象无疑占有最有显著的位置。对此，中外学者均发表过相关论述，其中便以张公瑾教授的观点较具有权威性和明显的说服力。张教授曾经指出，中国西双版纳地区傣族现今使用的傣仂文，同时还使用于泰国的清迈（古称兰那）和缅甸的景栋。其中，使用于清迈的文字又称为傣允文或清迈傣文，也称兰那文；使用于景栋的文字称为傣痕（即傣艮）文；老挝使用的老挝文也与傣仂文基本相同。傣仂文、傣允文（兰那文）、傣痕文、老挝经文古代都曾是佛教书面文字，如今虽有四种名称，但在字母形式上以至拼写法、正字法上都是一致的，实际上是一种文字，也就是人们所通称的“经典文字”或“经典傣文”。[3]可以说，这是迄今为止，在相关研究领域能够将民族历史、佛教书面文献、口传史料及现存语言文字在民族文化语言学平台上加以整合的最有力的文化证据之一。在此基础上，再加入上述音乐舞蹈、乐器研究领域的一系列新旧发现，便续接为一个相对完整的证据链，从而使该区域和族群文化所承载的一个虽延续了千年之久，但如今已盛极而衰且完成了政治、社会文化转型的“傣仂南传佛教亚

① 方国瑜：《元代云南行省傣族史料编年》，昆明：云南人民出版社1958年版，第20页。

② 颜思久：《景洪地区佛教调查》，载《云南少数民族社会历史调查资料汇编》（五），云南人民出版社1991年版，第326—335页。

③ 张公瑾：《傣族文化》，长春：吉林教育出版社1986年版，第43—51页。

文化圈”现象逐渐浮出了水面。[①]

四、张公瑾教授在傣族经腔、唱词翻译上与我的几点学术互动

几十年来，田联韬教授和本人在傣族民歌和佛教音乐研究过程中，在经腔、唱词的翻译上经常得到张教授的帮助。对于该类研究及其研究者来说，这样的帮助无异于雪里送炭。行内的人都知道，语言学、音乐学都是专业性极强的学科，非经长期的专业训练而不能达致学术佳境。有人文学科学者曾对笔者言及，你们音乐学者所拥有的本专业分析手段，让其他学科学者望而生畏，从来都不敢去触碰。而在我们看来，人文学科中的语言学分析方法何尝不是这样呢？以张教授为例，他在回顾当年在中央民族大学学习语言学的经历时说过：“当时主持我们语文班学习的马学良先生对我们进行了严格的语言学技能训练。从听音、辨音、记音到归纳音位系统、制订文字方案一系列技术性过程，都经过反复的练习。这为我们后来步入语言学的殿堂铺好了基石，我们后来在语言学方面的任何进步，都是从这个基础上开始的。”[②]因此，摆在我们从事少数民族音乐研究的学者面前的一个任务，就是必须通过向语言学者认真学习，甚至不排除向后者直接寻求帮助，以高质量地完成田野考察中所获声乐作品唱词的译注、译配工作。在此基础上，或许还将生发出一些学科“跨界”研究的奇花异果。对此，我与张老师有关傣族经腔、唱词翻译的几次深度合作颇值得予以回忆和介绍。

1998年暑假期间，我与留美学者卫立一道，带领来自欧、美、亚多

① 杨民康：《云南与东南亚傣仂南传佛教文化圈寺院乐器的比较研究——以太阳鼓及鼓乐的传播与分布为例》，《中央音乐学院学报》，2013年第2期，第52—61、83页。

② 张公瑾：《傣族研究是我的立身之本》，载《中国社会科学报》2013年9月2日第496期。

个国家的多批“地球观察基金会”考察队员，在西双版纳进行了有关傣族南传佛教音乐文化的第二期考察活动[①]。期间在西双版纳允景洪总佛寺瓦巴姐寺购得一部《维先达罗本生经》，这是该寺于傣历1360年（公元1998年）印刷的一种比较标准的本子，共十三卷，分装十三册。据张公瑾教授的解释，《维先达罗本生经》主要讲述释迦牟尼成佛前的故事，其汉文为《太子须达拏经》（见于《大正新修大藏经》第三册第171号，全文8000余字，是这部经文大意的缩写）。西双版纳傣文有详简不同的几种译本，但内容都比汉文译本详细丰满，情节婉转曲折，描写细致入微。此后，当笔者撰写博士学位论文《贝叶礼赞》时，便萌生了将此文献翻译出其中一部分，并配上乐谱和傣文唱词，以作为该书附录的设想。当时考虑到此翻译工作不仅必须经过兼通汉文和傣文的专家之手，而且还需要花费很多的时间精力，而我手中并无任何课题经费可以支付专家费用，为此心里颇感彷徨和踌躇。然而，当我把这个设想及其为难之处告知张老师后，他虽然科研、行政琐事缠身，教学及学术活动繁忙，但几乎未经考虑，便一口答应愿意承担此事。在我完成博士论文的写作，将要插入谱例和附录时，经张老师精心译为汉文，且以国际音标注音，并附有他亲手书写的精美傣文的唱词样本便放到了我的面前。此后，经我将国际音标和汉文唱词录入电脑，配上事先记录完毕的五线谱，再通过“剪刀加糨糊”的手工操作，将张老师手写的傣文唱词粘贴上去，置于五线谱下方第一行，与乐谱及其下的几行唱词一一对应。这样，便将一件由音乐学者与语言学者通力合作、精心阐释的，包含了乐谱、傣文、国际音标、意译及直译全文（附于谱后），乐谱长达7页的傣族佛教音乐作品《维先达罗〈十愿经〉》呈现在读者的面前。[②]值得一提的是，该书附录里，还有《依拉灰》、《圆苏》、《高升歌》、《怨世甜蜜经》、《贺党里坦》、《干朵》、《采

① 第一期是在1996年暑期，两期活动共4个月时间，先后有近百位海外考察队员参加。

② 杨民康：《贝叶礼赞：傣族南传佛教节庆仪式音乐研究》，第467—478页。

花调》、《跟鼓调》[1]等多首曲调附上了国际音标和汉文译词，但与之相比，《维先达罗》这首佛教音乐乐谱由于配上了张老师的傣文手写字迹和以巴利文译文为主的唱词全文，而让笔者和傣族文化的爱好者们尤为珍视。当然，让我更为感佩于心的，是张老师作为一位前辈学者所身怀的一颗扶危济困、奖掖后辈的侠肝义胆。而后来发生的一件事情，则让我更增添了一缕欣慰之感。张老师在电话里告诉我，他已经将为我翻译的那段经文唱词作为一个傣文佛经翻译的特例，配上阐释说明的文字，另外发表在一个语言学刊物上。这就是我们今天所看到的那篇张老师的论文《傣文〈维先达罗本生经〉中的巴利语借词——以〈十愿经〉第一节为例》[2]。在这篇以具体的傣文文献翻译问题为对象和起点的语言学论文中，他结合佛经与民歌以及巴利语与傣语用词的讨论，充分阐述了傣语作为一种语言文化与其所衍生的不同民族文化因素之间的关系。文中提出了一些令人印象深刻的学术观点，例如张老师以这部经文和他为我翻译的另一首傣族民歌为例，说明“译音加注释的方式，使佛经中相当一部分词语能够为傣族一般信徒所了解，使佛经教义更容易渗入到人们的心里。这是傣语中接受外来词语的一种常用的方式，即对群众所不熟悉的外来词加注本族语词，使人们逐渐熟悉外来词的词意。……当作为外来词的词意慢慢为人们所了解之后，作注的本族语词就可能脱落，外来词就可以独立使用了，如 $kan^{6}tha^{1}$ ‘花束’一词，在‘依腊辉’舞词中，就常常单独出现，也就渐渐为人们所了解了。”由此可见，就是通过这样较微观、具体的课题研究途径，他不仅解决了许许多多的现实与实践问题，而且充分阐发并体现了他自己长期以来所主张的混沌学观点“在研究语言与文化的关系时，我们把语言看成是文化的一个组成部分，通过语言研究我们可以得到大量的文

① 其中前三首由张公瑾翻译，后几首由龚肃政、冯霄等德宏傣族学者翻译。

② 张公瑾：《傣文〈维先达罗本生经〉中的巴利语借词——以〈十愿经〉第一节为例》，载《民族语文》2003年第4期，第1—7页。

化信息，这就是部分包含着整体的信息所致，这就是语言与文化的自相似性”①。

上述张公瑾教授对傣族乐舞文化研究的贡献，在其浩瀚的学术成就中仅占很少的一部分，但对于我们这些非记名的弟子学生来说，却是如此的珍贵，将让我们永远铭记于心！

参考文献

[1] 王寅：《认知语言学探索》，重庆出版社出版，2005年。

[2] 陈忠：《认知语言学研究》，山东教育出版社，2006年。

[3] 毕桪：《哈萨克民间文学概论》，中央民族大出版社，2006年。

[4] 李静：《民族心理学教程》，民族出版社，2006年。

[5] 成燕燕：《现代哈萨克语词汇学研究》，民族出版社，2000年。

[6] 姜崇仑：《哈萨克族历史与文化》，新疆人民出版社，1998年。

[7] 贾合甫·米尔扎汗：《哈萨克族文化大观》，新疆人民出版社，2001年。

[8] 赵琰：《哈萨克语颜色词的文化含义》，载伊犁师范学院学报，2007年第4期。

[9] 黄忠祥：《哈萨克语惯用语的构成特征》，载伊犁师范学院学报，2003年第1期。

① 张公瑾：《混沌学与语言研究》，《语言与教学研究》1997年第3期，第61—65页。

走出国门的壮侗语研究

——90年代赴泰国科研合作散记

周国炎

20世纪三十年代，李方桂先生从美国学成归来，将美国描写语言学的理论和研究方法运用于壮侗语[①]研究，开创了中国民族语言研究的新领域。但是，继50年代初的语言大调查之后的将近三十多年时间，受政治气候和国际环境的影响，中国壮侗语研究除了在理论和方法上借鉴前苏联以外，基本上都局限在本国国内，几乎没有跟国外学术界有过任何交流，直到70年代末“文革”结束以后，国门向西方国家打开，国人才有机会了解到国外壮侗语研究的情况，李方桂先生等六七十年代壮侗语研究的成果对此后国内壮侗语的研究起到了非常重要的推动作用。壮侗语族语言有一半左右的语种以及四分之三以上的使用人口分布在东南亚地区，因此，中国的壮侗语研究与国际上的交流与合作十分必要，而且该领域的学者们始终在寻求与国外高校和相关学术机构交流和合作的方式和途径。20世纪80年代中期，在中央民族学院（中央民族大学前身）做访问学者的美国语言学家，美国德克萨斯州大学教授艾杰瑞（Jerold Edmondson）先生为中国壮侗语研究，尤其是中央民族大学壮侗学研究所与国外高校和相关科研机构的学术交流和合作起到了牵线搭桥的作用，包括90年代中期，中央民族大学

① 壮侗语，又称侗台语，后者更为国外学者所普遍接受，但为了与中央民族大学的“壮侗学研究所”这一名称统一起来，本文一律称壮侗语。

与泰国玛希隆大学乡村开发语言文化研究所之间的合作，也是艾杰瑞先生与壮侗学研究所的元老们共同努力的结果，这其中主要是我的恩师张公瑾教授以及当时的副所长杨权教授、张元生教授等壮侗学先贤们的功劳。本文主要以我亲身经历的与泰国玛希隆大学乡村开发语言文化研究所的交流与合作过程为主线，对中央民族大学壮侗语研究走出国门的历程作一个简要的回顾。

中央民族大学壮侗学研究所成立于1994年5月，但本领域的学者与泰国的交流早在20世纪80年代就已经开始了。首任所长张公瑾先生在傣族语言文化方面的研究成果早就引起了泰国学者的高度关注；副所长杨权教授作为艾杰瑞先生的合作者，其开朗、豁达、乐观、幽默的性格和处世方法深受艾先生和泰国学者的喜爱。杨权教授在美国与艾先生合作期间，结识了泰国玛希隆大学乡村开发语言文化研究所副所长桑颂（Somsonge Burusphat）教授。桑颂教授在美国获得语言学博士学位，对功能语言学、语音学有较深入的研究，接触艾先生和杨先生之后，开始对中国境内的壮侗语族语言感兴趣，对中国壮侗语研究的基本情况有了初步的了解。1993年夏，杨权教授以个人名义赴泰国玛希隆大学乡村开发语言文化研究所访问，为后来壮侗学所与该所之间相互交流奠定了基础。1994年5月，经过长期的酝酿和准备，中央民族大学壮侗学研究所正式成立，并举行了隆重的成立大会，研究所由张公瑾先生担任首任所长，杨权教授、张元生教授、倪大白教授和覃晓航副教授担任副所长。研究所挂靠民语三系，属于无编制、无办公场所、无办公经费的“三无”所。其主要功能是集中优势力量，对中国境内壮侗语民族的语言、文学、历史、文献等进行全面、系统的研究，与国外高校和相关科研机构广泛接触和交流，以此扩大中国壮侗学研究在国际上的影响，也是该所的主要任务之一。研究所成立期间，艾杰瑞先生和玛希隆大学乡村开发语言文化研究所桑颂教授、东潘（Duangporn Kamnoonwatana）博士应邀来访，并参加了壮侗学所的成立大会。到访期间，与研究所新上任的领导小组成员就双方进行学术交流和科研合作进行了协商，并初步达成了由中央民族大学壮侗学研究所选派一位懂布依语的老师，赴泰国进行合作交流的协议，这是壮侗学所成立后所走出的与国际接轨的第一步，也是重要的一步。

1995年5月，桑颂教授和该所的拉克纳博士随同艾杰瑞先生一起再次访问民大，与此同时，我也收到了该所发出的邀请函，请我赴泰与该所进行科研合作。结束北京的访问之后，桑颂教授一行在杨权教授的陪同下，前往贵州省安顺、镇宁等地，实地了解布依族、仡佬族等中国壮侗语民族的情况。我也着手办理出国的手续。当年10月中旬，手续办妥，准备出国。出国前，我对赴泰具体要从事的工作不是十分清楚，只大略知道是编一本布依语和英语对照的词典。此外还有《壮侗语词汇集》方面的一些工作。关于布依语词典，此前我已经做了一些基础性的工作，从80年代开始，我一直在搜集整理自己母语的词汇材料，编写了一本《布依语汉语词汇对照表》（手稿），在这个基础上编纂《布依语英语对照词典》应该没有多大困难，只是对《壮侗语词汇集》的工作还摸不着头脑。临行前，我向张先生告别，并向他咨询在泰国有哪些需要注意的事项。张先生与泰国学者交往多年，对泰国方面的情况非常了解，他再三叮嘱我，除了完成既定的工作以外，要多学些东西，尤其是要掌握对方的语言，这不但有利于与对方交往，而且对将来回国从事壮侗语研究也是有用的。遗憾的是我没把恩师的话牢记在心，在泰语、泰文的学习上没怎么下功夫，仅凭自己母语与泰语比较接近这一优势，刚到泰国就很轻松地就掌握了一些简单的日常用语，然后就止步不前了。在泰文的学习方面，虽然曾下过一些苦功，但由于没跟自己的工作联系起来，不久就忘得一干二净了。现在每当想起这件事，总觉得对不住张先生，非常惭愧。

1995年10月中旬，我如期抵达泰国，开始了我与玛希隆大学乡村开发语言文化研究所的合作。

该所英文名称为Institute of Language and Culture for Rural Development，缩写为ILCRD，成立于1974年，最早称为“东南亚语言中心”，原是玛希隆大学研究生院下属的一个研究机构，专门培训东南亚各国语言的研究和教学人才。1981年升格为研究所，成为与研究生院平级的一个独立的科研和教学单位。语言文化，尤其是泰国主体民族——泰族以及泰国国内少数民族的语言和文化是该所的主要研究领域，此外，还对泰国各种机构的工作人员进行语言和文化常识培训，以提高他们的文化素养和专业水平，利用东南亚语言文化资料中心，为大众提供资料服务，向世界宣传和推广东南亚语言文化。90年代中期以后，开始关注周边国家的语言和文化，如中国的壮侗语、孟-高棉语，缅甸的藏缅语，越南、柬埔寨的孟-高棉语等。现在该所已更名为“亚洲语言文化研究所”（Research Institute for Language and Culture of Asia，简称RILCA），研究领域也更加广泛。

我的主要合作对象是该所副所长桑颂教授。她早年毕业于泰国法政大学英语专业，后赴美国德克萨斯大学阿林顿分校攻读语言学博士学位，主要研究领域为东南亚语言的方言地理学、东南亚语言的话语分析（Discourse Analyze）、台-卡岱语言研究、对外泰语教学等，先后多次到中国的贵州、广西、海南等省（区）从事语言田野调查，发表过多篇有关中国壮侗语族语言的文章。

在泰国期间，我的主要任务是协助桑颂教授编纂《布依语-英语词典》但具体的工作步骤和方法尚未完全确定。交谈过程中我了解到，她最初是想先做侗语，但93年夏天杨权教授到泰国时，他们之间的交流虽然很顺利，相处也很愉快，不过，杨权教授不懂英语，日常交流当中，用一些非常简单的英语口语，辅助使用个别侗语与泰语同源的词汇，附带一些手势语，再加上有艾杰瑞先生做翻译，算是能对付得上来，但工作上根本无法沟通，这就是他们通过与壮侗学研究所一年多时间的磋商，最后决定让我来做这项工作的原因。我与桑颂教授虽然见面多次，但到泰国之前并没怎么交谈，从张先生和杨权教授他们那儿，她了解到我会英语，不过具体熟练到什么程度，她并不清楚，因此，第一次见面时，还带上了该所的一位泰籍华人来给我当翻译，后来翻译也没发挥什么作用，她感到很高兴，因为我们之间的交流可以不必借助中介。她告诉我，我是作为发音合作人被邀请到泰国的，工作的期限是三个月。不过她说也可以改变身份，就是变更为访问学者，但为此得给我增加两门研究生的课程。当初她没有以访问学者的身份邀请我，主要是不知道我是否能胜任这一工作。几经周折，在征得合作双方领导的同意之后，我的出国身份从发音合作人变为访问学者，作为壮侗学研究所的第一任所长，张先生在其中发挥了很重要的作用。

身份变了，工作的性质也随之发生变化。原来只是单纯的协助编一本《布依语—英语词典》，我甚至都可以不用动笔，不用动电脑。现在，词典编纂主要的工作由我来完成，而且还要承担研究生的两门课，一门是“汉语结构”（Chinese Structure），另一门是“中国的语言”，后来又临时增加一项，那就是《壮侗语族语言词汇集》泰英文版的编辑工作，虽然出国之前已经知道有这项工作，但不是十分具体，可能当时邀请的期限是三个月，估计不可能完成，因此也就没有确定下来。桑颂教授的要求是，在中央民族学院壮侗语教研室1985年编辑出版的《壮侗语词汇集》基础上增加老挝语和泰语词条，并翻译成英语，用英语撰写“中国壮侗语民族语言与文化概况”（An Introduction to Languages and Cultures of Kam-Tai Peoples in China），附在词汇集的前面。而且这项工作后来取代了《布依-英词典》，成为我此次赴泰合作的首要任务。

工作内容的增加让我有些措手不及，因为，除了布依语方面的材料以外，其它方面的资料我几乎毫无准备，而且当时并不像现在这样网络发达，很多资料可以从网上获取。所幸后来我发现，在桑颂教授办公室的书架上，我所需要的资料应有尽有。她这些年两次去北京，除了与壮侗学所打交道以外，与学校层面的领导也有过接触，获赠的书籍不少。其中1994年辽宁人民出版社出版的《中国少数民族文化史》、中央民族大学外国语学院老师编译成英文的中国少数民族文化介绍小册子帮了我很大的忙。课程方面，其中的一门“汉语结构”他们有自己的教材，虽然面向研究生，不过讲的内容都是些非常基础的东西，而且学生也有中文基础，用中文讲，不需要花太多的时间去准备，倒是“中国的语言”这门课有些棘手，学生不懂汉语，需要用英语讲授，每周一次课，两个学时，由于时间较紧，我把重点集中在汉语和南方少数民族语言方面。

《词汇集》的编辑工作进展非常顺利。因为已有现成的语料，我只需把原有的词条录入电脑，然后逐条翻译成英语即可。比较麻烦的是“民族语言文化概况”的英译。由于我自己英语翻译能力有限，再加上涉及少数民族语言文化，专有名词较多，翻译起来颇费周折。为了这本书的翻译和编辑工作，桑颂教授雇用了几个助手，一位来自美国的女士负责校对我翻译的英文文稿，美籍老挝人Vinya负责词条的校对，并补充老挝语和泰语词条，另有两位泰国助手负责文字录入和资料搜集。一切都按部就班地进行。1995年年底，《壮侗语词汇集》词条的英译工作基本完成，接下来的工作是我继续“概况”部分的英译工作，泰方人员则根据我英译的词条，补充老挝语和泰语部分。

1996年元月，第四届泛亚国际语言及语言学学术研讨会在曼谷召开，玛希隆大学乡村开发语言文化研究所承办了此次研讨会。我向大会提交了论文《布依语处置式的来源及其发展》（Origin and Development of the Disposal Form in Bouyei Language），并在分组会议上作了发言。作为布依语母语人在国际会议上宣读本族语言研究的学术成果，这也许是第一次。与会的中国学者不多，来自北京的有当时在中央民族大学攻读博士学位的王启龙和北京师范大学的伍铁平教授，已经加入澳大利亚籍，并在墨尔本大学任教的广西壮族学者罗永现教授也参加了此次会议。

1996年初，我赴泰交流的期限将满，但《词汇集》工作仅完成一半左右，《布依-泰-英词典》几乎没有动工，还是我出国之前的那些材料。桑颂博士决定继续以访问学者的身份邀请我留下来，完成后面的工作。我通过电话征得学校的同意，并在多方努力下，成功将签证延长至1996年年底，不过，学校这边有些手续需要我回国办理。1996年2月中旬，我回国办理延期的相关手续，三月初再次前往泰国，顺便带去了一些在泰国无法查找到的资料。

1996年在泰国期间的主要工作是继续编译《壮侗语族语言词汇集》的“概况”部分，并启动《布依-泰-英词典》的编纂工作。按照桑颂教授原来计划，所谓的“Bouyei Dictionary”并不是真正意义上的词典，只能算是一种词汇对照表，非常简单，没有释义，没有例句，就相当于在我原来《布依语汉语词汇对照表》的基础上增加英语翻译。我原来的词汇表有5000多个词条，再增加一些常用的汉语借词，可以扩展到8000个词条左右，把这些词条翻译成英语和泰语，再附上一个英文版的布依族语言文化介绍，最多半年时间就可以完成了。但我觉得这样编出来的所谓词典没有多大价值。我建议桑颂教授按真正意义上的双语词典来编纂，即每个词条先用汉语释义，先是本义，依次列出其引申义，再翻译成英语和泰语，除个别不便举例的词语以外，每个词条都举一个例句。例句包括布依语（用国际音标标注）、汉语、英语和泰语四行对照。桑颂教授欣然接受了我的建议，并将词典的名称改为《布依-汉-英-泰词典》，原计划中没有泰语。由该所时任所长苏丽雅·拉特那昆（Suriya Ratanakul）教授任主编，桑颂教授任副主编，我任中方主编。1996年上半年，除了继续《壮侗语族语言词汇集》的后期编辑工作以外，《布依-汉-英-泰词典》的合作编纂工作正式启动，并紧锣密鼓地进行。

96年上半年在泰国的另一项工作是与泰方一起准备迎接中央民族大学壮侗学所访问团，我的任务是负责与中方联系。

为了加强两所之间的交流与合作，泰方决定于1996年邀请中央民族大学壮侗学研究所的学者到该所进行学术访问，这是1995年上半年桑颂一行到中央民族大学访问时就已经确定下来的。经过多次联系、协商，民大这边决定由时任校长的哈经雄教授亲自率团，访问团成员包括壮侗学所所长张公瑾先生、中央民族大学中国少数民族语言文学学院时任院长戴庆厦教授以及壮侗学所副所长覃晓航教授。8月初，哈经雄校长一行抵达曼谷，对玛希隆大学进行为期一周的学术访问，其间两所大学的校长见了面，并正式签署了双方合作意向书，张先生代表壮侗学所与玛希隆大学乡村开发语言文化研究所就进一步扩大合作范围等问题进行了商讨。

1996年9月以后，《词汇集》的编辑工作全部完成，并送交出版商，等待出版。我的精力完全投入到《布依-汉-英-泰词典》的编纂上来。

在编辑《词汇集》的过程中，桑颂教授发现泰语和中国壮侗语之间存在不少语音形式很相近的同源词，于是突发奇想，打算编一本包含300个词的《壮侗语族语言同源词词表》，每一种语言都附有母语人的录音，制成光盘。后来看到我编译出来的“中国壮侗语民族语言与文化概况”的英文稿，注意到其中有关各民族关于人类起源的神话传说，又临时决定将这类神话搜集在一起，编成一本“壮侗语民族人类起源口头传说”，这两本书是此次赴泰交流的意外收获，是《壮侗语族语言词汇集》的副产品。

1996年12月底，我圆满结束在泰国的科研合作回国，这次出国交流的成就远远超过预期。如果当初只是以一个母语发音人的身份与泰方合作，那不用说《壮侗语词汇集》及其副产品，恐怕连《布依-汉-英-泰词典》都很难进入实施阶段。通过多方努力，我才得以以一个真正学者的身份参与到项目的合作当中，这其中首先应该感谢的是我的恩师，作为壮侗学所第一任所长的张公瑾教授。在我12月31日回国之前，《壮侗语族语言词汇集》已经完成最后一校，计划1997年上半年出版，《同源词词表》的文字工作已经完成，录音工作我回国后做，《人类起源口头传说》已经搜集了壮、布依、傣等民族的资料，其他几个民族的资料我回国搜集，《布依-汉-英-泰词典》已基本完成汉语和英语的逐词对照翻译，接下来要做的工作是将词条的释义和例句译成泰语。计划中的几本词典，即壮英、水英、黎英和侗英词典的编纂工作也提上了议事日程。桑颂教授委托我回国后与各词典的作者联系，她计划于1997年7月访问中央民族大学，其间准备与各词典的作者见面，商讨词典编纂的具体事宜。

1997年7月，桑颂教授、艾杰瑞先生和Vinya一行如约来访，并带来了已正式出版的《词汇集》，访问期间与壮侗学所就中国壮侗语系列词典的合作事宜进行了商讨，并与每个语种的作者见了面。双方达成协议，1998年上半年派我再次赴泰，与泰方继续合作，共同完成《布依-汉-英-泰词典》的编纂以及其它合作项目的准备工作。结束民大的访问以后，我陪同桑颂教授一行到广西三江侗族地区调查。

1998年6月下旬，应泰方邀请，我再次以访问学者身份前往玛希隆大学乡村开发语言文化研究所进行学术交流。这次的主要任务是完成《布依-汉-英-泰词典》的编纂，具体工作是对词典的内容进行审核和修改，对其中一些不正确的释义和不恰当的例句进行调整，同时协助泰方筹备首届国际傣泰语学术研讨会。当然，作为访问学者，还要给他们的学生开设一门课，还是“汉语结构”（Chinese Structure）。

由于此前已经有过一年多在泰国生活的经历，因此，第二次赴泰我很快就适应了环境，进入工作状态。安顿下来后，桑颂教授告诉我，我主要的工作是编词典以及“口头传说”一书的英译工作。因为她那一年没招上汉语方面的研究生，所以，课就不用上了，不过，我还是享受访问学者的待遇。

词典编纂工作虽然比较琐碎，但主要的部分已经完成，现在的任务是进行后期的修补。原计划要出上下两册，约160万字，但96年初的时候，考虑到我不可能在泰国待很长的时间来做这项工作，于是决定将其中的部分词条删除，主要删除的是汉语借词，这样就只剩下一半左右的篇幅了，因此，工作显得不是十分紧张。在此期间，我与桑颂教授合作发表了一篇文章。

1998年7月底，首届国际傣泰语学术研讨会在曼谷召开，张先生和杨权教授作为特邀嘉宾参加了会议。张先生还在大会上作了主旨发言，我有幸给他当了一回翻译。所谓“傣泰语”，实际上就是李方桂先生所说的“台语支”语言，分三个方言（都是独立语言），即北部、中部和西南部方言，壮语北部方言和布依语以及老挝境内一种叫做石家话的独立语言属于北部台语，壮语南部方言以及越南境内的侬语等属于中部台语，其余属于西南部台语。在泰国学者的观念中，Tai和Thai是两个不同的群体，Tai指中国境内的傣族、缅甸的掸族、印度的阿豪姆人以及老挝的主体民族，Thai是泰国的主体民族，其他不属于Tai支系的民族均被他们包括在Thai这个群体当中，如中国的壮族被称为Thai Zhuang，布依族被称为Thai Bouyei或Thai Yoi，这可能是受早年“泛泰主义”观念的影响。与会者提交的论文多为泰语研究方面的，也有少量涉及台语支的其他语言。

会后，应彭世洛皇家师范学院的邀请，我陪同张先生和杨权教授到该校进行了为期三天的访问。彭世洛皇家师范学院是一所以师范教育为主的高校，较少涉足语言文化方面的研究，90年代中期与中央民族大学有互派教师的合作关系，少数民族语言文学系曾有三位教师被派到该校当过汉语老师，该校校长和校董也曾先后多次访问过民大。此次听说张先生和杨权老师到泰国参会，专门邀请到该校进行短暂访问。

杨权教授在泰国期间，桑颂教授跟他就《侗英词典》的编纂问题进行了详细的商谈。原打算按《布依-汉-英-泰词典》的体例来编，但考虑到翻译的工作量太大，加之杨权教授因年龄和健康原因，不能承担太繁琐、太具体的工作，后来只好放弃这一打算，编成词汇对照性质的词典，杨权教授提供原始材料，我负责词条的英译。

1998年10月初，我结束了第二次在泰国的合作回国。在此期间，完成并出版了《壮侗语同源词词表》（赴录音光盘）、《壮侗语民族人类起源口头传说》，《布依-汉-英-泰词典》基本完成，进入后期编审阶段，后来于2001年正式出版，至此，我赴泰交流合作的工作圆满完成，但双方的交流仍在继续，2000年，覃晓航教授应邀到该所工作一年，完成了《壮-英词典》的编纂。

2004年至2008年间，桑颂教授先后五次到中国，其中有一次是来参会，一次是专门来访，另外三次是做田野调查。2005年，桑颂教授以我作为中方合作人，申请到了泰国的一个类似于中国国家社科基金重大研究课题，该课题以中国壮侗语族语言的量词（Classifier，又称类别词）为研究对象，2006年和2008年我先后两次陪同她到广西的壮族、侗族、仫佬族地区和贵州的布依族、水族地区就这一课题进行调查。2010年该课题以“优秀”结题。2008年7月底至8月中旬，我被邀请到该所作了半个月的短期访问，其间给该所的研究生和老师做了两场讲座。

通过赴泰合作交流，不仅使我开阔了眼界，结交了不少国际朋友，长了不少见识，更重要的是在向国外同行推介中国壮侗语研究成果方面尽了自己的一份力量。当然，在这方面，长期在国外工作、学习和生活的壮侗学界同仁，如罗永现、杨通银、蒙元耀、陆天桥等等，比我的贡献要多得多。

挚爱少数民族语言和文化事业的拓荒者

——记中央民族大学少数民族语言文学教授张公瑾先生

王　锋

人生八十犹奋起，一路耕耘一路诗。从1952年开展傣语文教学算起，中央民族大学教授张公瑾先生从事中国少数民族语言文化研究已经61年了。作为一位来自浙江温州的汉族学者，他把自己最美好的年华和一生的心血都献给了祖国西南边陲的傣族人民，献给了中国少数民族语言文化事业。今天，已经80高龄的张公瑾先生，还在为中国少数民族语言文化的发展而操劳。回顾张公瑾先生的学术道路，对于了解中国少数民族语言和文化研究的历程，以及在新时期更好地促进民族语言文化发展，都是大有裨益的。

一、对少数民族及其语言文化满怀挚爱，做充满感情的学问

从江南的鱼米之乡，来到上海复旦大学求学，再响应国家号召，踊跃报名学习少数民族语文，张公瑾先生的人生道路，发生了巨大的转折。1951年11月，张公瑾先生来到中央民族学院报到学习，第二年，因教学工作需要，不到19岁的张公瑾先生就提前毕业参加工作，担任傣族语文的辅导教师。从那时起，他的人生之路就与少数民族语言文化事业紧紧结合在

一起了。面对完全陌生的民族和语言，以及宛如天书般的属于印度婆罗米字母体系的傣族文字，他没有丝毫的退缩，而是刻苦研读，一方面认真向傣族教师学习傣语傣文，另一方面通过对泰语、泰文和古印度巴利语的学习，不断深化对傣语文的掌握，很快就成长为一名优秀的傣语文教师和杰出的研究者，其间筚路蓝缕的酸甜苦辣，难以尽述。但张公瑾先生始终甘之如饴，把艰苦卓绝的工作视为自己最大的人生享受。

采得百花成蜜后，为谁辛苦为谁甜？无论是教学还是科学研究，各行各业，都有一个为了谁、怎么做的价值观问题。张公瑾先生和其他的老一辈民族研究者一样，他们对少数民族群众充满感情，真正把自己当作少数民族群众的一员，满怀着对少数民族语言和文化的挚爱，对少数民族语言和文化的发展有着强烈的责任感和使命感。由此，他们才能真正地把自己的教学和研究当作一项事业，发自内心地为之执着追求和努力奋斗。80岁高龄的张公瑾先生在回忆起自己1958年到1959年在西双版纳与傣族群众一边同吃同住同劳动，一边学习傣语文的一年半时光时，仍抑制不住激动地说："作为一个熟悉当地民族语言的汉族人，与当地傣族同胞亲密相处，真是自由自在，如鱼得水。那是我意气风发，发挥才华的一段美好时光。回想起来，如果没有那一段经历，我的青年时代会是多么的黯淡。"只要到了傣族地方，特别是在傣族的知识分子中间，只要一提起张公瑾先生，就会深深体会到傣族人民对张公瑾先生的敬重和爱戴。这是张公瑾先生用自己对傣族和语言文化的深沉挚爱和杰出工作换来的，是当之无愧的。

虽然年事已高，但张公瑾先生还在密切关注着傣族语言文化的发展和研究问题，尤其是傣族历法的研究后继乏人，更让他感到忧虑和不安。他说："傣族天文历法的研究，还有人能做下去吗？这需要几个条件，第一是要懂老傣文，第二是要懂一点天文学知识，第三，也是最重要的，乃是有集中精力做一件事的决心和时间。现在人人都是忙人，谁能安下心来从事那样复杂的计算？谁能用几年时间不计回报作一件默默无闻的工作？"

他期待着有更多的青年人，特别是傣族的青年人能够关心傣族文化建设，积极投身于傣族文化的研究工作。

二、执着于理论探索和学术创新，勇于做理论创新的拓荒者

中国传统的学术取向偏重于实证性研究，而不重视理论的提炼和创新。因此，中国现代学术的理论体系，大体是由西方输入的。中国的语言科学，也是从上个世纪上半叶起，依赖于西方的理论输入而发展起来的。至今这个格局没有根本的改变。当前，党和国家把建设创新型国家作为重要的发展战略。而理论创新的薄弱，则意味着建设创新型国家缺乏必要的前提和基础。

长期以来，张公瑾先生一直对学术界满足于照搬国外理论、不重视理论探索和创新的现状怀着深深的忧虑。从上个世纪80年代开始，他就开始积极进行民族语言和文化的理论思考和建设。尽管在特定的学术环境中，他的思考和探索没有受到足够的重视，甚至还受到有意无意的排斥，但这不能磨灭他理论探索的思想光芒。在以下几个方面，张公瑾先生的理论探索是极具价值的，可以预见，在今后的学术发展中，这些探索会日益彰显其魅力。

（一）在民族文化的大视野下，提出了新的“文化”概念

文化是一个内涵和外延都比较复杂的概念，同时又是一个充满争议但又必须加以界定的重要概念。古往今来，关于文化的定义已达数百种。目前来看，还没有形成普遍认可的定义。即使是被广泛引用的泰勒的定义，也因其例举式阐释而深受诟病。

张公瑾先生在数十年从事民族语言文化教学和研究的基础上，提出了崭新的定义：文化是各民族对特定环境的适应能力及其适应成果的总和。

这个定义的特点首先是具有概括性，即作定性的规定，这就可避免泰勒例举式定义缺漏某些重要内涵的弊病；其次是它的具体性，指出文化是各民族在特定环境下适应过程的成果；第三是承认文化的多元性，承认每个民族创造文化的能力，承认文化多元的价值；第四是它的适应性，认为文化是对环境适应的成果，而不是汤因比所谓挑战与应战的关系；第五是它的能动性，即将人创造文化的能力包括在内，避免了《辞海》关于“文化”的定义中不提能力的缺陷。因此，这个定义简洁、明确，概括力强，在揭示文化重要内涵方面更为深刻，更具前瞻性和普适性。这是张公瑾先生对文化研究的基础性贡献之一。

（二）积极倡导文化语言学的理论建设和学科发展

20世纪80年代，张公瑾先生结合自己的教学和研究，深刻了解了语言的文化价值；同时，又以敏锐的理论视角，看到了世界思想领域的发展潮流。因此，他开始积极倡导文化语言学的理论建设。他撰写的《语言的文化价值》、《文字的文化属性》、《文化环境与民族语文建设》、《文化语言学的性质和任务》、《文化语言学与民族语言研究》、《语言学思维框架的转换》、《语言的生态环境》、《走向21世纪的语言科学》等重要论文，从人类语言、思维、文化发展的高度出发，并结合中国少数民族语言和文化研究的实际，为文化语言学科的发展奠定了理论基础。他的贡献主要表现在：

1. 构建了文化语言学学科的理论构架，界定了文化语言学是一门新兴的具有中国特色的语言学分支，并明确地提出文化语言学的任务是研究语言的文化性质和语言的文化价值。

2. 将语言事实和民族文化、民族的思维方式联系起来，力图使语言学成为一门具有普遍意义的思维科学。

3. 从语言、文化、思维发展的高度，较早提出语言的文化生态和“母语危机”概念，为后来的濒危语言研究及保护奠定了思想基础。

4. 以新的视角，将语言与文化的研究从词汇和文字领域扩展到词汇、语音、语法、语言类型、语言系属、地理分布和文字诸方面。

经过20多年的发展，文化语言学已经成为中国语言学的一个独立学科。张公瑾先生对文化语言学的前景充满希望，他认为文化语言学不仅承认人类语言和思维模式的普遍性，而且力图揭示人类语言和思维模式的民族性，这不仅符合世界思想领域的潮流，也符合中国语言研究的实际需要和语言学科发展的规律。作为语言学发展的一个新的趋向，其前途是无限光明的。

（三）引入浑沌学和非线性科学理论，深化语言和文化的理论研究

张公瑾先生有着宽广的学术视野，他不仅关注语言学之外的社会科学研究，也关注和跟踪自然科学的最新进展，并大胆吸收其他人文学科乃至自然科学的理论成果来发展语言学。把浑沌学和其他非线性科学理论引入语言研究，是张公瑾先生对语言学学科发展的重要理论贡献。

浑沌学是20世纪初以来在自然科学领域发展起来的重要理论体系，是科学思想史上一次新的革命，20世纪70年代得到迅速发展，它以直观和整体为基点来研究事物状态的复杂性和各种非线性现象。张公瑾先生早就认识到，语言是一个开放的、演化的、有着大量外界干扰的复杂系统，特别是在语言与文化的关系中，存在着大量非线性现象。而以往的语言学只把语言看成是一个线性系统，历史语言学和结构语言学研究语言使用的都是线性分析的方法。而浑沌学的许多理论观念如非线性、随机性、自相似性、分形、分叉、初始条件、蝴蝶效应等，可以很好地解释语言与文化关系中存在的许多实际问题，具有重要的方法论意义。在张公瑾先生的推动下，经过二十年的努力，浑沌学理论与语言文化研究的结合已经有了初步的成就。张公瑾先生的贡献主要有：

1. 引入浑沌学的理论与方法，建立文化语言学的方法论基础。在以往八个研究平面（语音、词汇、语法、语言系属、语言类型、语言的地理分

布、文字和语言整体性研究）基础上，提出九项方法论原则，即：系统平衡性原则、异源联想原则、名实相关性原则、异物同构性原则、中心边缘依存性原则、语言思维同一性原则、初值延续性原则、演化随机性原则和整体性原则。

2. 拓宽了文化语言学科的研究视野和发展空间。结合浑沌学理论，对语音、词汇、语法、语言演化、方言差异、语言气质、语言接触、语言翻译、语言教学（包括双语教学）、文字等方面，作了有益的探索。如依据分形和层次自相似性的原理，认识语言与文化整体及与其他文化现象的一致性关系；依据整体把握的原理，揭示各种语言和方言固有的文化气质；依据平衡与平衡破缺的原理，重新论证了萨丕尔语言演变“沿流”说；依据内部随机性和外部干扰作用，重新审视语言接触与语言结构变异；依据奇异吸引子的原理，研究汉字对汉语演变的影响等等。

3. 依据初值敏感依赖性和分叉原理，对传统的施莱哈尔“谱系树”语言演化模式进行纠正，提出“河网状”语言演化新模式。

理论探索和创新之路是艰辛的。它不仅需要付出比别人更多的努力和心血，还要面对很多人的不理解甚至反对。有的人说，您都七八十的人了，已经著作等身，享誉学界，何苦？不少人则视而不见，更有个别人甚至采取排斥和抵制态度。但吸取了大地母亲丰厚营养的茁壮新芽，必将冲破岩石和荆棘，破土而出，在春风中绽放蓬勃的生命，在金秋十月收获丰硕的果实。

张公瑾先生说：“文化语言学作为语言学发展的新阶段，最需要坚持的是不断探索和创新的精神。”尽管许多具体操作问题尚待深入和完善，但文化语言学有了浑沌学理论和方法的支撑，有了新的方法论基础，这门新兴学科就能坚定地站立起来，它将使语言学在新的历史时期迈上一个新的台阶。

三、坚持和倡导独具特色的学术理念和学术方法

一名合格的导师，不能只授人以鱼，更要授人以渔。张公瑾先生十分强调语言研究的学术理念和学术方法。他的研究和教学，不仅使学生和读者受益匪浅，更让他们切身体会到语言研究的无穷魅力。

（一）彰显语言的文化属性

语言学在很多人看来是一门枯燥的学问。满是国际音标的语言材料，晦涩难懂的术语体系，都使人望而生畏。不少民族语言学专业的学生，也难以从学习和研究中体会到科学的乐趣。这一切，都归因于长期以来结构语言学将语言视为封闭的符号系统，沉迷于机械封闭的符号描写，完全割裂了语言与人、语言与社会、语言与文化之间的联系。

而在张公瑾先生看来，语言是鲜活的、充满生气的，它是人之所以为人的重要条件，是人类思维发展和文化创造的基础。20世纪80年代以来，他积极倡导把语言视为一种文化系统。他指出，“语言是一种文化现象，是文化总体的组成部分，是自成体系的特殊文化。”“语言也是各民族对特定环境的一种适应能力。”他批判单纯把语言视为一种交际工具的认识，指出“多掌握一种语言就是多一种交际能力，多一种文化体验，多一种观察事物的视角，多一种思考问题的方式。”这些认识使语言回归人本属性，大大拓展了语言学的研究领域，从而使语言学溶入了世界文化多样性发展的时代潮流，在实践上增添了人文关怀，使语言学科获得了鲜活的生命力。

（二）注重跨学科、跨民族的交叉研究

学科交叉和跨学科研究，是新时期学术发展的大趋势。张公瑾先生长期以来一直关注多学科的交叉研究，并身体力行。他在谈到自己的学术方法时说：“我的语言学理论研究常常带有跨学科的性质，文化与语言的结合是跨学科的，浑沌学与语言学的结合也是跨学科的。我常常要求我的学

生在看非语言学的书的时候想语言学问题，在看语言学的书的时候想非语言学的问题，这才有可能借鉴别的学科的成就来刺激本学科的发展。这就要求我们要有一定的理论兴趣。培养自己的理论爱好，这是语言学理论研究的必要前提。语言学研究也像其他学科一样，关键依然是多读几本书，多联系具体实际，自然会有新的想法出来。”他总是要求自己的学生读经典著作，读哲学经典、文学经典、语言学经典，让学生一开始就能站在人类思想史和本学科发展史的顶峰上来俯视所从事的具体工作，以便站得更高，看得更远，借鉴其他学科的成就来刺激和启发本学科的发展。他倡导的文化语言学研究、浑沌学与语言文化研究，都是在这一学术理念基础上的创新和收获。

（三）语言研究与文字文献研究相结合

语言研究与文字文献研究相结合，是中央民族大学马学良先生开辟的一条学术道路。张公瑾先生继承并弘扬了这一学术传统。当前，语言学界不少人不太重视民族古文献的整理和研究，认为语言学家的工作重心应放在语言本身，古籍和古文献的整理研究不是语言学家的核心任务。而民族文字文献研究者不少又缺乏语言学专业训练，导致文献研究难以深入，甚至走上歧路。

张公瑾先生对于文字文献的重视，既承袭了马学良等老一辈学者的研究道路，更基于他对文字文化属性的深刻认识。在他看来，文字作为语言的书面形式，是一个民族最为重要的文化遗产。它不仅是文化发展的载体，更是民族文化的凝聚体。文字记录语言，又促使语言条理化和思维精密化。文字作用于思维，既要通过语言，又已超越语言。因此，文字和文献是民族传统文化宝库中的精华部分。基于这一认识，张公瑾先生在民族文字古籍研究上倾注了大量的心血和精力。除了长期担任全国高等院校古籍整理研究工作委员会委员和中国民族古文字研究会副会长、会长，指导全国少数民族古籍文字整理研究工作以外，他的主要贡献还有：

1. 从属于印度婆罗米字母体系的傣文着手，耗费大量心血，全面系统地梳理了号称有84000部之多的傣文经典。

2. 主编《民族古文献概览》，对中国少数民族古籍进行了系统分类和研究。

3. 主编大型工具书《中国少数民族古籍集解》，系统介绍中国各民族古籍。

4. 主编《中国少数民族古籍总目提要》（60卷册）。该项目为跨世纪的国家级文化重点工程，系统展示我国少数民族古籍的全貌及古籍珍品，对少数民族古籍学的学科建设尤有重要意义。

上善若水，水善利万物而不争。张公瑾先生秉持谦和淡泊的为人风范，严谨包容的学术风骨，为少数民族语言文化的研究和教学事业奉献了61年的光阴。他曾任第九届全国政协委员。他编著的教材和专著多次获奖，《文化语言学教程》获北京市高等教育教学优秀成果（高等教育）二等奖（2004年）、《中国少数民族文学史》（主编之一）获第三届全国优秀教材评奖国家民委优秀教材奖一等奖（1995 年）、专著《傣族文化》获国家民委哲学、社会科学优秀科研成果二等奖（1989 年）。他优雅的风度，谦和的笑容、睿智的思想，都如同一股甘泉，时时滋润着学生的心灵，鼓舞着学生勇于求知，乐于求知。2005年，张公瑾先生被评为中央民族大学“十佳教师”，2006年被评为北京市高等学校教学名师。他总是说：“长江后浪推前浪，后人总比前人强。对老师的最大的回报和鼓舞，就是能培养出超过自己的学生，我满怀信心地期待着。”

老牛尤解韶光贵，不待扬鞭自奋蹄。张公瑾先生在文集的自序里说：“一切都听其自然吧，只要永远有一颗进取的心。这既符合我的浑沌学思想，也符合我的人生理念。”80岁的张公瑾先生，还在为中国少数民族的语言和文化事业孜孜以求，这正应了中国的一句古话：莫道桑榆晚，为霞尚满天。

文如其人　山高水长

——《张公瑾文集》读后感

杨大方

年届八十高龄，笔耕六十余载，硕果累累仍不想出文集的张公瑾先生的自选文集出版了。作为弟子，得以先睹为快，自然是欣喜有加，深感幸运。令笔者欣喜的还不止于此，和以前断断续续、零零散散读先生的文章和著作所得不同，这次集中系统拜读先生的文集，除了在知识的增长、眼界的开阔、学术思想的启迪等方面受益良多外，还领略到了先生的学术人格魅力。简言之，过去基本上只是读到了先生之文，而这次则还粗粗读到了先生其人。

从文集中，我首先读到了先生的率真。先生在文集自序中如是表明自己的心迹：看到就要与读者见面的文集，感到“由衷的喜悦”，觉得“有一点意思”。这是一位谦逊含蓄的母亲看到自己倾注心血养育的儿子高高大大结结实实站在自己面前时从内心泛出的喜悦，这是一位慈祥内敛的父亲看到自己精心呵护的女儿健硕丰腴亭亭玉立于自己面前时觉到人生付出的意义。出之前的多虑，和出了后的感觉，都是一个真学者的“人之常情”。不遮掩，不做作，先生，真人哉！先生做人真，做学问亦真。文集中的文字，不要说抒发情怀、见出性灵的诗联，就是单篇论文和各种专著，也都是真货色。具体的语言文字研究、琐细的民族古籍整理、傣族的天文历法知识自不必说，就是恩格斯的语言学思想研究、语言和文化之间关系的探索、浑沌学理论的借鉴和运用等，也无一不是先生脚踏实地、踏踏实实、实事求是、理论联系实际，长时间努力探索、思考、钻研的结果，无一不是先生内在真性情的外在表现。这里，我们不妨以浑沌学理论的借鉴和运用为例作点具体说明。

众所周知，先生在文化语言学研究中，首开先河，引进和运用了现代西方自然科学中的浑沌学理论，在语言学界起到了转换思维框架，拓展研究视野，革新研究方法的作用。无论是对中国语言学的理论建设，还是对中国语言学的具体研究实践，都做出了重要的贡献。笔者认为，先生在文化语言学研究中引进和运用浑沌学理论不是纯粹偶然的，而是具有必然性。因为：第一，先生深受中国传统文化的熏陶，既有儒者风范，又具道家韵致，对中国古代文化中儒道两家的浑沌学思想能很好领略并做到兼收并蓄，通融处之。中国古代有很丰富的浑沌学思想，这些思想虽然和现代浑沌学理论不能划等号，但二者的相通性和类似点又是谁也无法漠视的。让我们来看一个例子：元人朱德润的《浑沦图卷》①。该画作的内容让人印象深刻。画的左边是草石、松萝、藤蔓，其中藤蔓炫技式的婉转飞舞一直延续到画面右上方；中间则是一个规规矩矩的圆圈；右边是几行赞语和题款："浑沦图赞浑沦者不方而圆不圆而方先天地者生者无形而形存后天地生者有形而形亡一翕一张是岂有绳墨之可量哉至正己岁秋九月廿又六日空同山人朱德润画赞"。显然，赞是用来说明画意的，画是用来印证赞语的。草石、松萝，尤其是藤蔓，代表自然造化的复杂性，而圆圈则代表人为形成的各种"绳墨"，即所谓的规矩方圆、制度办法、标准规范等，二者构成了一种强烈的对比，包含着一种玄奥的哲思。浑沦就是浑沌。在画作者看来，自然造化的复杂"规律"或"规则"并不以人的意志为转移，相对于人为的简单线性规定而言，它是非线性的，是浑沌的。所谓的方与圆、有形和无形、存与亡、翕与张等等人们通常认为对立不同、泾渭分明

① 上海博物馆编《书画经典》，第46页，紫禁城出版社，2005年。

的东西，实际上都是复杂多变整体中的一部分，宇宙是一种浑沌形态，表现为一个连续的整体，我们面对的世界是一个简单与复杂统一、有序与无序伴生的世界，人们用自己创造的“绳墨”去度量本来浑沌的万事万物，无疑是一种简单化的做法，它无法准确反映事物的本来面目。可见，浑沌学思想在整个中国古代文化中不仅源远流长，[①]而且浸润深广、内涵丰富，其中蕴含着现代浑沌学理论的某些初值和因子。一般而言，中国古代浑沌观念中的基点是用浑沌来指称世界事物的一种初始、原始状态，一种本来状态。这和古代西方的理念并无太大差别。中西方相关差别在于，中国古人对浑沌这种初始、原始状态出现了两种不同的态度：一种是儒家的态度，认为由浑沌向清晰、由无序向有序，是一种正常的发展，而且圣贤在这个发展过程中发挥了巨大的作用；另一种是道家的态度，认为原始浑沌状态是一种最好的状态，是事物的本来状态本来面目，应该保持这种状态。而西方则认为发展分化是必然的，以至于近代就有西方学者提出，世界从来就没有所谓浑沌存在，世界上的一切从来都是可以分析解构的，而现在西方人在经过长期分析后又发现，事物最终还是会演变成一种浑沌，即终极浑沌。有点道家的味道。西方现代浑沌学理论的出现与这种终极浑沌思想不无关系。中西的另一个差别是：中国更多的是把浑沌思想运用到人文社会上，而西方则更多地运用在自然科学领域。上述这些与西方现代自然科学中的浑沌学理论既有相同之处又有不同之点的中国古代浑沌学思想，为先生运用浑沌学理论进行语言文化研究提供了环境土壤。先生的真性情，使他和浑沌学有了不解之缘。可以说，接触浑沌学，喜欢浑沌学，运用浑沌学进行语言文化研究，对于先生而言，是情之所至，性之所定，是先生率性而为、真实于内心的结果。第二，先生特别实事求是，注重联系语言实际。作为一种客观存在的人类语言和文化，是一种混沌存在，它

① 这方面的事实可参见苗东升、刘华杰《浑沌学纵横论》第2–7页，第16–19页，中国人民大学出版社，1993年。

既有符合“规律”的一面，也有不符合“规律”的一面；既有确定性的、线性的、平衡的一面，也有不确定性的、非线性的、平衡破缺的一面；既有简单的一面，也有复杂的一面。借鉴和运用浑沌学理论，是为了更精确还原语言和文化的本来面目，让人们更好地了解语言和人类文化、发现语言和人类文化。先生不是一味地追求知识上的博古通今横跨东西和博学多闻，他追求的最终目标是把这些知识用到观察语言和文化事实，解决语言和文化研究中的实际问题。正是因为有这种意识和自觉，才使先生在文化语言学的研究中，不断地发现语言文化的真面目，并找到了浑沌学这种方法，得心应手对语言文化做出自己的解读和分析，取得了引人瞩目的成就，成为我们后学的师范。

从文集中，我还读到了先生的丰富。先生是语言学教授，是语言学专业的博士研究生导师，但其文集和其他语言学家的文集相比，有一个显著的特点，就是涉及面更广，内容更丰富，可谓蔚为大观。文集分三大卷：第一卷是“语言学理论与方法”及“少数民族文化与少数民族古籍”两方面的内容；第二卷包括“傣族历史文化”、“傣族语言”和“傣族文字和文献”三部分内容；第三卷则有“傣族天文历法 ”、“傣族历史文化词语汇释”、“景颇族、独龙族、怒族、阿昌族、民族志词语释义”、“书序及其它”等内容。内容涉及语言学、文字学、历史学、民族学、社会文化、天文历法、古籍整理等诸多领域，看上去有些“杂”，但其实“杂”而不乱，因为其间有一条主线，一条线索，一个奇异吸引子。这条主线、这个奇异吸引子，就是语言学研究——和特定民族社会文化密切相关的语言学研究。它顺理成章，是有序的，是一种非线性的浑沌序。这和先生丰富曲折的人生经历、学术经历有关。先生在文化语言学研究中能够发现、钟情于自然科学中的浑沌学理论和方法，并且能够把这种理论和方法借鉴、运用到如此娴熟和得心应手的程度，其中的一个原因也许就是其在自己的人生经历和学术生涯中感悟到了一种深刻的浑沌吧。我读先生的文章著作，时常会有一种先生就在身边的感觉，先生的行事风格、处世态度和颜容笑貌会不时在心中浮现。读书读人，文如其人。读先生的文字，了解先生的学术成就，感受先生的精神气质，领悟做人做事的道理，真乃人生一大快事。需要说明的是，先生学术成就的丰富，是有原因的。先生多次说过，做学问无他，无非就是多读几本书，多联系现实实际，这样自然就会有新的想法产生。如果没有博览广闻，没有不分中外古今、不搞学科壁垒的学习消化融通借鉴，没有广泛联系各种活生生的丰富多彩的现实实际，就不可能成就自己研究的丰富多彩。

从文集中，我读到了先生的高度。如前所述，文集中很多内容都是具体而微、质而实的。让人兴奋的还不止于此，在这些具体学问中，始终贯穿着一种理性思维的高度：社会文化视角的理论高度，浑沌学观照的方法论高度。傣族语言文字的研究是先生学术之路的起点，凭他对傣语傣文的精通，凭他在傣族地区生活多年实地接触并掌握多方面第一手材料的资本，他完全可以单靠傣族语言文字傣族文化活跃于学术界和教育界，但他没有满足于此，止步于此，把自己局限于此。在此基础上，先生不仅通过不断的横向拓展，成就了其学术成果的丰赡。更让人称道的是，在围绕核心不断横向拓展的同时，时刻不忘纵向升华。这种升华的具体表现就是扩大语言研究的视野、变革语言研究的方法、建设文化语言学、创新语言学理论、突出少数民族语言和文字研究的文化性质和文化价值、提高语言学的社会应用价值等。通观文集，先生这种升华后的高度显得格外清晰和明确。这种高度的形成，和先生的广闻博览、善于借鉴，同时又坚持独立思考，有自己独到见解，是分不开的。因此，文集的出版不仅于先生本人来说是一件令人喜悦的事，于后学来说更值得庆贺，庆贺在我们的学术之路上又多了一个好榜样和领路人。

从文集中，我也读到了先生的智慧。先生的转换思维框架说让人印象深刻。先生的人生经历、学术生涯充满转换。这种转换，上大学时便已开始，由东吴、复旦学习社会学，转到中央民院学习语言学；从学习布依语转到学习傣语；大学没上完，不到19岁，就从学生转换成了老师，开始从事教学、研究工作；在教学和研究中，从德宏傣语起步，然后转到西双版纳傣语，再从语言文字转到了傣族的天文历法，又从天文历法转到了民族古籍；其间，先生在语言学的研究上，经历了从传统单一向跨学科的转换，从历史比较语言学、结构主义语言学向社会文化语言学的转换，从线性分析向非线性分析的转换。这些转换，有些是先生的自主选择，有些则是非自主选择。在许多人看来，一次转换就意味着一次“山重水复疑无路”的风险，可先生靠着自己的智慧，顺其自然，泰然处之，无急功近利之心，同时不失进取之志，集中精力做好每件事，从而利用这许多的转换，达到了不断“柳暗花明又一村”的境界。“人生中有些看似很有用处的事，常常是没有用的，有些看似没有功效的事，到时候常常是很有用处的。”这句话是先生人生经验、学术经验的辩证总结之一，其中自然包含了先生对转与不转的睿智见解。没有转换，跨学科的意识就无从培养，跨学科的研究就无从谈起；而没有跨学科的经历和跨学科的研究实践，就不可能有高屋建瓴的学术高度。先生凭借自己的智慧抓住了转换的机遇，并利用好了这种机遇，从而成就了自己的学术人生。

从文集中，我更读到了先生的执着。先生称自己是“随物赋形”，这说法的确非常妥帖。先生如水，淡定恒一，百转千回，却始终奔涌向前，而且穿透力极强。不如水，就不可能适应不断变化的环境；不如水，就不可能逆来顺受，承受生活中各种大大小小的挫折；不如水，就不可能让自己的思想贯彻、浸润到所涉猎的各个领域，并将这些不同的领域粘合成一个有机的整体；不如水，就不可能有“石穿”的人生成就。熟悉先生的人都知道，八十高龄的先生有两个特征：一是精神矍铄但有点驼背，二是无其他不良嗜好但有点喜欢抽烟。而地球人都知道，这两个特征大致都是长期伏案钻研和坐冷板凳所铸就的结果。先生之勤奋执着，至今不曾改变：仍在观察和思考社会人生；仍在诲人不倦，指导和关心着学生；仍在读书写作，担任着多种学术职务，参加有关的学术活动；仍不断有成果出来（这或许也是先生现在还不想出文集的一个原因吧）。这方面给学生印象最深的一件事是，在从2004年开始的每一次浑沌学与语言文化专题研讨会上，先生都要提交一篇相关论文，论述自己对浑沌学与语言文化方面的新探索、新见解。这些论文主要包括《文化语言学的时代课题和浑沌学在语言学中的应用》、《浑沌学与语言文化研究新视野》、《语言学思维框架的转换》、《继承与创新——传统语言学著作中的浑沌学思想资源》、《分形、自相似性与异物同构原则》等。十年来，从在职变为退休，从古稀之年变为耄年长者，先生对浑沌学和语言文化的执着钻研却从未间断，没有变过。这种执着和坚持，既是先生在学术上取得丰硕成果的前提和基础，也是对我们这些后学的一种激励和鞭策。

自然科学界有一个共识：与科学家的科学发明创造相比，科学家的高尚人格更加重要，对人类的作用更大。自然科学家如此，哲学社会科学和人文科学领域的专家学者就更是如此。因此，在研究探讨学人的学术思想和学术成果的同时，注意学人学术人格魅力的挖掘，也就显得非常必要。有鉴于此，笔者上面就先生的学术人格谈了自己的一点粗浅感受，挂一漏万，全当抛砖引玉。

张公瑾先生对中国少数民族文学研究的贡献[①]

吴 刚

张公瑾先生是我国著名的语言学家，他除了在中国少数民族语言、古籍、文化语言学领域取得了学界公认的成就之外，在中国少数民族文学研究领域里也取得了瞩目成果。本文主要谈谈他的中国少数民族文学研究贡献，其贡献主要有三个方面：一是傣族文学研究，二是中国少数民族文学史研究，三是中国少数民族文学理论研究。

一

张公瑾先生的傣族文学研究是傣族研究的一部分，他的傣族研究范围广，涉及文献、语言、文化。其中，他对傣族文学尤其是民间文学也有独到见解。他的《绚丽多彩的傣族文学》[②]对傣族民间文学的历史的轮廓、民间歌瑶、长篇叙事诗、故事和传说、寓言和童话、民间歌舞和傣戏进行了详尽的阐述。《西双版纳的傣族民间歌手——赞哈》[③]对赞哈的词语解释、演唱内容、演唱方式、演唱对象、唱腔、赞哈才能、赛唱会、歌手荣

① 本文是在“中国少数民族语言、古籍、文化语言学研讨会暨张公瑾教授80华诞庆祝活动”上的发言稿，刊于本书时，略作增删。

② 张公瑾：《绚丽多彩的傣族文学》，《傣族文化研究》，云南民族出版社，1988年版。

③ 张公瑾：《西双版纳的傣族民间歌手——赞哈》，载中央民族学院文学所编《少数民族文艺研究》1982年；后收入《傣族文化研究》，云南民族出版社，1988年版。

誉称号“赞哈勐”、赞哈的产生等方面进行了全面的论述，是傣族赞哈研究的重要论文。张公瑾先生的傣族文学研究，还涉及比较文学，发表了《傣族文学中的印度影响》①等论文。此外，还发表了《傣族文学中的妇女形象》②等文章。

研究一个民族，当然要有一个切入点，不过，建立一种整体意识，更有益于局部深入。张公瑾先生的傣族文学研究是傣族整体研究的一部分，由于他对傣族文献、语言、文化有深厚的研究基础，因此对傣族文学研究更能深入其中。《西双版纳的傣族民间歌手——赞哈》就是一篇多角度研究成果，涉及了文献、语言、文化研究内容。张公瑾先生这种扎实的学术积累和开阔的学术视野，给我们一个重要的启迪：文献、语言、文学、文化是一个有机整体，学术视野广阔、学术积累雄厚，有益于局部突破。对于少数民族民间文学研究而言，更需要打下宽广的基础，那种对一个民族的民间文学文类深入研究，咬住一个问题不放松的精神当然值得倡导，而且对于每一个有限生命的研究个体来说，也的确是一个解决问题的办法，但是学术研究现象告诉我们，只重视深度，不重视广度，最后深度开掘也会受到限制。张公瑾先生的傣族民间文学研究成绩启迪我们，一个民族的文学研究与这个民族的整体研究不可分割。

二

张公瑾先生的中国少数民族文学史研究，主要体现在他与马学良、梁庭望先生共同主编的《中国少数民族文学史》③上。他在该书导言中，着

① 张公瑾：《傣族文学中的印度影响》，泰国曼谷《星暹日报》1998年1月17日、1月20日 连载。

② 张公瑾：《傣族文学中的妇女形象》，载《中国妇女》（英文版）1979年第8期。

③ 马学良、梁庭望、张公瑾主编：《中国少数民族文学史》，中央民族学院出版社，1992年版。

重阐释了汉文学与少数民族文学关系、各少数民族文学之间的互相影响、少数民族文学的主要特征、少数民族文学史的结构、少数民族文学与语言及宗教的关系、少数民族文学的传播、跨国与跨界交流等问题。这些属于中国少数民族文学研究的基本问题，换一句话说，也是中国少数民族文学研究中的总命题，它的提出，指出了中国少数民族文学研究的总方向，在今天乃至一个较长时期内，中国少数民族文学研究还离不开上述这些问题。

张公瑾先生等人的中国少数民族文学史撰写，体现了学者们的学术自觉和学术勇气。自新中国成立以来，随着民族的识别，一些单一民族文学史、文学概况开始出版。上世纪80、90年代，学术界开始整合少数民族文学研究，思考少数民族文学理论问题，在这样的前提下，马学良、梁庭望、张公瑾先生主编了《中国少数民族文学史》，体现出了高度的学术自觉；其中，拓荒之作，困难之处可想而知，体现出了可贵的学术勇气。这种知难而上的精神，正是学者的可贵品格。

三

张公瑾先生的中国少数民族文学理论研究，主要体现在他与梁庭望先生共同主编的《中国少数民族文学概论》中。他在该书序言中，着重阐释了少数民族文学综合研究的思想、基础、意义，深入思考了少数民族文学的整体关系，他说，“把少数民族文学作为一个整体看待，我们可以看到它是两个相关的连续体，其一是时间的连续体，其二是分布上的连续体。”他还说，“在文学研究领域里，整体性的观念将被突出出来，从而使我们能够更准确地把握文学的分布和演变的图景和走向。”他对少数民族文学的整体认识体现了浑沌学思想。

浑沌学研究是张公瑾先生多年来所力倡的一门学科。他把浑沌学观念引入文化语言学，给文化语言学学科带来新的发展方向。事实上，张公瑾先生对浑沌学的关注，并不仅仅局限于引入文化语言学，其中，还包括他的上述文学思考，直至上升到哲学认识。当下，人类学、民俗学、社会学等学科进入中国少数民族文学研究领域，给民族文学研究带来新的发展天地，不过，浑沌学在民族文学研究上的作用，尚未引起人们足够的注意。张公瑾先生曾多次和笔者说过，浑沌学在民族文学研究上大有作为，笔者也曾经写过几篇文章[①]，但至今尚未领悟到浑沌学的精髓，仍需与有志于此的同仁不断努力。

张公瑾先生把中国少数民族文学研究的意义与美国民族学家摩尔根的研究联系在一起，他说，“少数民族文学的挖掘和研究，本来与摩尔根的工作具有同样的价值，但我们往往没有把它提高到普遍的意义上来认识，因此，得不到人们应有的关注。”[②]他在《中国少数民族文学概论》序言中，用接近三分之二的篇幅讨论少数民族文学与汉文学关系问题，极力阐述少数民族文学的重要性，鼓励读者（这本书是中央民族大学硕士研究生教材，因此鼓励的读者对象主要是研究生们）和研究者要充满信心，把少数民族文学的影响“扩大到汉族文学所覆盖的一切领域”。张公瑾先生对少数民族文学理论的思考，体现了一位学者的担当与自觉！

四

张公瑾先生的中国少数民族文学研究贡献带给我们的思考是，中国少数民族文学学科的发展。

---

① 主要见于张公瑾、丁石庆主编的《浑沌学与语言文化研究新视野》，《浑沌学与语言文化研究新起点》，《浑沌学与语言文化研究新收获》，《浑沌学与语言文化研究新探索》等论文集中。此外学界的文章还有，尹晓琳：《浑沌学理论与古代北方民族汉文创作研究》，《沈阳师范大学学报》2010年第4期。

② 梁庭望、张公瑾主编：《中国少数民族文学概论》，中央民族大学出版社1998年版，第2—4页。

中国少数民族文学学科发展应该重视民族语言与文字基础。研究少数民族文学不可忽视民族语言、文字。马学良先生曾说过，民族语言与民族文学是一个车子的两个车轮，缺一不可。以马学良、张公瑾等为代表的学者，熟练地掌握了一种或几种民族语言文字，并且对少数民族文学深有研究，为我们树立了研究范式。例如张公瑾先生的《西双版纳的傣族民间歌手——赞哈》中，关于赞哈甲和赞哈乙的那段精彩对答，如果不懂语言或者对傣族的历史文献没有深入的了解，则不可能记录整理出来。可以说，缺乏民族语言、文字修养去研究民族文学，总是不能很准确地摸准民族文学的脉搏。因此，有志于中国少数民族文学研究的吾辈学人应重视学习民族语言和文字。

中国少数民族文学学科发展应该重视学术传承关系。一个学科的发展，有一个累积的过程。任何一个学者的前进与提高，都是建立在吸收前辈学者的成果基础上。马学良先生是新中国建立后，我国民族语文工作和民族语文学科建设的开拓者和代表人物，也可以说，是中国少数民族文学学科的开拓者。在他的培养与影响下，张公瑾、梁庭望等学者为中国少数民族文学学科发展做出了新的贡献。后来，张公瑾先生虽未像梁庭望先生那样，把主要精力放在中国少数民族文学上，但他所做的中国少数民族文学研究工作也尤为重要。现在，中央民族大学、中国社科院民族文学研究所等教学科研单位都形成了良好的学术传承关系。这样长久发展下去，中国少数民族文学学科将会日益成熟。

中国少数民族文学学科发展应该重视未开垦领地，重视时代对学术提出的新要求。根据调查，目前，云南等地的独龙族、基诺族等10几个民族的文学还鲜有研究，还缺乏本民族研究学者。这些未开垦的学术领域，在等待着少数民族文学学者前行。此外，20世纪80、90年代出版的《中国少数民族文学史》，是至今唯一一部少数民族文学史，学术需要与时俱进，《中国少数民族文学史》还等待着有志于此的学者或修订或撰写。目前，虽有学者撰写少数民族文学理论著作，但像《中国少数民族文学概论》这样系统的研究著作还不多，时代也在呼吁着新的《中国少数民族文学理论》产生。一代有一代之学术，我们应该像张公瑾先生那样，以饱满的学术精神，去回应时代提出的一个又一个学术要求。

浅谈张公瑾先生在语言与文化方面的探索历程

孟向玉

科学理论的神圣使命是解释客观世界的规律性，描绘科学的世界图景。每一种新的科学理论对此都有所贡献，重大理论的进展将从某些根本点上改变原有图景。浑沌学就是这样一种新理论，它犹如一场强烈的地震，极大地破坏了钟表模式的科学根基，是对经典科学世界图景的变革。二十世纪九十年代初，张公瑾先生率先将浑沌学理论和方法引入语言学研究，这无疑在语言学界也引起了不小的震动。经过几十年的实践证明，浑沌学的理论和方法带来了科学哲学家库恩所说的“视觉转换”，使语言学获得了坚实的方法论基础，实现了一次思维框架的转换，而这一切的革新，离不开张公瑾先生几十年如一日的探索与实践。

上世纪80年代初文化语言学在我国才刚刚崭露头角。罗常培先生的《语言与文化》一书在学术上具有继往开来的积极意义。他关注到了语言与文化的关系，但由于时代的局限并没有脱离传统语言学的研究方法，仅从词汇的层面研究文化。他说“本编的企图想从语词的涵义讨论语言和文化的关系。其中涉及语义学一方面较多，很少牵涉到语音学和语法学两个方面。”[①]因此，《语言与文化》只是拉开了文化语言学发展的序幕。“文化语言学”这个学科的名称直至80年代中期才有。而这一时期的文化语言学比较注意理论问题，但由于研究方法的不完善和理论的不成熟，在

① 罗常培：《语言与文化》，第1页，语文出版社，1996年。

前进道路上依然是步履艰难。

80年代初，张公瑾先生开始研究语言与文化的关系，当时重点还是局限在词汇层面上。后来随着研究工作的继续深入，逐渐将语言与文化的关系问题，推进到语言的文化性质和语言的文化价值的多方面多层次的阐述上，从而看到语言研究不仅是文化的载体，而且它本身就是文化的一个组成部分，语言的文化价值也决不仅仅局限于词汇所反映的文化意义，而且还涉及语音、语法、语言的结构类型、谱系分类以及语言的地区分布和文字问题，此时的张先生对文化语言学的学科性质和内容有了比较全面的认识。在对语言的文化性质和文化价值做全方位阐释的时候，语言的非线性特点就更加突出了，原来的线性分析方法就显得不够了。

张公瑾先生开始思考如何解决这个问题。当他发现70年代以来在自然科学中发展起来的浑沌学理论和方法时，他大胆地将浑沌学引入到文化语言研究的领域，他没有生搬硬套，而是灵活运用，使浑沌学在文化语言学界迅速蔓延起来。而当时在西方直到上世纪九十年代网页上只能找到几篇有关的文章，1996年才有了帕尔默撰写的《文化语言学》一书。

《文化语言学发凡》就是张公瑾先生在浑沌学理论与方法的探索与实践的初期成果。本书写作时间跨度大，而且是以专题的方式解决文化语言学面临的个案问题，同时结合若干语言事实，特别是我国民族语言的状况进行应用性的说明和分析。本书篇章之间虽然显得结构不够紧密，但却给读者提出了一些新观点、新问题和解决问题的方法。“本书的目的是要提供一种新的思维方法，它是针对语言的，并且是从语言出发的，但又不是局限于语言的。希望读者读了本书，能够引发对这个学科的一些深层次的思考。”[①]以往的语言学只把语言看成是一个线性系统，面对看似简单实则复杂的现象，要梳理出其中的规律，传统的语言学的线性分析方法已经不够用了，张公瑾先生运用浑沌学的概念和方法来分析语言体系演

① 张公瑾：《文化语言学发凡》，第2页，云南大学出版社，1998年。

变的复杂性，对语言的演化及语言各种构件的变化的随机性作出了合理的解释。“它不再局限于阐明以往语言学所阐述的语言的内部规律，而且将揭示语言的文化性质和文化价值，揭示语言与民族文化整体之间的内部联系。”[①]浑沌学为语言研究和文化分析提供了有效的武器。“浑沌学理论将作为一种本体观和一种方法论，支撑着文化语言学这个新学科坚定地站立起来。”[②]经过十多年的探索和实践，张公瑾先生开始思考如何完善文化语言学的理论和方法，如何运用浑沌学的理论和方法来研究语言与文化的问题。他和丁石庆先生主编的《文化语言学教程》的问世代表着浑沌学理论在语言与文化研究领域发展的新阶段。《文化语言学》一书分为理论与方法部分，系统地阐述了文化语言学这门学科的性质、任务、方法论等。一个学科的发展首先体现在对自己研究对象认识的深化上。文化语言学在前人对语言认识的基础上，提出了语言的文化性质问题，认定语言是一种文化现象，是文化总体的组成部分，是自成体系的特殊文化。这是对语言本体论的革新。这个认识改变了语言学的理论和方法论基础，突破了语言结构内部研究的局限性，大大拓宽了语言学的研究领域。传统语言学涉及语言与文化的关系问题，大都只限于词汇方面，至于语音和语法则极少涉及或根本不涉及。文化语言学不仅研究词汇的文化意义，还特别重视语音和语法意义中所包含的文化意义。单是研究词汇的文化意义，这是自古就有的，西方的历史语言学和中国的传统语文学都作了不少这方面的工作，但他们还不是文化语言学。文化语言学研究的范围要宽泛得多，既包括词汇，也包括语音和语法以及修辞和语义，还包括语言的系属问题、语言的类型问题、语言的地理分布和语言的书面表达形式等等，并进而对有关各方进行整体的考察，形成一种语言的整体印象。这种整体印象有时可以看作是一种语言的文化气质，有时是一种能力或表现力。一种民族语言与这个民族

---

① 同②第16页。

② 同②第94页。

的文化构成一个有机组合的整体，其中各部分彼此适应，处于一种系统平衡之中，从而为语言与文化研究提供了一个新的认识平台。这是浑沌学的整体观提供给我们的新的启示。浑沌学为语言学提供一个语言现象之间和语言与文化之间穿插对应和随机对应的新的方法论模式。这本书不仅承认语言的民族性和思维规律的共通性，而且解释人类思维活动规律的民族性。

张公瑾先生带领着他的团队先后出版了《浑沌学与语言文化研究》、《浑沌学与语言文化研究新视野》、《浑沌学与语言文化研究新进展》、《浑沌学与语言文化研究新收获》、《浑沌学与语言文化研究新探索》、《浑沌学与语言文化研究新起点》等多本有关浑沌学与语言文化研究专辑，代表着新一代文化语言学研究者的最新成果。浑沌学专辑中的研究主要涉及两大领域，一是利用浑沌学研究成果对语言进行研究的理论性思考，二是运用浑沌学方法对语言进行的应用性研究。经过多年的努力，对语言学的一些基本理论问题张公瑾率领的团队有了全新的认识。他们依据对初值的敏感依赖性和分叉的原理，以“河网状”的语言演化模式纠正施莱哈尔的“谱系树”理论；他们依据分型和层次自相似性的原理，认识语言的文化价值，即语言与文化整体及其他文化现象之间的一致性关系；他们依据整体把握的原理，发现各种语言和方言固有的文化气质；他们依据平衡与平衡破缺的原理，重新论证了萨丕尔关于语言演变的“沿流”说；他们依据内部随机性和外部干扰作用，看到基本词汇并不稳固的性质；他们依据奇异吸引子的原理，研究汉字演化与传播的规律等等。如今，浑沌学中的“蝴蝶效应”原理已经成为人们认识和分析日常事件和科学现象的常用模式，它已在语言学和语言与文化关系研究中得到了广泛、充分的应用。浑沌学的探索者们已经将浑沌学原理应用于语音结构、词语组合、语法变化以及语言与思维的关系、二语教学、双语使用、公文写作等方面的研究。[①]在这些系列丛

① 张公瑾、丁石庆：《浑沌学与语言文化研究新进展》，第3页，中央民族大学出版社，2009年。

书中张公瑾和他的团队开始尝试为文化语言学做理论的系统化和体系化的工作了。张公瑾先生提出从语言这个对象出发，提出了八个研究平面和九项方法论原则等，他鼓励大家对这些原则做更全面的论证。

作为语言学的前辈，张公瑾先生始终像一盏明灯指引着大家前进的方向，他说“我想，只要我们能持之以恒，把浑沌学引进来的文化语言学，有可能覆盖文化语言学的一片天地。到那时，只要一说‘文化语言学’人们就自然地想到浑沌学，浑沌学就成了文化语言学的当然的组成内容。我们有没有这个把握，能不能达到这一步，希望大家一起努力。文化语言学作为语言学的新方向，我们的前景无限”①。目前，浑沌学研究使得语言学已展现出生动的图景，使得文化语言学获得了坚实的方法论基础，实现了一次思维框架的转换。相信经过张公瑾先生及其团队的不断努力，必将描绘出语言与文化的全新图景。

参考文献

[1] 张公瑾、丁石庆：《浑沌学与语言文化研究》，中央民族大学出版社，2005年。

[2] 张公瑾、丁石庆：《浑沌学与语言文化研究新视野》，中央民族大学出版社，2008年。

[3] 张公瑾、丁石庆：《浑沌学与语言文化研究新收获》，中央民族大学出版社，2010年。

[4] 张公瑾、丁石庆：《浑沌学与语言文化研究新起点》，中央民族大学出版社，2010年。

[5] 张公瑾、丁石庆：《文化语言学教程》，教育科学出版社，2004年。

[6] 苗东升：浑沌对科学世界图景的变革，载《上海社会科学院学术季刊》1992年，第3期。

① 张公瑾、丁石庆：《浑沌学与语言文化研究新探索》，序言，中央民族大学出版社，2010年

继承、整合与创新①

——张公瑾先生学术思想体系的构建与探索

丁石庆

摘要： 张公瑾先生文化语言学学科思想的积累、形成与发展历程始终贯穿着继承与整合的科学理念及睿智的创新意识，尤其是其在国内语言学界率先引进的浑沌学理论与方法更具开拓性。这种积极探索在中国语言学领域尤其是少数民族语言与文化研究领域已形成了一种学术范式，并取得了系列研究成果。本文试对其进行初步梳理与解读，以展现其整体理论构架，并阐释其科学性、前瞻性与创新性。

关键词： 继承；整合；创新；文化语言学；浑沌学

古今中外，任何一种学术思想均需经长期的思考和实践逐渐积淀而成。追随或研究一种学术思潮，需整体把握其脉络，科学解读其核心内涵，进而将其准确运用于具体研究实践，或补充例证，或提供新的线索，或验证其理论假设的可行性等，从而为学术思想大厦的建构与发展增砖添瓦。

自上世纪80年代初，张公瑾先生作为文化语言学学术思潮的“最早弄潮儿”②，在国内率先承继罗常培先生在上世纪50年代的语言与文化综合

① 本文初稿曾于2008年12月召开的“第二届浑沌学与语言文化研究专题研讨会”上宣读。今年是恩师张公瑾先生八十华诞，拙文经补充修订予以颁布，以示祝贺与纪念。在此谨对中央民族大学期刊社领导与责编的悉心编辑深表谢忱。

② 引自邵敬敏主编、史有为审定：《文化语言学中国潮》序，语文出版社，1995年。

研究的学术传统，提出了语言与文化研究的新思路、新方法。尤其是自上世纪90年代以来，张先生将浑沌学的理论与方法引入到语言学及语言与文化研究领域中，使该领域的研究具有了新的方法论基础。至今，这种积极探索在中国语言学领域尤其是少数民族语言与文化研究领域形成了一种学术范式，并取得了系列研究成果。本文试对张公瑾先生的语言与文化研究的学术思想体系及其形成历程进行初步梳理和解读，以展现其整体理论构架，并阐释其科学性、前瞻性与创新性等。

一

张先生的学术思想形成与发展及学科研究的进程大致经历了以下几个重要阶段：

（一）学术积累期（20世纪50年代中期——70年代末）

1951年，张公瑾先生从上海复旦大学社会系转来中央民族学院学习民族语。最初学布依语，后改习傣语,毕业后留校从事傣语文教学与研究工作。从此，张先生与少数民族结下了不解之缘。

这个时期，张先生与傣族老师一起共同做了设计傣文字母的拼音符号，编写讲义与教材，翻译傣文历史文献等基础工作。期间也多次到西双版纳傣族自治州调查和工作，并收集和研读了大量傣文古籍文献。上世纪70年代中后期，他开始关注和研究傣文与巴利语的对应问题和佛经名称的翻译问题及傣文文献的分类问题。后因有机会参加中科院“少数民族天文历法”的项目而得以对“傣族天文历法”有了更深入的研究，在此基础上编写出版了《傣历研究》，并发表了多篇相关研究论文。

傣族奇特的文化深深地吸引了张先生，驱使他潜心研究傣族文化。后来出版的《傣族文化》、《傣族文化研究》等专著应是这方面的代表作。他在这两部研究成果及《宝塔式的傣族文化结构》一文中所归纳的傣族文化的特点颇为精辟。他将傣族文化结构比喻为一座宝塔，认为水稻耕作农业是傣族文化的塔基，农村公社制度是塔座，它的建筑、饮食、服饰、语言文字、文学艺术、科学技术、婚姻制度等丰富多彩的文化形式是塔身，而宗教思想和天文历法就是那挺拔入云的装饰着风铎和多层华盖的刹杆。他认为，封建化之后依旧保存农村公社制度是傣族独特的社会文化特点，傣族的农村公社是一个亚细亚生产方式的活模型，而天文历法和小乘佛教则是傣族文化的最高成就。通过语言文字这个通道，张先生进入到了傣族文化的最高殿堂。

这个时期，除了傣文教学与研究工作外，张先生还刻苦钻研语言学理论知识，由此拓展了语言学专业理论视野。无疑，这些基础沉淀与积累为后来的厚积薄发储蓄了后劲。

（二）学术思想形成期（20世纪80年代初——90年代末）

上个世纪80年代初至90年代末是张先生学术思想形成的重要时期，也是学术成果颇为丰硕的时期。粗略统计，在这20年里，张先生发表了百余篇论文。这个时期可大致分为前期（前10年）和后期（后10年）。前十年是准备期或启动期，相关的教学活动和研究活动促使他形成了学术思想的雏形。1982年张先生在《中央民族学院学报》上发表的《社会语言学与中国民族史研究》是将现实语言中的问题与历史文化结合起来进行综合思考与研究的开端，实际上开了“文化语言学”这门学科的先河。上个世纪80年代中期以后，“文化语言学”作为一门新的学科诞生于中国大地并成为中国语言学领域的一道亮丽的风景线。张先生在中央民族大学相关专业招收南方民族语言与文化方向和文化语言学方向的研究生，率先在国内高校开设了《文化语言学》、《语言与文化研究方法论》等课程。与国内其他文化语言学流派不同的是，张先生的观点颇具普适性，极富宏观的普通语言学特征，当时在国内兴起的文化语言学热潮为张先生学术思想的传播也提供了良好的契机。

上个世纪90年代初期，张先生身体力行，率先将语言与文化的研究从词汇和文字领域推广到语音、语法、语言类型、语言系属、地理分布诸方面进行研究实践，并发挥其研究民族古文字与古文献等优势，突出了少数民族语言与文化研究，极大地扩大了以往传统语言学的研究视野。这个时期，张先生通过教学和研究实践逐渐完善了学科思想体系。在《文化语言学》的教学过程中，他综合比较研究了世界上有关文化的各种定义，依据现代科学提供的新认识，对文化做了如下定义："文化是各个民族或群体对特定环境的适应能力及其适应成果的总和。"[①]该定义首先在揭示概念的内涵方面更深刻，更具普适性。既避免了第一个给文化下定义的英国著名人类学家泰勒罗列性定义的缺陷，[②]也避免了其他许多定义对文化某些重要内涵的缺失。其次，突出地强调了人类与赖以生存的自然环境以及周边人文环境之间的息息相关的特殊关系，强调了人对环境的适应性，体现了人类行为的具体性，由文化的具体性进而承认世界文化的多元性，承认多元文化各自的存在价值，也从某种程度上给世界文化多元性做了注解。第三，强调了文化的能动性，即将人创造文化的能力包括在内，避免了诸多有关文化定义中不提能力的缺陷。与此同时，张先生对历史上的各种流派的语言观予以精细梳理、评估与整合，并紧密结合文化的概念与内涵，从语言认识史、语言的符号功能、语言和其他文化形式之间的关系等方面论证了"语言作为人类适应环境的成果，又是各民族对特定环境的一种适应能力。"[③]"语言是一种文化现象，是文化总体的组成部分，是自成体系的特殊文化。"[④]这个认识大大拓展了语言学的研究领域，从而使语言学溶入了世界文化多样化的时代潮流，在实践上增添了人文关怀，使语言

① 张公瑾：《文化语言学发凡》，1998年，23页。

② 该定义认为文化是"包括知识、信仰、艺术、法律、道德、风俗以及作为一个社会成员所获得的能力与习惯的复杂整体。"

③ 张公瑾：《文化语言学发凡》，1998年，44页。

④ 张公瑾：《文化语言学发凡》，1998年，48页。

学科获得了前所未有的生命力。

在上述研究实践基础上，张先生进一步构建了文化语言学学科的理论体系，界定了文化语言学是一门新兴的具有中国特色的语言学分支学科，并明确地提出文化语言学的任务是研究语言的文化性质和语言的文化价值。同时，张先生深谙一个新兴的学科，如果没有不同于传统的新的方法论的支撑，它仍站立不起来。在经过深入的思考和一番研究实践后，在国内首次大胆引进了浑沌学作为文化语言学的方法论基础，实现了一次思维框架的转换。他认为语言兼具自然属性与人文属性，更是一种充满随机状态的浑沌现象。传统语言学对语言一贯使用线性分析的方法，而浑沌学要把握对象的非线性特点，注重对语言和文化进行非线性分析，浑沌学在这个领域的应用有着天然的方便条件和非常广阔的空间。

将浑沌学理论和方法引用到语言学中来，堪称语言学的一次重大的变革。自从张先生将浑沌学应用到语言与文化的分析之后，他进一步发现了语言与文化的分布和演化中的许多非线性现象，使他对语言学的一些基本理论问题有了全新的认识。

至1998年《文化语言学发凡》的出版，张先生的学术思想体系基本形成，并具有了一定的前期试验和实证成果。这为进入新世纪后的十余年里团队集体攻关和学科的进一步向前推进创造了良好的条件。

（三）学科发展与推进期（2000年—2012年）

跨入新世纪的十余年来，以张先生为核心领军人物的团队在各方面都有长足的进展，有如下几个标志性的成果为证：

1. 集体编著出版了《文化语言学教程》精品教材

2001年，《文化语言学》获北京市教委高等院校精品教材建设（重点资助）项目资助，经集体系统整理、补充和重新整合与完善，2004年由教育科学出版社出版。教材内容涉及学科理论与方法，并包括语言的人文生态、全球化与弱势语言群体的语言文化前景、语言与文化交流、双语与多元文化关系等多个前沿论题。创新理念和创新内容贯穿于教材的始终，尤其引用浑沌学的非线性分析方法是该教材的最大创新之处，在国内也实属首创。该教材2005年获得中央民族大学优秀教学成果一等奖，同年获北京市高校优秀教学成果二等奖，并指定为北京市高校精品教材。教材出版后同时在国内多所院校相关专业使用，初版5000册很快销售告罄。从教材目前的使用情况来看，一些学科的核心理念与学科发展观也得到了预期的传播与普及。

2. 召开了数届“浑沌学与语言文化研究专题研讨会”

在跨入新世纪的十余年里，以张先生为领军人物的团队召开了6届浑沌学与语言文化研究专题研讨会。每届研讨会都收到数十篇论文，而每届会议开幕式上都有张先生精彩的主旨报告。与会者以中央民族大学相关专业的师生为主，也包括来自国内各高校与研究机构的学者。研讨会的召开，极大地推进了学科向纵深发展，同时也聚集了团队力量，使学科研究形成团队规模进而使研究成果逐步形成系列。另外，研讨会在打造学科特色，凝练核心内涵等方面也起到了重要作用。

3. 出版了《浑沌学与语言文化研究新探》系列丛书

自2005年至2012年底，以张先生为首的团队出版了包括6本会议文集和1本译文集的《浑沌学与语言文化研究新探》系列丛书。在这几本文集中，团队成员在理论的阐述和实证方面都有所收获。诸如在基本理论问题、词汇、语音、语法、语言演化、方言差异、 语言气质、语言接触、文字等领域都分别作了有益的探索。尤其是结合浑沌学理论的研究成果更是独具特色。如依据对初值的敏感依赖性和分叉的原理，以“河网状”的语言演化模式纠正了“谱系树”理论；依据分形和层次自相似性的原理，考察了语言与文化整体及与其他文化现象之间的一致性关系；依据整体把握的原理，归纳了各种语言和方言固有的文化气质；依据平衡与平衡破缺的原理，重新审视了萨丕尔关于语言演变的“沿流”说；依据内部随机性和外部干扰作用，分析出了基本词汇并不稳固的性质；依据奇异吸引子的原理，研究了汉字演化与传播的规律等等；还有更多的成果注重将浑沌学原理应用于语言与思维的关系、语言翻译、语言教学（包括双语教学）、双语使用、公文写作等方面的研究。

4. 明晰了学科新的发展思路

经过多年的宣讲、实践与探索，加之以团队攻关形式的推进，浑沌学原理已在语言学和语言与文化关系研究领域得到广泛而充分的应用。近年来，张先生的学术思想及学科建设思路更加明晰。他在以往八个研究平面（语音、词汇、语法、语言系属、语言类型、语言的地理分布、文字和语言整体性研究）基础上经整合提出了九项方法论原则，这些原则是：系统平衡性原则、异源联想原则、名实相关性原则、异物同构性原则、中心边缘依存性原则、语言思维同一性原则、初值延续性原则、演化随机性原则和整体性原则。张先生坚信持之以恒地把浑沌学引进文化语言学，将有可能覆盖文化语言学的一片天地。

二

纵观张先生学术思想的形成与发展过程，继承、整合与创新的理念贯穿始终，他走过了一位科学工作者严谨治学、集腋成裘的历程，也为后学在多方面做出了榜样。

（一）继承

张先生数十年来一直从事语言教学研究工作与少数民族古籍整理工作，享有著名的语言学家、优秀的民族古籍专家和北京市高校名师等声誉。他曾教授多门语言学专业核心课程，在古稀之年还曾给本科生教授傣语。教学活动中张先生态度极其认真，备课异常仔细，每个概念、定义，每个语料都要认真核对，仔细辨析，即使是重复课，也要尽力补充新内容和新材料。学生们普遍反映，张先生的课程可谓常听常新。在长期的教学与研究生涯中，张先生始终重视继承与创新的关系，他强调“一个有生命力的学科不仅要创新，还要善于继承，对以往本学科的成果要充分地汲取和吸收其有益的成分。”[①]他对语言学各个流派的评价极具客观性，认为每个流派都有自己的学科观，并同样对语言学研究做出了贡献。因此，张先生在倡导打破语言学思维的现状，主张转换语言学思维框架的同时，也时刻注意继承以往语言学的成果，极力强调去粗取精，推陈出新的原则，认为只有正确处理好继承与创新的关系，才能使创新获得顺利拓展的空间。他认为“传统语言学著作中揭示的许多语言事实和传统的理论解述，我们可以用新的理论观点加以说明，这也是一种继承。”[②]当然，“这个继承包含两个方面的内容，一方面是经过检验的理论成果和方法论原则，如系统理论和比较方法，我们要从一些长期被认为简单的运动方程中揭示其中产生的复杂行为；一方面是语言资料中有利于新理论解释的事实材料，以新的视角重新审视已经被研究过的非线性现象。”[③]

张先生扎实的语言学功底源于其严谨的学术态度，对文化语言学学科体系的总体把握基于其对语言学史的悉心梳理和对各流派的辩证分析，这些为其学术创新并引领文化语言学思潮奠定了必备条件。

（二）整合

整合需要弃旧纳新，但在“弃旧”的过程中又不能将其中合理的成分同时剔除。张先生在整合语言学各流派理论时，坚持博采众长的基本原则，非常注意汲取传统语言学的合理思想，尤其是现代语言学新分支学科的产生和发展对文化语言学的影响和启示。如对认知语言学的认识就使我

---

① 引自张公瑾、丁石庆主编：《浑沌学与语言文化研究新收获》（代序），中央民族大学出版社，2010年。

② 引自揣振宇、华祖根主编：《中国民族研究年鉴2006年卷》（张公瑾先生访谈录），中央民族大学出版社，2009年。

③ 引自揣振宇、华祖根主编：《中国民族研究年鉴2006年卷》（张公瑾先生访谈录），中央民族大学出版社，2009年。

们看出他对此学科充分的认可和对其前景的期待，也祈盼与这个新兴学科的结合而使文化语言学获得新的生命力。

（三）创新

张先生在多年的探索之后，认为浑沌学的许多理论观念如非线性、随机性、自相似性、分形、分叉、初始条件、蝴蝶效应等，对语言和文化的分析将大有裨益。这些新的概念可以解释许多语言与文化关系中存在的实际问题，它能使语言文化的研究别开生面。尽管许多具体操作问题尚待深入和完善，但文化语言学有了浑沌学理论和方法的支撑，这门新兴学科就能坚定地站立起来，它必将使语言学在新的历史时期迈上一个新的台阶。同时，张先生仍多次重申，用浑沌学理论和方法装备起来的文化语言学，对以往的语言学来说，是一次思维框架的转换，是一次创新，但创新也包含着继承，处理好创新和继承的关系，学科就会更快地得到发展与壮大。

张先生对文化语言学的前景充满希望，认为文化语言学不仅承认语言的民族性和思维规律的共同性，而且揭示人类思维活动规律的民族性。在21世纪这个高科技时代，文化语言学集各民族思维活动的特点和精华，它将造福于全人类。“文化语言学作为语言学发展的新阶段，最需要坚持的是不断探索和创新的精神。语言学要与时俱进，文化语言学将拥有一个时代。”①

三

从张公瑾先生的学术研究生涯中我们至少可获得以下几点启示：

1. 一种独特的学术思想须经继承、整合与创新的长期积累与科学探索过程。其与制作雕塑作品极其相似：继承是“基座”，整合为“形骨”，而创新乃“神韵”。

2. 学科的构建既需宏观和宽阔的视野，也需微观的潜心求证与悉心实

① 张公瑾：《文化语言学发凡》，1998年，58页。

践。另外，还需另辟蹊径，寻找“他山之石”，如通过学习和借鉴别的学科的成就来刺激本学科的发展。

3. 学术的发展既需要个体长期执着的激情、敏感与睿智，以形成有机统一的学科思想体系，更需群策群力，发挥集体智慧与力量，以团队的规模攻关和集体推进。

参考文献

[1] 张公瑾：《文化语言学发凡》，云南大学出版社，1998。

[2] 张公瑾：《张公瑾文集》，中央民族大学出版社，2013。

[3] 揣振宇、华祖根主编：《中国民族研究年鉴2006年卷》，中央民族大学出版社，2009。

[4] 张公瑾、丁石庆主编：《文化语言学教程》，教育科学出版社，2004。

[5] 张公瑾、丁石庆主编：《浑沌学与语言文化研究》，2005。

[6] 张公瑾、丁石庆主编：《浑沌学与语言文化研究新视野》，中央民族大学出版社，2008。

[7] 张公瑾、丁石庆主编：《浑沌学与语言文化研究新进展》，中央民族大学出版社，2009。

[8] 张公瑾、丁石庆主编：《浑沌学与语言文化研究新收获》，中央民族大学出版社，2010。

[9] 张公瑾、丁石庆主编：《浑沌学与语言文化研究新动态—国外相关研究译文集》，中央民族大学出版社，2011。

[10] 张公瑾、丁石庆主编：《浑沌学与语言文化研究新探索》，中央民族大学出版社，2011。

[11] 张公瑾、丁石庆主编：《浑沌学与语言文化研究新起点》，中央民族大学出版社，2012。

（本文原载《中央民族大学学报》（哲学社会科学版）2013年第5期）

民族古籍的守望者

黄建明

一时的守望并不难，难的是一生的坚守。翻开张公瑾教授的人生履历，1958年，25岁的他风华正茂，毅然走进了大多数学者不屑一顾的傣文文献领域，在西双版纳州文物室开始接触浩如烟海的傣文文献。尽管后来发生“文革”等文化浩劫，但张公瑾教授对民族古籍一直不离不弃，默默无闻地守望着民族古籍，悄然无声地研究着傣文文献。

守望是一种等待，等待机会的到来。千载难逢的机会终于来了。当我国打开改革开放大门的时候，也迎来了我国民族古籍工作的春天。1983年，张公瑾教授任中央民族学院中国少数民族古籍整理出版规划领导小组成员，随后成为全国高校古籍整理委员会委员。进入21世纪，张公瑾教授又任国家民委少数民族古籍保护与资料信息中心学术委员会主任、国家古籍保护专家委员会委员等职。

2010年，他荣获国家民委全国少数民族古籍工作先进个人称号，历史把张公瑾教授从后方守望者推成了前沿指挥者。

张公瑾教授在中央民族大学民族古籍学科建设方面做了许多卓有成效的工作。上世纪80年代中期，他与学校古籍办一道创办了民族古籍干部培训班；90年代初，又在文学系参与创办了综合性的民族古籍教研室，并面向全国招收国家计划内的本科生；此外，他自己还招收了多届壮侗语族古典文献方向的硕士研究生、博士研究生。在科研方面，他组织和编写了多部具有经典意义的著作，如《民族古文献概览》、《中国民族古籍研究60年》等，还创办了大型期刊《民族古籍研究》。张公瑾教授以课题合作或编书的形式，把分散在各系科的民族古籍专业教师聚集在一起，形成一个强有力的学术团队。通过课题参与，学校从事古籍工作的大部分中青年教师得到了良好的锻炼。

在涉及全国性的民族古籍工作方面，张公瑾教授做了多件有影响力的工作。上世纪80年代，他参与创办内刊《民族古籍》，并为该刊的组稿与编辑付出了辛勤劳动。

上世纪90年代中期，国家民委全国少数民族古籍整理研究室组织了大型文化建设工程《中国少数民族古籍总目提要》，原则上每个民族编一卷。国家民委指定张公瑾教授为该丛书的主编。为了编好这套书，张教授从课题的框架设计、审稿、改稿到回答全国各地撰稿人的疑问等都投入了巨大的精力，做了大量的工作。

作为学术带头人，张公瑾教授在民族古籍理论建设方面也作出了积极贡献，如深刻揭示民族古籍在中华文化中的地位；探索民族古籍的核心价值；保护与整理民族古籍的重大意义；界定民族古籍范围，特别是将口传文献列为民族古籍范畴；探讨民族古籍整理、研究与描写方法；展望民族古籍发展方向等。

张公瑾教授高尚的人格魅力在我国民族古籍学界有口皆碑。他与人为善，性格随和，对后学有问必答，在工作方面则极为严肃认真，对自己的要求甚至到十分苛刻的程度。《中国少数民族古籍总目提要》送审稿多由张公瑾和笔者等人分别审读。笔者等人一般只审词条内容是否有问题，体例与格式是否符合要求，顺手改一下明显的错字、错句。而张公瑾教授审稿时，还认真修改每一个标点符号。对此，笔者多次建议他将标点符号类的细小工作交给出版社去做，但张公瑾教授不改初衷，仍然认真审改每一个词条、每一个句子、每一个字、每一个标点。面对工作，张公瑾教授总是默默地挑起重担；面对名利，张公瑾教授却悄然退让，把属于自己的荣誉、地位让给中青年学者。张公瑾教授尊重别人，也赢得了别人对他的尊重。

张公瑾教授严以律己、宽以待人，铸就了他崇高的人格魅力。张公瑾教授的守望与执着，铸就了他非凡的学识及大师风范。

（本文原载《中国民族报》2013年10月25日）

情系民族古文字研究会

孙伯君

中国民族古文字是中华民族历史文化的载体，蕴涵丰富，异彩纷呈，堪称中华民族一宗巨大的精神财富，弥足珍贵。

1979年，一场浩劫刚刚过去，国家百废待兴。为了促进我国古代民族文字研究的迅速发展，加强少数民族文字研究队伍建设，充分发挥老专家和中年研究工作者的作用，为有关学科（如历史学、民族学、语言学、宗教学、敦煌学、中亚学等）提供研究资料和输送人才，具有远见卓识的于道泉、马学良、王森、王静如、尹达、傅懋勣、陈述、陈士林、季羡林、罗福颐、金克木、金鹏、闻宥、夏鼐、翁独健、贾敬颜、韩儒林等老一辈学者倡议成立“中国民族古文字研究会”。1980年8月1日至6日，经过1年左右的筹备，“中国民族古文字研究会成立大会及首届学术研讨会”在承德避暑山庄召开，共有来自全国14个省（市、自治区）的88名代表出席了会议。会议确立了“中国民族古文字研究会”的章程和第一届职员班子，包尔汉（维吾尔）、季羡林任名誉会长，傅懋勣任会长，阿不都萨拉木（维吾尔）、林沉（蒙古）、和志武（纳西）、哈米提（维吾尔）、彭哲（藏）、照那斯图（蒙古）等任副会长，史金波任秘书长，张公瑾、蒋忠新任副秘书长。从此，张公瑾加入了中国民族古文字研究会，并以其勤勤恳恳、兢兢业业的精神，与研究会风雨同舟，走过了30多年的艰苦岁月。

从首届研讨会召开到1983年10月24日在北京国家民委招待所举办第二届研讨会的3年间，作为副秘书长，张公瑾与黄振华、于宝林、富丽等先生一道，承担了编辑刊印有关民族古文字的书籍、资料的任务，使得《中国民族古文字图录》、《女真文字研究论文集》、《世界满文目录》等得以顺利出版，为积累资料、培养新人作出了应有的贡献。尤其是《中国民族古文字图录》，堪称一次中国民族古文字珍品的集中展示，使中国民族古文字的学科形象以整体的形式呈现出来，引起了社会的广泛关注。正因为如此，在第二届会员代表大会上，张先生被荣选兼任编辑出版部主任。

2000年10月10日至13日，在北京密云举办的中国民族古文字研究会第六次学术讨论会暨会员代表大会上，张公瑾先生以其在中国民族古文字等方面的研究学力被推举为中国民族古文字研究会会长。在担任会长的8年间，张先生更是以中国民族古文字的发展为己任，秉承研究会的宗旨，组织全体会员，克服种种困难，坚持不懈地开展工作，成绩斐然。

他兢兢业业，培养人才。作为学科带头人，张先生培养了无数本科生和研究生，为民族古文字研究会输送了许多优秀的中坚力量。

他勉力而为，出版成果。担任会长期间，张先生积极促成会员研究成果的出版。已出版的文集有《中国民族古文字研究》（第1–4辑）、《丝绸之路民族古文字与文化学术讨论会文集》、《中国民族古文字与文献论文集》等。此外，待出版的《京藏中国民族古文字文献总览》和《中国民族古文字珍品图典》等均凝聚有张公瑾的心血。其中《中国民族古文字珍品图典》是国家民族事务委员会“十·五”规划的重点文化项目，由中国民族古文字研究会组织实施，以形象、科学的方式向国内外读者展示中国少数民族古籍的宝贵财富，图文并茂，为少数民族社会、历史、文化研究提供了翔实的资料。

他殚精竭虑，展示形象。2008年6月，为了向奥运献礼，张先生组织研究会与北京市民委和中央民族大学古籍所共同制作了用19种民族古文字书写的“同一个世界，同一个梦想”的书法长卷，并编印了《迎奥运民族古文字书法集锦》，从一个侧面表达了各族同胞对这一重大历史事件的支持和祝贺。另外，2006年5月，张公瑾在中央民族大学组织了“中国民族古文字图片展”，比较系统地介绍和宣传了中国民族古文字。

光阴荏苒，30年似水流年，张先生从风华正茂的青年成为耄耋老人，但他在中国民族语言学、文化语言学、壮侗语言学、民族古籍文献研究领域所作出的重要贡献依然感召着一代又一代学术青年。中国民族古文字研究会也经历了30多年的成长考验。虽然到目前为止，民族古文字研究还没有从学术的“象牙之塔”、“绝学”中被拯救出来，但在以张先生为代表的民族古文字工作者的努力下，中国民族古文字研究会义不容辞地承担起所肩负的历史使命，励精图治，为充分揭示少数民族文化成果的价值、为保护民族文化遗产、为团结从事少数民族文字工作的学人、为使“绝学”唤发新的生机作出了不懈的努力。

祝张公瑾先生学术之树常青！

（本文原载《中国民族报》2013年10月25日）

科学精神 人文情愫

丁石庆

从上个世纪50年代初期张公瑾先生从事语言学及少数民族语言教学与研究工作至今，已经过去了半个多世纪。至今张先生仍精神矍铄，笔耕不辍。他践行了一位语言学工作者的科学操守，在学术道路上卓尔不群，独树一帜。同时，也将人文主义融入到教学与研究之中，令后学感悟到其博大的胸襟和独特的人格魅力。

1951年，张公瑾先生从上海复旦大学社会系转入中央民族学院学习民族语，毕业后留校从教。从此开始了他长达60余年的民族古籍文献与语言学教学与研究生涯。初期，张先生主攻傣文文献的教学与研究，曾参与了傣文字母的拼音符号设计、讲义与教材编写、傣文历史文献翻译等基础工作。期间也多次到西双版纳傣族自治州调查和工作，收集和研读了大量傣文古籍文献。之后，他开始关注和研究傣文与巴利语的对应问题和佛经名称的翻译问题及傣文文献的分类问题，并有机会对“傣族天文历法”作专题研究。随着研究的深入，张先生由傣族语言和古籍文献逐渐深入到了傣族文化领域的研究，并根据自己潜心研究归纳了傣族文化的基本特征：傣族文化结构像一座宝塔，水稻耕作农业是其塔基，农村公社制度是其塔座，建筑、饮食、服饰、语言文字、文学艺术、科学技术、婚姻制度等丰富多彩的文化形式则是塔身，而宗教思想和天文历法是那挺拔入云的装饰着风铎和多层华盖的刹杆。他认为，封建化之后依旧保存农村公社制度是傣族独特的社会文化特点，傣族的农村公社是一个亚细亚生产方式的活模型，而天文历法和小乘佛教则是傣族文化的最高成就。《傣族文化》、《傣族文化研究》等专著记录了他这个时期的思考与研究成果。

上个世纪80年代初期，张公瑾先生潜心钻研语言学史与语言学理论，率先在国内高校语言学专业硕士生和博士生中讲授“傣语基础教程”、“语言学名著选读”、“文化语言学”、“语言与文化研究方法论”等课程，并在80年代中期的文化语言学中国潮中成为了“最早弄潮儿”。这个时期，张先生在从事繁忙的民族古籍文献和少数民族语言教学与研究工作的同时，高屋建瓴，精心于文化语言学学科的“顶层设计”。他奉行继承与创新的学术理念，在梳理大量相关文献与研究成果基础上界定了语言、文化、文化语言学等术语的概念和定义，阐述了文化语言学学科的理论体系及学科任务。同时，在国内首次大胆引进了浑沌学作为文化语言学的方法论基础，力图实现一次语言学领域研究思维框架的转换，并身体力行，尝试将语言与文化的研究从词汇和文字领域推广到语音、语法、语言类型、语言系属、语言的地理分布等诸方面进行实证研究。1998年《文化语言学发凡》的出版，标志着张先生的学术思想体系已基本形成。而跨入新世纪的十余年里，以张先生为核心领军人物的团队在学科推进方面更有了长足的进展，《文化语言学教程》、《浑沌学与语言文化研究新探》系列文集及团队成员的专题学位论文与相关论著等均是这个时期的标志性成果。

在长期的教学与研究生涯中，张先生始终坚守学术自觉的科学研究规范。他十分重视继承与创新的关系，认为只有正确处理好继承与创新的关系，才能使创新获得顺利拓展的空间。因此，张先生在倡导打破语言学思维的现状，主张转换语言学思维框架的同时，时刻注意继承以往语言学的成果，在整合语言学各流派理论时，始终坚持博采众长的基本原则，非常注意汲取传统语言学的合理思想，尤其是现代语言学新分支学科的新理论与新方法。张先生经长期深思熟虑而引入的浑沌学理论与方法使语言文化的研究别开生面，相对于以往的语言学来说，既是一次语言学研究思维框架的转换，也是一次方法论的重要创新。

总之，张先生走过了一位科学工作者严谨治学、集腋成裘的历程。

张先生治学的另一个重要品格乃是其厚重的人文主义底蕴。他极力主张和支持文化多元论和语言多样性的思想，并将这种思想贯彻于民族古籍文献、少数民族古文字的研究实践和文化语言学术思想体系的建构之中。如他对傣族文化的梳理、归纳和提升，有关语言、文化、文字等重要概念与定义的界定等均体现了这种博大的人文精神。他在《语言与生态》等多篇论文中强调语言与生态环境的和谐关系，提出的"语言生态"、"母语危机"、"语言保护"、"世界多元语言格局"等术语及相关主张无不渗透着鲜明的人文主义思想。他极力倡导语言学应积极地将语言事实与民族文化、民族思维方式联系起来，并在21世纪这个高科技时代造福于全人类的主张更是一位科学工作者对人文主义精神的执着追求与深情呐喊。因此，张先生的学术思想更具普适性，这也是其治学品格之魅力所在。

张先生的治学道路给后学提供了以下重要启示：学术研究须崇尚和坚守自律、自信、自强不息、追求创新等学术自觉之科学精神，更应追求将自己的研究目标、成果与时代的发展、社会的命运，尤其是当下的现实情境接轨，而不应仅仅局限于封闭的学科囹圄中孤芳自赏。

（本文原载《中国民族报》2013年10月25日）

附　录

张公瑾教授传略

戴红亮

张公瑾：男，汉族，1933年10月出生在浙江温州，曾先后就读于东吴大学和复旦大学社会系，后到中央民族学院语文系学习民族语文，1952年提前毕业留校任教至今，现为中央民族大学少数民族语言文学学院教授、博士研究生导师，壮侗学研究所所长，并任全国古籍保护工作委员会委员、中国文字博物馆专家委员会委员、全国高等院校古籍整理研究工作委员会委员、中国民族语言学会常务理事、曾任第九届全国政协委员、中国民族古文字研究会会长等职。

张公瑾教授从事教学科研工作50多年来，先后出版专著《傣族文化》（吉林教育出版社，1986年）、《傣历、公历、农历百年对照年历》（云南民族出版社，1986）、《中国的傣族》（泰国曼谷扎楞尼出版社，泰文版，1987年）、《傣族文化研究》（云南民族出版社，1988）、《文化语言学发凡》（云南大学出版社，1998）、《傣族文化史》（收入李德洙主编《中国少数民族文化史》，辽宁人民出版社，1994）等；编著及合著有《民族词典》（上海辞书出版社，1987，任副主编）、《中国民族古文字图录》（中国社会科学出版社，1990，任副主编）、《中国少数民族文学史》（中央民族学院出版社，1992，主编之一）、《民族古文献概览》（民族出版社，1997，任主编）、《中国少数民族文学概论》（中央民族大学出版社，1998，主编之一）、《傣族文化志》（收入萧克主持编纂的《中华文化通志》，上海人民出版社，1998）、《语言与民族物质文化史》（民族出版社，2002，任主编）、《傣族的宗教与文化》（中央民族大学出版社，2002，合著），还有《文化语言学教程》（教育科学出版社，2004，任主编）和《中国少数民族古籍集解》（云南教育出版社，2004，任主编）。此外还发表有关傣族语言文化、民族古籍和文化语言学的论文100多篇，其中在国外发表20多篇。张公瑾教授一生执着于傣族语言文化、民族古籍和文化语言学研究，在上述领域做出了重要的贡献。

一、在傣族语言文化方面

张公瑾教授把傣族文化的各个组成部分看成一个整体进行研究，在傣族语言、文字、文学、古文献、天文历法、农业科技、宗教等领域多有创见。在傣族语言方面，1958年发表了第一篇论文，此后，他着重傣语语法中的语序研究，并与古代汉语句法进行比较。先后发表了有关傣语名词修饰语的语序，动词带宾语、宾语又带修饰语的语序，动词带宾语和结果补语的语序，单位词及各种状语在句子中的位置，隔语词在句子中的作用等系列论文，展示了汉藏语系语言中最具有特点的语法本质，揭示了一些过去未被注意到的语法规律，开辟了一个以句法为中心的研究领域；在傣文方面，他相继撰写了《傣族的文字和文献》、《傣族经典文字考源》、《傣文渊源及其亲属文字》、《傣族文字发展史上的几个问题》、《傣泰系统民族的语言和文字》、《西双版纳傣文古籍中的声韵学文献》以及《傣文〈维先达罗本生经〉中的巴利语借词》等论文，系统地讨论了傣文文字起源、传播、演化等方面的问题，基本上理清了傣文起源和发展的历史；他在傣族天文历法方面的成果倍受学术界推崇。他先后译注了《苏定》和《历法星卜要略》两部老傣文天文历法古籍，撰写了10多篇论文，解开了傣族天文学的计算数据和傣历的安排方法，使这门濒临湮灭的学科得以保存和复兴。他所揭示的傣历计算公式被南京紫金山天文台历算室和科学出版社输入计算机用于傣历一千多年的日期推算；在傣族宗教领域，他既重视汉文文献的材料研究，也对傣文文献进行了深入的挖掘，对我国南传佛教的传播、发展、特点、地位和教义等问题进行了开创性的研究。在他的著作里始终将宗教作为傣族文化的一个重要方面进行研究。现应山西教育出版社之约正在撰写《中国南传佛教史》。此外，他在傣族的农业技术、傣族文学方面也发表了不少论文。

二、在民族古籍方面

张公瑾先生从傣族古籍入手，并涉及其他民族古籍的各个方面，在民族古籍领域做出了很大的贡献。自1983年以来，他一直担任全国高等院校古籍整理研究工作委员会委员，并相继担任中国民族古文字研究会常务副会长和会长的职务。他撰写了《傣族的文字和文献》，编写了《傣文古籍见知录》，对傣文古籍作了全面的综合介绍，并翻译整理了傣文天文学和编年史方面的古籍多种。他依据南传佛教语言巴利语材料研究傣文宗教古籍，结束了过去傣文佛典只有音译或根据字面大意翻译成汉文的状况，使傣文佛典的名称得到准确翻译。他主编了《民族古文献概览》，系统地对中国少数民族古籍进行了分类和研究。他所主编的《中国少数民族古籍集解》是有关中国各民族古籍的大型工具书。他有关民族古籍的系列论文如《民族古文字、古籍与民族传统文化》、《民族文字古籍与中华文化》、《史诗研究与古籍整理》、《民族古籍和民族古籍学》等则是我国民族古籍理论研究的开创性论文。他现在还担任国家民委全国少数民族古籍整理研究室重点项目《中国少数民族古籍总目提要》（60卷册）主编。本项目为跨世纪的国家级文化重点工程，现已出版18册。它的出版不仅展示出了我国少数民族古籍的全面情况和民族文化珍品，而且对少数民族古籍学这一学科的建设有着重要的意义。

三、在文化语言学方面

张公瑾教授是文化语言学最早倡导者之一。从上世纪80年代开始，他致力于文化语言学的理论建设，撰写了《语言的文化价值》、《文字的文化属性》、《文化环境与民族语文建设》、《文化语言学的性质和任务》、《文化语言学与民族语言研究》、《语言学思维框架的转换》、《语言的生态环境》、《走向21世纪的语言科学》等有影响的论文，明确将语言纳入文化范畴。为了体现语言的文化性质和文化价值，为了体现文化的具体性、多元性、能动性和适应性的特点，他在《文化语言学发凡》中提出了语言和文化的新概念，并将语言事实和民族文化、民族的思维方式联系起来，力图使语言学成为一门具有普遍意义的思维科学。他从民族语言文化的多样性和复杂性中看到，语言与文化之间存在着复杂的互动关系，传统语言学难以解释语言与文化之间的各种复杂性。在长期的探索中，他将自然科学中的浑沌学理论和方法应用到语言文化研究之中，为拓宽语言学的研究领域，丰富语言学理论，提高语言学的社会应用价值做了开拓性的工作。浑沌理论是从研究非线性相互作用系统而逐渐发展起来的，它更着眼于总体、过程和演化，它对语言研究具有重要的方法论意义。语言的分布和演变以及文化演化的速度和形式并不是单纯的线性序列，其中存在着大量非线性的、随机的因素。对语言事实，不仅要注意其结构的分析，还要作整体的把握。针对传统的谱系树理论与历史上语言不断减少的事实相矛盾的情况，他提出了语言发展“河网状”的新模式。张公瑾教授撰写的《浑沌学与语言研究》、《壮侗语—分布与演化中的浑沌》、《文化语言学的时代课题和浑沌学在语言学中的运用》、《浑沌学与语言文化研究新视野》、《语言学思维框架的转换》、《继承与创新——传统语言学著作中的浑沌学资源》等论文，是应用浑沌理论研究语言现象的有益探索。他的《文化语言学发凡》一书则是阐述和应用这一理论的尝试，他的研究成果已引起学界同行的重视。2003年以来一年一度或隔年一次的“浑沌学与语言文化研究专题研讨会”以及《浑沌学与语言文化研究新探》的系列论文集，正在扩大这一理论的影响。

是长期的知识积累、敏感的洞察力和对学术事业的高度责任感，使张公瑾教授同时在几个领域里艰苦耕耘，并创造业绩。

参考文献

[1]《张公瑾：致力于文化语言学的理论建设》，载《中国文化报》，1999年8月24日第3版。

[2]《张公瑾简介》，载《中央民族大学学报》，2001年第1期。

[3]《张公瑾》，载《中国文化语言学辞典》，四川人民出版社，1993年版。

[4]《张公瑾》，载《当代中国民族语言学家》，青海人民出版社，1989年版。

[5] Zhang Gongjin MEN OF ACHIEVEMENT Published by the International Biographical tre，Cambridge,England 1992.

图书在版编目（CIP）数据

从有序到浑沌：庆贺张公瑾教授八十华诞文集 / 丁石庆，张铁山，周国炎主编．—北京：中央民族大学出版社，2015.10

ISBN 978-7-5660-0972-2

Ⅰ．①从… Ⅱ．①丁…②张…③周… Ⅲ．①张公瑾—纪念文集 Ⅳ．①K825.5-53

中国版本图书馆 CIP 数据核字（2015）第 080798 号

从有序到浑沌——庆贺张公瑾教授八十华诞文集

主　　编	丁石庆　张铁山　周国炎
责任编辑	戴佩丽
封面设计	汤建军
出 版 者	中央民族大学出版社
	北京市海淀区中关村南大街 27 号　邮编：100081
	电话：68472815（发行部）传真：68932751（发行部）
	68932218（总编室）　68932447（办公室）
发 行 者	全国各地新华书店
印 刷 厂	北京宏伟双华印刷有限公司
开　　本	787×1092（毫米）　1/16　印张：30
字　　数	450 千字
版　　次	2015 年 10 月第 1 版　2015 年 10 月第 1 次印刷
书　　号	ISBN 978-7-5660-0972-2
定　　价	98.00 元